中国政法大学同步实践教学
立 体 化 系 列 教 材

立体刑法学教程

于冲◎著

中国政法大学出版社
2024·北京

声　明　　1. 版权所有，侵权必究。

　　　　　　2. 如有缺页、倒装问题，由出版社负责退换。

图书在版编目（CIP）数据

立体刑法学教程/于冲著.—北京：中国政法大学出版社，2024.2
ISBN 978-7-5764-1109-6

Ⅰ.①立…　Ⅱ.①于…　Ⅲ.①刑法－法的理论－中国－高等学校－教材　Ⅳ.①D924.01

中国国家版本馆CIP数据核字(2023)第175302号

出 版 者	中国政法大学出版社	
地　　址	北京市海淀区西土城路25号	
邮　　箱	fadapress@163.com	
网　　址	http://www.cuplpress.com （网络实名：中国政法大学出版社）	
电　　话	010-58908435(第一编辑部) 58908334(邮购部)	
承　　印	保定市中画美凯印刷有限公司	
开　　本	787mm×1092mm　1/16	
印　　张	23.75	
字　　数	593千字	
版　　次	2024年2月第1版	
印　　次	2024年2月第1次印刷	
印　　数	1～3000册	
定　　价	89.00元	

总 序
Total Order

2017年5月3日,习近平总书记考察中国政法大学并发表重要讲话,在讲话中指出:"法学学科是实践性很强的学科。法学教育要处理好法学知识教学和法学实践教学的关系。要打破高校和社会之间的体制壁垒,将实际工作部门的优质实践教学资源引进高校。从事法学教育、法学研究工作的同志和法治实际工作部门的同志,要相互交流,取长补短,把法学理论和司法实践更好结合起来。"为进一步贯彻习近平总书记重要讲话精神,全面升级中国政法大学"同步实践教学"模式,展现学校在"同步实践教学"方面的最新、最优成果,学校启动了中国政法大学同步实践教学立体化系列教材的建设。

中国政法大学于2005年率先在全国法学院校中推出"同步实践教学"模式,将法治实务部门的大量优质司法资源"引进来",让原始卷宗、同步直播的庭审实况及录像进入课堂,融"实践教学"和"理论知识教学"为一体,将"实践教学"贯穿于整个法学人才培养的全过程,同步完成"知识学习"和"职业技能"的培养,同步完成法律"职业意识"和"职业素养"的培养,同步完成"国际视野"和"国情意识"的培养。同步实践教学资源为学校师生了解和观摩实务部门整个运作流程、运用法律知识解决现实问题、实现法学人才培养过程中"学训一体"提供了良好的支撑。学校基于"同步实践教学"模式十几年的探索和实践,积累了丰富的教学资源,梳理这些教学资源并体系化编写教材的时机已经成熟。学校选取了与实务密切相关的四门课程《刑法学》《刑事现场勘查学》《刑事法律诊所》《模拟法庭》,建设首批立体化教材,旨在以立体教材的方式体现"同步实践教学"的相关理念,反映"同步实践教学"最新的教学改革成果。

该系列教材在建设理念上,依托现代信息技术和智慧教学成果,立足于学校卷宗阅览室、庭审录像等已有实践教学资源,以增强法科学生的问题意识、实践意识和国情意识为目标,以纸质教材为基础,以多媒介、多形态、多用途以及多层次的教学资源和多种教学服务为手段,最大限度地实现"知识教学与实践教学"的同步、"知识学习与司法实践、法治发展"的同步、"规范学习与规范应用"的同步、"实体法学习与程序法学习"的同步,以及实务部门对法学教学的全过程参与,而这些同步性、实时性,辅以现代信息技术和智慧教学等手段,又恰恰诠释了这一系列教材中所谓"立体"的含义。四门课程系列教材在此基础上各具自身特点,同时也具有以下共同特色:

一、依托现代信息技术,重构教材体例和内容

2018年4月13日教育部发布了《教育信息化2.0行动计划》,要求积极推进"互联网+教育",坚持信息技术与教育教学深度融合的核心理念,建立健全教育信息化可持续发展机制,促进教育改革。随着新技术与教师教学课程全方位融合,课堂教学改革的深入,教材编写也应做出相应的改变。

在课堂改革背景下，如何编写与之匹配的现代化教材？信息和网络技术可以帮助我们形成和实现以纸质教材为基础，以多媒介、多形态、多用途及多层次的教学资源和多种教学服务为内容的结构性配套教学出版物的集合。但这种集合不仅仅是各种教学资源的简单堆积，而是需要系统、整体的设计，利用立体教材重塑教学形态或者说重建素材、重塑方法、重组结构：教师要从内容、结构、呈现方式等多方面对教材进行重构，四门课程系列教材在设计上坚持新课程理念，使教学资源的使用更具有教师的个性特点，教师的教学行为更具创新性，教学活动更具有趣味性和启发性，让学生获得更多的体验，使教材成为激发学生学习潜能、引导学生自主探索的有效素材。

比如《立体刑法学》，就以实际判例、庭审录像、司法实务人员与专业教师的同步解析作为训练学生基本技能的基础。通过判例分析、判例比较、控辩审流程等内容使理论教学与实践教学紧密结合，将知识学习融汇于实践学习之中。同时，围绕实际司法过程的需要，引导学生进行判例学习，引导学生解决司法实践中的难题和热点问题，使学生在知识学习的同时可以"随时""随地"获得实践检验知识学习效果的机会，实现将教材和课堂"装进口袋"的效果。

二、立足智慧课堂教学，将课程与教材紧密联系起来

过去课程与教材建设基本上同向并行，现今课程与教材建设迈入相向而行的新阶段，这个新阶段的起点就是大规模在线课程。在四门课程的课堂讲授及资源建设中，教师有意识地将教学内容、教学计划、教学资源与数字化教学支持服务相结合，积累了丰富的智慧教学的实战经验。立体化教材建设同智慧教学、网络教学相衔接，在改革网络教学环境建设的基础上，丰富实践教学和案例教材的网站资源，推动教学手段、教材建设由单一媒体向多媒体化、网络化、现代教育技术先进化转变，全面实现智慧教学在教材建设中的价值体现。

编写教师以开放、动态、立体的教材观为指引，将包含设计、章节、视频、动画、课件、图文、测验、作业、考试、活动等多种资源进行开发整合，融入系列教材编写中，注重课堂内外沟通、学科间联系、知识点融合，在重视知识的传授的同时，更注重过程与方法、情感态度与价值观目标的实现，切实有效地开发并弹性处理教材，引导和促进学生学习方式的转变。让学生能够在教材学习的同时，真实感受司法全过程，让教材"由死变活""由静变动"，让教材变成"活"的、可以"说话"的"魔法"教材。

三、通过互联网技术平台，打造灵活开放的立体化教材体系

教材编写中引入以"超星"为代表的互联网技术平台，依托虚拟教学平台，以课程教学为中心，借助网络技术、多媒体技术等现代信息技术，满足教学教材的多种需求，最大程度促进学生能力全方面发展。具体来讲，就是由专业技术服务团队帮助学校建设专题教材服务系统，并生成教材章节二维码。课程用户利用微信或超星学习通扫描章节二维码后，会显示当前章节内容和多媒体教材，并可以对学习流程进行控制，进行互动的教学和管理。立体化教材纸质版部分通过二维码拓展内容，而校内资源部分将营造课内与课外、线上与线下、教学与辅学的信息化学习环境，做到通过教学服务平台，利用电脑、手机或平板电脑，为上课的教师和学生提供交流研讨的机会，实现教与学、线上与线下互动，实现由以教师为中心的学习模式向以学生为中心的学习模式的转变。

此外，本套系列教材还定制了访问量统计功能，管理人员可通过此功能查询图书资源

总 序

中二维码的访问数量，并通过系统记录的访问者的IP地址信息，统计全国各省的访问分布情况。

四、突出教材育人功能，践行"一本教材，两种职责"理念

传统教材编写以知识讲解为主，或多或少忽略了教材的引导作用。现今教材作为解决"培养什么人"和"怎样培养人"这一根本问题的重要载体，要求既要传授知识，又要实现价值引领，传递向上、向善的正能量和展现改革创新的时代风采，为法治人才的培养立德铸魂。本着这样的初衷，本系列教材的编写教师在章节设计、案例选择、试题作业及课堂活动等环节适时适宜地体现社会主义核心价值观，润物细无声地传递崇德向善、德法兼修的理念，以充满正能量的鲜活案例鼓舞和激励学生，努力用中国话语表达中国经验，讲好中国故事。让学习者在获得知识及技能的同时，感受到什么是真善美；体会到实体与程序、公平与正义、法律与秩序；学会尊重与平等，增强惩恶扬善、捍卫正义的社会责任感；在大是大非问题上坚守初心，坚定正确的方向，牢固树立"四个自信"。

本系列教材的编写人员均为相关课程优秀的主讲教师，他们耕耘讲台多年，具有丰富的一线教学经验，扎实的学术功底，丰硕的学术成果，教学特点鲜明，深受学生们喜爱。同时，他们深知网络及多媒体技术对课程教学方法、教学模式、教学手段及教学效果的影响，进而对教材编写观的影响。所以，对于建设这样一套开放、动态、立体的新形态教材，他们投入了极大的热忱和精力，进行了细致的设计、推敲和打磨，用智慧心血编著教材。

中国政法大学同步实践教学立体化系列教材根植于法大"同步实践教学"资源，切实、真正地发挥了我校实践教学资源的优势和价值，实现"人无我有""人有我精"的开创性改革和建设，全面落实了同步实践教学理念在教材建设上的要求。它们基于课程教学实践，是中国政法大学法学教学模式的代表性成果之一。教材在取材方面不限于校内资源，当现有的校内资源不能满足教材编写和开发的全部需要时，编写教师会根据教材内容和体例需要，安排现场展示并录制视频资料，从而极大地丰富课程教材资源并提升课程教材资源建设的水平。

中国政法大学同步实践教学立体化系列教材为法学立体教材建设模式和标准做了有益的探索和尝试。本系列教材虽冠以立体化教材之名，但随着信息技术发展与法学各学科教材融合的加强，本系列教材立体化的形式、内容体例等仍处在不断摸索中，有待进一步发展。希望系列教材在当今大数据、人工智能等主导的新技术时代，不断改进完善，发挥教材作为教育教学根本依据的真正立体化功能。

中国政法大学校长　马怀德
2019年9月

序 Preface

本教材依托现代信息技术和智慧教学成果，立足于中国裁判文书网、最高人民法院庭审直播等公开的网络实践教学资源，以增强法科学生的问题意识、实践意识和国情意识为目标，以纸质教材为基础，以多媒介、多形态、多用途以及多层次的教学资源和多种教学服务为内容，最大限度地满足实现"知识教学与实践教学"的同步、"知识学习与司法实践、法治发展"的同步、"规范学习与规范应用"的同步、"实体法学习与程序法学习"的同步，以及实务部门对刑法学教学的全过程参与，形成智慧化的教材、立体化的教材，以及理论实践多元同步的教材。

在章节体例上，本教材以刑法条文顺序为主线进行内容的编排。在犯罪论体系上，本教材沿袭了传统的四要件体系，并借鉴德日刑法阶层论体系的相关内容进行了补充修正。在我国目前的刑法学讲授中，三阶层或者两阶层等阶层论体系已经几乎占据了学界的主流地位，年轻教师以讲授四要件为"落后"和"腐朽"，在本教材的编写过程中，曾一度在选择四要件还是三（两）阶层之间徘徊。客观而论，四要件体系作为我国刑法最早引入我国并不断发展的犯罪论体系，在我国已经经历了50多年的实践，并不断的"中国化"，有其存在的合理性，截至本教材出版，司法实践中用得较多的还是四要件体系。有鉴于此，本教材在体系选择上还是鼓足勇气，仍以传统的四要件体系为基础。在犯罪客体上，本教材将其进行虚化，在法益的概念层面对其进行改造，将犯罪客体作为判断危害行为是否具有处罚必要性、相关的客体（法益）是否具有刑法保护的必要性，通过对犯罪客体的实质性审查，来指导罪名的选择、罪名适用中的解释。因此，本教材将犯罪客体作为开启犯罪构成判断的虚化性要件，作为犯罪概念的组成部分。同时，鉴于我国传统刑法学界对"责任"认定缺失带来的问题，本教材重新审视刑事责任在犯罪论体系中的地位问题，借鉴麦耶提出的新古典犯罪论体系、迈兹格尔提出的目的主义犯罪论体系，将违法性认识可能性、期待可能性等作为责任判定的内容，以此作为犯罪构成的堵截性要件。综上，在犯罪构成上，犯罪客体（法益），作为虚化的要件指导罪名选择与解释适用；客观方面作为犯罪构成判断的第一层次，犯罪主体作为犯罪构成判断的第二层次，主观方面作为犯罪构成判断的第三层次，正当化事由作为犯罪构成判断的第四层次，责任审查作为犯罪构成判断的第五层次。前三个层次为传统四要件的入罪性条件，即，积极的构成要件；后两个层次为出罪性条件，即，消极的构成要件。如此设计依然沿用传统的四要件体系，同时引入了阶层论体系的出罪思维。以上努力为本教材客观看待四要件体系所作出的努力，但犯罪论体系的选择并非本教材的重心，本教材的重心仍然体现在智慧化、立体化的设计理念上。

一、刑法学教材立体化、智慧化的定位

教材的立体化、智慧化主要以案例库为主体进行建设，以理论教材知识点为逻辑线索

形成主体教材；以二维码形式形成辅助教材，辅助教材包括原始卷宗、庭审录像、典型案例的争议展现，检察官、法官对知识点的课程讲授等内容。例如，对于庭审录像、原始卷宗、司法解释等均通过二维码的形式在教材中体现，通过主教材、辅教材的相互协同，实现刑法学教材建设的立体化和智慧化。

第一，彰显专业理论与司法实践的同步化。传统刑法学教材中，大都以刑法基础理论和概念的阐释为基础，过度强调理论体系的同时，忽视了对司法实践的体系化解读。传统教材中专业理论同司法实践存在一些脱节，很大程度上造成了教材体系设计、内容设计上专业知识讲解和实践应用讲解的部分割裂，也就使得学生无法真实的感受司法实践对于相关知识点的实际应用过程，进而造成学生对于刑法学专业知识的想象化学习。通过刑法学立体教材建设，切实、真正地发挥中国裁判文书网、最高人民法院庭审直播等实践教学资源的优势和价值，实现刑法学教材立体化、智慧化的改革和建设，体现了刑法学教材体系中专业理论内容与司法实践内容的同步化。

第二，体现知识教学与实践教学的全过程同步。习近平总书记在中国政法大学讲话中强调，法学学科是实践性很强的学科，法学教育要处理好知识教学和实践教学的关系。[1] 以实际判例、庭审录像、司法实务人员与专业教师的同步解析作为训练学生基本技能的基础。通过判例分析、判例比较、控辩审流程等使知识教学与实践教学紧密结合，将知识学习融汇于实践学习之中。同时，围绕实际司法过程的需要，引导学生进行判例学习，引导学生解决司法实践中的难题和热点问题，使学生在知识学习的同时可以"随时"、"随地"获得实践检验知识学习效果的机会，实现将教材、课堂"装进口袋"的效果。

第三，实现高校与实务部门在教材建设上的"全过程"合作。习近平总书记在哲学社会科学工作座谈会的讲话中指出，在教材编写、推广、使用上要注重体制机制创新，调动学者、学校、出版机构等方面积极性，大家共同来做好这项工作。[2] 案例库是立体教材建设的重要内容和支撑部分，案例库力图保证与司法实务的同步更新，同时，立体教材内容亦随着案例库的更新而保持同步更新，避免教材内容的"落伍"。因此，充分吸纳实务部门在案例库甚至是教材建设上的作用，以合作共建模式，保证最新判例、庭审直播的更新和"精准"供给。同时，邀请司法实务人员全程参与教材建设、教材使用中的疑难问题解答，让学生能够在教材学习的同时，真实的感受司法全过程，让教材"由死变活""由静变动"，让教材变成"活"的可以"说话"的"魔法"教材。

第四，实现智慧教学在教材建设中的价值体现。立体化教材建设同智慧教学、网络教学相衔接，在改革网络教学环境建设的基础上，充实实践教学和案例教材网站资源，推动教学手段、教材建设由单一媒体向多媒体、网络化、现代教育技术转变。在教材建设工作上，统筹推进精品案例库建设、互联网人人交互平台建设、人机交互平台建设、移动互联网平台建设，并实现各部门法，以及各部门法相关知识点的联网，从教材建设上实现法科实践教学的一体化。

二、刑法学教材改革立体化、智慧化的基本内涵

刑法学教材改革的重点方向应当体现立体化刑法学教材体系的本土性、时代性、专业

---

[1] 习近平："立德树人德法兼修抓好法治人才培养 励志勤学刻苦磨炼促进青年成长进步"，载《人民日报》2017年5月4日，第1版。

[2] 习近平："在哲学社会科学工作座谈会上的讲话"，载《人民日报》2016年5月18日，第1版。

性和实践性。换言之，刑法学教材的立体化即是借助现代多媒体技术，将司法实践的运行过程立体化、直观化的"搬进"教材中，使其同具体的知识点相对应，以司法实践的具体操作来对专业性概念进行实践视角的解释。

第一，教材内容的立体化、信息化。教材内容的立体化丰富了教学的内容，通过微信公众号、庭审视频、庭审卷宗、司法解释等内容的直接引入，使教材成为随时可以进行内容更新，使教材更加实践化。立体化教材的主教材的编写突出知识点，知识体系。同时作为一个框架，以案例为主进行教学，使学生感知真实的司法过程，以后的知识运用更加趋于真实情况。为立体教材的每章节知识点提供配套习题。并且独创模拟系统，令学生以案例中的角色参与并推进案件的进程，体会司法全过程。具体言之，刑法学教材的立体化建设主要由主教材、辅教材组成：①主教材。根据传统的刑法学教材体系和知识框架，进行基础的内容编写。刑法学教材立体化、智慧化的前提依然应当以传统的通说性框架体系为基础，保证教材内容设计的专业性。②辅教材。在主教材的基础上，对应于每一个章节的具体知识点，分别设置对应的配套案例、庭审录像、卷宗、司法解释，这种具体对应式的配套模式，有助于教材使用者有针对性的、迅速的掌握不同知识点的理论问题、实践问题。

第二，教材形式的立体化、动态化。将动态教材、电子教材和实践教学建设作为立体化教材建设的重要组成部分，加强主体知识、精品案例库及案例分析、教案、课件、庭审直播与视频、热点法律问题解析等的配套建设，引导学生自主、自发、自动查阅司法过程中的真实判例，帮助学生主动养成问题意识，形成解决实际问题的方法和能力。在此之外，利用公众号二维码使得教材成为可以"说话"的教材，通过微信公众号的动态更新，实现教材内容的实时更新化，便于读者交流、留言的同时，进行辅导资料的上传、相关研究成果的发布。

第三，教材使用的可互动、可交互。刑法学教材的可互动、可交互是教材立体化、智慧化的典型体现。具体言之，通过教材配套公众号的建设，实现教材作者同读者之间、读者与读者之间就教材内容、学习心得、研究成果进行交流，实现教材的可交互性，由"纸质"的教材转变为可互动的教材。习近平总书记在中国政法大学讲话中强调，要打破高校和社会之间的体制壁垒，将实际工作部门的优质实践教学资源引进高校，加强刑法学教育、刑法学研究工作者和法治实际工作者之间的交流。[1]刑法学教材的可互动、可交互不仅仅局限在教材作者与读者、读者与读者之间的交流，同时应当引入司法实务领域的实务工作者参与教材的互动，在配以检察官、法官视频讲解知识点的同时，由相关的法官、检察官对相关知识点在司法实践中的应用进行讲解和回应。

第四，教材配套的实时化、立体化。将授课、讨论、作业、实验、实践、考核、教材等教学环节统筹规划，形成立体化教学内容体系，突出教学内容的科学性、先进性、趣味性、实践性，并与司法改革、司法实践、法治热点、社会需求结合起来。读者在教材学习中遇到问题，可带着问题在实际判例中找到符合司法真实的处理办法，教材设置了专业、实务教师线上答疑功能，让学生随时、随地理解对于理论争议问题在司法实践中如何体现，司法实践需要何种知识指导。本教材依托中国政法大学检察案件原始案卷副本档案阅览室、审判案件原始案卷副本档案阅览室、公益法律援助原始案卷副本档案阅览室，实现了卷宗

---

[1] 习近平："立德树人德法兼修抓好法治人才培养 励志勤学刻苦磨炼促进青年成长进步"，载《人民日报》2017年5月4日，第1版。

的电子化、精选化,并通过由此组建的精品网络案例库进行立体化教材建设。

三、刑法学教材立体化、智慧化的体现

刑法学教材立体化、智慧化的核心在于实现专业知识、实践知识的同步化,实现读者自我学习与编写者之间的有效互动,实现司法实务工作者在教材建设中的功能。根据这一基本定位,刑法学教材的立体化、智慧化方案主要包括教材的同步性、交互性、实践性。

第一,教材的同步性。主要包括:①案例与理论知识的同步。每个案例对应多个理论知识的标签,每个理论知识对应的标签连接着多个案例,包括相关案例、对比性案例、特殊案例等,这些案例会通过和各级法院联通进行更新,个案角度会实时跟进案子的发展,包括证据的完善,案件新的争议焦点和相关专家实时分析等等。在此需要强调的是,立体化教材中的知识点是标签化的,每个标签下准确对应不同学说的理论知识;立体化教材中的案例所涉及的知识点也是以标签的形式提炼出来。理论知识和案例准确对接,可以达到精准查找的效果。②庭审直播视频与理论知识的同步。多数庭审直播视频被精选剪辑,并且在每个视频后面附有涉及到的理论知识,这些理论会对本身包含多种学说进行研讨,更加会讨论各个学科在本案中适用的状况和理由。庭审直播和视频也会及时更新并且及时加入到案例网络当中,形成与其他案件的关联和对比分析。③法律法规、司法解释与理论知识的同步。一方面,法律法规等和理论知识相互对应,在理论体系框架内解释和评价法律法规;另一方面,法律法规等有新的变动,特别是出现新的司法解释,微信公众号会及时更新并且将其与学说理论进行对接和研究。

第二,教材的实践性。立体化教材旨在弥补传统教材知识点繁多、例证不足、案例不够新、对案件真实发生过程介绍不足等缺陷,将每一个知识标签丰富化,加上影音、庭审录像、拓展知识链接等,极力使得使用者们在学习知识标签的时候能够利用更加充分、多样、完备的素材,全方位、深度学习。在教材配套公众号设置有评论区,中高水平刑法学学习者可以在此处解答刚入门刑法学学习者的一些疑惑,而与此同时,刚入门刑法学者的一些疑惑也许会给中高水平刑法学者一些新的思考角度,一些天马行空的问题正是中高阶学习者梦寐以求想要接触到的新鲜力量、真实力量。定期邀请刑法学教授参加立体化教材的答疑,吸引更多的中、高阶层刑法学学习者关注教材配套公众号。

本教材编写过程中,充分吸纳了来自一线实务部分专家参与教材编写和讲授,进行讲解式的知识点讲解讲授,使读者可以更直接的感知来自司法实务部分对于刑法解释适用的过程,形成对知识点更真实、更接地气的理解。他们有:

山东省东营市东营区人民检察院检察长崔江西;
山东省东营市东营区人民检察院第一检察部主任古延光;
山东省东营市东营区人民检察院第二检察部主任盖秀云;
山东省东营市东营区人民检察院检察官崔秀荣;
山东省东营市东营区人民检察院检察官王莎莎;
山东省东营市东营区人民检察院检察官赵鹏;
山东省东营市东营区人民检察院检察官贾春轶;
山东省东营市东营区人民检察院检察官李铮;
山东省东营市东营区人民检察院检察官宋义杰;
山东省东营市东营区人民检察院检察官田文超;
山东省东营市东营区人民检察院检察官王业涛;

山东省东营市东营区人民检察院检察官张云；

山东省东营市东营区人民检察院检察官宋玉娜；

山东省东营市东营区人民检察院检察官吴小晓；

山东省东营市东营区人民检察院检察官张峰；

山西省临汾市曲沃县人民检察院检察官司冬芬；

云南省大理州中级人民法院民二庭法官李晓丹；

云南省大理市人民法院法官李琳平；

云南省大理州中级人民法院刑二庭刘斌；

浙江省台州市仙居县人民检察院胡雨晴。

在此，对司法实务者、司法机关为本教材编写作出的无私付出和贡献表示由衷的感谢和敬意！同时，本教材的出版得到了中国政法大学教务处和中国政法大学出版社的大力支持，尤其得到了中国政法大学教务处王为副处长、王强副处长、朱亚峰科长，以及质量评估中心张鹏主任、中国政法大学出版社阚明旗副社长、郭嘉珺编辑的鼎力支持，在此表示最热忱的感谢！

为了努力形成一本动态、实时更新司法实务的教材，形成一本会说话、能交流的立体教材，本教材的辅教材部分为了区分不同内容和不同形式，在二维码名称中以首字母的形式进行了明确，其中，J 和 F 代表检察官和法官讲解视频，S 代表司法解释。与此同时，本教材目录之前设置了微信公众号二维码供读者扫取，便于读者交流、留言、课后辅导资料上传、相关研究成果发布，读者可以对教材针对性的跟进、提出疑问或者完善建议，保持教材内容更新。在本教材编写过程中，我指导的研究生侯跃伟、王雅蓉、马天一、陈培、李明鲁、吴铁城、李一鸣、李华章、方巧娟、王乘乘、宋泰玮、杨铠瑜、陈诚等同学提供了辛劳的付出，为我节省了大量的剪辑和编排时间，我为有如此多的优秀研究生感到幸运和自豪，在此感谢他们！原北京市西城区人民检察院孙强检察官为本教材配套司法解释的编写提供了资料参考，在此特别感谢！本教材的出版得到了中国政法大学青年教师法学创新团队的支持，系中国政法大学青年教师学术创新团队支持计划（18CXTD01）、中国政法大学钱端升青年学者支持计划、中国政法大学 2021 年校级教育教学改革立项项目（JG2021A007）的阶段性成果。

于　冲

2023 年 1 月 5 日

目录 Contents

- **第一章 刑法概说** ··· 1
  - 第一节 刑法的概念、特征、渊源 ······································ 1
  - 第二节 刑法的任务与机能 ··· 3
  - 第三节 刑法的规范、结构和解释 ······································ 4
  - 第四节 刑法学与刑法学派 ··· 6
- **第二章 刑法的基本原则** ··· 8
  - 第一节 罪刑法定原则 ··· 8
  - 第二节 平等适用刑法原则 ··· 10
  - 第三节 罪刑相适应原则 ·· 10
- **第三章 刑法的适用范围** ·· 12
  - 第一节 刑法的空间效力 ·· 12
  - 第二节 刑法的时间效力 ·· 16
- **第四章 犯罪的概念、特征和分类** ·· 18
  - 第一节 犯罪的概念和特征 ··· 18
  - 第二节 犯罪的分类 ··· 21
- **第五章 犯罪构成** ··· 23
  - 第一节 概述 ·· 23
  - 第二节 犯罪构成体系的主要学说类型 ································ 24
  - 第三节 犯罪构成要件、要素 ·· 26
- **第六章 犯罪客体** ··· 29
  - 第一节 犯罪客体的概念 ·· 29
  - 第二节 犯罪客体的分类 ·· 30

▶第七章　犯罪客观方面 ······31

- 第一节　概述 ······31
- 第二节　危害行为 ······31
- 第三节　行为对象 ······34
- 第四节　危害结果 ······35
- 第五节　因果关系 ······36
- 第六节　危害行为的时间、地点、方法 ······40

▶第八章　犯罪主体 ······41

- 第一节　概述 ······41
- 第二节　自然人 ······42
- 第三节　单位犯罪 ······49

▶第九章　犯罪主观方面 ······53

- 第一节　概述 ······53
- 第二节　故意 ······53
- 第三节　认识错误 ······57
- 第四节　过失 ······59
- 第五节　目的与动机 ······62

▶第十章　正当化事由 ······64

- 第一节　正当防卫 ······64
- 第二节　紧急避险 ······70
- 第三节　其他正当化事由 ······72

▶第十一章　责任与刑事责任 ······75

- 第一节　概述 ······75
- 第二节　违法性认识可能性 ······76
- 第三节　期待可能性 ······77

▶第十二章　故意犯罪的停止形态 ······79

- 第一节　未完成罪与犯罪既遂 ······79
- 第二节　犯罪预备 ······80
- 第三节　犯罪未遂 ······82
- 第四节　犯罪中止 ······84

第十三章 共同犯罪 ... 87
第一节 共同犯罪的概念与成立条件 ... 87
第二节 共同犯罪人的分类与处罚 ... 93
第三节 共同犯罪的特殊问题 ... 97

第十四章 罪数与竞合 ... 100
第一节 实质的一罪 ... 100
第二节 法定的一罪 ... 103
第三节 处断的一罪 ... 104

第十五章 刑罚概述、体系与种类 ... 106
第一节 概述 ... 106
第二节 主刑 ... 107
第三节 附加刑 ... 111
第四节 非刑罚处理方法 ... 114

第十六章 刑罚的裁量 ... 115
第一节 概述 ... 115
第二节 刑罚裁量的制度 ... 117

第十七章 刑罚的执行与消灭 ... 125
第一节 刑罚的执行 ... 125
第二节 刑罚的消灭 ... 129

第十八章 刑法分论概述 ... 132
第一节 刑法分论的一般问题 ... 132
第二节 刑法分则的条文结构 ... 134

第十九章 危害国家安全罪 ... 138
第一节 危害国家、颠覆政权的犯罪 ... 138
第二节 叛变、叛逃的犯罪 ... 138
第三节 间谍、资敌的犯罪 ... 138

第二十章 危害公共安全罪 ... 139
第一节 以危险方法危害公共安全的犯罪 ... 140
第二节 破坏特定对象危害公共安全的犯罪 ... 146

第三节	实施恐怖活动危害公共安全的犯罪	149
第四节	违反枪支弹药管理规定危害公共安全的犯罪	154
第五节	造成重大责任事故危害公共安全的犯罪	159

▶第二十一章 破坏社会主义市场经济秩序罪 … 168

第一节	生产、销售伪劣商品罪	168
第二节	走私罪	177
第三节	妨害对公司、企业的管理秩序罪	181
第四节	破坏金融管理秩序罪	183
第五节	金融诈骗罪	191
第六节	危害税收征管罪	197
第七节	侵犯知识产权罪	199
第八节	扰乱市场秩序罪	204

▶第二十二章 侵犯公民人身权利、民主权利罪 … 210

第一节	侵犯生命、健康的犯罪	210
第二节	侵犯妇女、儿童身心健康的犯罪	219
第三节	侵犯人身自由的犯罪	225
第四节	侵犯他人人格、名誉的犯罪	240
第五节	侵犯民主权利的犯罪	242
第六节	妨害婚姻家庭权利的犯罪	244

▶第二十三章 侵犯财产罪 … 250

第一节	概述	250
第二节	暴力、胁迫型财产罪	251
第三节	窃取、骗取型财产罪	267
第四节	侵占、挪用型财产罪	278
第五节	毁坏、破坏型财产罪	286

▶第二十四章 妨害社会管理秩序罪 … 290

第一节	扰乱公共秩序罪	290
第二节	妨害司法罪	306
第三节	妨害国（边）境管理罪	314
第四节	妨害文物管理罪	314

第五节	危害公共卫生罪	315
第六节	破坏环境资源保护罪	318
第七节	走私、贩卖、运输、制造毒品罪	322
第八节	组织、强迫、引诱、容留、介绍卖淫罪	327
第九节	制造、贩卖、传播淫秽物品罪	329

第二十五章 危害国防利益罪 331

| 第一节 | 平时危害国防利益的犯罪 | 331 |
| 第二节 | 战时危害国防利益的犯罪 | 331 |

第二十六章 贪污贿赂犯罪 332

| 第一节 | 贪污犯罪 | 332 |
| 第二节 | 贿赂犯罪 | 343 |

第二十七章 渎职罪 357

第二十八章 军人违反职责罪 363

第一节	危害作战利益的犯罪	363
第二节	违反部队管理制度的犯罪	363
第三节	危害军事秘密的犯罪	363
第四节	危害部队物资保障的犯罪	364
第五节	侵害部属、伤病军人、和平居民、俘虏利益的犯罪	364

第一章

刑法概说

第一节 刑法的概念、特征、渊源

一、刑法的概念与特征

（一）刑法的概念

刑法是规定犯罪及其法律效果的法律规范。刑法规定的法律效果主要是"刑罚"，也包括非刑罚的法律效果，如训诫或者责令具结悔过、赔礼道歉、赔偿损失等非刑罚的处置措施。

英美法系常用"Criminal law"表示刑法，也称"犯罪法"；而日本、德国、瑞士、意大利及我国，则使用"Penal law"一词，也称"刑罚法"。根据《说文解字》记载，"刑"字从"井"、从"刂"，无论是以"井"为代表的井田制，还是封建时代重要的生产工具，都体现了统治阶级以"刂"暴力手段维护统治的刑法的政治性。在古代刑法中，刑即罚的意思，如《周礼·蜡氏》注："刑者，黥、劓之属"；刑亦指法的意思，如："灋，刑也，平之如水，从水；廌，所以触不直者去之，从去。"而"律"为刑法的专门称谓，从商鞅变法改法为律开始，如晋律杜预《律序》："律以正罪名，令以存事制"。

（二）刑法的特征

1. 独立性，即刑法规范的对象和内容具有特定性，无需依附其他部门法而存在，这种独立性的要求尤其体现在法定犯、行政犯的认定中，例如，陆勇案中"假药"的判定，赵春华案中"枪支"的判定，司法实践中将刑事违法过度依赖于行政违法的判断，值得进一步反思。

2. 严厉性，指刑法制裁手段的严厉性，这种严厉性不仅指死刑、无期徒刑、有期徒刑等剥夺生命、自由的刑罚本身的严厉性，还包括了刑罚执行之后的前科、前科株连，即刑罚的后遗效应，一般指本人具有犯罪记录，本人或者本人三代以内直系亲属不得从事某些相关行业。

3. 广泛性，指刑法法益保护的广泛性。刑法调整其他所有部门法调整的社会关系，例如，《国家安全法》[1]《网络安全法》《劳动合同法》等法律法规的相关内容都可以被刑法

---

[1] 《国家安全法》，即《中华人民共和国国家安全法》，为表述方便，本书中涉及的我国法律直接使用简称，省去"中华人民共和国"字样，全书统一，不再赘述。

所评价。

4. 最后性，主要包括两个层面的意思，第一，刑法是其他部门法的最后保障法，只有其他法律法规不足以制止相关严重侵害法益的行为，刑法才可以介入（不完整性）；第二，刑法是其他部门法的补充法，要保持刑法谦抑主义，刑法只处罚严重侵害法益的行为。

J-1-1-1 刑法的谦抑性原则——
山西省临汾市曲沃县人民检察院检察官司冬芬

此外，刑法还具有政治性、道德性、伦理性等。例如，在刑法的解释适用过程中，除了司法案件办理的法律效果之外，还有重视政治效果、社会效果的统一。

J-1-1-2 刑事办案的三个效果的统一
——山东省东营市东营区人民检察院检察长崔江西

二、刑法的渊源

（一）刑法典

我国现行刑法典于1979年7月1日制定，并于1980年1月1日起施行，1997年3月14日第八届全国人民代表大会第五次会议进行了修订，并于1997年10月1日起施行，是我国主要的刑法渊源。

我国刑法典的体系采用大陆法系的法典模式，设立"总则""分则"和"附则"三编。1997年之后，对现行《刑法》的补充修订采取"修正案"的形式，目前我国已有11个刑法修正案。刑法学界曾对于大而全的刑法典模式进行过争论，在当前刑法不断扩张，行政犯不断增加的背景下，刑法的渊源形式也成为值得进一步思考的问题。

（二）单行刑法

单行刑法是以决定、规定、条例等名称颁布的，规定某一类犯罪及其法律后果的法律。我国1979~1995年有23个单行刑法，目前15个被废止，8个有关犯罪的规定失效。现有效实施的只有1个，即全国人大常委会《关于惩治骗购外汇、逃汇和非法买卖外汇犯罪的决定》。其他例如全国人大常委会《关于取缔邪教组织、防范和惩治邪教活动的决定》《关于维护互联网安全的决定》《关于特赦部分服刑罪犯的决定》等，鉴于其并未规定犯罪及其法律后果，本书不认为其属于刑法渊源。

（三）附属刑法

民法、经济法、行政法等非刑事法律中有关犯罪及其法律效果的法律条款，因属于刑法规范，同时又附属于其他法律，因此被称为附属刑法。例如，《监狱法》第59条规定："罪犯在服刑期间故意犯罪的，依法从重处罚。"《反间谍法》第27条第2款规定："实施间谍行为，有自首或者立功表现的，可以从轻、减轻或者免除处罚；有重大立功表现的，给予奖励。"法定犯时代背景下，刑法是否应当重新审视附属刑法、单行刑法的刑法渊源地位，值得进一步思考。

（四）国际刑法

国际刑法主要规定于国际条约之中，但必须先转化为国内法才能适用。我国目前只对缔结相关公约、条约的国际犯罪实施管辖权，因此，本书认为国际刑法并非我国刑法渊源，对于相关犯罪的管辖依照相关公约、条约，可将其理解为条约原则。

三、刑法的分类

（一）广义刑法与狭义刑法

广义刑法指一切规定犯罪、刑事责任和刑罚的法律；狭义刑法即指刑法典。

（二）普通刑法与特别刑法

普通刑法指具有普遍效力的刑法，例如刑法典；特别刑法指仅适用于特定人、时、地、事的刑法。

（三）形式刑法与实质刑法

形式刑法指从名称上就可以知道属于刑法范围的法律，例如刑法典、单行刑法；实质刑法，例如附属刑法。

此外，还有市民刑法、敌人刑法、风险刑法等分类。随着预防性刑法等观念的提出，风险刑法的预防性理念仍然具有可供借鉴之处。

第二节 刑法的任务与机能

一、刑法的任务

《刑法》第2条规定："中华人民共和国刑法的任务，是用刑罚同一切犯罪行为作斗争，以保卫国家安全，保卫人民民主专政的政权和社会主义制度，保护国有财产和劳动群众集体所有的财产，保护公民私人所有的财产，保护公民的人身权利、民主权利和其他权利，维护社会秩序、经济秩序，保障社会主义建设事业的顺利进行。"我国《刑法》明确并强调了刑法的任务是同犯罪行为作斗争，保卫国家、社会、公民的合法权利。

二、刑法的机能

一般认为，刑法具有行为规制机能、法益保护机能、人权保障机能三种主要机能。

1. **行为规制机能**。刑法通过将一定的行为规定为犯罪，并对该行为科处一定处罚，通过国家的否定性评价禁止或者命令公民为或者不为特定的行为，体现为行为规范、裁判规范对行为的规制及对裁判活动的规制。

2. **法益保护机能**。一方面，刑法只在罪刑法定限度内发挥法益保护机能。法益保护机能给刑法带来的风险，在于刑法保护法益的范围和程度将影响犯罪圈的大小，保护法益过于积极甚至是刑法冲动本身就有犯罪化的危险，体现为刑法的过度前置化。另一方面，刑法只保护值得刑法保护的利益。基于前述所讲的刑法的最后性、保障性特征，刑法保护的法益应该也是值得刑法去保护的，尤其体现在对于民事领域纠纷、经济纠纷以及轻微的违法行为的刑法介入上。

3. **人权保障机能**。刑法将一定的行为规定为犯罪，同时科处刑罚，可以起到限制国家刑罚权的作用。因此，刑法既是善良人的大宪章，也是犯罪人的大宪章。

J-1-2-1　兜底条款的适用原则——山东省东营市东营区人民检察院第一检察部主任古延光

第三节　刑法的规范、结构和解释

一、刑法的规范

刑法规范是指以犯罪和刑罚为内容的法律规范。刑法规范并不等同于刑法条文，刑法规范是刑法条文的内容与实质，刑法条文是刑法规范的形式与载体。刑法规范与刑法条文并非一一对应。一个刑法条文可能包含数个刑法规范，而一个刑法规范也可以同时存在于不同的刑法条文之中。

根据作用的不同，刑法规范可分为行为规范和裁判规范。对于一般公民来说，刑法作为一种行为准则和行为规范，为其行为提供了指向标准。对于司法工作人员而言，刑法规范更多地体现为一种裁判规范，为犯罪的认定与刑罚的裁量提供了判断依据。

二、刑法的结构

刑法的结构是指刑法的条文组成和章节的编排方式。我国刑法典首先分为总则、分则两编，并另有一条附则（《刑法》第452条）。在总则编和分则编下，各规定了不同的章节。总则共有5章，是关于犯罪与刑罚的原则性规定，包括刑法的任务、基本原则、适用范围等；分则共有10章，是对具体犯罪构成与刑罚的规定。

条是刑法典的基本组成单位，通过刑法修正案增加刑法规定时，采取在原刑法条文后增设"第××条之一""第××条之二"的编排方式。在条文内容上，一般包括"罪状"和"法定刑"两部分，分别规定犯罪构成和刑罚的内容。有些条文之下还设有款和项。有的条文只有一款，如果条文包含数款，则以第2款、第3款、第4款等形式另起一行来表示。在款的下面，如果用"（一）""（二）""（三）"等基数号码表示的，则为项。

三、刑法的解释

（一）刑法解释的概念

刑法解释，是对刑法规定意义的说明。刑法解释学应以刑法教义学为基础，在信仰法律的基础上去解释适用刑法。由于刑法规范的抽象性，需要通过解释阐明；刑法的成文性，需要通过解释弥补刑法成文化的缺陷；刑法的相对稳定性，需要通过刑法解释回应罪情变化。刑法解释的对象，主要是对刑法中的字意、词意、句意的解释，不能超出刑法用语可能具有的最大含义。

刑法解释，实质上是一种创造性的活动，而非消极被动地发现立法者的原意。基于此，形成了主观解释论、客观解释论两种解释立场，后者倡导刑法随着社会变化而应发生变化，又分为形式解释论、实质解释论。

（二）刑法解释的分类

根据刑法的效力，分为非正式的刑法解释和正式的刑法解释。前者是指未经国家机关授权的机关、团体、社会组织以及公民个人所作的解释，包括学理解释，如专家意见；后者是被授权的国家机关在其职权范围内所作的解释，包括立法、司法解释。

根据解释主体，分为学理解释、立法解释和司法解释。学理解释是指未经国家机关授权的机关、团体、学术机构或个人对刑法所作的解释，对司法乃至立法具有参考价值；立法解释是指国家最高立法机关对刑法含义所作的解释；司法解释是最高法、最高检作出的解释。当然，立法解释作为刑法的解释，亦不得进行类推解释。

（三）刑法解释的方法

根据通说，刑法解释的方法主要包括文理解释和论理解释。

文理解释，即对刑法用语可能具有的含义进行解释。某个用语仅具有 A 含义时，作出符合 A 含义的解释结论，例如，妇女；某个用语具有 A、B 两个含义，但在刑法条文中不可能是 A 含义，作出 B 含义的解释结论，例如，收买被拐卖的妇女。

论理解释，即按照立法精神，联系有关情况，从逻辑上对刑法规范进行的解释，包括当然解释、限制解释和扩大解释。当然解释，指刑法规定虽未明示某一事项，但将该事项解释为包括在该规定的适用范围内的解释方法，其中蕴含了出罪时举重以明轻、在入罪时举轻以明重的当然道理。限制解释，又称缩小解释，指解释结论小于一般的含义。扩大解释，又称扩张解释，指解释结论大于一般的含义，但没有超出国民预测可能性。如信用卡诈骗罪，将信用卡解释为借记卡。

与扩大解释相对的一种解释是类推解释，指将不符合法律规定的情形解释为符合法律规定的情形，即解释结论超越法条最大文义，如认为劫持汽车罪中的"汽车"包含火车、地铁，认为飞机票属于倒卖车船票罪中的车票。二者的区别主要体现为：扩大解释未超出国民的预测可能性，类推解释明显超出；扩大解释得出的结论在刑法用语可能的含义范围内；类推解释得出的结论，在刑法用语可能的含义范围外。

此外，还有反对解释、体系解释、历史解释、比较解释、目的解释等方法。其中，反对解释是根据法条正面表述，推导出其反面含义。例如，14 周岁以上的人犯强奸罪应当负刑事责任，14 周岁以下的人不负刑事责任则属于反对解释。体系解释是根据刑法条文在整个刑法中的地位，结合其他相关法条含义，而对本法条含义解释的方法。例如，同类解释规则对"其他危险方法""其他方法"进行解释；此外还包括结合不同罪名之间刑罚，为保证刑罚均衡进行的解释。历史解释，又称沿革解释，是根据某一刑法规范制定的历史背景和修正过程，对其含义进行解释的方法。例如，遗弃罪由 1979 年《刑法》中的婚姻家庭犯罪移置到侵犯公民人身、民主权利犯罪，其犯罪主体亦应由家庭成员特殊主体转变为负有相关义务的所有主体。目的解释是根据刑法规范目的，阐明刑法条文真实含义的解释方法。主要包括主观目的解释，即探求立法者真实原意的解释方法；客观目的解释，即根据社会变化解释刑法条文真实含义。例如，诬告陷害罪保护的法益是公民人身权利，以此否定没有侵害公民人身权利的诬告陷害构成本罪。比较解释是根据国外相关立法进行本国法的解释。补正解释是在刑法规范表达明显有误的情况下，通过修正、补正来阐明其应有含义，对此解释方法应严格限制。

第四节　刑法学与刑法学派

一、刑法与其他部门法

刑法，与程序法相比，是实体法；与宪法相比，是子法；与任意法相比，是强行法；与私法相比，是公法。

刑法学分为广义刑法学和狭义刑法学两种，其中，狭义刑法学是指刑法解释学，也被称作教义刑法学。刑法解释学是指运用解释的方法对刑法规范的内涵和外延进行系统阐述的学问。广义刑法学不仅包括刑法解释学，还涵盖了作为刑法解释学基础学科的犯罪学、监狱法学、刑事政策学、刑法史学和比较刑法学等学科。刑事一体化视野下，刑事法学是最广义的刑法学，将犯罪侦查、提起公诉、刑事审判到刑罚执行的全过程进行一体考虑，研究领域包括犯罪侦查、刑事诉讼程序、实体刑法规范和刑罚效果等，虽然各自的性质和任务均不相同，但相互联系，相互作用，形成了刑法的有机整体。

J-1-4-1　司法体制改革与捕诉合一
——山东省东营市东营区人民检察院检察官王莎莎

二、刑法理论与学派之争

（一）启蒙时期刑法理论

在刑法启蒙时代，刑法理论与刑法思想的代表性人物是英国的霍布斯（Thomas Hobbes）、洛克（John Locke），法国的卢梭（Jean-Jacques Rousseau），意大利的贝卡利亚（Cesare Beccaria）等。贝卡利亚在著作《论犯罪与刑罚》中提出影响深远的罪刑法定原则，即主张只有法律才能规定犯罪与刑罚，且刑罚的轻重只能根据犯罪对于权利的侵害来衡量，而不得超出必要限度进行处罚，反对刑法的肆意性、残酷性和身份性。

古典学派的代表人物是近代刑法之父费尔巴哈（Anselm V. Feuerbach）和边沁（Jeremy Bentham），基本思想有：其一，肯定行为人的意志自由，强调责任主义，并提出"心理强制说"——人都会理性地计算快乐和痛苦，将犯罪得到的快乐与因刑罚带来的痛苦进行比较，当后者大于前者时，则不会选择犯罪。因此，如果法律规定了实施某种行为就会受到惩罚，对于行为人的心理会产生一定的强制作用，使其远离犯罪，从而达到一般预防的目的。[1] 其二，强调客观主义、行为主义，刑法惩罚的不是一个人恶的品行，而只针对行为。行为对社会有危害性，才能受惩罚，此时的刑法是事后法，带有谦抑性。其三，主张刑罚报应主义、罪刑均衡，意图排除中世纪刑法的任意性和残酷性。

作为功利主义刑法的代表，边沁也以心理强制说为基础，与费尔巴哈一样，都主张刑法的目的在于一般预防。他还认为，为了防止行为人再犯罪，除了使用刑罚威吓以外，还

---

[1] [日] 大谷实：《刑法讲义总论》，黎宏译，中国人民大学出版社2008年版，第14页。

应对其进行必要的教育和矫正措施。

(二) 近代刑法理论的展开

康德（Immanuel Kant）主张刑罚报应，认为实行惩罚是为了实现报应，重罪重判，罪刑相当，以实现刑法正义。康德在主张报应刑论和罪刑均衡的同时，批判费尔巴哈所提倡的预防刑，反对将人作为预防犯罪的手段。黑格尔（Wilhelm Friedrich Hegel）主张自由意志和道义责任，而放弃费尔巴哈的心理强制说。他认为，只有对基于自由意志所实施的违法行为，才能够进行非难，追究其道义上的责任；对于不能在道义上加以谴责的客观行为，则不能够作为犯罪予以处罚。

宾丁（Karl Binding）以报应刑论为理论基础，从对法秩序的侵害的角度，提出法律报应刑论，即规范说。强调刑罚规范与作为刑罚规范前提的规范的区分，他认为，犯罪的本质是对于规范的违反。所谓规范，是指为了保护社会共同利益，针对具有行为能力的人的行为而作出的禁止规定或者命令，是刑罚法规的前提。只有行为违反了这一规范，才能够引起刑罚权的启动。在此意义上，刑罚是对作为规范的否定的犯罪之否定，而刑罚的目的是维护国家权威。

(三) 古典学派与近代学派之争

古典学派是对启蒙时期刑法理论与以刑罚报应为理论基础的刑法理论的合称，其中，以费尔巴哈为代表的启蒙时期刑法理论又称为前期古典学派，以宾丁为代表的主张报应的刑法理论被称为后期古典学派。前期古典学派和后期古典学派的相同之处是，承认人的理性，认为犯罪的本质应从客观行为中去探寻，同时重视罪刑均衡。二者的不同之处在于：前者以个人自由主义为基础，而后者强调刑法以维护国家权威为目的而存在，具有国家自由主义的特征。

近代学派，否定人的自由意志，主张犯罪决定论，认为犯罪均由于一定的原因而产生，强调预防刑。其中，近代学派的代表人物是犯罪学三圣：菲利（Enrico Ferri）、加罗法洛（B. R. Garofalo）及《犯罪人论》的作者龙勃罗梭（Cesare Lombroso），还有刑事社会学派的李斯特（Franz V. Liszt）。李斯特立足于实证主义的方法论，其基本思想有：其一，决定论，即否定意思自由论，犯罪是素质与环境决定的产物，刑罚就是治疗手段，不是报应和刑罚责难。其二，行为人主义，应罚的并非行为而是行为人。其三，刑罚目的是社会防卫，即特殊预防。

古典学派（旧派）和近代学派（新派）之间的冲突与对立体现在以下几个方面：

1. 行为刑法与行为人刑法。在对于刑法处罚的对象是行为还是行为人上，旧派和新派认识不同。新派主张行为人刑法，即认为应当处罚的是行为人而不是行为人的行为，而责任基础在于行为人的人身危险性，犯罪行为只是作为说明行为人自身人身危险性的客观表现而存在。

2. 刑罚一元主义与刑罚二元主义。新派采刑罚的一元主义，主张刑罚和保安处分之间不存在本质区别，其目的都是改造、教育行为人，矫正行为人的反社会性，使其重返社会。

3. 报应刑与预防刑。新派以特殊预防为理论基础，立足于社会防卫的角度，认为刑罚是改造行为人，使其将来不再犯罪的手段。旧派则主张刑罚的目的在于一般预防，即对于社会上一般人的预防和威慑。

第二章

刑法的基本原则

第一节 罪刑法定原则

《刑法》第3条规定:"法律明文规定为犯罪行为的,依照法律定罪处刑;法律没有明文规定为犯罪行为的,不得定罪处刑。"

一、基本内涵

罪刑法定原则的基本内涵是:对于规定何种行为是犯罪,及对其进行何种处罚,事先必须以成文法的形式明确予以规定。引用费尔巴哈的表述,所谓罪刑法定原则,是指没有法律就没有犯罪,没有法律就没有刑罚,即"法无明文规定不为罪,法无明文规定不处罚"[1]。其思想基础主要体现为心理强制说、民主主义、尊重人权等思想学说。

二、历史沿革

罪刑法定原则,发端于1215年的《英国大宪章》,即对于自由人的逮捕、处罚等在形式上要求适当的法律程序原则。1789年法国《人权宣言》确立了现代意义上罪刑法定原则的法律渊源。1810年《法国刑法典》明确规定了罪刑法定原则,自此罪刑法定原则从最初的宪法原则被固定为刑法中的基本原则。此外,《世界人权宣言》《公民权利和政治权利国际公约》等的出现,使罪刑法定原则逐渐成为各国公认的刑事司法准则。

我国刑法的发展历程,经历了从允许类推到罪刑法定的转变与跨越。我国1979年《刑法》第79条规定,"本法分则没有明文规定的犯罪,可以比照本法分则最相类似的条文定罪判刑,但是应当报请最高人民法院核准"。由此可见,尽管1979年《刑法》规定了类推,但是进行了严格的适用限制。

1997年我国对《刑法》进行修订,第一次明确规定了罪刑法定原则(第3条):"法律明文规定为犯罪行为的,依照法律定罪处刑;法律没有明文规定为犯罪行为的,不得定罪处刑。"将罪刑法定原则写入《刑法》,明确禁止类推解释,体现了国家对于人权的尊重,通过提高法的可预测性保障公民的权利与自由,同时起到限制司法权的目的。对于我国《刑法》第3条是否属于罪刑法定原则表述,学界主要有"两面说",即第3条前半段属于

---

[1] [德]安塞尔姆·里特尔·冯·费尔巴哈:《德国刑法教科书》,徐久生译,中国方正出版社2010年版,第180页。

积极的罪刑法定，后半段属于消极的罪刑法定，类似的观点还有将第3条后半段视为前半段的反向解释。还有观点认为，第3条核心是限制司法权，前段为法益保护，与罪刑法定原则无关；后段为保障人权，属于罪刑法定。

三、主要内容

对于罪刑法定原则所涵盖的具体内容，可以从以下几个方面进行理解：

（一）法不溯及既往，禁止事后法

法不溯及既往，也称事前的罪刑法定。刑法原则上只能适用于在其施行之后产生的犯罪，不能对其施行之前的犯罪追溯适用，但当事后的法律有利于行为人时，例外地允许溯及既往。

（二）成文法主义，禁止习惯法

成文法主义，由法律主义原则推导而来，要求规定犯罪及刑罚的法律必须是成文法，排除适用习惯法，判例、习惯均不得作为刑法渊源。

（三）禁止类推解释

禁止类推解释，是指为了保障个人自由，罪刑法定原则禁止不利于被告的类推解释，要求不得脱离刑法法规进行肆意解释，必须严格刑法的解释。

（四）明确性原则，禁止绝对不确定刑

明确性原则，是指法律不确定时法律就不存在，因此由罪刑法定原则派生出来的明确性原则，要求犯罪构成的明确性和刑事司法的明确性，如司法的解释、判决书的明确性。绝对不确定刑指刑罚的种类和刑罚的轻重程度完全不确定。根据法谚"没有刑罚就没有犯罪"，刑法将某种行为规定为犯罪，即应同时规定相应的刑罚后果。另外，绝对确定的刑罚也不利于保障人权，如果法官没有自由裁量的空间，就不能够对于具有不同情节和不同危害的行为进行区别处理，从而可能侵害那些情节轻微或者危害不大的犯罪人的权利与自由。

（五）刑罚妥当原则，禁止酷刑，禁止处罚不当罚的行为

刑罚妥当原则，是指在刑罚处罚范围方面，刑法只能将值得刑罚处罚的行为规定为犯罪，禁止处罚不当罚的行为，以达到限制国家刑罚权的效果；在刑罚处罚程度方面，要求罪刑均衡，强调刑罚阶梯等效性。

四、罪刑法定原则与刑法解释

罪刑法定原则适用于立法、执法、司法，对于刑法解释构成约束，要求刑法解释不得超过刑法条文规定本身的含义，不得逾越公民对于法律的预测可能性。法无规定即可为，刑法如果想要把未被现有规定所规制的行为以犯罪论处，只能通过立法的方式，通过刑法将该行为明确规定为犯罪，而不能突破罪刑法定的界限，进而超出刑法条文的语义范围进行类推解释。需要注意的是，罪刑法定原则并非绝对禁止一切类推解释，只是禁止不利于被告人的类推解释，但却允许有利于被告人的类推解释。

在刑法解释时，应注意以下几点：①在符合罪刑法定原则要求的前提下，可以基于法益保护进行实质解释，从而将符合构成要件字面含义但不具有可罚性的行为排除于构成要件之外，以实现出罪功能。②在虽不能确信被告人实施了某一特定犯罪行为，但能够确信被告人肯定实施了另一处罚较轻的犯罪行为时，可以认定另一犯罪的成立，即择一认定。③必须谨慎进行扩大解释，只能将具有处罚必要性和合理性的行为解释为刑法规定的犯罪行为，而不能突破罪刑法定的限制。

J-2-1-1 罪刑法定原则：
非法经营罪兜底条款的运用
山东省东营市东营区人民检察院
第一检察部主任古延光

S-2-1-1 罪刑法定原则

第二节 平等适用刑法原则

《刑法》第4条规定："对任何人犯罪，在适用法律上一律平等。不允许任何人有超越法律的特权。"

一、基本含义

平等适用刑法原则的基本含义是，法律面前人人平等，这一原则既是宪法原则，又是刑法基本原则。平等适用刑法原则，同时要求立法层面的平等、司法层面的平等和执法层面的平等。

二、具体要求

平等适用刑法，要求平等地保护法益、平等地定罪（包括出罪和入罪）、平等地量刑以及平等地行刑。需要注意的是，平等适用刑法是相对的，不是绝对的，并不否定对弱势群体的保护，平等也不意味着绝对禁止任何有差别的适用刑法。例如，《刑法》规定犯罪时未满18周岁的人，审判时怀孕的妇女不适用死刑。具体来讲，在定罪上，根据行为人的年龄、身份等进行了区分；在量刑上，同样有根据身份、年龄等进行了量刑差异化的处理。

第三节 罪刑相适应原则

《刑法》第5条规定："刑罚的轻重，应当与犯罪分子所犯罪行和承担的刑事责任相适应。"

一、基本含义

罪刑相适应，是指刑罚的轻重应当与犯罪的轻重相适应，既不能重罪轻判，也不能轻罪重判，而是应做到罚当其罪，罪刑相当。

二、理论基础

罪刑相适应的理论基础包括报应主义和预防主义。报应主义，即公平正义，主要表现为等量报应论与因果报应论。康德的等量报应论认为刑罚是犯罪的镜面反射，主张"以牙还牙"、同态复仇；黑格尔的等价报应论则强调个人意思自由和责任主义，认为罪刑均衡是指"社会价值"上的对等，达到法的恢复的效果。预防主义，即功利主义，如贝卡利亚的罪刑阶梯论，认为刑罚的目的在于预防犯罪；再如边沁的功利法则，主张以刑罚的可预测性为基础进行预判。由此，刑罚的正当化根据，包括报应刑论与目的刑论。报应刑论认为，对于实行恶行的人，施以刑罚这种恶报是正义的，即报应的正义性。目的刑论认为，科处刑罚是为了预防犯罪，因而是正当的，即预防犯罪目的的合理性。概言之，报应限制了刑罚的边界，即刑罚不得超出报应（等量报应或等价报应）；预防强调了刑罚的目的性与合理性。

三、具体内容

犯罪行为社会危害性大小和犯罪行为人的人身危险性大小，共同决定了刑罚轻重程度。主要包括：①与罪行的社会危害程度（包括行为手段、危害后果、犯罪情节和主观恶性）相适应，属于报应刑对刑罚的限制。②与犯罪人的人身危险性相适应，则是目的刑的要求。前者以惩罚性为基础，针对行为已经造成的社会危害，体现为与已然之罪相适应。后者立足于刑法的预防目的，包括一般预防和特殊预防，表现为与未然之罪相适应。

四、具体要求

罪刑相适应原则体现在刑法的每一项具体制度之中，既是一项立法原则，同时还是量刑原则和行刑原则。其一，在立法层面，罪刑相适应原则要求立法机关制定合理的刑罚体系、刑罚制度与法定刑。其二，在量刑层面，罪刑相适应原则表现为法定量刑与酌定量刑情节，例如未成年人犯罪应当从轻或减轻处罚，对于自首的犯罪分子可以从轻或者减轻处罚，对于累犯应当从重处罚，等等。其三，在刑罚执行方面，罪刑相适应原则表现为减刑、假释等制度。

为此，必须在立法、量刑与行刑阶段均分别考虑犯罪行为的社会危害性及犯罪行为人的人身危险性。具体而言，要强化量刑公正，将量刑与定罪置于同等重要的地位，纠正司法实践中重定罪、轻量刑的做法；纠正重刑主义的错误倾向；追求司法的均衡和统一，避免不同法院对同样犯罪量刑过于悬殊的现象出现。

五、罪刑相适应原则与刑罚个别化

罪刑相适应不排斥刑罚个别化，罪刑相适应为刑罚个别化划定范围与疆界，刑罚个别化对罪刑相适应进行体现和校正。司法改革中，认罪认罚从宽制度的探索亦体现了罪刑相适应与刑罚个别化。

第三章

刑法的适用范围

刑法的适用范围，又称刑法的效力范围，是指刑法适用于什么地域、什么人和什么时间以及是否有溯及既往的效力。包括刑法的空间效力与刑法的时间效力两个方面：前者指刑法适用于何地、何人，即对地效力与对人效力；后者指刑法的生效时间、失效时间、刑法溯及力。

第一节 刑法的空间效力

一、空间效力的管辖原则

空间效力管辖原则，主要包括属地原则（领土原则）、属人原则（国籍原则）、保护原则（安全原则）、世界性原则（普遍管辖原则）、永久居所或营业地原则。一般认为，属地原则属于最为权威的原则，属人原则次之，保护原则、普遍管辖原则依次递减。需要明确，管辖原则尽管有权威强弱之分，但并不具有位阶性。根据我国《刑法》规定，空间效力的管辖原则采用[1]综合原则，即以属地原则为基础，并辅之以属人原则、保护原则和普遍性原则。

刑事管辖权冲突的解决。为了有效惩治、防范跨国犯罪，避免国家间争端，当国家刑事管辖权发生冲突时，在遵循属地、属人等原则的基础上，解决刑事管辖权的冲突还应当考虑方便诉讼原则，即以有利于证据的收集、犯罪的侦查以及惩治、改造犯罪分子为原则。此外，也应当将犯罪嫌疑人的实际控制等特定事实考虑在内。[2]

二、我国《刑法》对地域的效力

我国对于国内犯罪，采取"属地管辖+旗国主义"的原则。

（一）属地管辖原则的具体内容

《刑法》第6条第1款规定："凡在中华人民共和国领域内犯罪的，除法律有特别规定的以外，都适用本法。"

1. 领域主要包括领土和拟制领土。

---

[1] 最高人民法院刑事审判一至五庭主办：《中国刑事审判指导案例》（第1卷），法律出版社2017年版，第2页。

[2] 最高人民法院刑事审判一至五庭主办：《中国刑事审判指导案例》（第1卷），法律出版社2017年版，第14页。

(1) 领土包括：领陆（含岛屿）、领水（内水和领海）和领空。

(2) 拟制领土，也称浮动领土。《刑法》第 6 条第 2 款规定："凡在中华人民共和国船舶或者航空器内犯罪的，也适用本法。"一般认为，只要悬挂本国旗帜，无论是军用还是民用，也无论处于飞行状态还是停止运行状态，均适用本国刑法。这里需要强调，不含国际列车、客车。驻外使领馆不属于本国领土，但根据国防法享有对等的管辖权。例如，格劳秀斯提出的治外法权指的是外交特权和豁免，而非代表着一国对他国驻本国的使领馆享有领土主权。

2. 例外情况。

(1) 享有外交特权和豁免权的外国人的刑事责任，通过外交途径解决，包括国家元首、政府首脑、外交部长，外交人员配偶及未成年子女，以及享受特权的商务代表。领事官员不受逮捕或者拘留，但有严重犯罪情形，依照法定程序予以逮捕或者拘留的不在此限。

(2) 我国香港、澳门特别行政区（我国台湾地区），属于内地（大陆）《刑法》的适用例外。但区域刑法也是中国刑法的一部分。

(3)《刑法》施行后国家新制定的特别刑法的规定，属于《刑法》适用的绝对例外。

(4) 民族自治地方补充规定或变通规定（根据《宪法》第 116 条、《立法法》第 75 条等规定，民族自治地方省的人民代表大会根据当地民族的政治、经济和文化的特点，制定自治条例和单行条例）属于《刑法》适用的例外。

S-3-1-1 属地管辖原则

(二) 犯罪地确定的标准：遍在地说

《刑法》第 6 条第 3 款规定："犯罪的行为或者结果有一项发生在中华人民共和国领域内的，就认为是在中华人民共和国领域内犯罪。"包括以下两种情形：

1. 犯罪行为的一部分（未完成形态，如预备行为、实行行为）或者犯罪结果（实害结果、危险结果）的一部分发生在我国领域内。例如，行为人在中国购买杀人所用刀具，最后在日本将人杀害的，适用中国《刑法》。再如，行为人从美国向中国的张三邮寄炸弹但未爆炸，也适用中国《刑法》。另外，行为人希望、放任结果发生之地、可能发生之地（危险地）也是犯罪地。

2. 共同犯罪中的任一共犯行为（教唆、帮助）或者共同犯罪的结果有一部分发生在我国领域内。例如，美国人在美国教唆日本人去中国杀人的，适用中国《刑法》。但是，如果正犯在国外不构成犯罪，即使共犯行为发生在本国，也不能对该共犯行为进行处罚。例如，中国的张三在中国教唆迈克在美国阿拉斯加开设赌场，张三不构成犯罪。

三、我国《刑法》对人的效力

(一) 属人原则：我国公民在境外犯罪

1. 普通公民。《刑法》第 7 条第 1 款规定："中华人民共和国公民在中华人民共和国领域外犯本法规定之罪的，适用本法，但是按本法规定的最高刑为三年以下有期徒刑的，可以不予追究。"需要注意以下几点：

（1）最高刑：分别适用《刑法》规定的不同条款或相应量刑幅度。这里的最高刑，是指法律条文的最高刑，并非对被告人判处的实际刑罚。换言之，假若行为人所犯之罪对应的量刑幅度的法定最高刑为3年以上有期徒刑的，不论其可能被判处何种刑罚，刑期多长，均应依照我国《刑法》追究其刑事责任。此外，在我国法院进行审判时，不必拘泥于必须判处被告人3年以上有期徒刑的限制，而是要根据事实和法律作出合理合法的判决。[1]

（2）最高刑为3年以下的犯罪，如代替考试罪，也可以追究。

（3）未要求双重犯罪原则，不同于保护管辖原则。

2. 国家工作人员和军人。《刑法》第7条第2款："中华人民共和国国家工作人员和军人在中华人民共和国领域外犯本法规定之罪的，适用本法。"

军人包括具有军籍的军校生、武警及执行任务的预备役人员。

S-3-1-2 属人管辖原则

（二）保护管辖原则：外国人在境外犯罪

《刑法》第8条规定，外国人在中华人民共和国领域外对中华人民共和国国家（国家保护原则）或者公民（国民保护原则）犯罪，而按本法规定的最低刑为3年以上有期徒刑的，可以适用本法，但是按照犯罪地的法律不受处罚的除外。

适用条件如下：

1. 针对我国国家或公民的犯罪：所犯之罪必须侵犯了我国国家或者公民的利益。
2. 所犯之罪为重罪：按我国《刑法》规定的最低刑为3年以上有期徒刑。
3. 要求双重犯罪原则：所犯之罪按照犯罪地的法律也应受处罚。例如，日本人在日本和14岁中国幼女自愿发生性关系，由于日本刑法规定奸幼型强奸罪的幼女为不满13周岁，虽然我国强奸罪最低刑3年以上，但根据保护管辖原则不予处罚。

S-3-1-3 保护管辖原则

（三）普遍管辖原则：针对国际犯罪

《刑法》第9条规定："对于中华人民共和国缔结或者参加的国际条约所规定的罪行，中华人民共和国在所承担条约义务的范围内行使刑事管辖权的，适用本法。"

1. 概念。对于国际公约或者条约所规定的犯罪，不管犯罪人的国籍、犯罪地、侵害对

---

[1] 最高人民法院刑事审判一至五庭主办：《中国刑事审判指导案例》（第1卷），法律出版社2017年版，第2~3、5页。

象，缔约国或参加国可行使刑事管辖权，亦称条约原则。普遍管辖的背景，源于当今世界国际化联系的不断增强，一些犯罪人在犯罪后可能会逃到与犯罪地国、犯罪人国籍国、受害国或者受害人国籍国无关的另一国家，使得传统的管辖原则无法确定管辖权，而令犯罪分子逃脱法律的制裁。因此，为了有效打击国际犯罪，世界各国通过国际公约确定了普遍管辖原则。但是，普遍管辖原则的适用应当严格遵循下文的适用条件。[1]

2. 适用条件。

（1）危害人类共同利益的犯罪。国际公约规定的犯罪有侵略罪、战争罪、海盗、毒品、劫持民用航空器、恐怖主义、酷刑、反人类、灭绝种族等。

（2）我国缔结或参加了公约。具体而言，普遍管辖原则只能在缔约国之间适用，并且只能在缔约各国的主权范围内适用。

（3）犯罪人出现在我国领域内（实际控制原则）。适用普遍管辖原则，对于是否要求我国《刑法》也规定该行为是犯罪，学界存有争议，通说认为应以我国《刑法》为根据。

3. 适用我国《刑法》，而非国际条约。

4. 或起诉或引渡原则，对国际犯罪嫌疑人采取措施（逮捕）。引渡的基本原则包括：

（1）双重犯罪原则：请求国和被请求国都认为是犯罪，并可以起诉的行为，反之不引渡；

（2）罪名特定原则：又称同一原则，指请求国在将被引渡的人引渡回国后，必须以请求引渡时所持罪名审判或惩处，不得以不同于引渡罪名的其他罪行进行审判或惩处；

（3）政治犯不引渡原则；

（4）本国国民不引渡原则；

（5）死刑犯不引渡原则。

四、对单位的效力

（一）单位国籍的确定

我国批准登记设立的法人，属于中国法人。

（二）对单位效力的双重性

适用双罚制，即对单位判处罚金，对直接负责的主管人员和其他直接责任人员判处刑罚。

五、对外国判决的消极承认

《刑法》第10条规定："凡在中华人民共和国领域外犯罪，依照本法应当负刑事责任的，虽然经过外国审判，仍然可以依照本法追究，但是在外国已经受过刑罚处罚的，可以免除或者减轻处罚。"

基于主权，我国对外国判决的犯罪保留追诉权，即仍然可以依照《刑法》追究。同时，基于人道主义原则，在外国已经受过刑罚处罚的，可以免除或者减轻处罚，这里体现了对外国判决的消极承认。与我国不同的是，欧洲对于外国判决采取积极承认，即执行外国判决。

---

[1] 最高人民法院刑事审判一至五庭主办：《中国刑事审判指导案例》（第1卷），法律出版社2017年版，第9页。

第二节 刑法的时间效力

刑法的时间效力是刑法何时起至何时止具有效力,其内容主要包括三个方面:生效时间、失效时间和溯及力。

一、生效时间
包括以下两种情形:
1. 自公布之日起生效,如《关于惩治骗购外汇、逃汇和非法买卖外汇犯罪的决定》于1998年12月29日公布,并于该日生效。
2. 公布之后间隔一段时间才生效,如1997年《刑法》于1997年3月14日颁布,于10月1日开始生效。目的是保证国民对法律的可预测性。

二、失效时间
1. 由立法机关明文宣布原有法律效力终止或废止。
2. 新法的施行使原法自然失效。

三、刑法的溯及力
《刑法》第12条规定:"中华人民共和国成立以后本法施行以前的行为,如果当时的法律不认为是犯罪的,适用当时的法律;如果当时的法律认为是犯罪的,依照本法总则第四章第八节的规定应当追诉的,按照当时的法律追究刑事责任,但是如果本法不认为是犯罪或者处刑较轻的,适用本法。本法施行以前,依照当时的法律已经作出的生效判决,继续有效。"

(一)概念

刑法的溯及力,是指新制定的刑事法律是否适用于其生效前未经审判或者判决未确定的行为。如果新法适用,则新法具有溯及力;反之,不具有溯及力。

(二)从旧兼从轻原则

新法原则上不溯及既往,应当原则上适用旧法。但是,相比旧法,新法不认为是犯罪或处罚较轻的,则应适用新法,此即从旧兼从轻原则。

1. 处罚较轻:应适用的法定刑幅度内,法定最高刑较轻,最高刑相同则最低刑较轻。
2. 仅适用于未生效判决。
3. 中间时法的效力问题。行为时与审判时中间出现了多次法律规范的变更,最有利于行为人既不是行为时法,也不是裁判时法,而是两者之间的法律。例如,《刑法》第397条渎职罪的主体,1979年《刑法》规定为国家工作人员,1997年《刑法》规定为国家机关工作人员,1999年《刑法修正案》又扩大为国有公司、企业的人员。如果国家工作人员张三、李四在1996年犯案,分别于1998年和2000年归案,对张三应当根据1997年《刑法》宣告无罪,对李四根据当时的修正案判决构成犯罪,存在不公平之嫌。因此,这里的从旧要作变通解释,否定"看两头、弃中间",相对裁判时都是旧法。
4. 司法解释的效力问题。
(1) 行为时无解释,从新。对于司法解释实施前发生的行为,行为时没有相关司法解释,司法解释施行后尚未处理或者正在处理的案件,依照司法解释的规定办理。
(2) 行为时有解释,从旧兼从轻。对于新的司法解释实施前发生的行为,行为时已有相关司法解释，依照行为时的司法解释办理，但适用新的司法解释对犯罪嫌疑人、被告人有利的，适用新的司法解释。

（3）已决案不再变动。对于在司法解释施行前已办结的案件，按照当时的法律和司法解释，认定事实和适用法律没有错误的，不再变动。

（4）立法解释亦属于刑法解释，原则上同样适用上述规定，同样坚持罪刑法定原则。

第四章

犯罪的概念、特征和分类

第一节 犯罪的概念和特征

一、犯罪的概念

(一) 犯罪的一般定义

1. 不同立法例。

(1) 一般情况下,刑法并不规定犯罪的一般定义。

(2) 形式定义:强调法律特征。例如,根据1810年《法国刑法典》规定,"法律以违警刑所处罚之犯罪,称违警罪;法律以惩治刑所处罚之犯罪,为轻罪;法律以身体刑所处罚之犯罪,称重罪"。根据1937年《瑞士刑法典》规定,"凡是用刑罚威胁所确实禁止的行为"是犯罪。

(3) 实质定义:强调实质特征。例如,根据1922年《苏俄刑法典》第6条规定,"威胁苏维埃制度基础及工农政权在向共产主义制度过渡时期所建立的法律秩序的一切危害社会的作为或不作为,都被认为是犯罪"。

(4) 混合定义:同时指出犯罪的法律特征和本质特征。例如,根据1960年《苏俄刑法典》第7条规定,"凡刑事法律所规定的侵害苏维埃的社会制度、政治和经济体系,侵害社会主义所有制……的危害行为,都认为是犯罪"。

2. 理论定义。

(1) 依据犯罪的法律后果。例如,犯罪是依法应受刑罚处罚的行为。

(2) 依据犯罪的成立条件。例如,犯罪是符合构成要件、违法、有责的行为。

(3) 结合犯罪引起的诉讼程序下定义。例如,英美法采用此种定义类型。

(4) 依据反社会性。例如,犯罪是反社会或具有社会危害性的行为。

(5) 混合定义。例如,犯罪是一种特别危险的侵害法益的不法行为。

典型观点中,李斯特认为"犯罪是实现犯罪构成应当受刑法处罚的作为和不作为";帕多瓦尼认为"犯罪是刑事违法的同义词,它违反了以刑法典为重罪和轻罪规定的主刑为制裁措施的法律规范";大谷实认为"犯罪是根据刑罚法规值得处罚的当罚行为"。

(二) 我国刑法中的犯罪概念

《刑法》第13条规定:"一切危害国家主权、领土完整和安全,分裂国家、颠覆人民民主专政的政权和推翻社会主义制度，破坏社会秩序和经济秩序，侵犯国有财产或者劳动群众集体所有的财产，侵犯公民私人所有的财产，侵犯公民的人身权利、民主权利和其他权利，以及其他危害社会的行为，依照法律应当受刑罚处罚的，都是犯罪，但是情节显著轻微危害不大的，不认为是犯罪。"

J-4-1-1 不构成犯罪的情况：
以故意伤害罪为例——山东省东营市东营区人民检察院检察官赵鹏

1. 我国《刑法》中的概念属混合概念。犯罪就是指危害社会的依法应当受到刑事惩罚的行为。
2. 对于犯罪的概念采取"定性+定量"模式。学界对于罪量存废的问题具有争议。
3. 犯罪概念不是认定犯罪的标准，但书也不是认定无罪的标准。

（三）但书

《刑法》第13条规定："……以及其他危害社会的行为，依照法律应当受刑罚处罚的，都是犯罪，但是情节显著轻微危害不大的，不认为是犯罪。"

1. 但书的含义。
（1）情节显著轻微：行为过程中影响不法程度的各种情况，如法益的性质、实害结果，但不包括行为前后的表现。
（2）不认为是犯罪：立法与司法均不认为是犯罪；从反面说明什么不是犯罪，正反结合理解犯罪的概念。
2. 但书的性质。
（1）出罪标准说。但书在符合构成要件的基础上阻却实质违法性；符合要件即犯罪，显著轻微的原本就不会被类型化为犯罪。
（2）入罪限制条件说。但书是对入罪的限制，将但书的判断融入入罪的判断中。
（3）定罪标准说。通常认为但书是对犯罪入罪门槛的规定，即作为犯罪的定量标准。
3. 对但书"出罪"的不当理解。[1]
（1）原本成立犯罪，却直接根据但书宣告无罪。
例1：《刑法》第133条之一规定，在道路上驾驶机动车，有下列情形之一的，处拘役，并处罚金：①追逐竞驶，情节恶劣的；②醉酒驾驶机动车的。
例2：安乐死案

【拓展阅读】

"王某、蒲某故意杀人案"——中国首例安乐死案

陕西省汉中市人民法院判决书（1991年4月6日）
陕西省汉中市人民法院经过公开审理认为，（1986年）被告人王某在其母夏某病危濒

---

[1] 参见张明楷：《刑法学》，法律出版社2016年版，第91页。

死的情况下，再三要求主管医生蒲某为其母注射药物，让其母无痛苦地死去，虽属故意剥夺其母生命权利的行为，但情节显著轻微，危害不大，不构成犯罪。被告人蒲连升在王某的再三请求下，亲自开处方并指使他人给垂危病人夏某注射促进死亡的药物，其行为亦属故意剥夺公民的生命权利；但其用药量属正常范围，不是造成夏某死亡的直接原因，情节显著轻微，危害不大，不构成犯罪。

（2）将不值得《刑法》处罚的行为，即不具有可罚必要性的行为作为犯罪认定，再根据但书"出罪"。

二、犯罪的特征

（一）两特征说

1. 社会危害性，体现了法益保护的刑法属性。意大利刑法学家贝卡利亚认为，犯罪使社会遭到的危害是衡量犯罪的真正标准。有观点认为社会危害性具有有罪推定、随意出入人罪之嫌，应将其剔除出犯罪论之外，本书认为该观点将社会危害性特征预设为判定有罪的根据有失公允。

（1）社会危害性是质和量的统一：同时包括危害及程度，危害性及可罚性。其中，犯罪的"质"指侵犯的客体，如爆炸行为和杀人行为；犯罪的"量"如数额或多次。

（2）社会危害性是主客观相统一：客观危害及主观罪过。例如，行为人不具有主观罪过，因此不构成犯罪。

（3）社会危害性是稳定性和变动性的统一：例如，非法狩猎罪。

2. 依照法律应受刑罚处罚性，体现了罪刑法定原则的要求。

（1）依法应受惩罚，罪刑法定原则的要求。

（2）应受刑罚处罚性，即犯罪是根据刑罚法规值得处罚的当罚行为。体现为：第一，刑法的谦抑性；第二，责任主义。根据行为人的年龄、辨别和控制行为的能力进行判断。

（二）其他学说

1. 三特征说。

（1）社会危害性（本质特征）。

（2）刑事违法性（形式特征）。

（3）应受刑罚处罚性。

2. 两特征说。

（1）不法：符合构成要件且违法。

（2）责任：不法是责任的前提，但不法成立犯罪仍需有责。

（三）犯罪的本质特征

法律之外决定行为之所以成为犯罪的根本内容、实质依据。对此存在以下不同学说：

1. 社会危害性说，我国传统学说的观点。
2. 权利侵害说，代表人物费尔巴哈。
3. 法益侵害说，代表人物宾丁、李斯特。法益侵害说坚持结果无价值的观点，认为犯罪是对法所保护的个人或共同社会利益的侵害。
4. 义务违反说：认为犯罪是对义务的违反。
5. 规范违反说：坚持行为无价值的观点，认为犯罪的本质是违反规范或者违反法秩序。

第二节 犯罪的分类

一、理论分类

（一）重罪、轻重、违警罪

1. 以法定刑为标准进行划分，源于法国，超过10年的为重罪，不足10年的为轻罪。
2. 我国法定刑最低刑为3年或者5年以上有期徒刑的为重罪；1年以下的为轻罪。

（二）自然犯与法定犯

二者区分的意义体现在违法性认识的判断方面，二者划分具有相对性，随着公民规范意识增强，有些法定犯亦趋向于自然犯，如污染环境罪。

1. 自然犯：明显违背人伦道德的传统型犯罪，行为本身即使没有刑罚规定也会受到社会非难。例如强奸罪。
2. 法定犯：基于公共管理的目的，为适应社会形势的需要而规定的犯罪。例如非法持有枪支罪。在此需要明确，法定犯和行政犯非同一概念，后者更强调对行政管理秩序的侵犯，如妨害公务罪。

J-4-2-1 轻罪案件中的非羁押诉讼
——山东省东营市东营区人民检察院第一检察部检察官宋义杰

（三）隔隙犯与非隔隙犯

二者区分的意义在于判定刑事责任能力、追诉时效以及管辖权等问题。

隔隙犯，是指实行行为与犯罪结果之间存在时间、场所间隔的犯罪。包括隔时犯和隔地犯两种。

1. 隔时犯的意义，在于确定时间效力、追诉时效。需要明确：其一，原则上以行为时为犯罪时；其二，过失隔时犯和间接故意隔时犯，以结果（危险）发生时为犯罪时，如重大责任事故罪。
2. 隔地犯的意义，在于确定空间效力。

二、犯罪的法定分类

（一）身份犯与非身份犯

二者区分的意义在于犯罪构成要件的判定以及间接正犯认定等问题。

1. 身份犯，是指以特殊身份为犯罪构成主体要件（成立正犯的条件）或者加重、减轻刑罚处罚事由的犯罪。包括真正身份犯和不真正身份犯两类。

（1）真正身份犯是以身份为正犯成立要件。例如，刑讯逼供罪、受贿罪。

（2）不真正身份犯是以身份为量刑要件。例如，诬告陷害罪中，国家机关工作人员诬告陷害的，从重处罚。

2. 非身份犯，是指构成正犯不需要满足特定身份要件，即普通犯。例如，强奸罪，女性可以构成本罪的间接正犯，也可以构成共同正犯。

3. 亲手犯。

（1）必须自己实施得逞才为既遂的犯罪。例如，脱逃罪、危险驾驶罪、强奸罪等。

（2）对于亲手犯有无间接正犯问题，通说认为亲手犯不存在间接正犯，本书认为，对此应当区分判定，强奸罪存在间接正犯的可能。同时，亲手犯不宜适用部分行为共同责任原则。例如，三人轮奸，其中一人未得逞不宜认定为其既遂。

（二）亲告罪与非亲告罪

二者区分的意义在于刑事诉讼程序的启动。

1. 我国《刑法》中规定有 5 个亲告罪：侮辱罪、诽谤罪、暴力干涉婚姻自由罪、虐待罪、侵占罪。需要明确，遗弃罪、重婚罪由检察机关提起公诉。

2. 亲告罪的例外情况。

（1）侮辱罪、诽谤罪：严重危害社会秩序和国家利益的除外。

（2）暴力干涉婚姻自由罪：致使被害人死亡的除外。

（3）虐待罪：致使被害人重伤、死亡；被害人没有能力告诉，或者因受到强制、威吓无法告诉的除外。

（三）危害国家安全罪、普通刑事罪

二者区分的意义在于剥夺政治权利附加刑适用、累犯的认定等问题。

（四）基本犯、加重犯、减轻犯

1. 基本犯：符合某个构成要件基本形态规定的犯罪形态。如《刑法》第 234 条第 1 款规定的故意伤害罪。

2. 加重犯：实施基本犯罪发生了超过基本构成要件结果的加重结果，导致刑罚加重的犯罪形态。如伤害、强奸、抢劫致死。德国刑法观点认为，加重犯未改变基本犯罪性质，仅提升了不法程度。

例如，《刑法》第 234 条规定："故意伤害他人身体的，处三年以下有期徒刑、拘役或者管制。犯前款罪，致人重伤的，处三年以上十年以下有期徒刑；致人死亡或者以特别残忍手段致人重伤造成严重残疾的，处十年以上有期徒刑、无期徒刑或者死刑。本法另有规定的，依照规定。"

3. 减轻犯：以基本犯为基准规定了减轻情节的犯罪。如收买被拐卖的妇女、儿童罪。

例如，《刑法》第 241 条规定，收买被拐卖的妇女、儿童的，处 3 年以下有期徒刑、拘役或者管制。收买被拐卖的妇女、儿童，对被买儿童没有虐待行为，不阻碍对其进行解救的，可以从轻处罚；按照被买妇女的意愿，不阻碍其返回原居住地的，可以从轻或者减轻处罚。

（五）即成犯、状态犯和继续犯

区分意义在于追诉时效的起算时间、正当防卫的防卫时间认定以及罪数形态等问题。

1. 即成犯：法益侵害后果发生的同时，犯罪行为完成或终了的情形。如故意杀人罪。

2. 状态犯：法益侵害发生的同时，犯罪行为终了，但此后法益侵害的状态仍然继续的情形。例如，盗窃罪，控制财物即既遂，但法益侵害状态仍在继续。盗窃普通财物犯罪后销赃无罪，因为事后不可罚。

3. 继续犯：法益侵害持续进行期间，犯罪行为也持续进行的情形。例如，非法拘禁罪，不法状态与实行行为同时存在。

第五章

犯罪构成

第一节 概述

一、犯罪构成的概念与特征

犯罪构成，是指刑法规定的某种危害社会的行为依法应受刑罚处罚的主、客观要件组成的有机整体。犯罪构成理论是对犯罪一般的成立要件进行分析，并予以体系化的理论。

（一）犯罪构成的诸要件是刑法规定的，即犯罪构成的法定性

1. 《刑法》分则规定的要件。《刑法》第234条规定，故意伤害他人身体的，处3年以下有期徒刑、拘役或者管制。该条规定了客体（生命）；行为对象（人、身体）；行为方式（伤害）；行为主体（一般主体）等。

2. 《刑法》总则规定的要件。

（1）通用性要件，如年龄、责任能力。

（2）修正、补充《刑法》分则的要件，如教唆犯、未遂犯。

（二）犯罪构成是某一行为成立犯罪的全体要件，即犯罪构成的主客观统一性，既否定主观归罪，又否定客观归罪

（三）犯罪构成是包含严重社会危害性内容的行为，即犯罪构成判定的实质审查性，避免处罚不值得刑罚处罚的行为

1. 犯罪构成具有抽象化、模型化特征。

2. 重视犯罪构成在违法与犯罪界分中的地位，强调行政处罚对违法行为的分流。尤其在我国二元刑事立法体系下，更应当根据社会危害性的严重程度，区分犯罪行为与行政违法行为。

二、犯罪概念与犯罪构成的关系

犯罪概念是犯罪构成的基础，犯罪构成是犯罪概念的具体化。

（一）犯罪构成与犯罪概念包含的内容是同一的

无论是犯罪概念还是犯罪构成，都包含了法律规定的该种犯罪的全部要素。

（二）犯罪概念与犯罪构成把握犯罪内容的角度具有差异性

1. 犯罪概念：强调犯罪的本质属性。

2. 犯罪构成：关注某一具体犯罪的基本特征。

（三）犯罪构成是通过一定的模式、结构对犯罪概念的表达和反应

三阶层和四要件等不同的犯罪构成体系，均是对犯罪概念内涵的不同表达。

三、犯罪构成的意义

（一）罪与非罪的标准

在司法实践中，只有某人的行为事实完全具备犯罪构成，才能成立犯罪，依法追究刑事责任。

J-5-1-1 "套路贷"犯罪：罪与非罪的认定
（基于客观行为要件要素的角度）——山西省临汾市曲沃县人民检察院检察官司冬芬

（二）此罪与彼罪的标准

每一种犯罪都有特定的构成要件，不同犯罪的构成要件是不同的。

J-5-1-2 合同诈骗罪与诈骗罪的界分——浙江省台州市仙居县人民检察院胡雨晴

（三）一罪与数罪的标准

行为人的行为符合一个犯罪构成，成立一罪；符合数个犯罪构成的，成立数罪。

四、犯罪构成与犯罪论体系

犯罪构成是所有犯罪成立要件、要素的集合，犯罪构成的体系决定了犯罪论体系。

《刑法》规定了行为、结果、故意、过失等内容，犯罪论体系将这些内容规定在一个思想下形成统一的知识体系，为定罪活动提供了系统化、理论化的指导根据。

除了三阶层（该当、违法、责任）、两阶层（不法、责任）、四要件（犯罪客体、犯罪客观方面、犯罪主体、犯罪主观方面）等学说体系外，我国学者提出了其他的犯罪论体系，例如客观罪行—主观罪责—正当化事由；客观要件—主观要件—犯罪阻却事由。

第二节　犯罪构成体系的主要学说类型

一、三阶层体系

犯罪成立条件是指成立犯罪所必须具备的全部成立条件，即构成要件符合性、违法性、有责性的三阶层体系。

（一）犯罪构成体系的历史演变

1. 中世纪意大利纠问式诉讼程序：将一般纠问"犯罪的确信"（constare de delicto）作

为立案标准。

2. 1581 年意大利的那耶斯进一步引申为基本犯罪事实（corpus delicti）。

3. 1796 年法国的克莱因将"基本犯罪事实"译为德语"Tatbestand"，即构成要件（仅诉讼法意义）。

4. 19 世纪初至 20 世纪后，德国刑法学界对此作出的努力：

（1）费尔巴哈明确将"犯罪事实的构成"作为刑法概念。

（2）贝林提出古典犯罪论体系，主张构成要件是纯客观的、价值中立的，仅包括纯粹客观要素，而主观要素在责任阶段考虑。但是该观点的缺陷在于难以区分目的犯，例如盗窃罪中的非法占有目的属于构成要件，而不是罪责。

（3）麦耶提出新古典犯罪论体系，认为构成要件阶层可以包括主观要素。主张某些犯罪中，目的应属构成要件，不然若等到有责性才能出罪，将导致扩大该当类型。

（4）迈兹格尔提出目的主义犯罪论体系：将故意和过失纳入构成要件，责任是违法性认识和期待可能性。例如，短裙致骑士死亡案，身穿短裙的女孩引发他人死亡，故行为该当构成要件且违法，只是因无罪过而出罪，缺陷在于不当扩大不法类型范围。从这个层面讲，"三阶层"中责任要件几乎已经全部进入到该当性要件，已经近乎我国四要件、正当化事由、刑事责任的犯罪构成体系。

（5）罗克辛提出目的性的犯罪论体系，根据客观归责理论，短裙女孩未创设法所不允许的风险，因此不属于构成要件行为，无行为则无犯罪。

（二）三阶层体系的主要内容

1. 构成要件该当性：刑法法规规定的违法类型（抽象的、定型的判断）。主要包括了主体（身份）、行为、对象、结果、因果关系等问题。当前学界存在对构成要件外延进行扩张的趋势，将原本属于有责性的内容转移到构成要件之中。

2. 违法性：违反法律，即行为为法律所禁止（个别的、具体的、非定型的、客观的判断）。构成要件是法益侵害性的类型化，一般符合构成要件即具有违法性，但有例外。符合构成要件外，还需具有实质违法性，即法益侵害性。阻却违法性事由主要包括：正当防卫、紧急避险，以及其他超法规的违法阻却事由。

3. 有责性：非难可能性，即能够就符合构成要件的违法行为进行非难谴责。有责性是个别的、具体的、内部的、主观的判断。例如，13 岁的行为人杀人，或者精神病人实施侵害行为的，只是该当构成要件且违法，但因欠缺有责性而不成立犯罪。责任要件主要包括：责任能力、责任年龄、故意、过失、目的、动机等。其他超法规的责任阻却事由主要包括：欠缺期待可能性、违法性认识错误等。

二、二阶层体系

二阶层体系主要包括三种学说：①不法（构成要件+违法性）、有责；②客观要件、主观要件；③英美双阶层体系，即犯罪要件（本体要件），对于犯罪意图、行为，控方无须证明辩护。辩护事由（责任补足要件），对于正当化、免责、可恕事由，由辩方进行证明。

三、四要件体系

四要件体系由苏联学者特拉伊宁教授在 1925 年《苏俄刑法教科书》中提出，认为"有一条基本原则始终是不可动摇的，即行为只有符合分则具体罪状规定的犯罪构成才能受刑事处罚"。后完善表述为"苏维埃法律认为决定具体的危害社会主义国家的作为（或不作为）为犯罪的一切客观要件和主观要件（因素）的总和"。目前，四要件体系是我国司法办案中的主流体系,包括了犯罪客体、犯罪客观方面、犯罪主体、犯罪主观方面。本教材以传统的四要件体系为基础,同时引入了阶层论体系的出罪思维。在犯罪客体上,本教材将其进行虚化,在法益的概念层面对其进行改造,将犯罪客体作为判断危害行为是否具有处罚必要性、相关的客体(法益)是否具有刑法保护的必要性,通过对犯罪客体的实质性审查,来指导罪名的选择、罪名适用中的解释。因此,本教材将犯罪客体作为开启犯罪构成判断的虚化性要件、指导性要件。同时,鉴于我国传统刑法学界对"责任"认定缺失带来的问题,本教材重新审视刑事责任在犯罪论体系中的地位问题,借鉴麦耶提出的新古典犯罪论体系、迈兹格尔提出的目的主义犯罪论体系,将违法性认识可能性、期待可能性等作为责任判定的内容,以此作为犯罪构成的堵截性要件。综上,在犯罪构成上,犯罪客体(法益),作为虚化的要件指导罪名选择与解释适用;客观方面作为犯罪构成判断的第一层次,犯罪主体作为犯罪构成判断的第二层次,主观方面作为犯罪构成判断的第三层次,正当化事由作为犯罪构成判断的第四层次,责任审查作为犯罪构成判断的第五层次。前三个层次为传统四要件的入罪性条件,即,积极的构成要件;后两个层次为出罪性条件,即,消极的构成要件。

第三节 犯罪构成要件、要素

一、犯罪构成要件、要素的层次

(一)犯罪构成的特殊要件和一般要件

1. 特殊要件:具体犯罪独有的犯罪构成内容,如故意杀人罪的要件。
2. 一般要件:各种犯罪的共性内容,如成立犯罪所必须的"四要件"。

(二)犯罪构成要件、要素

1. 我国"四要件"体系第一层次上划分为:客体→客观方面→主体→主观方面,称其为犯罪构成要件。
2. 第二层次上进一步将客观方面划分为行为、结果等要素,将主观方面划分为故意、过失、目的、动机等要素,称其为犯罪构成要件要素。犯罪构成要件要素还可以分为构成要件要素、违法要素、责任要素。

```
                            犯罪
         ┌──────────┬──────────┬──────────┬──────────┐
      犯罪客体      客观方面      主体       主观方面
     社会关系、法益  行为、结果、因果关系  年龄、责任能力  故意、过失
```

图 5-3-1 犯罪构成要件

二、犯罪构成要素的分类

（一）客观的构成要件要素与主观的构成要件要素

1. 客观性要素包括行为、行为主体、对象、结果等。
2. 主观性要素指对该犯罪构成客观性要素的认知，包括故意、过失、目的（目的犯）等。
3. 综合性要素包括情节严重、情节恶劣等。

（二）记述的构成要件要素与规范的构成要件要素

1. 记叙性要素，是指对实际存在的人、事、物所作的事实性描述，不需要裁判者进行价值判断。例如，财物、枪支、毒品、贩卖、妇女等。成立犯罪，需要行为人主观认识到记述性要素的内容。
2. 规范性要素，是指需进行价值判断才能明确其含义的要素。例如，淫秽、猥亵侮辱、公共安全等。规范性要素不需要行为人认识，属于法官判断的问题。比如，对于人体写真的淫秽性，随着时代变化认定标准不同。
3. 区分意义在于，对故意（内容的认识程度）的认定、事实认识错误和法律认识错误的判断。二者的区分具有相对性，例如，假药、枪支一般属于记叙性要素，但同时仍应当需要裁判者的价值判断。

（三）成文的构成要件要素与不成文的构成要件要素

1. 成文的要素，是指刑法条文中明确规定的构成要素。例如，《刑法》第239条规定的"以勒索财物为目的绑架他人的，或绑架他人作为人质的，处……"。
2. 不成文的要素，是指刑法虽没有表述但应当认为是犯罪构成要件要素的要素。例如，《刑法》第264条规定的"盗窃公私财物，数额较大……处……"，从这一表述看，《刑法》并没有对盗窃罪的主观目的进行规定，但在司法认定中加入了"以非法占有他人财物为目的"，这一要件要素便是不成文的要件要素。

（四）必要要件要素与选择要件要素

必要要件要素与选择要件要素也称为，共同的要件要素与非共同的要件要素。必要要件，是指犯罪构成的一般要件层次上，成立任何犯罪都不可或缺的条件，如主体、罪过、客体、行为；选择要件，是指时间、地点、目的、动机等并非任何犯罪不可或缺的条件。例如，《刑法》第340条规定的"违反保护水产资源法规，在禁渔区、禁渔期或者使用禁用的工具、方法捕捞水产品，情节严重的，处……"。

三、犯罪构成的分类

（一）基本的犯罪构成与修正的犯罪构成

1. 基本的犯罪构成，是指《刑法》分则条文所规定的犯罪构成。例如，《刑法》第232条规定，故意杀人的，处死刑、无期或10年以上有期徒刑；情节较轻的，处3年以上10年以下有期徒刑。单独犯和既遂犯都是基本的犯罪构成的表现形式。
2. 修正的犯罪构成，是指以基本的犯罪构成为基础并对之进行补充、扩张所形成的犯罪构成。例如，共同犯罪中的教唆、帮助，犯罪的停止形态如预备、中止、未遂。

（二）标准的犯罪构成与派生的犯罪构成

1. 标准的犯罪构成，是指刑法条文对具有通常法益侵害程度的行为所规定的犯罪构成，刑法以此为基础设置处罚。
2. 派生的犯罪构成，是指有较轻、较重情节而减轻、加重处罚的构成。

（1）加重的构成要件存在未遂犯。例如，三人轮奸未遂；入户抢劫未遂。

（2）量刑规则不存在未遂。例如，行为人欲盗窃 1000 万但却未遂的，只按普通盗窃罪的未遂处理。

（三）单一的犯罪构成与择一的犯罪构成

1. 单一的犯罪构成，是指行为要素单一的犯罪构成，即单一罪名。

2. 择一的犯罪构成，是指包含多种选择性行为、对象要素的犯罪构成，即选择性罪名。例如，拐卖妇女、儿童罪中的拐卖妇女或者儿童。

（四）完结的犯罪构成与待补充的犯罪构成

1. 完结的犯罪构成，即封闭的犯罪构成，刑法完整的规定了所有犯罪要件。

2. 待补充的犯罪构成，即开放的犯罪构成，刑法仅规定了部分要件，其他需要适用时补充的犯罪构成。例如过失犯中的注意义务、不真正不作为犯中的相当性。[1]

---

[1] 张明楷：《刑法学》，法律出版社 2016 年版，第 116 页。

犯罪客体

第一节 犯罪客体的概念

一、犯罪客体的概念、特征与意义

传统观点认为,犯罪客体是指刑法所保护的被犯罪活动侵害的社会关系或者社会利益,前者称为社会关系说,后者称为社会利益说。本书将犯罪客体在法益层面上理解将其置于客观方面判断之间,用来指导后续犯罪构成各要件的认定,将不值得刑罚处罚的行为,不值得刑法保护的客体(法益)排除在外。因此,犯罪客体的功能主要体现为:①以不值得刑法保护而出罪;②以客体审查限缩客观方面的认定。

(一)犯罪客体的特征

1. 犯罪客体是某种社会利益。例如强奸罪中的犯罪客体是妇女的性的自主决定权。
2. 犯罪客体是刑法所保护的社会利益。刑法保护的利益随着社会生活发展而变化。例如,麻雀逐渐成为国家保护的野生动物。
3. 犯罪客体是犯罪活动所侵害的社会利益。

(二)犯罪客体的意义

犯罪客体可以帮助理解适用法律,认识犯罪特征,准确定罪量刑。

学界关于犯罪客体存在以下观点:

1. 犯罪客体应作为犯罪的本质属性理解,而非构成要件。如法益的问题。
2. 将犯罪客体剔除出犯罪构成要件之外,因为犯罪客体的概念很大程度上造成了有罪推定,首先认定犯罪客体,即认定存在犯罪侵害的社会关系,属于典型的有罪推定,后续的三个要件的判定,也自然朝着有罪推定的方向进行。
3. 将犯罪客体解读为行为客体,即犯罪对象。通说仍然认为,将犯罪对象置于犯罪客观方面,而非传统的客体中讨论。

本书认为,犯罪客体的概念,对于犯罪构成要件判断的启动,具有"把关"的作用,只有属于犯罪客体的社会关系或者社会利益,才有必要进入刑法的评价半径之内。本书将传统刑法所表述的犯罪客体称之为犯罪的客体,将客体要件置于其他三要件之前,一方面将不属于犯罪的客体的社会利益排除在刑法之外,另一方面,根据所述的社会关系或者社会利益的类型,确定客观方面的行为类型化判断。因此,犯罪客体属于犯罪构成中虚化的要件，通过犯罪客体限制犯罪构成判定的开启。本书虽将犯罪客体（法益）置于客观方面之前，但其并非犯罪构成判断的第一步，而是从实质层面指导客观方面的认定，不具有实际的犯罪构成要件地位。

二、犯罪客体的若干问题

（一）犯罪客体与犯罪的本质特征、犯罪既遂

1. 犯罪客体是犯罪既遂的实质标准，即侵害刑法所保护的社会利益。
2. 侵犯客体表现为已然的损害结果（实害犯、结果犯）和可能的损害结果（具体危险犯、抽象危险犯）。

对于犯罪本质而言，不能犯的范围成为犯罪本质论的试金石，结果无价值论者和行为无价值论者观点截然相反。同时，犯罪本质观念的变化也会对犯罪客体的地位、内容产生影响，基于规范违反说和法益侵害说的差异也会得出不同的观点。

（二）犯罪客体与犯罪对象、犯罪结果（犯罪的客观方面）

1. 犯罪客体决定犯罪性质，犯罪对象则不能。例如盗窃铁路上的铁轨，根据铁路正在铺设、铁路已经通车，铁轨所体现的客体也分为财物、交通设施，而对象始终是铁轨没有发生变化。
2. 犯罪客体是任何犯罪的要件，而有些犯罪中则不存在犯罪对象。例如脱逃罪。
3. 任何犯罪都会使客体受到危害，却不一定损害犯罪对象。例如行为人是恋衣癖而窃取他人衣物却精心保管。
4. 犯罪客体是划分犯罪的基础，犯罪对象则不是。

第二节 犯罪客体的分类

一、一般客体
一般客体，是指一切犯罪所共同侵害的法益。

二、同类客体
同类客体，是指某一类犯罪侵害的法益。

三、直接客体
直接客体，是指某一犯罪所直接侵害的某种特定的法益。

1. 简单客体，是只侵害一个法益的情形。例如，盗窃罪。
2. 复杂客体，是侵害两个以上法益的情形。例如，抢劫罪。

第七章 犯罪客观方面

第一节 概述

一、犯罪客观方面的概念

犯罪客观方面，是指刑法规定的成立犯罪的各种客观事实特征。从犯罪构成上看，客观方面判断是开启犯罪构成认定的第一层次。犯罪客观方面具有以下特征：

（一）客观方面是由刑法所规定的诸客观事实特征

刑法典中通常具体化地规定了各种犯罪的客观要件，根据罪刑法定原则的要求，犯罪客观方面应以刑法典为基础。例如，《刑法》第234条规定，故意伤害他人身体的，处3年以下有期徒刑、拘役或者管制。根据本法条，故意伤害罪的客观要件要求"伤害他人身体"，因此，如果一个人实施暴行，但未对他人身体造成伤害，便不应构成本罪。

（二）客观方面是确立犯罪所需要满足的客观事实特征

客观方面强调行为的外化，是指犯罪行为的具体表现，与犯罪的主观方面是相对的。例如，《刑法》第236条，关于强奸罪的表述中，"强奸妇女、奸淫幼女多人的""在公共场所当众强奸妇女的"等。这些客观要件是犯罪实际表现出来的，可以由外界判断。

二、犯罪客观方面的内容

犯罪客观方面，一般包括危害行为、行为对象、行为的危害结果、因果关系、犯罪时间、犯罪地点、犯罪方法等。其中，危害行为是一切犯罪构成客观方面的共同要件，例如，"无行为则无犯罪"是成立的，但"无对象则无犯罪"却是错误的。

第二节 危害行为

一、危害行为的概念

危害行为，是指行为主体在意识支配下实施的具有社会意义的客观上侵害法益的身体活动，包括作为和不作为。

（一）危害行为是人的身体活动或动作，包括积极的活动与消极的活动，即举动和静止

1. 是否是危害行为，首先应判断行为客观的法益侵害性。根据实质判断的标准，通过

客观的因果法则来认定行为对法益是否造成了侵害。如甲雨天劝乙去散步，不能因为乙散步时滑倒摔伤而判断甲劝乙雨天散步的行为是危害行为，因为不符合客观的因果法则。

2. 无行为无犯罪，排除思想作为刑法的调整对象。只有具有社会意义，且客观上侵害法益的身体活动才能被认定为危害行为，单纯的犯意表示不是刑法评价的范围。例如，行为人多次扬言要杀甲，但从未实施过。行为人只是犯意表示，不属于刑法的调整内容。

（二）危害行为是人的意识支配的产物和表现，具有有意性

刑事可罚性的前提是意识自由，在此基础上探讨危害行为才是有意义的，所以一些无意行为不应以犯罪客观方面的危害行为定性，如无意识动作、条件反射、不可抗力、身体受外力强制形成的动作。例如，甲驾车时无意打了喷嚏以致撞伤人不属于危害行为，但如果行为人明知每分钟狂打喷嚏60个还开车上路，以致撞伤人，就应该纳入刑法的评价范围。

（三）危害行为是侵犯刑法所保护的法律利益并被刑法所禁止的行为

危害行为的判断要结合刑法典的规定，包括《刑法》分则和总则。如预备、教唆、帮助行为，根据行为人在实施危害行为中的分工，分为实行行为与犯罪预备、教唆、帮助行为，其中预备、教唆、帮助行为均以实行行为为中心。

1. 实行行为，是指在现实生活中，行为人所实施的该当刑法典分则某一条文规定的危害行为，即正条行为、正犯行为。例如，故意杀人罪中的杀人行为。

2. 预备行为，是犯罪停止形态的一种，为了实行犯罪而"准备工具、制造条件"称作犯罪预备。进行了犯罪预备但由于意志以外的原因未能开始实行行为的犯罪人，称为预备犯。例如，甲欲杀乙，携刀前往乙家，乙外出不在家，甲遂离开。此时甲的行为没有现实、紧迫的危险，故甲的行为处于预备阶段。但又由于意志以外的因素未能着手实施，故，甲成立预备犯。

3. 教唆、帮助行为，是共犯形态的一种，指教唆他人实施犯罪或者辅助他人实行犯罪。

二、危害行为的基本形式

（一）作为：积极的行为

作为是以积极的身体举动实施刑法所禁止的行为，是危害行为的主要形式。不仅包括利用自己身体实施的积极举动，还包括利用他人、物质工具、动物乃至自然力实施的举动，例如指使幼童盗窃。

（二）不作为：消极的行为

不作为是指行为人在能够履行自己应尽义务的情况下，不履行该义务以致造成了危害后果，即能为而不为，没有实施法所期待的行为。不作为构成犯罪一般需要以下几个条件：

1. 行为人有作为义务。根据形式的作为义务论，作为义务包括：

（1）法律、法规明文规定的义务，如父母子女之间的救助义务；

（2）职务或业务要求的义务，如救生员的救助义务。但是，职务、业务要求的义务仅在特定时间、空间范围内存在，例如，病人张三在医院门口躺着，护士李四询问张三见其衣衫不整感觉没钱遂离开，张三冻死。李四不成立不作为犯。

（3）法律行为引起的义务，如合同、自愿接受行为，例如抱回弃婴，这一行为具有法律意义，如果再次抛弃便可能触犯《刑法》；同时，即使合同无效也不影响作为义务的存在，因为合同行为只是个行为，因为这个行为把两个人联系在了一起，当一方处于危难时，民事合同的无效不影响《刑法》上作为义务的存在。

(4) 先行行为所引发的义务，如使他人跌落水中有溺死的危险，即负有救助义务。共同犯罪中的先行行为也会产生作为义务。至于行为人主观上是否注意到作为义务，不影响不作为犯罪的成立。例如，行为人误以为对私生子不负有救助义务，而不救助溺水的私生子的，属于对于法定义务的认识错误，不排除不作为义务的成立。

应当注意，紧急避险也可产生作为义务。例如，重庆渔民渔船被浮标缠绕，遂砍断浮标离开，引发事故致人死亡。渔民砍断浮标属于紧急避险，但事后不采取救济措施，属于不作为的破坏交通设施罪。此外，过失犯罪、防卫过当，也会产生作为义务转为不作为的故意犯罪。

【延伸阅读：实质的作为义务论】[1]

2. 行为人有作为可能性，即行为人能够履行特定义务。要从行为人的主观能力与客观条件综合判断，如果未认识到作为可能性或者对作为可能性产生认识错误，或者对应履行义务的救助对象产生错误则阻却故意，但是仍可能成立过失犯罪，例如，孩子掉进60cm深的粪坑，父亲认为太深无法救助便没有救助以致孩子溺死，本案中父亲是有作为可能性的，只是产生认识错误，此时可能构成过失犯罪。

3. 行为人不履行特定义务，造成危害结果，且具有结果避免的可能性。一般来讲，不作为犯只有既遂，其社会危害性体现为不履行义务造成或可能造成危害，例如，铁路信号员本应该每晚10点打信号防止列车相撞，该信号员却因看电影以致误了时间，列车因此相撞。该信号员没有履行自己的义务，造成了危害结果，构成不作为。此外，不作为犯的成立要求有结果回避的可能性，即有通过履行义务（作为）避免危害结果的可能性，如果即使作为也无法避免结果的发生，则不成立不作为犯。

4. 不作为犯同作为犯具有相当性，即作为与不作为具有等价值性。例如，甲被乙的藏獒撕咬，乙并未阻止，导致甲死亡。乙因为对藏獒的"保证人"地位而负有阻止义务，乙的不作为行为与直接杀人行为都会导致甲的死亡，因此具有等价性。

（三）作为与不作为区分的意义

区分作为与不作为，是因为刑法以处罚作为为原则，以处罚不作为为例外。通常只有作为行为会对刑法保护的法益造成侵害，而不作为只有根据法律规定，在某些情况下将作为义务与行为联系起来，才属于不作为犯罪。要注意的是，作为与不作为区分的意义是有限的，如果能够肯定作为犯罪，原则上不再考虑不作为犯。在某些情况下，同一行为既能构成作为犯罪也能构成不作为犯罪。例如，甲向乙的饮料投毒，看到乙喝了几口后将饮料递给丙，因担心罪行败露，甲未阻止丙喝饮料，导致乙、丙均死亡。甲这一个投毒行为，对乙而言是作为犯罪，对丙而言是不作为犯罪。

由于作为犯与不作为犯之间界限的相对性，往往存在作为与不作为的竞合现象，此种

---

[1] 实质的作为义务，是在形式之外寻求作为义务的实质根据，因为作为义务与主体身份相连接，判断是否具有作为义务，要看主体是否具有"保证人"地位。"保证人"地位的情况包括：①创设危险的人，这是基于危险源的支配产生监督义务，包括：其一，危险物的管理，如动物园有义务管理老虎，防止其咬人；其二，特定身份关系的他人危险行为，如父母有义务管理幼子的危险行为；其三，自己先前行为造成的法益侵害紧迫危险、制造了危险源，这是因为行为人对危险的转化具有支配性、控制性，如误让同学喝了有毒饮料，有义务及时送医。②基于与脆弱的、无助的法益状态的特殊关系产生的保护义务，包括：其一，基于法律产生的保护义务；其二，基于制度体制产生的保护义务；其三，自愿承担产生的保护义务。③基于对特定建筑物或者自己身体支配产生的阻止义务。张明楷：《刑法学》，法律出版社2016年版，第149~154页。

情况下，考虑到不作为犯认定的繁杂性、价值判断性，以及因果关系认定、相当性认定的争议性，应当优先适用作为犯的相关罪名。诚如林钰雄教授所言："由于不作为行为乃作为的补充形态，因此，只要招致构成要件该当（结果）的行为是作为方式，此时不作为就退居其次，直接论以作为犯"。[1]

三、法定不作为犯与法定作为犯

（一）法定不作为犯

法定不作为犯，是指刑法典分则明确规定该罪的行为形式是不作为的犯罪，如拒不解救被拐卖的妇女儿童罪、遗弃罪、逃税罪等。

（二）法定作为犯

法定作为犯，是指刑法典分则明确规定该罪的行为形式是作为的犯罪，在刑法典中大部分的规定都是作为犯，如故意杀人罪、放火罪、绑架罪等。

四、纯正不作为犯与不纯正不作为犯

（一）纯正不作为犯

纯正不作为犯，又称真正不作为犯，是指行为人的不作为行为构成法定的不作为之罪（不作为犯）的情形，即只能以不作为构成犯罪，如拒不执行判决、裁定罪。

（二）不纯正的不作为犯

不纯正的不作为犯，是指行为人因不作为构成了法定的作为之罪，或者说行为人因不作为构成了非法定的不作为之罪，例如，A拐骗儿童B后嫌其长相丑陋，于回家途中将B遗弃在荒树林中，以致B被饿死，A的行为构成不作为的故意杀人罪。

第三节　行为对象

一、行为对象的概念

行为对象，是指实行行为侵犯或直接指向的具体的人、物或者信息，是犯罪客体（法益）的主体或外在征表。

二、行为对象的作用

1. 行为对象是犯罪构成要素之一。一般的犯罪都有一个或多个行为对象，如遗弃罪的对象是老幼、患病或者其他没有独立生活能力的人；有的犯罪则没有行为对象，如脱逃罪，组织、领导、参加恐怖活动组织罪。

2. 区分此罪与彼罪。区分行为对象，对于判断犯罪类型有很大的意义，如走私淫秽物品罪与走私普通货物罪。

3. 事实认识错误的问题，如误以为奸尸，实际是活人，成立侮辱尸体罪的既遂。

4. 通过判断行为对象，能够揭示、体现犯罪客体，即刑法保护的法益，如破坏交通工具，侵害的法益是公共安全。

---

[1] 林钰雄：《新刑法总则》，元照出版有限公司2011年版，第524页。

第四节 危害结果

一、危害结果与构成要件类型

危害结果，通说是指对客体（法益）的侵害或侵害的危险。危害结果的类型和法律意义与具体犯罪及构成要件有密切的联系。

（一）危险犯与结果犯

1. 结果犯，又称实害犯，是指发生法定结果才构成既遂的犯罪，如故意杀人罪，实害结果是该罪的基本构成要件的必要要素。

2. 具体危险犯，又称危险犯，判断危险犯的危害结果时，达到法定的危险状态为既遂，如破坏交通工具罪，对公共安全造成了危险。具体危险，需要司法者结合具体案情判断危险的有无。

3. 抽象危险犯，又称行为犯，判断行为犯的危害结果时，行为完成为既遂，其可罚的实质违法根据，是立法者拟制或者说立法上推定的危险，但需要强调，抽象危险犯也须具有侵害法益的性质。包括：其一，刑法类型化的紧迫的危险，如销售假药、醉驾的危险；其二，刑法拟制的危险，如盗窃枪支、弹药罪的危险。

【拓展阅读：区分具体危险与抽象危险】

具体危险是对法益的危险要求达到具体实现的地步，法条中一般表述为"足以造成严重后果"；而抽象危险是对法益的一种抽象的危险，法条中只规定实施某个行为就构成犯罪。例如，《刑法》第128条中，依法配备公务用枪的人员，非法出租、出借枪支的，依照前款的规定处罚（抽象危险）。依法配置枪支的人员，非法出租、出借枪支，造成严重后果的，依照第一款的规定处罚（具体危险）。

（二）结果加重犯

结果加重犯，是指法律规定的一个犯罪行为（即基本犯），由于发生了加重的危害结果而加重其法定刑的情况。构成结果加重犯有以下几个条件：

1. 实施基本犯罪行为，但造成加重结果。结果加重犯的基本犯既可以是结果犯，也可以是危险犯。当基本犯是结果犯时，结果加重表现为造成更为严重的结果，如抢劫致人重伤或死亡。当基本犯是危险犯时，结果加重则表现为行为所引起的抽象危险犯或者具体危险犯发展为实际的侵害结果。

2. 加重结果是基本行为高度危险的直接现实化。行为人在实施基本行为结束后，危害结果系因其他行为造成时，如被害人在被抢劫后心情郁闷，自杀身亡的，因被害人的死亡结果与抢劫行为之间没有直接因果关系，因此不能将死亡结果归为抢劫罪的加重结果。

3. 须行为人对基本行为的高度危险有认识，如行为人欲持木棒打人，但实为铁棒且无认识，不是加重结果，而是故意伤害和过失致死的竞合。

4. 行为人对基本犯主观上是故意或过失，对加重结果的心态通常为过失，也可以是故意，否则可能是意外事件。

5. 《刑法》就加重结果规定了法定刑，根据罪刑法定的原则判定是否为结果加重犯。例如，强制猥亵、侮辱妇女罪的加重犯情形仅包括"聚众或者在公共场所当众犯前款罪"，不包括"致妇女重伤"的情形，因此行为人如果在强制猥亵妇女的过程中过失致妇女死亡的，不构成结果加重犯。

例如，殴打导致被害人死亡是行为人行为的危害结果，但是认定犯罪和追究刑事责任必须遵循主客观相一致原则，即认定一个人的行为是否构成犯罪，应该是主观上有罪过，客观上有危害行为，并且必须是这种主观上的罪过和客观上的危害行为、结果之间有必然的因果关系。不能仅仅依靠危害结果是致人死亡而认定为故意杀人罪。如果行为人主观方面没有故意杀人的愿望，而只是出于伤害他人的目的，将他人进行殴打的行为导致了被害人死亡的危害结果，不能认定为故意杀人罪。致人死亡的危害结果只是故意伤害罪的加重情节。因此，没有杀人的主观愿望，却将他人殴打致死的行为，应当认定为故意伤害罪。[1]

二、危害结果的分类与法律意义

（一）危害结果的分类

根据不同的标准可以将危害结果作不同的分类。根据危害结果是否作为犯罪构成的基本要素，可以分为构成要件结果和非构成要结果；在构成要件结果之下，根据犯罪构成是否要求该危害结果为实际侵害，又可以进一步分为实害结果与危险结果，其中，实害结果是指行为对法益造成的现实侵害事实，危险结果是指行为对法益造成的现实危险状态。

（二）实害结果在定罪、量刑中的意义

1. 实害结果是区分罪与非罪的标准。对于过失犯罪、间接故意犯罪，以及部分故意犯罪，无结果即无犯罪，结果是犯罪基本构成要件的必要构成要件要素，不存在未遂状态的犯罪。

2. 实害结果也是区分犯罪既遂与未遂的标准，在结果未发生的情况下亦可能构成犯罪，但属于未遂，结果发生方成立既遂。

3. 实害结果还是判断结果加重犯的标准，是转化犯和加重量刑的判断标准，体现为结果是罪名转化的条件之一，以及在量刑中会考虑"严重后果""特别严重后果"。

第五节　因果关系

一、因果关系的特征与意义

刑法中的因果关系，是指危害行为与危害结果之间引起与被引起的关系。只有当犯罪造成法益侵害结果或者侵害危险、存在危害行为时，才需要讨论因果关系的有无，没有危害行为就不存在因果关系讨论的必要性。

（一）特征

1. 因果关系是危害行为与危害结果的因果关系。例如，雨天小偷行窃被追，小偷因逃跑速度过快滑倒身亡，因为追小偷这一行为并不是危害行为，讨论因果关系便没有意义。但是，行为人将被害人的衣服点燃，导致被害人跳河灭火而溺亡的，显然会具有刑法上的因果关系。

2. 因果关系具有客观性，不受行为人的主观认识影响，是负刑事责任的客观性条件。例如，被诈骗后汇错钱，虽然犯罪进程没有按照行为人制定的计划发生，但从客观上来看，诈骗行为与汇款行为在客观上存在因果关系。又例如，紧急避险致损害当然存在因果关系、

---

[1]《最高人民检察院公报》1999 年第 2 号。

存在因果关系不必然成立犯罪。

3. 此外，因果关系还具有相对性、先后顺序性、刑法的规定性等特征。

（二）意义

区分因果关系，在判断结果犯、共犯、结果加重犯、不作为犯时都有很重要的意义。

1. 是否有因果关系，关系着是否构成犯罪或者是否成立犯罪既遂。例如，甲欲抢劫，在追赶乙的过程中，乙的钱包掉落在地，后甲将钱包捡起，本案中甲获得财物的结果与抢劫之间的因果关系是甲能否定罪的重要依据。

2. 在关于共犯的理论中，存在因果关系是部分行为共同责任的基础。

3. 在判断是否构成结果加重犯时，加重情节与基本行为有因果关系时才可能适用加重情节法定刑。

4. 在不作为犯的判断上，行为人如果履行义务就能防止结果发生，因不履行而造成危害结果的，不作为与危害结果之间即具有因果关系。

二、因果关系的认定

（一）必然因果关系说和偶然因果关系说

必然的因果关系，是指行为与结果间必然的、合规律的联系；偶然的因果关系，是指行为本身并不包括产生危害结果的根据，但偶然介入因素合乎规律地引发危害结果的情形。例如甲抢劫乙，乙在逃跑过程中被车撞死。车撞是必然原因、抢劫追击是偶然原因。一般认为，必然的因果关系是主流观点，偶然的因果关系在个别情况下影响定罪。

（二）条件说

条件说的主要内容是，对结果自始至终发生作用的条件之一，就是结果的原因。采用由果追因的方法，即没有A（B、C……）就没有Z，则A（B、C……）就是Z的原因。例如甲买刀杀人，则卖刀的、打铁的都是导致甲杀人的条件，因此都与杀人结果具有因果关系。此说被称为"恶无限"。条件说不当地扩大了处罚范围，将所有条件都作为原因，因此采纳条件说需要通过主观罪过把关，限缩原因的过度扩张。

【集中营案】[1]

被告人作为第三帝国的一位警察局局长，将三位犹太商人送进了集中营。三位犹太商人在集中营中被杀害，被告人因为严重的剥夺自由罪被起诉。陪审法庭最终宣告其无罪，因为他的行为不是结果的原因：即使没有被告人的申请，上级部门通过其他人也会知悉案情，并使得被害人被送进集中营。也就是说，可以想象被告人行为不存在时，被害人的死亡结果仍然会发生，则被告人的行为就不能构成危害结果的原因。

（三）原因说

原因说的主要内容是，以某种规则为标准，从导致结果产生的各个条件中，确定一个对于结果的发生具有特别关系的条件作为原因。采用由因推果的方法，即有A（B、C……）就有Z，则A（B、C……）才是Z的原因。

（四）相当因果关系说

相当因果关系说可以说是"条件说+相当性"，其中"相当性"指符合日常生活的经验法则，属于一般的正常事态，而非反常的、特殊的情形。在对"相当性"的认定上，存在

---

[1] [德] 克劳斯·罗克辛：《德国最高法院判例：刑法总论》，何庆仁、蔡桂生译，中国人民大学出版社2012年版，第1~2页。

不同判断标准，具体有客观说、主观说、折中说这三种学说。客观说在认定因果关系相当性时，依据行为时的客观事实作出判断；主观说在判断因果关系相当性时，将人的主观认识因素考虑在内，并以行为人实际认识到或应当认识到的事实为基础；折中说在主观认知的判断标准上，同时考虑社会一般人的认识和行为人的特殊认识。本书认为，因果关系相当性的判断标准主要包括：一般性的经验法则+个案判断。即客观行为造成危害结果的可能性较大，同时，危害结果的发生并未超出一般人的预料。

（五）事实原因（cause in fact）与法律原因（cause in law）

该学说是英美双层次因果关系。事实的因果关系，是危险行为与危害结果之间的关联，是现象之间引起与被引起的关系，如无前者，即无后者；法律的因果关系，是法定的关联，是法律认为的应当对结果归责的行为，要根据相当性加以判断。英美法系中，一般会先进行事实判断后再进行规范判断，即先以条件说为基础，判断事实上的因果关系的有无；再以相当性为基础，判断法律上的因果关系的有无。

三、因果关系的中断

在因果进程中介入被害人行为、第三人行为、自然事件等因素，单独造成危害结果，认定介入因素为原因，中断因果进程。介入因素中断因果关系的判断标准如下：

1. 介入因素单独造成结果，并非从属于其他行为即"A→B→R"。例如，在爆竹案中，李四向人群中的张三扔了一枚爆竹意图将其炸伤，张三一挡扔向甲，甲一挡扔向乙，乙一挡扔向丙，砸中丙致其死亡。这里，张三、甲、乙的行为都附属于李四，且在人群中，三人几乎不得不选择这样的行为。因此，李四危害行为与结果之间因果关系不中断。

2. 介入因素是异常的，即介入因素非正常地造成了危害结果。例如，张三将李四刺伤送到医院，后李四因为伤口感染死亡。李四死亡结果由伤口感染这一介入因素造成，但这一介入因素并非异常的，不中断因果关系。再如，张三致李四重伤，送医途中遇车祸死亡，车祸属于异常的介入因素，所以中断因果关系，对于介入因素是否异常，需要结合具体情形具体判断。①实施危害行为后几乎必然会存在被害人，第三人介入因素不异常，例如，被害人为自保跳车、跳河致死，或者危害行为发生在高速公路等高度危险的环境，必然会介入第三人行为。②被害人第三人等介入因素具有不适当性，但结合情境具有通常性，介入因素不异常。例如，被害人因为紧张、躲避发生危害后果，第三人介入行为仅具有一般过失，等等，均不中断因果关系。

3. 正常事态不引发因果关系中断。例如，前述的被伤害后的伤口感染、将被害人砍伤后放在冰天雪地之中冻死，均属于不中断因果关系的情况。

4. 在因果关系不中断的情况下，介入因素可能会和前行为共同构成结果的原因。即"A+B→R"例如，张三向李四投毒50%，王五在不知情的情况下也投毒50%，致李四死亡。二者共同造成危害结果发生，均有因果关系，此情况也称重叠因果关系。此外，对于二重的因果关系，也称择一的竞合，即没有意思联络两个因素均可独立造成结果，但各自同时引发后果，即使无法区分谁造成，仍然认定均具有因果关系。对于合义务的替代行为中断因果关系，基于高度盖然性推定的流行病学的因果关系对于环境污染等公害犯罪的适用研究亦逐渐得到关注。

四、客观归责理论与因果关系理论

（一）概念

广义上的客观归责包含了事实的因果关系的判断与随后的规范判断；而狭义的客观归

责是在确定了事实的因果关系之后，对结果归属进行规范判断。德国刑法学教授罗克辛将客观构成要件的归责归纳为两个阶段，即说明因果关系理论、归责要件。德国通说认为，以事实的条件关系为前提，根据条件说，讨论结果之原因；以类型化的规范为依据，根据客观归责理论，规范地检验结果之归属。[1]

客观归责理论，在因果关系的认定方面，以条件因果关系说为基础，并将因果关系问题与刑事责任承担即归责问题区别看待。客观归责理论主张，事实层面的因果关系与规范层面的刑法归责之间存在位阶顺序，首先运用因果关系理论进行客观的事实判断，确定构成要件评价的范围，然后用客观归责理论进行价值判断，进一步确定行为的客观可归责性。换言之，应该先认定行为与结果之间存在条件因果关系，再进行价值性的刑法评价，在与结果有条件关系的行为中，排除不符合刑法规范目的的因果条件，只有当行为制造了不被允许的危险，且危险在符合构成要件的结果中实现，才能将结果归责于该行为。[2]

(二) 客观归责理论与相当因果关系说

相当因果关系说是对于条件因果关系的完善与修正，该说认为行为与结果之间是否存在着因果关系，必须依社会的经验认知进行具体判断，如果能认定行为在通常情况下均足以造成该结果，那么就可以肯定行为与结果之间存在有相当因果关系。按照客观归责理论严格区分"归因"与"归责"的理论主张，相当因果理论并不是一种因果关系理论，而是一种归责理论。既然承认因果关系的客观性，就应该承认因果关系的事实判断性质。因果关系的判断，实际上是要确定行为是否要为结果负责，因而是归责的问题。

相对于相当因果关系理论以相当性为判断标准，客观归责理论以不被容许的危险作为判断归责的基础，形成了制造不被容许的危险、实现不被容许的危险、构成要件的效力范围三大基本规则。客观归责理论以规范保护目的为衡量标准，将危险的法定容许程度作为具体尺度，较之相当因果关系说中"相当性"的模糊判断，其解决问题的方法更加具体、明确。

【拓展阅读：从归因到归责】[3]

甲乙发生争执，甲猛推乙一把，乙因心脏病发作死亡，把因果关系归于甲，是归因问题；而其刑事责任要根据刑法规范承担罪过，是归责问题。在责任承担的问题上，日本通说是因果关系说，而德国通说是客观归责说。因果关系说，是对构成要件要素分别进行实质判断，是对行为与结果之间关系的考察，行为与结果在因果性判断之前完成。而客观归责说，对构成要件要素不分别进行实质判断，而是整体进行实质判断。以事实的条件关系的存在为前提，在进行事前的危险创设和事后的危险实现的判断的同时，通过类型化的规范进行整体判断。

---

[1] [德] 克劳斯·罗可辛：《德国刑法学总论》，王世洲译，法律出版社2005年版，第242~225页。
[2] 孙运梁："客观归责理论的引入与因果关系的功能回归"，载《现代法学》2013年第1期。
[3] 参见张明楷：《刑法学》，法律出版社2016年版，第173页。例如，雷劈案中甲让乙下雨天去树下避雨，乙被雷劈死，根据相当因果关系说，认为存在杀人行为，只是让去树下的行为与杀人行为不具有相当性。类似的还有血友病案，甲不知道乙有血友病，划伤乙致乙死亡，本案中根据相当因果关系说无论客观、主观说都有因果关系，在有责性的判断中再看主观故意还是过失。而客观归责是因为没有制造法律不允许的重大危险，根本就无行为，不是没有因果和故意。总的来看，因果关系说以解决归因问题为使命，客观归责说以实现归责功能为职责。狭义的客观归责实际上是因果关系判定之后的规范评价，广义的客观归责包括因果关系。相当因果关系与客观归责理论的界限微乎其微，客观归责以条件说确立的因果关系为前提，不能取代因果关系；相当因果关系基于自身的缺陷也不能取代客观归责。

第六节　危害行为的时间、地点、方法

一、时间、地点、方法的定罪价值

在有的犯罪中，特定的时间、地点或以特定的方法实施，是作为犯罪的构成要件出现的。如：战时自伤罪，要求特定的时间即"战时"；交通肇事罪，要求特定的地点即"公共交通管理的范围内"；抗税罪，要求特定的方法即"暴力方法"；还有非法捕捞水产品罪，要求特定的时间、地点、方法同时具备。

在有的犯罪中，特定的时间、地点、方法能够导致犯罪成立条件降低，如盗窃罪中"以破坏性手段盗窃造成公私财产损失的"；"在公共场所悬挂横幅、条幅，或者以书写、喷涂标语等方式宣扬邪教，造成严重社会影响的"。

F-7-6-1　危害行为的地点：网络领域内起哄闹事

二、时间、地点、方法的量刑价值

特定的时间、地点、方法对于一些犯罪的量刑有影响，如：

（一）在时间上

例如，对于"在预防、控制突发传染病疫情等灾害期间"，生产、销售用于防治传染病的伪劣医疗器械、医用卫生材料，不具有防护、救治功能，足以严重危害人体健康的，"依法从重处罚"。

（二）在地点上

例如，在强奸罪中，对于"在公共场所当众强奸妇女"的情形，加重处罚；贩卖毒罪中，对于在戒毒监管场所贩卖毒品的，加重处罚。

（三）在方法上

例如，对于"使用特种车"走私武器、弹药的情形，加重处罚。

第八章

犯罪主体

第一节　概述

一、犯罪主体的概念

犯罪主体,是指实施犯罪行为,并且应当对自己的罪行依法承担刑事责任的自然人或者单位。从犯罪构成上看,犯罪主体是犯罪构成判断的第二层次。犯罪主体具有以下特征：

第一,犯罪主体是自然人或者单位。其中,自然人具有自然属性,例如年龄、性别,还有社会属性,例如身份、业务性质。

第二,犯罪主体是实施了犯罪行为的人,没有实施犯罪行为的就不是犯罪主体。

第三,犯罪主体是依法应当对自己的罪行承担刑事责任的人,强调行为主体的刑事责任能力。

二、犯罪主体的意义

犯罪主体对于正确定罪与量刑具有重要意义。

1. 犯罪主体是判断罪与非罪的标准之一。认定行为人实施的危害行为构成犯罪,要求该犯罪主体必须满足以下条件：

（1）具有刑事责任能力,即辨认能力、控制能力,又指犯罪能力、接受教育改造的能力；

（2）达到刑法所规定的刑事责任年龄。根据罪过责任原则的基本要求,即行为构成犯罪要求行为人主观上具有可责备之处,而这恰恰也是刑事责任能力、刑事责任年龄关注的问题。

2. 犯罪主体是区分此罪与彼罪的标准之一。根据《刑法》分则规定的某些犯罪的构成要件,成立该罪要求行为人必须具有特定的身份。比如《刑法》第253条规定的私自开拆、隐匿、毁弃邮件、电报罪,只有具有邮政工作人员身份并利用其职务之便,实施该不法行为的,才依法构成该罪。如果是非邮政工作人员实施私自开拆、隐匿、毁弃邮件、电报行为的,则不构成该罪,而依法可能构成侵犯通信自由罪。由此可见,对于同一客观危害行为,根据行为主体是否具有特殊身份,有可能成立不同犯罪。

3. 犯罪主体是影响量刑的重要因素之一。犯罪主体所具有的刑事责任年龄、刑事责任能力、特定身份等方面,作为酌定量刑和法定量刑情节而存在,对于量刑具有重要影响。

例如，尚未完全丧失辨认或者控制自己行为能力的精神病人犯罪的，可以从轻或者减轻处罚；国家机关工作人员犯诬告陷害罪的，依法应当从重处罚。

J-8-1-1　恶势力犯罪主体的认定
——山东省东营市东营区人民检察院第二检察部检察官李铮

第二节　自然人

自然人犯罪主体，是达到刑事责任年龄、具有刑事责任能力、实施了犯罪行为的自然人。自然人犯罪主体是我国《刑法》中最基本的犯罪主体，而单位犯罪只有在法律有明确规定时才能构成。根据《刑法》的规定，个别犯罪主体要求具有特殊身份。

一、刑事责任年龄

刑事责任年龄，是指刑法所规定的，行为人对其所实施的犯罪行为承担刑事责任必须达到的年龄。刑事责任年龄以 12 岁、14 岁、16 岁和 18 岁作为四个关键节点，可以分为完全无刑事责任能力年龄阶段、两段相对有刑事责任能力年龄阶段和完全有刑事责任能力年龄阶段。

《刑法》第 17 条规定，已满 16 周岁的人犯罪，应当负刑事责任。已满 14 周岁不满 16 周岁的人，犯故意杀人、故意伤害致人重伤或者死亡、强奸、抢劫、贩卖毒品、放火、爆炸、投放危险物质罪的，应当负刑事责任。已满 12 周岁不满 14 周岁的人，犯故意杀人、故意伤害罪，致人死亡，情节恶劣的，经最高人民检察院核准，应当负刑事责任。对依照前三款规定追究刑事责任的不满 18 周岁的人，应当从轻或者减轻处罚。因不满 16 周岁不予刑事处罚的，责令他的家长或者监护人加以管教；在必要的时候，依法进行专门矫治教育。

S-8-2-1　未成年人刑事案件中的不起诉及收容教养的适用情形

第 17 条之一规定，已满 75 周岁的人故意犯罪的，可以从轻或者减轻处罚；过失犯罪的，应当从轻或者减轻处罚。

（一）责任年龄阶段

根据《刑法》第 17 条和第 17 条之一的规定，刑事责任年龄可以划分为以下六个阶段：①行为人未满 12 周岁的，完全无刑事责任能力；②行为人已满 12 周岁，未满 14 周岁的，对 2 类犯罪有相对的刑事责任能力；③行为人已满 14 周岁，未满 16 周岁的，对 8 类犯罪有相对的刑事责任能力；④行为人已满 16 周岁的，完全有刑事责任能力；⑤行为人已满 14 不满 18 周岁的，减轻其刑事责任；⑥行为人已满 75 周岁的，根据其实施犯罪的故意和过失，酌定从轻或者法定从轻处罚。

（二）相对刑事责任年龄的责任范围

已满 14 周岁不满 16 周岁的人，对《刑法》第 17 条第 2 款规定的 8 种犯罪应当承担刑事责任。但需要注意的是，这 8 种犯罪指的是 8 类犯罪行为，而不是具体罪名。例如，行为人在拐卖妇女过程中，将该妇女强奸的，虽然不构成拐卖妇女、儿童罪，但依法对强奸行为承担刑事责任。在考虑这几种犯罪时需要注意以下几点：

1. 故意杀人、故意伤害致人重伤或死亡，可以包括：
（1）非法拘禁使用暴力致人伤残、死亡的；
（2）聚众"打砸抢"致人伤残、死亡的；
（3）聚众斗殴致人重伤、死亡的；
（4）非法组织卖血、强迫卖血，对他人造成重伤的；
（5）绑架杀害被绑架人；
（6）盗取器官等。

即包括转化犯，但不包括过失致人死亡和故意伤害致人轻伤。例如 15 岁的甲推倒乙致其死亡，甲是过失致人死亡，不承担刑事责任。

2. 强奸，根据《最高人民法院关于审理未成年人刑事案件具体应用法律若干问题的解释》第 6 条的规定，已满 14 周岁不满 16 周岁的人偶尔与幼女发生性行为，情节轻微、未造成严重后果的，不认为是犯罪。

3. 抢劫，包括：①普通抢劫；②准抢劫，即携带凶器抢夺的；③聚众打砸抢，毁坏或抢走财物的首要分子；④抢劫枪支、弹药、爆炸物。需要注意的是：其一，不包括转化型抢劫，根据《最高人民法院关于审理未成年人刑事案件具体应用法律若干问题的解释》第 10 条的规定，已满 14 周岁不满 16 周岁的人盗窃、诈骗、抢夺他人财物，为窝藏赃物、抗拒抓捕或者毁灭罪证，当场使用暴力，故意伤害致人重伤或者死亡，或故意杀人的，应分别以故意伤害罪或者故意杀人罪定罪处罚。其二，不包括一般的校园霸凌，《最高人民法院关于审理未成年人刑事案件具体应用法律若干问题的解释》第 6 条和第 7 条之规定，已满 14 周岁不满 16 周岁的人偶尔与幼女发生性行为，情节轻微、未造成严重后果的，不认为是犯罪；使用轻微暴力或威胁，强行索要其他未成年人随身携带的生活、学习用品或钱财数量不大，且未造成被害人轻微伤以上或不敢正常到校学习等后果的，不认为是犯罪。

4. 贩卖毒品、投毒，不包括制造、运输、走私毒品，也不包括投放危险物质。

5. 放火、爆炸，不包括决水、以危险方法危害公共安全，如果是决水、以危险方法危害公共安全致人死亡的，定故意杀人罪。

需要注意的是未达刑事责任年龄人与已达刑事责任年龄人的共同犯罪问题。其一，未达刑事责任年龄人为主伙同已达刑事责任年龄人共同盗窃，即未达刑事责任年龄人在盗窃过程中起了主要作用，而已达刑事责任年龄人处于被支配地位，未达刑事责任年龄人不构成犯罪系因法定年龄问题，不影响对其支配和主导地位的认定，因此，已达刑事责任年龄人虽被单独起诉，仍应被认定为从犯。[1] 其二，已满 14 周岁不满 16 周岁的人犯 8 种罪，

---

[1] 江苏省苏州市金阊区人民法院（2012）金刑二初字第 105 号刑事判决书。

一般只能限于正犯行为、教唆行为，帮助行为不宜定罪处理。

J-8-2-1 未成年人犯罪案件社会调查报告制度——山东省东营市东营区人民检察院检察官贾春轶

S-8-2-2 未成年人刑事案件具体定罪问题的规定

S-8-2-3 未成年人刑事案件量刑的一般规定及常见犯罪的量刑指导

已满12周岁不满14周岁的人，对《刑法》第17条第2款规定的两类犯罪应当承担刑事责任。同样需要注意的是，这里的"犯故意杀人、故意伤害罪，致人死亡，情节恶劣的"，是指只要故意实施了杀人、伤害行为并造成死亡后果，且情节恶劣的，经最高人民检察院核准，都应负刑事责任；而不是指只有犯故意杀人罪、故意伤害罪的，才负刑事责任。例如，对于司法实践中出现的已满12周岁不满14周岁的人为了完成抢劫，而实施的杀害犯罪对象且造成后者死亡的恶劣行为，在经最高人民检察院核准后，仍可以追究其刑事责任。

确定刑事责任年龄起点的主要因素，在于行为人的主观辨识、控制能力。随着儿童生理与心理成熟度的提升，其辨认与控制能力得到了大幅度提升；相应的，低龄未成年人实施严重犯罪的案件时有发生，并引发社会舆论的高度关注。《中华人民共和国刑法修正案（十一）》降低刑事责任年龄的做法符合社会发展规律，既不"一关了之"，也不"一放了之"，体现了对低龄未成年人犯罪行为既重教育改造，又重惩罚规制的理念，有助于未成年人犯罪的预防。同时，对于责任年龄的修改，同英美法中的"恶意补充年龄"规则具有异曲同工之处。

二、法定年龄的认定

法定年龄的认定，是按照实足年龄，即周岁来计算的，从"已满"某周岁生日的次日起算，例如1993年5月6日的生日，到2007年5月7日才是满14周岁。结合犯罪行为讨论时，法定年龄以行为时为计算的起点，因为行为人的辨认控制能力须是行为时的能力。

S-8-2-4 未成年人刑事案件中年龄的认定

因此，存在一些跨年龄阶段的犯罪问题：

1. 隔时犯，即行为时与结果时所处的刑事责任年龄段不同，则以行为时或义务时为判断标准，例如，甲14周岁生日当天重伤乙，无罪，如果当天甲还埋了一颗炸弹，在生日的次日便有义务去移除炸弹，如果没有履行移除义务，炸弹爆炸则有罪。

2. 连续犯、继续犯，只追究承担责任阶段的行为，例如，甲在13周岁到18周岁之间非法拘禁了乙5年，只承担16周岁到18周岁这2年的刑事责任。

3. 跨时犯，如16周岁前敲诈勒索，16周岁之后获得财物，仅认定其达到相应责任年龄以后的行为较为合理，即认定为侵占。

《最高人民法院关于适用〈中华人民共和国刑事诉讼法〉的解释》第146条规定，审查被告人实施被指控的犯罪时或者审判时是否达到相应法定责任年龄，应当根据户籍证明、出生证明文件、学籍卡、人口普查登记、无利害关系人的证言等证据综合判断。证明被告人已满14周岁、16周岁、18周岁或者不满75周岁的证据不足的，应当认定被告人不满14周岁、不满16周岁、不满18周岁或者已满75周岁。

《最高人民法院关于审理未成年人刑事案件具体应用法律若干问题的解释》第4条规定："对于没有充分证据证明被告人实施被指控的犯罪时已经达到法定刑事责任年龄且确实无法查明的，应当推定其没有达到相应法定刑事责任年龄。相关证据足以证明被告人实施被指控的犯罪时已经达到法定刑事责任年龄，但是无法准确查明被告人具体出生日期的，应当认定其达到相应法定刑事责任年龄。"

三、刑事责任能力

刑事责任能力，是指行为人能够认识自己行为的社会意义并能够控制和支配自己行为的能力，主要包括辨认能力和控制能力。一般情况下，达到刑事责任年龄，便推定为具有刑事责任能力，《刑法》特别规定的除外。在三阶层体系下，刑事责任能力具有两层内涵，即有责任性判断的问题，以及犯罪能力、刑罚接受能力的判断。此外，在刑事责任能力与罪过责任原则的关系上，刑事责任能力是罪过责任原则的基本要求，即行为人有罪须在主观上具有可责备之处。

F-8-2-1 限制刑事责任能力在司法实践中的理解与把握
——云南省大理州中级人民法院刑二庭刘斌

（一）精神病人承担责任的规定

《刑法》第18条第1款、第2款规定："精神病人在不能辨认或者不能控制自己行为的时候造成危害结果，经法定程序鉴定确认的，不负刑事责任，但是应当责令他的家属或者监护人严加看管和医疗；在必要的时候，由政府强制医疗。间歇性的精神病人在精神正常的时候犯罪，应当负刑事责任。"

关于刑事责任能力认定的标准，应当采取"司法精神病学+司法人员"的审查。例如，轻度精神发育迟滞伴精神障碍患者，因故意伤害判处5年有期徒刑，出狱后扬言要灭门被害人，杀死1人及其1岁的孩子。经鉴定，行为人作案时被评估为部分刑事责任能力。本案情节特别严重，不予以从轻、减轻处罚，被判处死刑。吸毒后的杀人行为可以归责，不属于刑法意义上的精神病人，不需要做司法鉴定。

尚未完全丧失辨认或者控制自己行为能力的精神病人犯罪的，应当负刑事责任，但是可以从轻或者减轻处罚。例如，李某对自己在合伙企业中的分红情况不满，携带尖刀对合伙人张某实施了杀害行为，经鉴定，李某在行为时处于精神分裂症不完全缓解状态，只有部分责任能力。限制责任能力的精神病人，既不同于完全刑事责任能力人，也不同于完全无刑事责任能力人。他们在实施犯罪行为时，既有犯罪的成分，也有病理性的阻碍因素。[1] 正如上述案例，李某所患的精神分裂症，使得其在感知、情感、意志等方面出现弱于常人的状况，进而导致行为混乱等；但是其动机明确，对于犯罪行为是有部分辨认能力的。因而减轻、从轻处罚，而非免除或按法定刑处罚是合理的。

但是对于精神病人所犯罪行是否就要一律从轻、减轻呢？本书认为并非如此。首先，《刑法》第18条第3款中对于尚未完全丧失辨认、控制能力的精神病人的处罚，采用了"可以"的表述方式。是否减轻、从轻应当考虑其刑事责任能力减弱的程度，具体案件具体分析。其次，精神病的种类有很多，控制能力高低不同，犯病频率也不同，不能认为所有精神病人在犯罪时的辨认、控制能力都会减弱。最后，除了对责任能力的考量，犯罪动机、犯罪手段、犯罪对象、犯罪后果等因素都应该考虑在内，来判断责任能力的减弱是否值得被照顾。[2]

1. 责任能力的判断，实际是无责任能力的消极判断，存在不同的标准，有医学标准，以是否具有精神障碍作为判定行为人刑事责任能力的标准；有心理学标准，以是否具有辨别是非、控制自己行为的能力作为判定标准。在判断时，应当二者结合，即医学标准与法学标准的统一。具体而言，先由精神病专家鉴定，行为人是否患有精神病，再由司法者认定，行为人是否因精神病而不能辨认或不能控制自己行为。因此，在司法实践中精神病鉴定的专家意见只是作为证据使用，而行为人有无刑事责任能力应由法院作出最终认定。

2. 在判断责任能力时，要注意以下几点：其一，部分责任能力的判断，不能因对部分犯罪无责任能力而否定所有犯罪。其二，间歇性精神病责任能力的判断，以行为时是否正常为准。例如，杀人时正常，杀人之后发病的，认定为有责任能力。对于正常的情况下决定杀人，在实行中发病而丧失责任能力的，要结合实际情况判断，如果实行终了时正常，结果发生时发病，认定为有责任能力；实行未终了，发病后继续实施同一要件内的行为发生结果，也认定为有责任能力。例如，甲欲强奸乙，暴力打晕乙后发病，继续强奸，应认定为甲有罪且既遂；如丙欲抢劫丁，在使用暴力打晕丁后突然发病，而后强奸，应认定为丙抢劫未遂，强奸无罪。在实质上，如果犯罪行为在行为人具备刑事责任能力时已经未遂，之后又丧失刑事责任能力的，如果不属于因果关系的重大偏离，则应当承担刑事责任。

S-8-2-5 精神病人的强制医疗范围及程序

（二）特殊主体的责任能力

1. 醉酒的人的责任能力。《刑法》第18条第4款规定："醉酒的人犯罪，应当负刑事

---

[1] 最高人民法院刑事审判一至五庭主办：《中国刑事审判指导案例》（第1卷），法律出版社2017年版，第16~17、19~20、29~31页。

[2] 最高人民法院刑事审判一至五庭主办：《中国刑事审判指导案例》（第1卷），法律出版社2017年版，第16~17、19~20、29~31页。

责任。"其中,《刑法》第18条所说的是指生理性醉酒,即普通醉酒。此外,醉酒还包括病理性醉酒,而病理性醉酒属于精神障碍的一种,在酒后会产生幻觉、错误、幻想等精神病症状,因此病理性醉酒的行为人完全丧失刑事责任能力。但在生理性醉酒的场合,醉酒的行为人虽然在事实上辨认和控制自己行为的能力会有所减弱,但醉酒状态是因行为人的原因自由行为而造成的,因此应对该状态之下造成的危害后果承担完全刑事责任。例如,行为人醉酒驾车,发生交通事故后不听劝阻,试图强行离开现场,不计后果继续驾车冲向现场人群,致2人死亡,事后的司法精神病鉴定确认行为人案发时仅属急性醉酒状态,并非丧失责任能力的病理性醉酒,其行为已构成以危险方法危害公共安全罪。[1]

醉酒包括自愿醉酒与非自愿醉酒,对于生理性醉酒不能一概而论。醉酒不是唯一的判断因素,应结合相关的认罪、悔罪等情节综合认定。例如,行为人饮酒中突然争吵杀人,杀人后四处乱转,行为人辨认控制能力已经明显下降,最高院最终未核准死刑。醉酒后实施犯罪大致分为不同的档次:最严重的是为了故意实施犯罪,故意制造醉酒状态或者采用"酒壮怂人胆"的方式来犯罪;而日常生活中基于过于自信的心理状态饮酒,导致辨认、控制能力下降进而实施犯罪行为的,罪责较轻。例如,甲受好友乙的邀请一同饮酒,途中乙多次对甲劝酒,甲在醉酒后与乙发生争执最终将乙打成重伤。[2] 这样酒后的激情犯罪较一些有预谋的犯罪,在主观恶性、社会危害性上有着显著区别,在量刑上适当予以照顾也是符合立法精神的。

2. 又聋又哑的人或盲人的责任能力。《刑法》第19条规定:"又聋又哑的人或者盲人犯罪,可以从轻、减轻或者免除处罚。"

虽然《刑法》规定了盲人犯罪可以从轻、减轻或免除处罚,但是却并未给出"盲人"的认定标准。世界卫生组织在1973年的《盲和视力损伤的分类标准》中规定:以0.05为分界点,双眼中较好眼的矫正视力低于0.05(不包括本数)的为"盲",优于0.05(包括本数)但低于0.1的为低视力,其他则为正常视力。而我国现行的由两高、公安部等联合颁布的《人体损伤程度鉴定标准》以及中国残疾人联合会制定的《中国残疾人实用评定标准》也均以0.05视力值作为判定"盲"与否的分界线。因而,只有当一个人双眼中视力较好眼的矫正视力低于0.05时才被认定为盲人,犯罪后可以从轻、减轻或者免除处罚。

(三)原因自由行为

原因自由行为,是具有责任能力的行为人,故意或者过失使自己一时陷入丧失或尚未完全丧失责任能力的状态,并在该状态下实施了符合构成要件的违法行为。由于行为人可以自由决定是否陷入上述状态,故称之原因自由行为。例如,明知病理性醉酒史,预见到饮酒后会攻击他人,应承担责任。与此类似的,还有行为人因吸毒陷入精神性障碍后将女友杀死的,不影响其罪名的成立,并且也不能因为其刑事责任能力降低而从轻处罚。因为行为人在实施与结果的发生具有因果关系的行为时具有责任能力,而且具有故意或者过失,因此具有非难可能性。同样,行为人因吸毒后产生神志异常而实施危害社会的行为,构成犯罪的,依法仍应当承担刑事责任。[3] 例如,行为人在吸毒过量的情形下产生幻觉,认为

---

[1] 广东省高级人民法院(2007)粤高法刑一终字第131-1号刑事判决书。
[2] 最高人民法院刑事审判一至五庭主办:《中国刑事审判指导案例》(第1卷),法律出版社2017年版,第23~25、33页。
[3] "福州市人民检察院诉彭某故意杀人案",载《最高人民法院公报》2007年第7期。

自己的女友被他人劫持，遂上出租车后持刀威胁、强迫司机快速朝自己指定的方向行驶。行为人明知自己吸毒过量可能产生幻觉、控制力降低的情况下还过量吸食毒品，对结果行为的产生是放任的，即属于间接故意，而劫持汽车罪是行为犯，被告人在吸毒过量的情况下劫持汽车，应当以结果行为的客观表现即劫持汽车行为定罪处罚。[1]司法实践中除了饮酒外，因吸毒产生幻觉进而实施犯罪行为也值得注意。吸毒者在吸毒前如果具有完全的辨认、控制能力，那么其吸毒受幻后的犯罪行为完全可归责于其吸食毒品的行为，因而需要对自己的罪行承担全部责任。从《刑法》条文看，虽然只有第18条规定了醉酒行为的处罚原则，但是根据"举轻以明重"的类推解释方法，吸毒属于违法行为，较醉酒行为更为恶劣，因而并不违反罪刑法定原则，同理处罚。[2]

在实施了原因自由行为后，是否应当承担责任，还要判断结果行为是否实现了故意内容。例如，行为人意图抢劫，而使自己陷入无刑事责任能力状态，但结果却实施了强奸行为，那么就抢劫而言，构成犯罪未遂；如果意图使自己陷入无能力状态而杀害他人，事实上也实施了杀人行为的，则认定为故意杀人罪。在既遂与未遂的判断上，原因自由行为的认识错误若发生在同一构成要件内，不影响既遂的认定。

四、身份犯

身份犯，是指在构成要件上，犯罪主体只限于具有特殊身份的行为人。所谓特殊身份，是行为人在身份上具有的特殊资格、特殊地位或状态。身份犯根据身份要素属于定罪要素还是量刑要素，可分为真正身份犯和不真正身份犯。

（一）真正身份犯

真正身份犯，是以特殊身份作为成立正犯要件的犯罪，即需要具有特定身份才能构成正规的犯罪，也称构成的身份犯。例如，《刑法》第411条规定，海关工作人员徇私舞弊，放纵走私，情节严重的，处5年以下有期徒刑或者拘役；情节特别严重的，处5年以上有期徒刑。作为构成要件要素的特殊身份，只是针对正犯而言，其他不具有特殊身份的人可以构成教唆犯或者帮助犯。例如，非国家工作人员甲教唆国家工作人员乙收受贿赂的，乙构成受贿罪的正犯，而甲构成受贿罪的教唆犯。

（二）不真正身份犯

不真正身份犯，是否具有特殊身份不影响定罪，只影响量刑，是加减的身份。例如，《刑法》第243条规定，捏造事实诬告陷害他人，意图使他人受刑事追究，情节严重的，处3年以下有期徒刑、拘役或者管制；造成严重后果的，处3年以上10年以下有期徒刑。国家机关工作人员犯前款罪的，从重处罚。

（三）特殊身份的意义

规定特殊身份，是因为有些犯罪只能由特殊身份实施；有些行为只有具有特殊身份才侵害法益；或者为了保护特定法益，将特殊身份作为加重类型；以及在一些法条中，特殊身份是不作为犯罪的身份。因此，是否具有特殊身份，决定着罪与非罪、此罪与彼罪、特殊身份的共同犯罪等，可能导致加重处罚，也可能会减轻处罚，例如，盗窃近亲属财物的，一般不以犯罪论处，确有追究必要的，对于案件的处理，也应当与一般的盗窃犯罪有所区

---

[1] 李晓琦："原因自由行为情形下的处断规则"，载《人民司法·案例》2011年第4期。

[2] 最高人民法院刑事审判一至五庭主办：《中国刑事审判指导案例》（第1卷），法律出版社2017年版，第21~22页。

别，体现了特殊身份对于从轻处罚，定罪与量刑的影响。

《刑法》第271条规定，公司、企业或者其他单位的人员，利用职务上的便利，将本单位财物非法占为己有，数额较大的，构成职务侵占罪。可见，职务侵占罪的主体是特殊主体，为公司、企业或者其他单位的人员。由于本罪是真正的身份犯，不具有特定身份者不能单独成立本罪。但无身份者与有身份者共同实施某种犯罪行为，如何论罪？通常来说，对职务侵占罪中混合主体行为的定性，应当以共同整体行为的基本特征为标准，确定该共同犯罪行为整体的性质。如果在整体行为上符合职务侵占罪中利用职务便利条件的，那么整体共同犯罪行为就以本罪论处。而司法实践中也肯定了这种说法，2000年最高人民法院《关于审理贪污、职务侵占案件如何认定共同犯罪几个问题的解释》第2条规定，行为人与公司、企业或者其他单位的人员勾结，利用公司、企业或者其他单位人员的职务便利，共同将该单位财物非法占为己有，数额较大的，以职务侵占罪共犯论处。[1]

第三节 单位犯罪

《刑法》第30条规定："公司、企业、事业单位、机关、团体实施的危害社会的行为，法律规定为单位犯罪的，应当负刑事责任。"

一、单位犯罪的概念和特征

单位犯罪是由单位作为行为主体所实施的犯罪。因此，不能认为单位犯罪时，单位本身与直接负责的主管人员、直接责任人员构成共同犯罪。对于单位是否应成为犯罪主体，西方国家一般采用了否定论的立场，我国学界也有观点否定单位的犯罪主体性，将《刑法》第30条解释为一种处罚单位的条件。单位犯罪有如下特征：

（一）以单位的名义实施犯罪

即由单位决策机构按照单位的决策程序决定，由直接责任人员实施。以下几类"单位"实施犯罪行为的，不构成单位犯罪：①个人为进行违法犯罪活动而设立的公司、企业、事业单位实施犯罪的；虚报资本成立公司，虽然成立公司本身构成犯罪，但不能否定公司的单位性质。②公司、企业、事业单位设立后，以实施犯罪为主要活动的；③无法人资格的独资、私营公司、企业。诸如湛江"9898"特大走私、受贿系列案中的林某华案，被告人所依托的公司是其以虚假信息骗取工商登记而成立的，不属于合法单位；况且其所获赃款也均中饱私囊，未归于单位所有，因而认定为个人犯罪而非单位犯罪。[2]

一般认为，国家机关载立法论的层面具有成为主体的意义，实践中难以判定；单位分支机构或内设机构一般不成为犯罪主体。

---

[1] 单华东、韩冰："以换卡方法逃避高速公路通行费之定性"，载《人民司法·案例》2008年第24期。

[2] 湛江"9898"特大走私、受贿系列案为中华人民共和国成立以来所查获的走私数额最大，涉案党政、执法人员最多的案件。

S-8-3-1 单位犯罪以及相关主体的认定

实践中，对于依法成立的一人公司能否成为单位犯罪主体也存在着一定的争议。的确在一人公司中，法人意志和个人意志在很大程度上是统一的，独特的公司结构缺乏有效的监督制约，似乎将其按照双罚制处理没有必要。但是本书认为，一人公司可以作为单位犯罪主体。首先，2018年修订的《公司法》肯定了一人公司的法人地位，其作为单位主体于法有据；其次，将法人与自然人相分离也符合经济运行的规律，满足经济发展的需求，鼓励投资；最后，根据罪责自负原则，既然一人公司基于自己的意志为了自身的利益实施了犯罪，那么不仅直接负责主管人员需要承担责任，单位更是责无旁贷。[1]

（二）为本单位谋取非法利益或者以单位名义为本单位全体成员或多数成员谋取非法利益

如果以单位名义实施犯罪，而违法所得却由实施犯罪的个人私分的，属于自然人犯罪而不属于单位犯罪。这一点是区分单位犯罪和自然人犯罪的关键，单位犯罪必须是以单位名义实施的，违法所得也必须归单位所有。例如，行为人虽以单位名义虚开增值税发票，但是违法所得均被其用于个人投资和挥霍，因而认定为个人犯罪。[2]

（三）刑法中明文规定了单位受处罚的犯罪

《刑法》中没有明确指出可以由单位构成的犯罪，即使事实上由单位集体实施的，也只能认定为自然人犯罪。比如我国《刑法》没有规定单位可以成为盗窃罪的主体，因此单位经过集体研究决定实施盗窃，也只能对直接责任人员追究盗窃罪的刑事责任。根据2013年最高人民法院、最高人民检察院《关于办理盗窃刑事案件适用法律若干问题的解释》第13条规定："单位组织、指使盗窃，符合《刑法》第二百六十四条及本解释有关规定的，以盗窃罪追究组织者、指使者、直接实施者的刑事责任。"在实践中，还存在单位实施了《刑法》中未规定为单位犯罪的行为，虽不能构成此种单位犯罪，但可能构成彼种单位犯罪的情况，例如，单位贷款诈骗可以构成合同诈骗罪。

二、单位犯罪的处罚

《刑法》第31条规定："单位犯罪的，对单位判处罚金，并对其直接负责的主管人员和其他直接责任人员判处刑罚。本法分则和其他法律另有规定的，依照规定。"

单位犯罪的处罚，以双罚制为原则，以单罚制为例外。单罚制，是指仅处罚直接责任人员，如此规定主要是为了保护公司整体利益和其他员工股东的利益。单罚制主要包括：工程重大安全事故罪、妨害清算罪、私分国有资产罪、私分罚没财物罪、提供虚假财会报告罪等；双罚制，是指对单位判处罚金（不能没收财产），对直接主管人和直接责任人判处刑罚，主要包括：违规制造，销售枪支罪，逃汇罪，非法出售，私赠文物藏品罪，采集供应血液、制作供应血液制品事故罪，战时拒绝、故意延误军事订货罪，单位受贿罪，单位

---

[1] 最高人民检察院第十批指导性案例第40号：周某集资诈骗案。
[2] 最高人民法院刑事审判一至五庭主办：《中国刑事审判指导案例》（第1卷），法律出版社2017年版，第179~181页。

行贿罪等。

J-8-3-1 单位犯罪处罚的双罚制——山东省东营市东营区人民检察院第二检查部主任盖秀云

S-8-3-2 关于单位犯罪的量刑指导

三、单位犯罪认定的特殊问题

（一）单位变更

如果在人民检察院追诉时，犯罪的单位已经被撤销、注销、吊销营业执照或者宣告破产的，只依法追究单位主管人员和其他直接责任人员的刑事责任，对单位不再进行追诉。如果在人民法院审判时，犯罪的单位发生分立、合并或者其他资产重组的，仍应将原单位列为被告，同时注明已被并入新的企业，罚金以其并入的新单位的财产及收益为限。

S-8-3-3 单位犯罪在特殊情形下的起诉问题

（二）外国单位

根据我国《刑法》中关于外国人犯罪的相关规定，按照属地原则，如果符合我国法人资格条件的外国公司、企业、事业单位，在我国领域内实施危害社会的行为，依照我国《刑法》构成犯罪的，应当依照我国《刑法》关于单位犯罪的规定追究刑事责任。

（三）主从犯认定

单位犯罪也存在主从犯的问题，根据最高人民法院《关于审理单位犯罪案件对其直接负责的主管人员和其他直接责任人员是否区分主犯、从犯问题的批复》："在审理单位故意犯罪案件时，对其直接负责的主管人员和其他直接责任人员，可不区分主犯、从犯，按照其在单位犯罪中所起的作用判处刑罚。"另外，2001年最高人民法院在《全国法院审理金融犯罪案件工作座谈会纪要》中指出："对单位犯罪中的直接负责的主管人员和其他直接责任人员，应根据其在单位犯罪中的地位、作用和犯罪情节，分别处以相应的刑罚，主管人员与直接责任人员，在个案中，不是当然的主、从犯关系，有的案件，主管人员与直接责任人员在实施犯罪行为的主从关系不明显的，可不分主、从犯。但具体案件可以分清主、从犯，且不分清主、从犯，在同一法定刑档次、幅度内量刑无法做到罪刑相适应的，应当分清主、从犯，依法处罚。"因此，在司法实践中对于单位共同犯罪中的主、从犯的认定和单位犯罪内部主、从犯的认定，需要结合实际情况分析。

（四）单位自首

在单位犯罪案件中，符合以下情形之一的，成立单位自首：①单位集体决定或者单位负责人决定而自动投案，如实交代单位犯罪事实的；②单位直接负责的主管人员自动投案，如实交代单位犯罪事实的；③单位自首的，直接负责的主管人员和直接责任人员未自动投案，但如实交代自己知道的犯罪事实的，可以视为自首。

如果单位直接负责的主管人员和直接责任人员拒不交代自己知道的犯罪事实，或者逃避法律追究的，不应当认定为自首。另外，单位没有自首，但直接责任人员能够自动投案并如实交代自己知道的犯罪事实的，对该直接责任人员应当认定为自首。

J-8-3-2　污染环境罪的单位犯罪——山东省东营市东营区人民检察院第一检察部检察官宋玉娜

S-8-3-4 不以单位犯罪论处的情形

第九章

犯罪主观方面

第一节 概述

一、犯罪主观方面的概念

犯罪主观方面，即罪过心理，是指犯罪主体对自己的行为及其危害结果所持的心理态度。从构成要件上看，犯罪主观方面是犯罪构成判断的分三层次。特征如下：

1. 犯罪主观方面的内容是犯罪的意思，即罪过心理，包括对危害行为与结果等犯罪事实的认识，罪过形式有故意、过失。
2. 犯罪主观方面是犯罪行为时的主观心理，要求犯罪罪过与犯罪行为具有"同时性"，即判断行为人罪过只能以行为实施时其所持的心理态度为标准。
3. 犯罪主观方面是刑法规定成立犯罪必须具备的要件。

二、罪过责任原则

无罪过就无犯罪和刑事责任，即责任主义原则或者主观责任原则，否定绝对的结果责任或者客观归责。主要有心理责任论、道义责任论、规范责任论、社会防卫论、人格责任论。

对于没有罪过的危害结果，一般被称为意外事件、不可抗力。意外事件，是指行为人的行为造成了损害结果，但行为人主观上对自己的行为及其所造成的损害结果不具有故意或过失的心理状态，且损害结果是由于不能预见的原因引起的情形。例如，甲、乙是马戏团演员，甲表演飞刀精准，从未出错。某日甲表演时，乙突然移动身体位置，飞刀掷进乙胸部致其死亡。甲主观上无过失，客观上无法预见乙的身体行为，因此，此属于意外事件。不可抗力，是指行为在客观上虽然造成了损害结果，但不是出于故意或者过失而是由于不能抗拒的原因所引起的。

第二节 故意

《刑法》第14条规定："明知自己的行为会发生危害社会的结果，并且希望或者放任这种结果发生，因而构成犯罪的，是故意犯罪。故意犯罪，应当负刑事责任。"

一、故意的内涵

故意[1],是指明知自己的行为会发生危害社会的结果,并且希望或者放任这种结果发生的心理态度。犯罪故意作为一种积极的责任要素,由两项内容构成:

(一) 认识因素

认识因素指的是行为人明知自己的行为会发生危害社会的结果,主要包括对客观事实的认识、行为社会危害性的认识等。前者例如,对于贩卖毒品中的"毒品";奸淫幼女中的"幼女";后者主要指认识到行为的非法性、恶性即可。此外,对于"客观的超过要素",即客观上发生了危害结果,但不需要行为人认识,可以视为故意论中认识因素的例外。

(二) 意志因素

意志因素指的是行为人希望或者放任这种结果发生。认识因素和意志因素密切联系,而且有机统一、缺一不可,如果行为人对其行为及其结果的危害性仅有认识,但缺乏希望或者放任的意志,则不成立犯罪故意。因此,犯罪行为人只有同时具备认识因素和意志因素,才能认定其存在犯罪故意,进而认定构成犯罪。

二、故意的类型与认定

根据行为人对于危害结果发生的心理态度是"希望"还是"放任",犯罪故意可以分为直接故意和间接故意。在故意的意志因素方面,直接故意表现为希望危害结果发生,而间接故意则是放任这种结果的发生。

(一) 直接故意

直接故意,是指明知自己的行为必然会或者可能会发生危害社会的结果,并且希望这种结果发生的心理态度。在认识因素层面,构成直接故意可以是对于自身行为必然导致危害结果发生的明知,也可以是对可能导致危害结果发生的明知。

1. 认识因素。直接故意的认识因素是明知,主要包括确定说、推定说,即明确知道和应当知道。在认识的内容层面,直接故意中的"明知"主要包括:

(1) 行为人对其实施行为的内容及其社会意义的认识。例如,明知将别人的手臂砍掉属于具有危害性的行为。对于规范性构成要件要素的认识,一般认识基本事实即可,即达到外行人领域的平行评价。对于行政犯而言,一般认为认识到行政违法即可认定为行为人具有刑事违法性认识。例如,对于"奸淫物品"概念本身可以不用认识,认识到属于色情电影即可。

(2) 行为人对其行为将产生的危害结果或者危险后果的认识。在某些案件中,行为人对于危害结果的认识往往决定了该危害行为构成何种性质的犯罪。比如,在伤害案件中,如果行为人只认识到自己的行为可能导致被害人受伤的结果,而对于行为人系血友病患者,因受伤流血不止而休克死亡的结果没有认识,那么只能对该行为人的行为认定为故意伤害,而不能以故意杀人定罪处理。

(3) 行为人对作为构成要件要素的时间、地点、对象要有认识。例如,在贩卖毒品罪中,要求行为人明知自己贩卖的对象为毒品;在非法捕捞水产品罪中,还要求行为人对犯

---

[1] 关于"故意"的学说有很多种,如:意志说、认识说、动机说;盖然性说、可能性说、风险理论与容任说,该类说法须判定认识到结果的盖然性、可能性,存在难以评价的可能,我国的立场是容任说,从故意的定义便可窥得;客观化的意志说、回避意志说,该类说法是实际的盖然说,排除了故意的意志因素以及是否采取防止结果的措施。此外,还有复合罪过说,即一罪名的责任形式既有故意又有过失,如滥用职权和玩忽职守。

罪时间、犯罪地点、犯罪方法具有认识,只有当行为人认识到自己是在禁渔区、禁渔期或者使用禁用的工具、方法捕捞水产品时,才能以非法捕捞水产品罪追究其刑事责任。

此外,构成犯罪有很多不需要认识的内容,包括:第一,责任年龄、身份;第二,客观的超过要素,即对于数额、情节等不需要有认识,例如多次盗窃、贪污数额;第三,行为的违法性。对于行为违法性的认识,一般认为,行为人只要对其行为及其结果的危害性存在认识即可,对违法性认识错误一般不阻却故意成立。例如,甲知道自己的行为有害,但不知是否违反《刑法》,遂请教中学语文教师乙,被告知不违法后,甲实施了该行为,但事实上《刑法》禁止该行为。此种情况下行为人已经认识到其行为有害,就不能认定行为人不具有违法性认识的可能性。反之,甲不知道自己的经营行为是否构成非法经营罪,遂去法院询问法官,被告知不违法,但事实上属于《刑法》禁止的行为。此种情况下,行为人触犯的罪名为法定犯,对行为的社会危害性和违法性均不具有认识,不构成犯罪。

【拓展阅读:天价葡萄案】

2003年凌晨,4民工在香山附近盗窃47斤科研用葡萄——北京农林科学院林业果树研究所葡萄研究园投资40万元,历经10年培育研制的科研新品种。北京市物价局价格认证中心对被偷的葡萄进行估价,被偷葡萄的直接经济损失为11 220元。检察院两次退回补充侦查后,最终估价按照葡萄的市场价格估算,价值仅为376元。检察机关对本案作出了不起诉决定。根据责任主义原则,盗窃故意包含对数额较大的认识,只有认识到所盗窃的财产数额较大时,才可能成立盗窃罪。因此,不得随意扩大"客观的超过要素"的范围,且抽象的事实认识错误,应当在主观故意与客观事实相一致的范围内认定犯罪。因此,天价葡萄案中,因为行为人缺乏盗窃故意的认识要素,认为行为人不成立盗窃罪。

2. 意志因素。直接故意的意志因素是希望、追求结果的发生。行为人对危害结果积极追求的犯罪心理态度,反映出其主观恶性程度较大。

(二) 间接故意

间接故意,是指明知自己的行为可能发生危害社会的结果,并且放任这种结果发生的心理态度。例如,在高速公路上对准高速行驶汽车丢石子致司机死亡,属于间接故意。

1. 认识因素。间接故意的认识因素,是明知自己的行为可能发生危害社会的结果。区别于直接故意存在必然发生与可能发生两种认识因素,而间接故意的认识内容只有危害结果发生的可能性。因为,如果行为人认识到自己的行为必然导致危害结果发生,而仍实施不法行为的,这种情况下行为人的心理态度已经不是放任,而是对于危害结果的积极追求,因此属于直接故意。

2. 意志因素。间接故意的意志因素,是放任危害结果的发生,即对结果听之任之,既不追求也不反对。区别于直接故意意志因素中的希望结果的发生,间接故意的意志是放任。例如,行为人在伪造作案现场时发现有人,明知可能烧死人依然放火,该行为人对于放火烧到人的后果的主观态度是间接故意。又例如,暴力致滋事亲友死亡案。行为人使用暴力手段阻止亲人酒后滋事,导致亲人死亡。死亡结果的发生并不在行为人的意料之中,发生这样的危害后果,也不是行为人事先应当预见的,因此不属于过失犯罪。但是行为人使用暴力之前,对这种行为会发生伤害的后果,应当是明知的。由于其在气愤之中,便对伤害后果的发生采取了放任的态度。[1] 再例如,中巴司机驾车冲撞交警案。中巴司机违章揽

---

[1]《最高人民法院公报》2000年第6期。

客，经执勤交管人员多次警告、制止后，产生报复心理，驾车冲撞造成执勤人员死亡的情况，中巴司机明知其开车冲撞的行为会造成他人伤亡的后果，但对危害结果的发生采取放任态度，其主观方面属于间接故意，造成执勤人员死亡的严重后果，应认定为故意杀人罪。[1]

在司法实践中，对于"激情杀人"，行为人因系瞬间冲动下，实施不计后果的行为，应当认为其对于危害后果的发生持放任的间接故意心态。例如，被告人张某因索要报酬与被害人刘某发生争执，后张某临时起意，持随身携带的水果刀刺向被害人，致其死亡。法院认为，被告人张某虽系临时起意，但其人身危险性与行为的客观危害性并不必然降低，因此不构成对被告人从轻处罚的理由。

（三）直接故意与间接故意的关系

直接故意和间接故意均属于犯罪故意的范畴，二者具有共同之处：一是都明确认识到自己的行为将会发生危害社会的后果，二是都不排斥危害结果发生。二者的差异如下：

1. 在认识因素上，二者对于危害结果发生的认识程度不同。直接故意的犯罪行为人既可以认识到行为必然导致危害结果发生，也可以只是认识到行为可能导致危害结果。间接故意，只能是认识到行为可能导致危害结果发生。

2. 在意志因素上，直接故意希望并追求结果的发生，而间接故意则放任结果的发生，既不积极追求也不努力阻止危害结果的发生。直接故意的犯罪行为人具有明确的犯罪目的，在该目的的支配下进而实施一定的犯罪行为，相比于没有预谋和明确目的的间接故意，直接故意行为人具有的主观恶性更大。

3. 结果发生与否对于犯罪成立的影响不同。在直接故意下，犯罪结果的发生与否，不影响犯罪的成立，只是作为犯罪既遂与未遂的判断标准。但在间接故意的场合，只有当发生特定的危害结果时，才能认定构成犯罪。[2]

三、故意的推定

（一）概念

故意的推定，是根据一定的客观事实推定犯罪人的心理，并逐渐规则化，除非有证据表明被告人不知、被骗，才足以否定故意，反之具有故意。

例如，根据《关于办理走私刑事案件适用法律若干问题的意见》中的规定："具有下列情形之一的，可以认定为'明知'……逃避海关监管，运输、携带、邮寄国家禁止进出境的货物、物品的……曾因同一种走私行为受过刑事处罚或者行政处罚的……"如果行为人有以上客观事实，推定其主观上有犯罪故意。

（二）严格责任与推定

英美法系适用严格责任，又称无罪过责任、绝对责任，是指法律对某些行为没有规定犯罪心态直接追究刑事责任，即只要发生违法事实就予以定罪，例如，英国普林斯案中，行为人与样貌20岁，实际不满16岁的少女私奔，根据严格责任，陪审团14：1判定行为人有罪。与之相反，对于推定的故意，只要证明不具有故意即可推翻该推定。

在我国，故意的推定有立法推定和司法推定，例如，在强奸罪中，知道或者应当知道对方是不满14周岁的幼女，而实施奸淫等性侵害行为的，应当认定行为人"明知"对方是幼女。对于不满12周岁的被害人实施奸淫等性侵害行为的，应当认定行为人"明知"对方

---

[1]《最高人民检察院公报》1998年第1号。
[2] 孙万怀等：《刑法总论》，高等教育出版社2011年版，第234页。

是幼女。对于已满12周岁不满14周岁的被害人，从其身体发育状况、言谈举止、衣着特征、生活作息规律等观察可能是幼女，而实施奸淫等性侵害行为的，应当认定行为人"明知"对方是幼女。这里既包括立法推定，又包括司法推定。

第三节　认识错误

一、概念

认识错误，是指行为人的主观认识与客观实际不一致，不一定意味着行为人产生了错误的认识。只有在"故意犯"层面上讨论认识错误才有意义，认识错误的情况下同时适用故意论和错误论。一般来说，对重要事实存在认识错误阻却故意既遂，反之成立既遂。例如，欲杀乙结果对方是自己父亲甲，查明甲系听到枪响吓死，行为人成立故意杀人罪的既遂。

认识错误分为事实认识错误和法律认识错误，也称对事实的明知的错误、规范上的明知的错误。在事实认识错误中，根据认识错误是否发生在同一构成要件之内，可以分为具体的事实认识错误与抽象的事实认识错误。

二、具体的事实认识错误

具体的事实认识错误，是指行为人的认识错误没有超出同一构成要件的情形，又称同一犯罪构成内的错误，解决的是主观故意和客观行为不一致时，是否成立故意犯罪以及是否既遂。

根据具体符合说，行为人所认识的事实与实际发生的事实具体得相一致时，才成立故意的既遂犯；根据法定符合说，行为人所认识的事实与实际发生的事实，只要在构成范围内是一致的，就成立故意的既遂犯，认识错误不阻却故意。具体符合说重视法益主体的差别，要求认识内容包括对法益主体的认识，但按照该学说得出的结论，某些情况下会有悖常识或者导致罪刑不相适应，假如行为人想杀掉的是甲，却由于认识错误杀成了乙，按照具体符合说，构成故意杀人未遂与过失致人死亡的想象竞合犯。此外，具体符合说还会导致许多行为不可罚，例如，意图砍甲的手指却误砍成乙的，构成故意伤害的轻伤未遂与过失致人轻伤，行为人无罪；再如，张三欲强奸甲却误将乙认作甲实施了强奸，构成强奸未遂与过失强奸，但这显然不符合常识。

法定符合说是目前的通说，重视法益的性质，只要行为人对同一构成要件内的事实存在认识，则成立故意，而不要求其认识到的事实与客观实际发生的事实保持具体一致。

三、抽象的事实认识错误

抽象的事实认识错误，是指行为人认识的事实与实际发生的事实，分属不同构成要件的情形，又称不同犯罪构成内的错误。对于发生在不同构成要件中的事实认识错误是否阻却故意，存在抽象符合说与法定符合说观点的对立。

抽象符合说从行为人主观主义的立场出发，认为只要行为人所认识到的事实与实际发生的事实在抽象的犯罪意思层面存在一致，不论是否存在具体差别、罪质轻重，均对最终发生的事实以故意犯罪论处。

法定符合说则立足于构成要件层面，主张：其一，不同构成要件之间的错误原则上阻却故意犯罪既遂的成立，成立故意犯罪未遂。例如，欲杀人实际却杀了猪，根据法定符合说，阻却故意杀人既遂的成立，成立故意杀人的未遂。又例如，张三想盗窃枪支，实际是财物，成立盗窃枪支罪的未遂。其二，不成立故意犯罪未遂时，成立过失犯罪。例如，欲杀猪实际却杀了人，根据法定符合说，在有过失的情况下成立过失致人死亡罪。其三，虽然犯罪构成不同，但犯罪是"同质"[1]的情况，当行为人所认识的内容和实际发生的犯罪事实之间存在构成要件上的重合时，则在重合的范围内，成立轻罪的既遂犯。例如，行为人误认为是财物而盗窃，实际是枪支的，按盗窃罪既遂处理；行为人误以为其销售的为假药，但实际却是劣药，造成危害后果的，按生产、销售劣药罪既遂处理；行为人欲侮辱尸体，实际将活人侮辱的，按侮辱尸体罪既遂处理。

四、事实认识错误的分类

根据发生事实认识错误的原因不同，可以将事实认识错误分为以下几类：

1. 对象错误，即误认的错误，是指行为人误认甲对象为乙对象而加以侵害的认识错误情形。例如，甲在乙回家的路上设置陷阱意图杀害乙，乙因故未走这条路，丙误入陷阱死亡。甲并没有发生打击的偏移或者偏差，属于对象的错误。对于对象错误的处理方法包括：

（1）如果甲乙对象属同一犯罪构成内，例如，黑夜中以为对方是仇人，却误将父亲杀害，属于对象错误，根据新具体符合说，认为都是"那个人"，[2]与法定符合说得出的结论一致，都构成故意杀人既遂。

（2）如果甲乙对象分属不同的犯罪构成，例如，行为人意图取财而窃取他人的公文包，却不料包中有一把手枪，按照法定符合说，由于行为人对于犯罪对象为枪支的事实缺乏认识，因此不具有盗窃枪支、弹药罪的故意，不成立盗窃枪支、弹药罪。

2. 打击错误，即行为的错误，是指行为人因行为出现偏差、偏移，导致欲侵害对象与实际不一致的认识错误的情形。例如，甲将吴某的照片交给乙，让乙杀吴某，但乙误将王某当成吴某予以杀害。此例中，甲的情况就是打击错误。值得注意的是，本案中，乙的行为符合上述对象错误的范畴，即使甲是乙的教唆者，甲乙的认识错误类型也可以不一致。

（1）如果打击对象错误未超出同一犯罪构成，例如，欲用枪打死A，但因打击出现偏差而致B死亡，按照具体符合说，构成故意杀人未遂与过失致人死亡，按想象竞合犯处理；按照法定符合说，构成故意杀人既遂。

（2）如果打击对象错误超出了同一犯罪构成，例如，甲搬起石头向乙砸去，乙躲闪，石头砸中旁边的一辆汽车，致车窗碎裂。按照法定符合说，甲以伤人的故意却因打击偏差而造成毁坏财物的后果，因缺乏对毁坏财物的故意，不成立故意毁坏财物罪，同时甲的行为未给乙的身体造成损害结果，故甲不构成犯罪。

3. 手段错误，又称方法的错误，是指行为人使用的犯罪工具、手段等，在性质和功能方面，与其预想不一致。手段错误，不阻却犯罪故意，解决的是可罚性问题，主要体现为可罚的不能犯与不可罚的不能犯两种。

（1）可罚的不能犯，指结果未实现，但行为具有高度盖然性危险，按照未遂犯处理。例如，穿隐形衣去盗窃被抓，实际并非隐形衣；向床上射击刺杀A结果没人，但发现床还有温度，A刚离开不久，依然具有高度的盖然性危险。

---

[1] 日本学者大谷实对于犯罪同质的理解，采取的是实质符合说，即对构成要件的意义进行实质考察，不仅要求形式上构成要件行为的共同性，还必须在实质意义层面所保护的法益上存在一致性。

[2] 张明楷：《刑法学》，法律出版社2016年版，第269页。

（2）不可罚的不能犯，其行为不具有客观危险性，不认为是犯罪，例如，用白糖水杀人。迷信犯也属于绝对不能犯的一种，即使依照行为人的主观计划实施，客观上也绝对不能实现结果，因此不可罚。

4. 因果关系的错误，即侵害的对象没有错误，但造成侵害的因果关系的发展过程与行为人所预想的发展过程不一致，以及侵害结果推后或提前发生的认识错误情形。包括：

（1）具体因果进程的错误，指结果的发生没有按照行为人对因果关系的发展所预见的进程来实现。如果最终发生了行为人追求的结果，只是结果实现的因果流程与行为人所预想的不一致的，例如，把人推入井中欲将其溺死，但被害人实际被摔死，再如开枪射击，被害人因躲避却坠崖摔死，均不影响故意犯罪的成立。

（2）事前的故意，也称为概括的故意或者犯罪结果延后发生，指行为人误认为第一个行为已经造成结果，随后又出于其他目的实施第二个行为，实际上第二个行为导致结果发生。例如，为毁灭证据抛尸致死，本案中行为人第二个行为不异常，不中断因果关系，仍然成立故意杀人既遂。

（3）犯罪结果提前实现，指提前实现了行为人所预想的结果。当计划的两个行为都有高度危险，将多个行为视同一个整体行为，那么实施前一行为即可认定为已着手实施犯罪，按照故意犯罪处理。例如，甲欲下药将乙先迷晕后再杀，结果直接药死的，认定为故意杀人罪。但是，如果前一行为不能被评价为着手，则成立想象竞合。例如，金莲意图毒杀亲夫，将准备好的毒药放在厨房，不料大郎提前回家，拿起毒药喝了，认定为故意杀人罪的预备与过失致人死亡罪的想象竞合。

第四节　过失

《刑法》第15条规定："应当预见自己的行为可能发生危害社会的结果，因为疏忽大意而没有预见，或者已经预见而轻信能够避免，以致发生这种结果的，是过失犯罪。过失犯罪，法律有规定的才负刑事责任。"

一、过失的概念

过失，是指行为人应当预见自己的行为可能发生危害社会的结果，因为疏忽大意而没有预见，或者已经预见而轻信能够避免的一种心理态度，包括疏忽大意和过于自信两种形态。通常认为，过失犯罪只有造成实害后果才构成犯罪，本书认为，即使在我国二元处罚体系下，也存在过失犯的危险犯，例如，妨害传染病防治罪。

刑法主流观点认为，可预见性是过失犯罪归责的重要标准，但是从理论上讲，每个有可能被辨认的事件同时也是可预见的（例如人的死亡）。因此，在判断过失犯罪的预见义务时，不能仅仅根据经验简单判断行为人是否有预见义务，更要重视预见义务的内容是什么。根据客观归责理论，如果结果属于他人负责的领域，则应当否定结果归属于行为人的行为。例如，行为人违规驾驶机动车遭到警察拦截，在警察应当设置警示标志接管交通安全之后，警察的过失行为导致了危害结果发生的，因为警察接管了交通安全，危害结果就应当归属于警察负责的领域，不能再归属于行为人。[1]

过失犯的类型除了疏忽大意和过于自信两种形态，还应注意监督过失、业务过失、过失向故意的转化等问题。监督过失是指由于业务或其他社会关系，监督者对被监督者的过失行为引起危害结果的一种过错类型，主要包括缺乏对被监督者行为的监督（狭义的监督过失）、没有确立安全管理体制所构成的管理过失。对于过失向故意的转化，是指行为人基于过失造成危险，未能履行其作为义务去消除危险，以致结果发生，则由过失转化为故意。例如，保护甲喂饭时乙被鱼翅卡住喉咙，甲担心被骂在救助时隐瞒情况，乙因救治不及时死亡。甲成立故意的不作为犯罪。

二、疏忽大意的过失

疏忽大意的过失，即忘却犯，是指无认识的过失，即行为人应当预见行为可能发生危害社会的结果，但因疏忽大意而没有预见，以致危害结果发生的心理态度。

（一）应当预见自己的行为可能发生危害社会的结果

应当预见，要求行为人对可能发生的危害后果存在预见义务，同时具备预见能力。区别疏忽大意的过失与意外事件的关键，是看行为人是否具有预见危害结果发生的义务并且是否违反了该预见义务。意外事件虽然客观上造成了损害，但损害是由不应预见、不能预见的原因引起，所以行为人主观上无故意或过失。例如，开车时驾驶人突发疾病导致操作失当而发生交通肇事的，属于意外事件；但如果驾驶人未按要求忘记对车辆进行检修以致车辆失控发生事故，则行为人属于疏忽的过失。

1. 具有预见义务，包括法律、法令、职务、业务规章确定的义务，日常生活准则所提出的义务，前者如护士输液应当检查药品是否符合处方，后者如在家生火做饭应注意防火。

2. 具有预见能力，也即预见可能性。关于预见可能性的判断，学界先后经历了旧过失论、新过失论、新新过失论（危惧感说），旧过失论强调预见义务，新过失论、危惧感说强调回避义务，在预见可能性上，旧过失论、新过失论强调具体的预见可能性，危惧感说强调危惧感即可。

对于预见可能性的判断标准，理论界存在主观说、客观说、折衷说等不同观点。①主观说，又称行为人标准说，认为是否存在预见可能性应当以行为人在特定情况下实际具有的能力、水平为判断依据。②客观说，又称一般人标准说，该说主张以社会上一般人的认识能力为标准，判断行为人是否具备预见可能性。该观点的问题在于，对于低能或者低智商的人，容易造成处罚他人低智商的不公平效果。③折衷说，又称主客观统一说，按照该说，如果一般人通常情况下不能预见，但行为人因其专业知识或者从事特定业务等而具有较高认识能力，应认为行为人具有预见可能性；反之，如果社会一般人在特定情况下应当预见，但行为人实际上并未预见的，则可以认定行为人存在过失。例如，私自改装汽车案中，行为人违反交通管理法规私自改装车子高度，途径某地将车辆停在路边，车顶恰好触及他人私拉不符合安全标准的电网造成路人丁被电死。该案中，行为人对被害人的死既没有故意也没有过失，行为人没有义务、也不可能预见其在某处停车，车顶会恰巧触及高压

---

[1] [德]克劳斯·罗克辛：《德国最高法院判例：刑法总论》，何庆仁、蔡桂生译，中国人民大学出版社2012年版，第4~5页。

电线致人死亡。[1]

信赖原则[2]可以阻却预见可能性，但行为人亦存在罪过时，即存在预见义务的竞合，该原则一般不适用于疏忽大意的过失，不阻却过失的可归责性，即不能因为他人的违法阻却行为人自己违法的责任。例如，电闸案中，工厂电工检修电路拉下电闸停电，工厂值班员见高压电闸被拉下，便将电闸拉上造成电工被电死。后查明电工未在电闸处放警示标志，具有过错。但同时，值班员同样没有尽到审慎注意义务，对其推闸后将导致他人触电的后果应当预见，而不能主张信赖被害人如果小心谨慎就可以避免结果发生，即不能因被害人的过失阻却行为人的过失，因此该案件不属于意外事件，值班员成立过失犯罪。

（二）因为疏忽大意未预见自己的行为可能发生危害社会的结果，以致危害结果发生

疏忽大意的过失，只有是否有罪之分，不存在停止形态，未造成危害后果即不构成犯罪。例如，被告人王某在后屯村李某家门口驾驶机动车倒车时，由于疏忽大意将该村一名3岁小男孩当场轧死。法院认为，被告人疏忽大意，致一人死亡的后果，其行为已经构成过失致人死亡罪。

三、过于自信的过失

过于自信的过失，是指有认识的过失，已经预见到行为可能发生危害社会的结果，但轻信能够避免，以致这种结果发生的心理态度。

（一）过于自信的过失的构成特征

1. 在认识因素上，行为人对其行为可能导致危害结果发生存在认识，包括发生结果的可能性、可能产生的危害结果类型的认识，以此区别于对于危害结果发生没有认识的疏忽大意的过失。

在认识程度方面，过于自信的过失和间接故意又存在差别。虽然二者都认识到了行为可能导致危害结果发生，但在过于自信的过失中，行为人对于这种可能性的预见程度较低，而且在预见到危害结果可能发生后，往往又推翻了自己的认识，实质上还是没有认识。在间接故意的场合，行为人已经较为明确地认识到这种可能性会向现实转化。

2. 在意志因素上，行为人轻信能够避免危害结果发生，其实质在于行为人希望避免危害结果发生，但却没有确实可靠的客观根据。在间接故意中，行为人对于可能发生的危害结果持放任的心理态度，即既不排斥也不追求；而对于过于自信的过失，"轻信"结果能够避免，表明行为人明确排斥和反对危害结果的发生。至于行为人的主观心态究竟属于对于危害结果的放任还是排斥时，可以将行为人客观上是否采取了一定的措施以避免这种结果的发生作为判断标准。有些情况下，行为人既采取了加害措施，又采取避免措施，就存在着间接故意与过于自信的过失的竞合，此时需要比较两种措施的效果，如果加害措施的危害后果仍很明显，则仍构成间接故意。例如，王某为防小偷偷西瓜，给西瓜注射剧毒氰化钾，但在地里树一小旗，写着"西瓜有毒"。小偷仍来偷摘，吃后中毒身亡。从采取加害措

---

[1] 最高人民法院刑事审判一至五庭主办：《中国刑事审判指导案例》（第2卷），法律出版社2017年版，第513~514页。

[2] 信赖原则，指行为人在实施某种行为之际，信赖被害人或者第三人会采取适当的行动具有相当性的场合，即使由于该被害人或者第三人的不适当行为而发生了结果，行为人对此也不负责任。该原则源自于德国判例，其中突出的体现是1935年12月9日帝国法院的判决。该判决对于电车司机撞倒突然从电车修筑区跳到车轨上的行人一案，认为司机不构成过失。其理由是，机动车驾驶人没有"考虑到一切不注意行为"顾虑的必要，只要他有"对所有事情进行合理考虑而可能预见的不注意行为加以注意"的念头，就是已尽了注意义务。

施（注射毒药）看，是放任；从采取避免措施（树小旗）看，是过于自信的过失。比较二者的效果，综合来看，加害措施的危害后果仍很明显。同时，王某对公共安全造成危害实质上也是一种放任的态度，所以王某是间接故意，构成投放危险物质罪。

（二）间接故意与过于自信的过失的关系

在司法实践中，过于自信的过失与间接故意之间比较容易区分：前者为行为人已经预见到自己的行为后果，轻信能够避免；后者行为人也已经明知自己行为的结果，但放任该结果发生。两者同时都预见了危害后果，只不过行为人对于伴随结果的发生在意志上有所不同，在间接故意中是放任，在过于自信的过失中是轻信能够避免。[1]

1. 二者相似之处：

（1）二者都预见到可能发生危害社会的结果；

（2）二者都不希望发生危害社会的结果。

2. 二者的差别：

（1）对危害结果所持的态度：间接故意对危害结果是放任，过于自信的过失是反对结果发生；

（2）对危害结果发生的认识程度：间接故意明知结果发生可能性，过于自信的过失预见到可能性但行为时又否定了这种可能性，实质上仍然是没有认识到危害后果；

（3）对回避结果的可能性的态度：间接故意不考虑；过于自信的过失考虑到可以避免。

第五节　目的与动机

一、犯罪目的

犯罪目的，是指行为人希望通过实施犯罪行为达到某种危害社会结果的心理态度，区别于犯罪故意中的意志因素。

（一）目的犯

目的犯，是指存在于刑法分则之中，具备某种（超越直接故意内容的）特定犯罪目的才能构成的犯罪类型。因此，此处的犯罪目的一般只对目的犯有价值。目的犯中的犯罪目的区别于故意犯罪中作为直接故意中"希望"的意志因素，后者作为成立犯罪的主观要件存在，犯罪目的属于对主观要件的特别要求，如果缺乏该目的，则不满足该罪的主观要件。

目的犯具有两种表现形式：一是刑法分则明文规定成立本罪需要以特定目的为构成要件，如以非法占有为目的的贷款诈骗罪、信用卡诈骗罪；以牟利为目的的倒卖文物罪；以营利为目的的侵犯著作权罪、赌博罪；以出卖为目的的拐卖妇女、儿童罪。二是刑法分则未明确规定但根据法条解释需要具备特定目的的犯罪，例如抢劫罪、诈骗罪、盗窃罪、侵占罪，要以非法占有为目的。

（二）犯罪目的的功能

根据是否具有某种目的，可以判断罪与非罪，例如，不以营利为目的的侵犯著作权、赌博，不构成侵犯著作权罪、赌博罪。也可以判断此罪与彼罪，例如，有出卖目的的拐骗

---

[1] 最高人民法院刑事审判一至五庭主办：《中国刑事审判指导案例》（第2卷），法律出版社2017年版，第483~484、530页。

儿童是拐卖儿童罪；有牟利目的的传播淫秽物品是传播淫秽物品牟利罪。

J-9-5-1 "套路贷"犯罪：罪与非罪的认定（基于非法占有目的的角度）
——山西省临汾市曲沃县人民检察院检察官司冬芬

（三）主观的超过要素

主观的超过要素，是指主观要素不需要有与之相对应的客观事实，即不要求实现主观所追求的结果即可成立犯罪。例如，走私淫秽物品罪，以牟利或者传播为目的，但只要走私淫秽物品即有罪且既遂，不需要实现上述目的。

二、犯罪动机

犯罪动机，是指行为人实施犯罪行为的内心起因，在某些犯罪中作为定罪或者量刑的责任要素而存在。一是犯罪动机作为犯罪构成要件要素，例如，徇私枉法、徇私舞弊不移交刑事案件罪中的"徇私"动机。二是犯罪动机作为影响量刑的责任要素，例如在第397条滥用职权罪、玩忽职守罪中，"徇私舞弊"属于加重的法定量刑因素。

第十章

正当化事由

第一节 正当防卫

《刑法》第20条规定，为了使国家、公共利益、本人或者他人的人身、财产和其他权利免受正在进行的不法侵害，而采取的制止不法侵害的行为，对不法侵害人造成损害的，属于正当防卫，不负刑事责任。

正当防卫明显超过必要限度造成重大损害的，应当负刑事责任，但是应当减轻或者免除处罚。

对正在进行行凶、杀人、抢劫、强奸、绑架以及其他严重危及人身安全的暴力犯罪，采取防卫行为，造成不法侵害人伤亡的，不属于防卫过当，不负刑事责任。

一、正当防卫概述

为了使国家、公共利益、本人或者他人的人身、财产和其他权利免受正在进行的不法侵害，而采取的制止不法侵害的行为，对不法侵害人造成损害的，属于正当防卫，不负刑事责任。

关于国家、公共利益能否成立正当防卫的问题，在理论上存在较大争议。德国刑法认为，作为国家主权之载体——国家才能享有的利益，通常不能成为公民防卫的对象。此外，为保护他人权利能否成立正当防卫的，在某些特别情况下的认定也需要十分谨慎，如果受侵害者在能够且允许的情况下并不想阻止攻击，其他人也就无权强行帮助并进行防卫。还应注意的是，如果，受攻击者能够以其他更加合理且不损害其他利益的方式排除权利侵害的，他人也无权进行正当防卫。[1] 德国刑法中将正当防卫分为阻却违法和阻却责任两种情形。我国刑法对正当防卫、防卫主体、防卫起因的规定可以说是同世界各国相比最广的。

【女罪人案】[2]

被告人在电影院播放电影《女罪人》时，因觉得该电影在道德和宗教上令人反感，为了保护观众们的情感免受伤害，而带人破坏电影放映，使电影中断了15分钟。德国联邦最

---

[1]［德］克劳斯·罗克辛：《德国最高法院判例：刑法总论》，何庆仁、蔡桂生译，中国人民大学出版社2012年版，第35页。

[2]［德］克劳斯·罗克辛：《德国最高法院判例：刑法总论》，何庆仁、蔡桂生译，中国人民大学出版社2012年版，第34页。

高法院认为行为人的举动不能成立正当防卫。在该案例中，影院的观众并未在允许且能够的情况下产生阻止并不存在的攻击的意思。并且，在电影播放前，观众应当是对电影内容有了一定的了解之后，作出的自我选择。如果观众觉得情感或者人格权利受到了伤害，大可选择离开电影院这种体面且于其他利益无害的方式，因此，不能认定行为人的行为成立正当防卫。

二、正当防卫的成立条件

正当防卫是主观意图与客观行为的统一：包括防卫起因、防卫对象、防卫时间、防卫限度、防卫意图五个方面。在正当防卫的认定条件上，应当树立阶层化递进式判断思维，英美法系下的不退让法则、城堡法则赋予了防卫人极大的防卫权。

（一）防卫起因：存在现实的不法侵害

正当防卫只能针对现实的不法侵害进行，对于合法行为不能进行正当防卫。在认定防卫起因上，需要满足以下条件：

S-10-1-1 正当防卫——"不法侵害"的认定

1. 防卫起因的不法性。不法侵害不仅包括犯罪行为，也包括违法行为。因此，只要是针对符合犯罪构成客观方面的类型化的危害行为，均可以进行防卫。对于过失行为，作为一种结果犯，在犯罪成立的同时发生侵害结果时，也应当允许正当防卫。对于未达法定年龄、不具有责任能力的人的侵害，由于在客观层面具有违法性，应允许正当防卫。目前，司法实践中普遍承认针对不能辨认或者控制自己行为的精神病人实施的不法侵害可以实施正当防卫。但是，根据社会伦理的限制，对于未成年人、精神病人、残疾人的侵害行为实施防卫时，应当适度予以限缩防卫权。

2. 防卫起因的侵害性。不法侵害不仅包括作为形式的侵害，也包括不作为形式的侵害。例如，幼女落水，防卫人强制幼女的父亲去救助，便是对于不作为侵害的正当防卫。不法侵害一般具有攻击性、破坏性、紧迫性、持续性，但不能仅仅根据侵害行为不具有破坏性、紧迫性就否定防卫人的防卫性质。例如，面对非法拘禁行为实施的防卫行为，非法拘禁行为满足防卫起因的侵害性要求。

3. 防卫起因的现实性。在不法侵害现实性认定问题上，受攻击者不需要切实的受到伤害之后，才能反抗。也就是说，若受侵害人面对故意伤害的危险，不需要等到被打时才能出手反抗，进行正当防卫。虽然侵害实施者的行为尚未侵害到权利，但是能直接演变为侵害，以至于如果此时不实施正当防卫行为，将失去防卫时机的，应当承认该行为是不法侵害，否则，正当防卫将失去其设立的目的性，失去其追求的效果。[1] 但是，对于持续性的危险不能视为现实不法侵害，例如，对有规律的家暴伤害行为，在家暴停止时不能视为存在现实的不法侵害。德国刑法中有防御性紧急避险的概念，对此类案件可运用防御性紧急

---

[1] [德] 克劳斯·罗克辛：《德国最高法院判例：刑法总论》，何庆仁、蔡桂生译，中国人民大学出版社2012年版，第37页。

避险。

正当防卫还要求不法侵害必须是现实存在的，否则构成假想防卫。所谓假想防卫，是指客观上并无不法侵害，但行为人误认为存在不法侵害，因而进行所谓防卫的。因此，假想防卫是在事实认识错误的层面上讨论的，由于行为人主观上具有防卫的意图，而不具有犯罪故意，因此假想防卫不构成故意犯罪。司法实务一般认为假想防卫具有四个基本特征：一是行为人主观上存在正当防卫意图，以为自己是对不法侵害人实施的正当防卫；二是防卫对象的"不法侵害"实际上并不存在；三是防卫行为人的"防卫行为"客观上侵害了他人人身或其他合法权益，具有社会危害性；四是行为人的防卫错误，产生了危害社会的结果。[1]

对于假想防卫，如果行为人对于造成的危害结果具有过失，则构成过失犯罪；如果根本不具有预见的可能性的，则为意外事件。例如，甲因为形迹可疑遭到便衣警察乙的盘问，甲却以为遭遇劫匪，两人便扭打起来，乙最终被甲打倒摔成轻伤。甲的行为便构成假想防卫，由于乙已表明自己的警察身份，故甲存在过失。但根据《刑法》规定，过失造成人轻伤的不构成犯罪，因此甲不构成犯罪。

在防卫起因的认定上，不能因为防卫限度的过当而否定防卫起因的存在。例如，张三得知李四扬言殴打自己后，准备防御工具，二人偶遇后，李四扇张三耳光，张三拿钢筋捅刺致其重伤。公诉机关认为，张三得知李四扬言殴打自己后，应当报告或退让避免纠纷升级，但其却积极做准备工作，有逞能心态，具有斗殴故意，本案张三面临扇耳光不属于不法侵害，其属于事前防卫。法院判定，防卫人准备工具的目的不能臆测，要根据案发情形，准备工具进行防卫乃人之常情，将扇耳光不认定是防卫起因，混淆了正当防卫的前提条件与限度条件，本案属于防卫过当，构成故意伤害罪。

（二）防卫对象：针对不法侵害人

防卫对象包括不法侵害人本人的人身及财产，如果是共同的不法侵害，防卫的对象可以是正在进行侵害的人或有义务防止侵害结果发生的人，对于一旁助势的帮助犯不宜进行防卫。对不法侵害人的防卫，既可以针对不法侵害人的人身，也可以针对其财产。

针对不法侵害人之外的人进行"防卫"，即面临不法侵害时对与不法侵害无关的第三人实施防卫，造成损害的情形，不成立正当防卫，但根据不同情况，可能构成：

1. 故意犯罪。如故意针对第三者进行所谓防卫。例如，乙侵害甲，甲为了反击而向乙投掷石块时，看到了站在乙旁边的吃瓜群众丙在边看边笑，便将石块砸向了丙，致丙重伤，甲当然构成对丙的故意伤害罪。

2. 假想防卫。误认第三者为不法侵害人，应认定为过失或意外事件。

3. 紧急避险。如果是为了防卫实际不法侵害人，而侵害第三人的利益，构成紧急避险。然而并非侵害第三人的行为都属于紧急避险，仍应根据具体情况分析。

（三）防卫时间：不法侵害须正在发生

防卫人只有对正在进行过程中的不法侵害，才成立正当防卫，如果不法侵害尚未开始或者不法侵害已经结束，此时不成立正当防卫。对于防卫时间的判断，需要注意以下几点：

1. 不法侵害的开始时间。关于不法侵害开始时间的判断，主要有"着手说"与"直接

---

[1] 最高人民法院刑事审判一至五庭主办：《中国刑事审判指导案例》（第1卷），法律出版社2017年版，第39页。

面临说"两种观点。"着手说"认为，不法侵害人着手实行不法侵害，一般认为不法侵害已经开始。对于预备行为，一般不得防卫。"直接面临说"认为，根据行为时的具体情况，如果能够认定不法侵害的威胁具有现实性和紧迫性，待着手实行后来不及减轻或者避免危害结果，那么即使不法侵害人尚未实际着手实施不法行为，也应认为不法侵害正在进行中，此时针对其进行防卫行为，成立正当防卫。例如，不法侵害者拿出手枪欲射击，如果以瞄准时为不法侵害的开始时间，可能达不到防卫目的。

2. 不法侵害的结束时间。关于不法侵害结束时间的判断，需要明确当客体（法益）不再受到现实的不法侵害，或者不法侵害已经不可能继续侵害客体（法益）时，不再处于紧迫的不法侵害威胁中，认为不法侵害已经结束。对于不法侵害的危险依然存在，是否认定为不法侵害仍在进行，目前学界有争议，但更多的学者开始倾向于认为，客体（法益）处于紧迫、现实的侵害威胁之中，或者不法侵害继续对客体（法益）造成威胁时，应当认定为不法侵害尚未结束。

不法侵害行为的既遂不等同于不法侵害的结束，不法侵害是否已经结束应当从实质层面，根据法益所面临的威胁是否具有紧迫性、现实性，进行具体判断。对于即成犯而言，犯罪行为既遂则意味着不法侵害行为的结束；但对于状态犯，尤其是财产犯罪，犯罪虽已既遂，行为人已经取得了财物，但当损害尚可挽回且犯罪未发生中断时，则认为不法侵害仍在进行中，此时当场追回财物的，仍成立正当防卫。

对于不符合时间条件的防卫，即防卫不适时，根据具体情况可能认定构成故意犯罪、过失犯罪或者意外事件。例如，甲被乙追杀过程中，乙被丙打昏在地。甲在乙昏倒之后仍然拿石块将乙砸成重伤的，由于乙已经无法继续不法侵害，甲此时的行为不成立正当防卫，应当以故意犯罪论处。但是在司法实践过程中，由于不法侵害是否已经结束难以判断，因此如果防卫人在不法侵害结束的短暂时间内，持续实施防卫行为的，属于人之常情，不宜苛刻，对于这种情况，可以认定构成防卫过当，但不宜认定为故意犯罪。此外，日本刑法理论中关于一体化的防卫行为，也为解决事后防卫认定提供了思路。

（四）防卫意图：防卫意识

防卫意图，是指为了使国家、公共利益、本人或者他人的人身、财产和其他权利免受正在进行的不法侵害的主观心态。包括防卫认识和防卫目的，或称防卫的认识因素和意志因素。司法实践中，存在挑拨防卫、互相斗殴、偶然防卫等情形，这些行为虽然具有正当防卫的客观样态，但判断是否成立正当防卫，还应考虑是否满足防卫意图条件。

1. 挑拨防卫，是指行为人先挑拨对方对自己实施侵害，然后借口正当防卫实现其加害对方的目的。因行为人主观上不具有防卫意图，实际上是出于故意伤害的目的，因此应认定为故意犯罪。

2. 互相斗殴，一般认为双方都具有侵害对方的故意，双方的行为都是不法侵害行为，均构成故意犯罪。但如果是已经停止斗殴后一方继续侵害，或者一方突然使用杀伤性武器，另一方可以成立正当防卫。要注意的是，认定双方由互殴转化为一方自动放弃或主动退出斗殴的，应当遵循彻底性的标准，并且表现出明显的阶段性特征，要与互殴过程中双方势头的此消彼长、强弱转换等情形变化区分开来。[1]

---

[1] 最高人民法院刑事审判一至五庭主办：《中国刑事审判指导案例》（第1卷），法律出版社2017年版，第43页。

3. 偶然防卫，按照行为无价值论，成立故意犯罪；按照结果无价值论，不成立犯罪。需要注意的是，虽然结果无价值论的观点主张偶然防卫无罪，但仅排除防卫行为本身的可责性，事前的行为仍可成立犯罪预备。例如，甲为杀乙而一路跟踪，杀乙时乙在杀丙，甲打中乙，这一行为对乙成立偶然防卫，但其之前跟踪的行为仍成立故意杀人罪的预备，所以对甲仍要予以处罚。[1]

【案例解读】河南省三门峡市中级人民法院（2012）三刑初字第18号刑事附带民事判决书

被告人苗某持刀捅刺他人，致一人死亡，被告人的辩护人主张该行为属于正当防卫，应构成过失致人死亡罪。经查，被告人在无端质问被害人后，两人产生争执厮打，厮打中被告人用剔骨刀朝被害人颈、头等要害部位乱砍数十刀致被害人多部位损伤，失血性休克而死亡。因此，足以证实被告人不具有防卫意图，对于其行为构成防卫过当、过失致人死亡的辩护意见，不予支持。

（五）防卫限度：没有明显超过必要限度造成重大损害

防卫限度要求防卫行为没有明显超过必要限度，造成重大损害。关于是否超出必要限度，学界主要有"基本适应说"（防卫行为与不法侵害行为大体相当、基本适应）、"必需说"（防卫行为应当以制止不法侵害为限制），司法实践逐渐由严格限制转向防卫不法侵害的必需。

对于是否超过防卫限度，应当根据具体情况，从以下三个方面进行综合考虑：其一，不法侵害的强度，即采取的手段与不法侵害是否相适应，不能明显超过；其二，不法侵害的紧迫性，如果不法侵害不具有法益侵害的紧迫性，那么正当防卫缺乏实施的必要性；其三，不法侵害的严重性，即正当防卫保护的利益与不法侵害成正比。如果不符合限度条件，认定为防卫过当，应当减轻或者免除处罚。例如，甲将罪犯乙扭送派出所途中，在汽车后座上死死摁住激烈反抗的乙头部，到派出所时发现其已窒息死亡的，甲当然超过了必要限度，构成防卫过当。在认定何为"必要限度"时，一般应当从两方面加以考量。一方面，防卫行为是为了制止不法侵害，是法律赋予的，是必要的，这就要结合客观环境以及侵害者的主观态度加以判断。另一方面，防卫行为的限度应当以制止不法侵害为必要。这就要求防卫行为所保护的合法权益与防卫行为所造成的危害后果之间差距不能过大，而且是"明显"过大。[2]

当正当防卫人与不法侵害人之间实力悬殊时，是否要求防卫人必须保持一定的克制？本书认为，防卫人的实力远远强过侵害人时，应当保持克制，以合理的反击强度进行防卫。但是，克制并不意味着永远的克制，只能意味着行为人不能马上采取更具危险性的防卫手段。例如，身强力壮的被攻击者面对手无缚鸡之力、赤手空拳的侵害人时，应当首先以不断撤退附加言语威胁的方式要求侵害人停止侵害。但是，在合理的相当长的时间内仍不能奏效时，就不能再要求行为人继续克制自己的防卫行为，采取此种看不到效果的防卫方式，显然无法阻止攻击。[3]

---

[1] 张明楷：《刑法学》，法律出版社2016年版，第206~209页。

[2] 最高人民法院刑事审判一至五庭主办：《中国刑事审判指导案例》（第1卷），法律出版社2017年版，第69页。

[3] ［德］克劳斯·罗克辛：《德国最高法院判例：刑法总论》，何庆仁、蔡桂生译，中国人民大学出版社2012年版，第44~45页。

第十章 正当化事由

S-10-1-2 防卫过当及其刑事责任的认定

三、特殊防卫

特殊防卫，是指对正在进行行凶、杀人、抢劫、强奸、绑架以及其他严重危及人身安全的暴力犯罪，采取防卫行为，造成不法侵害人伤亡的，不属于防卫过当，不负刑事责任。有观点认为，特殊防卫是因对防卫人面对严重暴力犯罪高度紧张、恐惧，不过度苛责防卫人，因此应当将防卫人限定为本侵害人本人。

行凶，应当是已经着手进行，危害重大。例如，持木棒、钢筋、菜刀均属于行凶。关于特殊正当防卫中"行凶"的认定，必须把握以下两个要点：一是从行为性质来看，必须是暴力犯罪，非暴力犯罪或一般程度的暴力行为，不宜当作行凶行为，否则会不当扩大行凶行为的范围；二是从行为程度来看，必须严重危及人身安全，即对人的生命、健康构成严重威胁。在具体案件中，有些暴力行为的主观故意尚未通过客观行为明确表现出来，或者行为人本身就是持概括故意予以实施，这类行为的故意内容虽不确定，但已表现出多种故意的可能，其中只要有现实可能造成他人重伤或死亡的，均应当认定为"行凶"。[1]

S-10-1-3 正当防卫——"行凶"的认定

"其他严重危及人身安全的暴力犯罪"的判断标准，除了以《刑法》第20条第3款列举的4种罪的危害大小、暴力程度和量刑幅度为参照以外，还应当注意把握以下三点：其一，犯罪行为侵害的对象应当限定在人的生命权、健康权、自由权和性权利等最基本的人身权利。人身安全之外的财产权利、民主权利等其他合法权利不在其内，这也是特殊防卫区别于一般防卫的一个重要特征。其二，暴力行为应当达到犯罪程度，且应当对本款列举的4种暴力行为作广义理解。换言之，不仅指这4种具体的犯罪行为，也应当包括以这些严重暴力行为为手段，以达到其他犯罪目的的犯罪行为，比如，以杀人手段进行入室盗窃的行为。其三，不法侵害行为应当达到一定的严重程度，即有可能造成他人重伤或死亡的后果。[2]

---

[1] 最高人民检察院第十二批指导性案例：于某正当防卫案。
[2] 最高人民检察院第十二批指导性案例：侯某正当防卫案。

S-10-1-4 正当防卫——"严重危及人身安全的暴力犯罪"的认定

刑法未规定特殊防卫人身受重伤、强奸既遂后才能防卫,受到轻伤也可以,这里强调的是面临的危险,而非面临实害后果。对此,要把握前因后果,综合判断。

特殊防卫与正当防卫具有相同的成立条件,如在防卫时间上,要求不法侵害正在进行;在防卫对象上,要求只能针对不法侵害人;具有防卫意图等。但与正当防卫的区别在于:一是防卫起因的特殊性,即特殊防卫只能针对行凶、杀人、抢劫、强奸、绑架以及其他严重危及人身安全的暴力犯罪;二是防卫限度的特殊性,特殊防卫如致使不法侵害人伤亡的,仍可能认定为正当防卫。

S-10-1-5 对人民警察、家暴、危害公共交通工具安全等对象或行为的正当防卫

第二节 紧急避险

《刑法》第 21 条规定,为了使国家、公共利益、本人或者他人的人身、财产和其他权利免受正在发生的危险,不得已采取的紧急避险行为,造成损害的,不负刑事责任。紧急避险超过必要限度造成不应有的损害的,应当负刑事责任,但是应当减轻或者免除处罚。第 1 款中关于避免本人危险的规定,不适用于职务上、业务上负有特定责任的人。

一、概念

紧急避险,是指为了使国家、公共利益、本人或者他人的人身、财产和其他权利免受正在发生的危险,不得已采取的紧急避险行为,造成损害的,不负刑事责任。紧急避险制度的实质,体现了功利主义,即避免社会利益的减少。德国刑法中阻却违法可紧急避险、减负责任的紧急避险的"二分法"值得我国刑法借鉴。

二、紧急避险的成立条件

(一)避险起因:正在发生的危险

对于正在发生的危险,其中危险的来源可以是:其一,自然灾害,如地震、风暴、山洪等;其二,动物的袭击;其三,人的生理、病理原因,如疾病、饥饿等。同时,上述危险必须客观存在。

如果是紧急避险人自己招致的危险,需要分情况讨论:其一,招致针对本人的危险,例如用石头扔狗导致狗咬自己,根据"实质的二分说",意图用紧急状态招来危险,不允许紧急避险;而对因偶然事情招来的危险,含过失、故意自招的危险,则允许进行紧急避险。

其二，如果是紧急避险人招致的针对他人的危险，例如用石头扔狗导致狗咬别人，允许紧急避险。[1]

与假想防卫类似，存在假想避险的情况，其责任认定和处理规则与假想防卫相同。例如，以为高楼坠物，推倒可能被砸中的行人，但该"行人"实为棉被，其认识错误阻却故意，构成过失或意外事件。

（二）避险时间：正在发生

紧急避险的时间，要求危险状态已经开始但尚未结束。危险开始的时间，是指危险正在实际发生或者危险尚未发生，但已经迫近。因此，紧急避险也有避险不适时，适用防卫不适时的处理原则。对于危险尚未发生但又存在紧迫性的情况下，德国刑法规定了防御性紧急避险，尤其适用于家暴案件中。

（三）避险对象：第三人合法权益

紧急避险损害的是合法权益，且避险对象一般为与危险无关的第三人，如果危险来源于此人，但此人无意造成，或确属轻微过错，但不紧迫，也可以成立紧急避险。要注意的是，在某些紧急情况下，为了保护个人利益免受正在发生的危险，不得已也可以通过损害公共利益的方法进行紧急避险。

（四）避险方法（限制性原则）：不得已采取紧急避险行为

所谓"不得已"，强调没有其他任何方法排除危险，所采取的避险措施为唯一方法，或者在存在多种侵害他人的方法时，应选择最小限度损害的方法，按照采取合法方式、侵害危险源来源的第三人、侵害无辜第三人的先后顺序进行适用。例如，醉驾送难产孕妇到医院，如果孕妇是阵痛，不成立紧急避险；但如果是破水，危险程度较高，应当认为成立紧急避险，不构成醉驾。

（五）避险限度：没有超过必要限度造成不应有的损害

紧急避险的限度标准是，避险行为所引起的损害小于所避免的损害。这就需要法益价值的判断：①一般认为，按照法益的重要程度，依次为人身法益、财产法益；②对于同种法益，一般以量的多少衡量。避险过当，包括两种情况：其一，避险所损害的利益超过所（可能）保护的利益；其二，避险所损害的利益虽然小于所要保护的利益，但超过避险所必需的最小限度而造成了重大损失。一般评价为过失犯罪，但仅对于因避险过当造成的损失承担责任，应当减轻或者免除处罚。

紧急避险中，被牺牲的法益处于保护另一法益的手段的地位，但是"人不应是手段，只能是目的"，如果以牺牲某人的生命保护另一人的生命，一般不应认定为紧急避险。

【音乐巡演案】[2]

被告人的音乐巡演因为资金短缺面临着取消的风险。该巡演受到了国家文化政策的支持，也得到了国家资金的一部分资助，如果取消，将会面临 8 万马克的损失。因此，被告人临时侵占了 5000 马克的公共资金。德国联邦最高法院最终认定被告人成立紧急避险，因为："对于紧迫的巨大损失的防止，就是保护更高价值的法益……当法益的内容牵涉越多重大公共事务，而且是有很高价值，尤其是文化、政治价值的公共事务时，那么，该法益就

---

[1] 张明楷：《刑法学》，法律出版社 2016 年版，第 219 页。
[2] [德] 克劳斯·罗克辛：《德国最高法院判例：刑法总论》，何庆仁、蔡桂生译，中国人民大学出版社 2012 年版，第 57~59 页。

具有越高的地位……"

（六）避险主体限定

紧急避险的主体，不包括职务上、业务上负有作为义务、特定责任的人，例如，船长、警察、消防员等。但在具体案件中，该类人员在面临危险时，可以以期待可能性阻却责任。

（七）避险意图

避险意图，包括避险认识和避险目的，而不包括避险动机，例如，为了救火需要抽鱼塘里的水，当时存在两个鱼塘，但行为人故意选择有仇的人的鱼塘里的水来灭火，虽然行为人有报复的动机，但其目的是救火，因此构成紧急避险。如果缺乏避险意图，则可能构成避险挑拨、偶然避险，采用挑拨防卫、偶然防卫的处理原则。

【案例解读】河南省渑池县人民法院（2011）渑刑初字第207号刑事判决书

被告人赵某驾驶重型货车，自东向西行驶到渑池县看守所门前时，遇到前方有轿车而向右侧方向避让时，与被害人李某相撞，造成车辆侧翻、李某当场死亡的交通事故。被告人的辩护人主张行为构成紧急避险，理由是被告人驾车行驶至看守所门前时，从看守所门口驶出两辆小汽车，并与路边其他三辆汽车一起形成包围圈，挡住被告人的去路。被告人如果不采取避让措施，必然造成五辆汽车内乘坐人员的重大伤亡。因此，被告人为避免撞向这五辆汽车，向路右侧避让系迫不得已，虽避险行为致被害人一人死亡，但却避免了五辆汽车的人员伤亡，因此没有超过紧急避险的必要限度，其行为构成紧急避险。法院认为，被告人赵某违反交通运输管理法规，违反装载规定，且在行驶中没有按照操作规范安全驾驶，发生交通事故致一人死亡，承担事故的全部责任，其行为已构成交通肇事罪。其辩护人认为被告人的行为符合紧急避险规定，具有不负刑事责任情形，理由不足，不予采信。

S-10-2-1　对危害公共交通工具安全行为的紧急避险

第三节　其他正当化事由

一、基于权利人承诺或自愿的损害

（一）被害人承诺

被害人承诺，作为正当化事由之一，是指行为经法益主体即被害人同意而予以正当化。有效的被害人承诺，需要满足以下条件：其一，承诺者对被承诺的客体利益具有处分权限。例如，财产的处分、自由的处分、在不损害公序良俗的情况下对名誉的处分等。其二，被害人能够理解其承诺事项的意义和范围。例如，与幼女发生性关系，即使幼女自愿也构成强奸罪，因为幼女对其性自由缺乏足够的理解能力。其三，对承诺的对象和结果有充分的认识。其四，出于真实意志。被害人在被胁迫或者欺骗下作出的承诺无效，但承诺的动机错误，不影响承诺的有效性。例如，妇女甲以为与国家工作人员乙性交，对方便可以将其丈夫从监狱释放，但事后对方并没有释放其丈夫。妇女甲对于发生性关系的事实不存在认识错误，只是在动机上存在错误，因此承诺有效，乙不成立强奸罪。其五，承诺不得侵害他人或者国家、社会利益，不得违法。对于被害人承诺错误，如法益关系错误、动机错误，则阻却承诺的成立。

对承诺对象和结果有充分认识这一条件中又包含着承诺的射程的问题。例如病人在手术之前对于切除子宫肌瘤作出了承诺，但是在手术过程中，医生发现必须切除病人的子宫才能彻底清除肌瘤，医生因此切除了病人的子宫，但事后病人表示自己不会同意切除子宫。医生的行为被认定为过失的身体侵害。病人作为医学领域的外行，对于切除肌瘤的承诺中并不包含着以切除子宫这一重要器官为代价的内容。病人基于对自己身体的支配权，完全有可能为了保存一个重要器官而拒绝切除肌瘤，即使切除肌瘤可以免除她的痛苦。因此，要特别注意被害人承诺的射程范围，也就是被害人对于行为结果的可能性的理解，当行为所涉及的领域超出了被害人的理解范围时，行为人有义务进行合理的说明。此外，有人主张，此案例可以根据推定的承诺将医生的行为正当化。但是，要注意的是被害人承诺和推定的承诺之间适用的大前提是不同的。推定的承诺要求不存在被害人现实的承诺，而本案中是承诺射程的问题，注意不要混淆。[1]

针对安乐死是否应当合法化，存在不同的声音。反对者认为，人没有剥夺他人生命的权利。赞成者认为，人有权利选择尊严无痛苦地死亡，经济节约。安乐死合法化的国家，对安乐死一般设定了严格的条件：要求主体患有的疾病为绝症，并且极度痛苦，同时执行者必须为医生。在我国禁止安乐死，为保护生命法益而放弃了人剥夺自己生命的自由法益。

（二）推定的承诺

推定的承诺，是指被害人没有现实的承诺，但能够认定被害人如果知道真相将必然作出承诺，从而推定被害人的意思的行为。例如，甲在邻居家中失火时，独自闯入邻居家中搬出贵重物品，因为该行为符合邻居的利益，故推定邻居作出了允许甲进入住宅的承诺，甲不构成非法侵入住宅罪。推定承诺一般是为了保护被害人较大的法益而牺牲其部分小的法益，所保全的利益与所损害的利益属于同一主体，这是推定承诺与紧急避险的主要区别。

（三）自损行为

自损行为，能够阻却犯罪；但如果该行为对他人的法益造成侵害，依然应当承担责任，同时负有作为义务的人可能构成不作为犯罪。例如，军人在战争期间自伤身体逃避作战义务的，构成《刑法》第434条规定的战时自伤罪。

（四）危险接受

危险接受，是指自己危险化的参与，或者基于合意的他者危险化。例如，坐在醉酒的人驾驶的车上，结果发生车祸导致重伤，被害人并未承诺将其人身安全交给驾驶人，不属于危险接受，因此行为人仍应当负责任。

二、法令行为

法令行为，是指行为人基于法律法规或者其他成文法令的规定而实施的权利行为或者义务行为，因此又称为依照法令的行为。例如，依照《刑事诉讼法》的规定，警察为侦查犯罪对犯罪嫌疑人采用逮捕等强制措施的，属于法令行为。但是，不当的职务行为不得成为正当化的事由。

三、正当业务行为

正当业务行为，典型的如医生的治疗行为，出于治疗目的，摘取器官、截肢等行为表

---

[1] [德] 克劳斯·罗克辛：《德国最高法院判例：刑法总论》，何庆仁、蔡桂生译，中国人民大学出版社2012年版，第72~74页。

面看似故意伤害行为，但属于医师正常开展的业务行为，因而具有正当性。治疗行为取得正当性需要满足的条件有：其一，患者同意；其二，出于正当的治疗目的；其三，遵守医学规则。

四、自救行为

自救行为，属于自力救济的一种，是指法益受到侵害的人在来不及通过正常法律程序寻求公力救济的情况下，通过自己的力量以恢复权益的行为。自救行为的成立条件包括：其一，自救对象是其本人的合法权益。其二，因不法侵害造成损失。针对错误执法不能进行自救行为，因为错误执法不属于不法侵害行为。其三，处于紧急状态下，即通过公权力无法及时恢复权利。其四，自救的目的是使权利恢复。在某些特殊领域，例如家庭关系中，如果有必要，具有亲属关系的人可以采取适当的自救行为，这种自力救济被认为是合理的，不需要公权力的介入。

【魔鬼案】[1]

S女士患有偏执幻想精神分裂症。由于幻想发作，她会幻想自己遭受撒旦的折磨以及亲人的毒害。她经常会衣衫不整地跑出家门或者在家中所有地方撒上水，直到房间地板全部湿透以求得"庇护"。她的家人因此不能正常生活和工作，因此，她的家人决定在她患病时将其关到特定的房间，一般会持续两个星期。德国联邦最高法院认为，她家人的行为符合自救行为的特点，不构成非法拘禁。

此外，对于法益恢复行为能否成为降低违法性事由，亦值得进一步讨论。

---

[1] [德]克劳斯·罗克辛：《德国最高法院判例：刑法总论》，何庆仁、蔡桂生译，中国人民大学出版社2012年版，第59~61页。

第十一章

责任与刑事责任

第一节 概述

一、概念

责任在德日刑法中主要是指主观归责的可能性，抑或称对符合构成要件该当性的不法行为的非难可能性，是犯罪构成三个条件之一的有责性。因此，作为犯罪构成要件的责任，以存在不法性的犯罪事实为前提，不存在犯罪事实则没有责任判断的必要性。在传统的三阶层犯罪论体系中，责任包括了犯罪故意、犯罪过失、犯罪目的、犯罪动机，以及期待可能性、违法性认识可能性、责任能力等问题。

二、刑事责任

根据我国传统观点，刑事责任因犯罪行为而产生，是最严厉的法律责任，是严格的法定责任，包括实体法定、程序法定，有着极强的谴责性，是严格的个人法律责任和客观存在的现实的法律责任。刑事责任的根据，可以从两个层次讨论，其法律事实根据为，行为人的行为具备刑法所规定的犯罪构成；其哲学理论根据为，人具有相对的意志自由，因而对自己选择实施的行为应当承担责任。围绕着这一问题，有不同的学说，包括古典学派提出的"行为责任论"，人类学派和社会学派提出的"行为人论"，将刑事责任归为性格责任，即否定绝对的自由，以及"人格责任论"。

三、责任与刑事责任的关系

我国传统刑法理论中，刑事责任是一种客观的法律效应和否定性的法律后果，是犯罪人因实施犯罪行为而承担的否定性评价及对本人的谴责。与我国类似，在英美刑法中，刑事责任承担着法律制裁的法律地位，而非主观心理上的可谴责性。因此，刑事责任的地位在我国传统刑法理论上，很大程度上是被弱化的，其游离在犯罪论体系、刑罚论体系之外，在刑法中起到的作用是相对有限的。

本教材基于对阶层论中责任阶层的引入，将其作为犯罪构成要件、正当化事由之后的堵截性要件，即，经过正当化事由的判断之后，通过责任的判断，实现对非难可能性的否定性审查，将承担责任的否定化事由作为犯罪构成判断的最终堵截性要件，通过对刑事责任追究必要性、正当性的审查，决定对行为人是否追究刑事责任，以此作为犯罪构成判断的第五个层次。

根据麦耶提出的新古典犯罪论体系，认为构成要件阶层可以包括主观要素，主张某些犯罪中，目的应属构成要件，不然若等到有责性才能出罪，将导致扩大该当类型。同时，根据迈兹格尔提出的目的主义犯罪论体系：将故意和过失纳入构成要件，责任是违法性认识和期待可能性。例如，短裙致骑士死亡案，根据该理论，身穿短裙的女孩引发他人死亡，故行为该当构成要件且违法，只是因无罪过而出罪；缺陷在于不当扩大不法类型范围，将无罪过的行为也作为不法行为来处理。因此，本教材仅将期待可能性、违法性认识可能性作为责任阻却事由，诸如责任能力、主观罪过等要件依然置于主体、主观方面部分，通过层层犯罪构成要件的审查确定是否存在犯罪，通过正当化事由的审查确定犯罪是否存在阻却违法性事由，通过责任审查确定是否存在责任阻却事由，进而确定是否对行为人追究刑事责任。

第二节 违法性认识可能性

违法性认识可能性是指行为人在实施客观方面的危害行为时，认识到自己行为是违法的可能性。我国传统刑法理论对于违法性认识可能性没有给予过多的关注，更多是涉及法律认识错误的概念，并且一般将违法性认识错误等同于法律认识错误。

法律认识错误主要是指行为人对自己行为的法律性质或意义发生误解，主要包括：

（1）假想的无罪，即误认为自己的行为不是犯罪，一般不阻却故意，也不免除责任。例如，未经许可收买云杉，误以为不构成犯罪的，不阻却非法收购国家重点保护植物制品罪的成立。

（2）假想的犯罪，即行为依法不构成犯罪，但行为人却错误地认为其行为构成犯罪，犯罪不成立。例如，误以为含有色情内容的文学作品为淫秽物品，进行传播，不构成传播淫秽物品罪。

（3）对罪名或刑罚轻重产生误解，例如，误以为盗割电线构成普通的盗窃罪，其实构成破坏电力设施罪，按照其实际构成的犯罪即破坏电力设施罪处理。

违法性认识错误主要是指行为人认识到自己符合客观方面构成要件的事实，但是不知道该行为是法律所禁止的情形。德日刑法中对此有一些相关的概念，比如：①禁止性的错误，又称构成要件的错误，主要包括，其一，直接禁止性错误，即，行为人对与行为直接有关的禁止性规范认识错误，误认为自己行为是合法的；其二，间接禁止性错误，行为人误认为自己的违法行为具有正当化事由存在。②涵摄的错误，指对构成要件要素进行错误的理解，误以为自己的行为不符合构成要件要素的情形。涵摄错误容易同对象认识错误发生混淆。③有效性的错误，指行为人知道行为违反了禁止性规范，但误认该规范已经无效的情形。据此可以发现，关于违法性认识错误很大程度上和法律认识错误，尤其是法律认识错误中假想的无罪相等同。

在我国刑法传统理论中，违法性认识错误不阻却违法，也不阻却责任的成立，行为人不能以不知法而免责。换言之，违法性认识错误一般不影响主观故意的认定（与之相反，故意论认为违法性认识错误阻却故意的成立），也不会影响刑事责任的判断（与之相反，罪责论认为违法性认识错误阻却罪责的成立）。但是，对于不可避免的违法性认识错误，可以在特定情况下阻却责任。尤其随着行政犯罪名的不断增多，以及刑法罪名体系的扩张化、专业化，我国刑法应当赋予违法性认识可能性在责任判断上的应有功能。

换言之，若根据客观情况认定行为人确无正确认识的可能性时，即违法性认识错误不可避免的时候，不宜对其追究刑事责任。例如，行为人不知某种行为是否合法，以书面形式向法院咨询，法院正式书面答复该行为合法。实际上，该行为违反了《刑法》的规定，由于行为人不具备违法性认识可能性，应当阻却责任的成立，不再追究刑事责任。不过，此种情形要慎重考虑行为人的主客观条件以及法益侵害行为是否具有普遍性。整体上讲，对于可避免的违法性认识错误，即，行为人对违法性认识错误可以避免，此时不能免除责任，只能减轻责任；对于不可避免的违法性认识错误，即行为人对违法性认识错误不可避免，此时欠缺非难可能性，可以免除责任。对于违法性认识错误是否可以避免，应根据行为人的个人情况及行为时客观情况来确定。

在判断违法性认识可能性时，应当区分违法性认识与犯罪对象认识的界限问题，避免将犯罪对象认识错误混同为违法性认识错误，前者属于犯罪主观方面判断的问题，决定了罪与非罪。尤其在涵摄错误同对象认识错误之间，应当避免二者的混淆。例如，对于非法持有枪罪的认定上，对于枪支的认识错误属于违法性认识错误，还是属于犯罪对象的认识错误，应当严格把握二者的界限。认识错误是否可以避免，应根据行为人的个人情况及行为时客观情况来确定。

第三节　期待可能性

期待可能性，是指行为人在行为时存在履行守法义务避免实施犯罪行为的可能性。一般认为，由于无法抗拒的恐惧而被迫的违法缺乏可谴责性，可以得到宽宥。

【癖马案】[1] 被告人作为一名马车夫，常年受雇于一马车行驾驶一辆双匹马车。但是其中有一匹马，时常有用尾巴下压缰绳并牢牢按在自己身上的毛病（所谓"癖马"），马车行主人和被告人都对此知情。1896年7月19日被告人接受马车行主人的特别命令，驾驶这辆马车。期间，该马疾病发作，被告人阻挡不成，癖马野性大发，致使一位路人陷于车下，并遭受腿部骨折。

帝国法院最终确认其无罪，判决书中写道："被告人有听从安排的义务，他也有理由担心，如果拒绝驾驶这匹马，将失去工作，丢掉饭碗……是否可以从义务上期待被告人，宁可不遵守雇主的命令而承受失去工作的损失，而不驾驶分配给他的这匹马，进而避免有意地伤及他人……"

期待可能性主要适用于过失和不作为行为，作为其责任阻却事由；通常不适用于故意行为，因为故意的成立不以期待可能性为前提。在实践中，也要限制期待可能性的使用，不宜作为超法规的责任阻却事由。如果行为人误信存在缺乏期待可能性的事由，陷入这种错误而没有实施适法行为的，也可以阻却责任，但应当限制适用。

欠缺期待可能性的阻却责任的犯罪，主要有为配偶近亲属作伪证，帮助近亲属毁灭证据、伪造证据，窝藏包庇，错误关押后脱逃的，因为特殊原因重婚的，均应在责任认定上

---

[1] [德] 克劳斯·罗克辛：《德国最高法院判例：刑法总论》，何庆仁、蔡桂生译，中国人民大学出版社2012年版，第59~61页。

予以考量。但是，应当为上述近亲属之间的行为设置合理的限制，例如针对受害人有保证人地位时，仍然具有对近亲属的告发义务。并且，确切地说，面临的法益侵害越严重，期待可能性越大。比如，妻子发现丈夫长期性侵亲生女儿的，基于对被害人的保证人地位，妻子有义务告发丈夫的行为，不告发的，将以帮助犯或其他罪名予以处罚。

… 第十二章　故意犯罪的停止形态

第十二章

故意犯罪的停止形态

第一节　未完成罪与犯罪既遂

一、概念

未完成罪，是指在故意犯罪发展进程中，未能完全实现犯罪构成而停顿下来的犯罪形态。实现犯罪构成的为犯罪既遂，未实现犯罪构成的为未完成罪。

未完成罪的实质是犯罪既遂（完成罪）的反面，因此在讨论未完成罪之前，应当对犯罪既遂有所把握。犯罪既遂，是指满足全部犯罪构成要件的行为，《刑法》分则中对犯罪既遂作了具体的规定：①实害犯，发生犯罪构成要件规定的实害结果为既遂，例如故意杀人罪；②具体危险犯，发生犯罪构成要件规定的危险状态为既遂，例如放火罪，采"独立燃烧说"，破坏交通工具罪，使交通工具有倾覆、毁坏的危险；③抽象危险犯，危害行为完成为既遂，是法律拟制的危险，例如，生产销售假药罪；④举动犯，犯罪行为一经着手即既遂，例如，煽动分裂国家罪。构成犯罪既遂，进行实质的判断还应当有因果关系，例如，抢劫罪中，既遂结果是因为取财或轻伤行为。

F-12-1-1 结果犯犯罪既遂的认定：以入户盗窃为例——
云南省大理州中级人民法院民二庭李晓丹

二、未完成犯罪形态存在的范围

故意犯罪停止形态只能存在于直接故意犯罪中，过失犯罪和间接故意犯罪只有成立与否的问题，没有既未遂的问题。例如，间接故意犯罪不存在未遂状态，因为在间接故意中，行为人对危害结果的发生与否是持一种放任态度，当法律上的危害结果发生时，则成立犯罪既遂；而没有造成人员伤亡的，也是行为人这种放任心理所包含，而不是意志之外的原因所致，就无所谓"得逞"与否，犯罪未遂也就无从谈起。[1]

直接故意犯罪存在停止形态的范围根据不同的犯罪类型有不同形式：对于结果犯、行为犯、危险犯，具有所有犯罪完成形态和未完成形态的可能；对于情节犯，只有成立犯罪与不成立犯罪两种情况；对于举动犯，只有犯罪预备、预备阶段的自动中止与犯罪既遂之分，而没有犯罪未遂和实行阶段自动中止的可能；对于真正的不作为犯，无既未遂；对于不真正不作为犯，一般存在未遂形态。同时，犯罪停止形态作为一个点，具有相互排斥性，达成一个停止形态则不可能再符合其他。例如，张三盗窃听到门口响动，以为被发现，跳窗逃离，后发现是一只猫，心生不悦离开现场。张三跳窗逃离即属于未遂，后放弃犯罪不会再成立此次盗窃的中止。

第二节 犯罪预备

《刑法》第22条规定："为了犯罪，准备工具、制造条件的，是犯罪预备。对于预备犯，可以比照既遂犯从轻、减轻处罚或者免除处罚。"

一、概念

犯罪预备，是指行为人为实施犯罪而开始创造条件，但由于行为人意志以外的原因而未能着手实行的犯罪停止形态。

正确理解犯罪预备的内涵，首先需要注意犯罪预备与以下概念之间的关系：

犯罪预备不同于犯罪预备阶段，犯罪预备阶段是指从预备行为开始到开始着手实行之间的犯罪行为阶段，包括犯罪预备和犯罪中止。犯罪预备是犯罪预备阶段中的其中一种犯罪停止形态，另外，犯罪预备结束到尚未着手实施犯罪的这一时间仍属于犯罪预备阶段。

犯罪预备不同于犯意表示和犯罪意图，犯罪预备是开始准备工具创造犯罪条件，对法益已经产生一定的危险；而犯意表示仅是犯罪意图的流露，或者只是单纯地宣泄内心情绪，其社会危害性远远未达到值得刑罚处罚的程度。

预备行为不同于实行行为，犯罪预备强调危害的可能性，实行行为强调危害的危险性。一般认为，共犯行为和预备行为都属于非实行行为，但刑法将某些非实行行为单独规定为犯罪，使其成为刑法分则条文规定的实行行为，学界称其为非实行行为的实行化。主要包括预备行为的实行化，共犯行为的实质化（正犯化）。非实行行为实行化，将产生预备行为的处罚必要性增加等问题。预备行为的实行化，例如，准备参加恐怖组织罪，准备实施恐怖活动罪，为实施恐怖活动准备凶器、危险物品或其他工具的，虽然是预备行为，但刑法将其规定为实行行为，目的是为了更好地打击犯罪，保护法益。共犯行为正犯化，例如帮助信息网络犯罪活动罪，将帮助行为实行化（正犯化）。

二、犯罪预备的特征

（一）已经实施了预备行为

预备行为，主要表现为准备犯罪工具和制造条件。在准备犯罪工具的预备行为中，要注意预备行为与另一犯罪的实行行为的竞合，例如，为了杀人而偷枪，作为故意杀人预备

---

[1] 最高人民法院刑事审判一至五庭主办：《中国刑事审判指导案例》（第2卷），法律出版社2017年版，第458~459页。

的盗窃枪支行为同样触犯《刑法》，应当以盗窃枪支、弹药罪与故意杀人罪（预备）实行并罚。制造条件的预备行为，经常表现为：商定犯罪计划、方案，调查被害人行踪，前往作案地点，等候接近被害人等形式。如果是为他人实施犯罪创造条件，可能构成共同犯罪。

是否实施了预备行为是区分犯意流露和犯罪预备的关键，前者只是犯罪意图的简单外化，对法益并没有任何的现实威胁；后者则实施了一定的行为，客观上存在对法益侵害的可能性。例如，行为人虽然只是伺机潜伏，并未寻找到犯罪目标，但是其随身携带的刀具说明其已经构成预备犯。[1]

（二）目的是为了实施犯罪

犯罪预备是以实现特定既遂犯罪为目的而进行的准备行为，因此要求犯罪人主观上必须具有实施犯罪的目的。根据主客观相一致原则，行为人准备工具、制造条件的行为，只有当能够明确被认定为是为进行特定犯罪的主观意图的支配下实施时，才能成立该犯罪的预备行为。比如，行为人购买鼠药的行为，如果其目的是为了杀害其妻子，则认定构成故意杀人罪的预备；但如果只是为了毒死家中的老鼠的，则不属于犯罪行为。

（三）尚未着手实行犯罪

"着手"的判断是界定犯罪未遂与犯罪预备的关键，有不同的判断标准：按照形式标准，犯罪预备是尚未开始实施构成要件的实行行为；按照实质标准，预备行为尚未对法益造成现实而紧迫的危险；此外还有具体标准，按照《刑法》分则的规定，着手的判定因罪而异，核心在于实施了某一犯罪构成要件中所规定的行为。例如，脱逃罪中，为逃跑而挖洞的行为为犯罪预备，而刚逃出去50米立刻被追回来构成犯罪未遂。同时还要结合实质标准进行判断，例如，盗窃罪着手的认定，应当根据行为是否具有使他人丧失财产的紧急危险来判断，因此，针对无人仓库实施盗窃，一般认为进去时才构成着手；而对于入室盗窃，着手的标准相对要更宽松一些。又例如，张三为杀害丈夫李四准备了毒药放在家中桌上，后出门，李四串门见桌上有喝的，便一饮而尽，毒发身亡。张三成立杀人预备和过失致人死亡的想象竞合犯。但是，对于投毒杀人，如果张三李四共同生活，张三将毒药置于李四随时接触的空间，则属于着手。

（四）尚未着手是由于行为人意志以外的原因引起

当行为停留在犯罪预备阶段而未着手实行犯罪时，区分行为构成犯罪预备和（犯罪预备阶段的）犯罪中止的依据，在于行为人未着手实行是由于行为人意志以外的客观原因，还是自动放弃犯罪。在司法实践中，这些意志以外的原因包括：其一，被害人、第三人的反抗或阻止；其二，自然力的阻碍；其三，客观条件的阻碍；其四，犯罪人能力不足；其五，认识发生错误等。如行为人意图抢劫出租车，随身携带刀具，由于司机警觉及时报警才使得犯罪未得逞。行为人未着手实施犯罪并非是主动放弃，而是客观时机不成熟导致的，因而属于抢劫罪的预备犯。又例如，张三为杀李四潜伏在李四床底下，碰巧李四失眠找鞋子看到了张三，张三尚未着手，成立杀人的预备。

如果是由于行为人主观原因停止着手，构成预备阶段的中止，例如，金莲为杀武大郎投毒，苦等武大郎不回家，担心被法律制裁，倒掉毒药。

三、犯罪预备的处罚

由于犯罪预备行为从客观样态上，多表现为日常生活行为，如购买菜刀、毒药等，要

---

[1] 最高人民法院刑事审判一至五庭主办：《中国刑事审判指导案例》（第1卷），法律出版社2017年版，第77、86~87页。

想证明其主观具有实施犯罪的意图比较困难。而且预备行为一般对于法益不足以造成紧迫、现实的威胁，实际上不具有可罚价值。因此，对于预备犯，应当以不处罚为原则，在例外地进行处罚时，可以比照既遂犯从轻、减轻处罚或者免除处罚。

第三节　犯罪未遂

《刑法》第23条规定："已经着手实行犯罪，由于犯罪分子意志以外的原因而未得逞的，是犯罪未遂。对于未遂犯，可以比照既遂犯从轻或者减轻处罚。"

一、概念与特征

（一）概念

根据《刑法》第23条的规定，犯罪未遂，是指行为人已经着手实施犯罪，但由于犯罪分子意志以外的原因，使犯罪未能达到既遂的一种犯罪停止形态。

（二）特征

1. 已经着手实行犯罪。犯罪是否"着手"是区分未遂犯与预备犯的关键，"着手"包括实行行为的着手和非实行行为的着手。根据实质标准，把握"实行着手"，要判断对构成要件结果实现是否具有实质的危险性。例如，甲意图杀死乙，掌握乙日常行程后，携带凶器在必经之路蹲守。由于乙提前下班而未实行成功，后案发。行为人此时虽然已经在蹲守，但是由于受害人并未出现，其行为的危害性也没有满足着手的程度，因而属于预备犯。又如，生产假药罪中，行为人购买假药盒、药板、说明书进行加工包装的行为，属于生产过程中的必要环节，应认定为生产假药罪的实行行为；行为人所生产的假药大部分尚未完成包装、未标价、未售出，此时应将行为人的行为定性为犯罪未遂而非犯罪预备。[1]

2. 犯罪未得逞。犯罪是否"得逞"是区别未遂犯与既遂犯的标志，"未得逞"是指犯罪行为未按照行为人的犯罪意图达到既遂，即未实现其犯罪意图所追求的犯罪构成的全部内容。但犯罪未得逞并不等于没有发生任何危害结果，例如，以杀人目的实施暴力行为的，却只造成被害人重伤结果，属于故意杀人罪的未遂。

3. 犯罪未得逞是由于犯罪分子意志以外的原因。这是区分犯罪未遂与犯罪中止的关键点。所谓"意志以外的原因"，包括违背犯罪分子本意和违背犯罪分子追求的目标的客观因素或者主观认识错误。原因类型具体包括：本人意志以外的原因，如被害人反抗、第三人介入、自然力、环境、条件等；自身障碍，如能力、力量、身体状况等；以及主观上的认识错误，例如，盗窃时以为有人来而逃跑，实际没有人，按照盗窃未遂处理。行为人实施故意非法剥夺他人生命的行为，造成可能致死的伤害，但因被害人自救及时，未能造成死亡后果，此时行为人的主观目的并未发生改变，故属于因行为人意志之外的原因未能实现犯罪目的，应以故意杀人罪未遂定罪量刑。[2]

二、犯罪未遂的类型

（一）实行终了的未遂与未实行终了的未遂

根据行为人是否实行了达到犯罪既遂所需要的全部行为，可以将犯罪未遂分为实行终

---

[1] 天津市第一中级人民法院（2017）津01刑终83号刑事裁定书。
[2] 天津市高级人民法院（2015）津高刑一终字第9号刑事裁定书。

了的未遂与未实行终了的未遂。例如，行为人杀人后离开，被害人被路人送医院救活，经查被害人的心脏长在右边，行为人构成故意杀人未遂，属于实行终了的未遂。例如，行为人欲杀人，但在扣动扳机时发现子弹卡住无法射击，则行为人构成故意杀人未遂，属于未实行终了的未遂。区分实行终了的未遂与未实行终了的未遂的意义在于，通过衡量犯罪行为距离犯罪既遂的远近，进而可以判断行为社会危害程度的大小。

(二) 能犯未遂与不能犯未遂

根据未遂行为实际上是否具有实现既遂的可能性，可以将犯罪未遂分为能犯的未遂与不能犯的未遂。能犯的未遂是指行为具有实现犯罪既遂的可能性，但由于行为人意志以外的原因而未达到最终既遂的情形。不能犯未遂，是指行为人所实施的行为自以为可以实现预期结果，但实际根本不可能既遂因而未得逞。不能犯未遂，具有两大特征：其一，犯罪既遂结果不具有发生的可能性；其二，不能发生是由行为人对犯罪事实的认识错误引起的。

三、不能犯

(一) 不能犯的类型

根据原因划分，不能犯包括手段不能的不能犯和对象不能的不能犯。手段不能，是指使用工具有误或者对工具的作用发生认识错误，即实际所实施的与本期望实施的工具不同。迷信犯虽然也使用了错误的手段从而使危害结果不能发生，但一般不将迷信犯认定为未遂犯，而是作为无罪处理。对象不能，是指行为人犯罪行为针对的对象不存在，包括相对的对象不能与绝对的对象不能。

根据程度划分，不能犯包括相对不能的不能犯和绝对不能的不能犯。相对不能，是指对象存在但地点错误，或者犯罪使用的方法不当，例如，将白糖误以为是毒药用来杀人；绝对不能，是指犯罪对象不存在，例如射击的对象是木头，或者手段无效，例如，误以为白糖可以杀人。

(二) 不能犯的可罚性标准

对于不能犯，是否具有刑事可罚性，根据结果无价值论的观点，要从行为有无侵害法益的危险方面进行具体判断。行为虽然没有发生犯罪既遂结果，但对于法益已经造成紧迫的、现实的威胁的，具有处罚的必要性，构成犯罪未遂；如果行为客观上对法益根本不具有紧迫的现实危险性，则不具有可罚性，不应作为犯罪论处。[1] 根据抽象的危险说，即主观的危险说，行为人计划实施行为具有危险，实际亦有危险，属未遂犯。例如，张三想毒杀李四，错从同时放有白糖和毒药的抽屉里面拿成了白糖，通说认为属于可罚的未遂，而非不可罚的不能犯，由此看出通说类似行为无价值论的观点。反之，认为白糖可以杀人，拿白糖去杀李四，结果李四对白糖过敏死亡。张三并没有实施刑法类型化的杀人行为，此时无罪。

(三) 绝对不能犯 (狭义的不能犯) 与相对不能犯 (不能犯的未遂) 的区分

狭义的不能犯一般仅指绝对不能犯，即不可罚的不能犯；相对不能犯一般指的是可罚的未遂的不能犯。绝对不能犯与相对不能犯的本质区别在于，绝对不能犯不能发生危害结果，且客观上根本无法益侵害的危险。在具体的区分上，注意以下几种情形：其一，基于误认。绝对不能犯针对事物的普遍性质，即误认自然法则，而非错认事实情状。例如，误认白糖可以杀人，属于绝对不能犯，而错将白糖当成砒霜的误认，是相对不能犯。其二，对象不能。

---

[1] 张明楷：《刑法学》，法律出版社2016年版，第355~357页。

绝对不能犯针对恒常、终极的不存在，而相对不能犯针对偶然的不存在。例如，对床上人睡的位置开枪，如果房子久无人居，属于绝对不能犯，如果对象只是凑巧去卫生间，属于相对不能犯。其三，手段不能。绝对不能犯是手段恒常的无用，相对不能犯只是手段偶然的失效。例如，使用麝香香水堕胎，是绝对不能犯，而开枪时枪里面没子弹或者枪支出现故障，是相对不能犯。

司法实践中，对事实认识错误中对象不能犯是否应当予以处罚的问题，便是按照这种区分方式分别认定的。如果是绝对不能犯，行为人所采取的方法、手段多基于毫无科学依据、迷信无知的主观认知，无论如何也是产生不了危害结果的，因而不构成犯罪。如果是相对不能犯，行为人对行为以及采取的方法、手段的性质是没有认识错误的，只是由于主观过失而使得其实际行为背离欲实施的行为，进而未发生犯罪结果，这种情况应当构成犯罪未遂。如行为人本欲帮助他人运输毒品，实施运输行为过程中案发，才发现其实际运输的并非毒品。这种情况便属于相对不能犯，按照运输毒品罪的未遂犯处罚。[1]

四、未遂犯处罚

对于未遂犯，可以比照既遂犯从轻或者减轻处罚。在司法实践中，根据未遂犯行为社会危害性的大小，可分为减轻、从轻和不予从轻三类。对于社会危害性较小的，如将头痛粉当作毒品出售的，通常予以减轻或者从轻处罚；对于具有一定危害性，如上文中提到的本欲运输毒品，实则藏匿尸体的行为，可以适当从轻；而如果实施行为造成的危害较欲想实施的行为危害性更大时，如将毒品当作普通货物走私时，通常不予从轻处罚。[2]

实务中，对于某些特殊类型的犯罪，尤其是数额犯要把握好既遂与未遂数额的认定，对于数额犯，既遂、未遂部分对应不同法定刑的，应当选择处罚较重的法定刑幅度，并酌情从重；既遂、未遂部分属于同一法定刑幅度的，以既遂论处并在量刑时将未遂部分作为量刑情节。例如，甲实施房屋买卖诈骗过程中，100万首付已经得手，剩余200万尾款在办理过户登记时被识破以致案发。[3] 甲应当以合同诈骗罪100万元既遂论处，合同诈骗200万元作为未遂情节加以考虑。

S-12-3-1 未遂犯的处罚

第四节 犯罪中止

《刑法》第24条第1款规定："在犯罪过程中，自动放弃犯罪或者自动有效地防止犯罪

---

[1] 最高人民法院刑事审判一至五庭主办：《中国刑事审判指导案例》（第1卷），法律出版社2017年版，第74页。

[2] 最高人民法院刑事审判一至五庭主办：《中国刑事审判指导案例》（第1卷），法律出版社2017年版，第75页。

[3] 最高人民法院关于发布第13批指导性案例的通知（指导案例第62号）。

结果发生的,是犯罪中止。"

一、犯罪中止的概念和成立条件

(一) 概念

根据《刑法》第 24 条的规定,犯罪中止,是指行为人在犯罪过程中,自动放弃或者自动有效防止犯罪结果发生的一种犯罪停止形态。

(二) 成立条件

认定成立犯罪中止,需要满足以下条件:

1. 中止的时间性要求。具体是指:其一,犯罪中止必须发生在犯罪过程中,包括预备阶段的中止、实行阶段的中止,其中实行阶段的中止又可分为未实行终了的中止和实行终了的中止。例如,盗窃罪既遂后返还赃物等属于认罪悔罪。对于自动放弃重复侵害的行为,也称多举犯,即行为人使用本可以立刻造成犯罪结果的工具方法,实施了足以发生犯罪结果的行为,但由于意志以外原因未发生,根据主客观条件仍可以实施重复侵害,但自动放弃犯罪使结果没有发生。我国一般认定为中止。其二,犯罪中止具有排他性,因为停止形态之间是相互排斥的,实现犯罪过程的任何一个停止状态就告终结,如成立犯罪预备后就不可能再成立未遂。例如,张三杀害李四后回现场捡拾遗落的前女友照片,发现李四未死,见其可怜送医院救活。张三成立杀人未遂而非中止。

2. 中止的自动性要求。中止的自动性是指犯罪分子自认为可能继续实行犯罪,但出于本人的意愿而自动停止实施犯罪。例如,张三等三人合伙盗墓,三天挖了 1 米,感觉太累太辛苦不想挖了遂放弃。张三等人成立中止。对于"自动放弃"的判断,如果客观上不存在继续实施犯罪的可能性,但行为人误认为可以继续实施,而根据自己意思自动放弃实施的,应当认定为犯罪中止。反之,不存在意志以外的原因阻碍犯罪继续实施,但误以为存在意志以外原因放弃犯罪的,成立犯罪未遂。例如,部分行为人在共同犯罪中自愿放弃犯罪,迫于其他同案犯的威胁只能采取与被害人配合的方式,使被害人免于损害,应当肯定其成立犯罪中止。[1]

3. 中止的客观性要求。犯罪中止不仅需要行为人犯罪心态的转变,还要求行为人实施一定的中止行为:在犯罪未实行终了时,自动放弃犯罪;在犯罪已经实行终了时,要求采取积极措施防止危害结果的发生,同时该中止行为必须是足以避免结果发生的、真挚的努力行为,但不以单独实施为必要。例如,行为人在放火后大喊救火后随即离开,未作出积极的努力,不成立中止;但如果及时拨打 119 或者共同扑灭,没有造成危害后果的,仍能成立中止。

4. 中止的有效性要求,犯罪中止要求必须有效防止结果发生,即没有发生行为人所追求的犯罪结果。例如,甲欲杀乙,但见乙患癌症顿觉可怜而放弃杀意,却不料手枪走火致乙死亡,甲构成故意杀人的中止与过失致人死亡的想象竞合犯。如果中止行为与犯罪结果发生之间没有因果关系,即出现了因果关系的中断,也应当认定成立犯罪中止。例如,行为人捅伤人后,心生悔意而将被害人送往医院,但因车速过快而发生车祸致被害人死亡。如果可以查明被害人死于车祸的,则成立犯罪中止;如果死于之前的暴力行为的,则成立犯罪既遂。

---

〔1〕 最高人民法院刑事审判一至五庭主办:《中国刑事审判指导案例》(第 1 卷),法律出版社 2017 年版,第 83~85、91~93 页。

二、认定

犯罪中止并不意味着没有造成任何实害结果，例如，故意杀人中止，造成重伤，应认定为故意杀人的中止，只是在量刑上会有考量。对于复行为犯的中止，例如，抢劫实施暴力致人重伤，虽未获得财物，依然成立既遂。对于放弃重复加害行为，实践中一般认定为中止。

三、处罚原则与根据

对于中止犯，没有造成损害的，应当免除处罚；造成损害的，应当减轻处罚。

第十三章

共同犯罪

第一节 共同犯罪的概念与成立条件

《刑法》第 25 条第 1 款规定:"共同犯罪是指二人以上共同故意犯罪。"

一、共同犯罪的概念与性质

(一) 共同犯罪的概念

共同犯罪具有狭义与广义之分,广义的共同犯罪包括任意的共同犯罪与必要的共同犯罪,而狭义的共同犯罪仅指任意的共同犯罪。任意的共同犯罪单独或由 2 人以上实施均可,必要的共同犯罪是分则规定的只能由 2 人以上实施才成立的犯罪。

J-13-1-1 任意的共同犯罪的犯罪行为(污染环境罪)
——山东省东营市东营区人民检察院第一检察部检察官宋玉娜

必要的共同犯罪包括以下几类:其一,聚众犯,要求 3 人以上才成立犯罪,其中处罚首要分子和积极参加者的聚众犯罪有聚众扰乱社会秩序罪、聚众斗殴罪;只处罚首要分子的聚众犯罪有聚众扰乱公共场所秩序罪。其二,对向犯,又称对合犯,是以存在 2 人以上的行为人互相对向的行为为要件的犯罪。对向犯的双方罪名可能相同,如重婚罪、非法买卖枪支罪;也可能不同,如贿赂类犯罪,买卖妇女儿童、假币类犯罪。例如,甲送给国家工作人员乙 10 万元,托其将儿子录用为公务员的,甲构成行贿罪,乙构成受贿罪。处罚时只处罚一方的为片面的对向犯,如贩卖淫秽物品罪,对于购买者不处罚。其三,集团犯罪,是指 3 人以上为了共同实施犯罪而组成较为固定的犯罪组织所开展的犯罪。犯罪集团的特征是:集团人员 3 人以上;目的是为了实施犯罪;组织较为固定。对于特殊犯罪集团即《刑法》分则有明确规定的犯罪集团,如恐怖活动组织、黑社会性质犯罪组织实施的犯罪行为,对组织、领导犯罪集团的首要分子,按照集团所犯的全部罪行处罚。对于一般犯罪集团所实施的犯罪,适用《刑法》总则关于共犯的规定进行处罚。例如,甲为实施抢劫,从

2001年至2015年间，先后纠集乙、丙、丁、戊、己、庚、辛等人，进行技能培训，有组织、有纪律地实施大量有预谋的抢劫行为。[1] 该案中的犯罪组织具有人数多、有组织、有预谋、犯罪次数多、历时长，有明显的首要分子，社会危害性极大等特点，符合犯罪集团的典型特征。

J-13-1-2 恶势力犯罪集团的认定
——山东省东营市东营区人民检察院第二检察部检察官李铮

司法实践中，某些分工明确、多次实施犯罪的共同犯罪组织能否认定为犯罪集团，也存在一定的争议。《刑法》第26条第2款规定："三人以上为共同实施犯罪而组成的较为固定的犯罪组织，是犯罪集团。"除了前文中提到的几点外，一个重要的区分点在于集团犯罪的内部层级性很强，通常规定了不同的人员级别，上下级有着上命下从的关系；而普通的共同犯罪，犯罪人之间即便有着极其细致的分工，但是成员之间大多处于平等地位，不存在领导与被领导的服从关系。例如，在共同犯罪中，若一部分犯罪人不愿意实施某次行动可以直接拒绝，组织者对团伙成员并无突出的控制作用。[2]

S-13-1-1 犯罪集团的认定

共犯也可以从广义和狭义上进行理解。德日刑法对于共犯采取分工分类法，分为正犯和共犯，正犯是以犯罪实行说为依据的实行犯，包括单独正犯和共同正犯，也包括直接正犯与间接正犯；狭义的共犯指非实行犯，即与正犯相对的共犯，仅指教唆犯、帮助犯，广义的共犯包括了正犯和教唆犯、帮助犯。此外，随着一些共犯行为逐渐具有独立性，立法上出现了共犯行为的正犯化问题。

（二）共犯和正犯的关系

对于正犯与共犯关系的理解，有"共犯从属性说"（参与的从属性）和"共犯独立性说"（从属性的松动）。"传统的从属性观点"认为，共犯在犯罪构成的全体要件上均须依附于正犯，正犯无罪，共亦无罪。"限制从属性说"认为，共犯只需在危害行为上从属于正犯，在其他要件各自独立。"共犯独立性说"强调共犯的成立不以正犯成立为前提。我国对于帮助犯的认定，采共犯限制从属性说；对于教唆犯的认定，采共犯独立性说。

---

[1] 最高人民法院刑事审判一至五庭主办：《中国刑事审判指导案例》（第1卷），法律出版社2017年版，第103~114页。

[2] 最高人民法院刑事审判一至五庭主办：《中国刑事审判指导案例》（第1卷），法律出版社2017年版，第133~138页。

共同犯罪的责任形式,主要体现为部分行为共同责任。例如,在既未遂的认定方面,甲、乙共谋共同杀丙,乙因故没去,甲按照计划杀害了丙,甲、乙成立共谋共同正犯,乙也构成故意杀人既遂。在犯罪数额的认定方面,例如,甲、乙一起盗窃,甲盗窃1万元,乙盗窃2万元,最终甲、乙均分别对3万元的盗窃数额承担刑事责任。

(三) 共同犯罪的认定标准

对于"共同实行犯罪"中的"共同"的理解,学界存在犯罪共同说和行为共同说。

"犯罪共同说"又分为"部分犯罪共同说""全部犯罪共同说"。"全部犯罪共同说"认为,2人以上实施的犯罪必须属于同一犯罪即犯罪性质完全相同时,才能成立共同犯罪;"部分犯罪共同说"则不要求成立共同犯罪必须属于同一犯罪,如果2人以上行为主体分别触犯不同罪名,在犯罪重合的范围内也可以成立共犯。例如,张三怀着杀人的故意,李四怀着伤害的故意,二人约定去收拾一下王五,殴打过程中致王五死亡,张三和李四在故意伤害的范围内成立共犯,张三成立故意杀人罪(既遂),李四成立故意伤害罪(致人死亡)。又例如,张三、李四约定找人"搞"一下,张三理解"搞"是强奸,李四理解"搞"是抢劫,结果二人见王五后将其打成重伤,随后被抓,无法证明重伤谁造成。根据部分共同说,强奸和抢劫都包含重伤,二者或都对重伤负责任。

"行为共同说"在共同正犯认定的问题上,考虑的不是犯罪的共同,而是行为与因果关系的共同。如果正犯、共犯与犯罪结果之间存在因果关系,那么该结果便应当归责于正犯、共犯。"行为共同说"主张共同犯罪是在违法性层面的共同,而非有责性层面。例如,20岁的乙帮助10岁的甲运输毒品,后二人被抓,虽然甲不可罚,但二人共同实施了运输毒品的违法行为,因此成立运输毒品罪的共同犯罪,乙构成帮助犯。因此,无论是部分犯罪共同说,还是行为共同说,二者强调的都是共同实行犯罪,此处的犯罪指的是符合客观方面的行为,而不要求行为人责任能力或者责任年龄等主体要件。

二、共同犯罪成立的条件

(一) 二人以上

共同犯罪要求二人以上,既可以是自然人,也可以是单位。包括自然人与自然人之间的共同犯罪、单位与单位之间的共同犯罪,以及自然人与单位之间的共同犯罪。自然人的共同犯罪,仅要求共同实施危害行为即可,无责任能力和责任年龄的要求。例如,15周岁的甲非法侵入某尖端科技研究所的计算机信息系统,18周岁的乙对此知情,仍应甲的要求为其提供帮助。共同犯罪成立的判断无责任年龄与责任能力的要求,两人成立非法侵入计算机信息系统罪的共同犯罪。司法实践中,对于仅能由单位构成犯罪的犯罪,行为人是可以按照该罪名定罪的,即与单位构成共同犯罪。例如,某国有单位与甲相勾结,截留国有资产,并将获取资金分给单位员工的行为,该单位和行为人均以私分国有资产罪论处。[1]

J-13-1-3 共同犯罪的主体数量要求——山西省临汾市曲沃县人民检察院检察官司冬芬

---

[1] 最高人民法院刑事审判一至五庭主办:《中国刑事审判指导案例》(第1卷),法律出版社2017年版,第161~162页。

(二) 共同的犯罪行为

共同的犯罪行为,是指共同实行、参与犯罪的行为整体,既可以是作为,也可以是不作为。包括共同的作为、共同的不作为,以及作为与不作为相结合。例如,丈夫给 2 岁的孩子下毒,妻子说句"你真狠心"后便离开,丈夫和妻子分别以作为、不作为构成故意杀人的共同犯罪。

共同的犯罪行为,分为共同实行行为、教唆行为和帮助行为。共同实行行为是共同正犯的客观条件,指共同实现犯罪所描述的行为。例如,甲、乙二人共谋抢劫,甲负责暴力压制,乙负责取财,甲、乙二人的行为是抢劫罪的共同实行行为。共同实行行为还包括在预备阶段具有决定意义的作用,如参与共谋的行为。共同教唆行为是指教唆犯使得原先没有犯意的人产生犯意,并在该犯意支配下实施相应犯罪行为。例如,甲、乙得知丙捡拾到一部手机,遂共同教唆其通过扫码购物的方式盗窃被害人手机微信中的现金的行为,即属于共同的教唆行为。[1] 共同的帮助行为是指帮助犯为了使得犯罪顺利进行,为实行行为提供客观上的帮助或便利条件。例如,夫妻二人在其儿子进行杀人行为时,将被害人的小孩带离现场,避免其成为目击证人的行为即属于共同的帮助行为。[2]

(三) 存在共同的犯罪故意

1. 共同犯罪故意,必须具备故意的两个要素,即认识因素和意志因素。故意的内容不要求完全一致,部分或全部相同都可,即不同故意也可成立共犯,不要求罪名一致。例如,甲、乙共谋走私,甲走私毒品,乙走私光盘,在走私犯罪的范围内构成共犯;如果甲、乙共同雇船,甲偷渡,乙走私,由于不存在犯罪重合部分,因此不是共犯。除了具有犯罪故意以外,还要有共同的意思联络,即认识到对方与自己一起犯罪。

那么如果一方以欺骗手段诱使另一方产生犯意并为之创造犯罪条件的,是否还属于共同犯罪呢? 首先,利用方不属于间接正犯。实施犯罪的人虽然被他人利用,但是其并非无刑事责任能力或未满刑事责任年龄,对于犯罪行为有着清楚的认识,有着自己的独立意志。其次,利用方也不属于片面共犯。利用者和被利用者虽然犯罪目的不同,但是他们对犯罪行为本身都有着清醒的认识和共同的故意,因而区别于片面共犯中一方毫不知情的条件。最后,二者应当构成共同犯罪。主观上二者都有实施犯罪行为的故意,客观上一方实施了行为,另一方为之创造了条件,符合共同犯罪的主客观条件。[3]

2. 共同犯罪故意的形式,包括:其一,共同正犯的故意,是共同的行为决意,互相代表的为自己也为他人作出贡献,至少有默示的合意;其二,教唆犯的故意,要求教唆者认识到自己教唆行为的危害性,而被教唆者认识到自己实行犯罪的危害性即可,不需认识到对方在教唆;其三,帮助犯的故意,要求帮助者认识到他人在实行犯罪,且认识到自己行为可使对方顺利实现。如果共同故意成立的要件欠缺,一方不具备责任能力或未到责任年龄,此时,共同犯罪不成立,但在责任认定上,根据限制从属性说,帮助犯依然成立犯罪,教唆犯独立认定,正犯按单独犯罪认定。

---

[1] 江苏省淮安市清江浦区人民法院 (2017) 苏 0812 刑初 573 号刑事判决书。

[2] 最高人民法院刑事审判一至五庭主办:《中国刑事审判指导案例》(第 1 卷),法律出版社 2017 年版,第 129~132 页。

[3] 最高人民法院刑事审判一至五庭主办:《中国刑事审判指导案例》(第 1 卷),法律出版社 2017 年版,第 145~148 页。

3. 共犯故意中，如果缺乏意思联络，可能成立片面的共同正犯、片面的共犯。通说否定片面的共同正犯的存在；片面的教唆，具有可罚性；片面的帮助，通说认为有区别的成立，即对犯罪没有作用则不成立；对犯罪有加功则成立。

三、不成立共同犯罪的情况

（一）共同过失犯罪

《刑法》第25条规定，二人以上共同过失犯罪，不以共同犯罪论处；应当负刑事责任的，按照他们所犯的罪分别处罚。即行为人分别承担过失责任。在二人以上共同过失犯罪中，因为行为主体之间缺乏共同犯罪所必需的意思联络，所以不成立共同犯罪，只作为单独犯罪对各行为主体分别进行处罚。例如，甲、乙应当预见但没有预见山下有人，共同推下山上一块石头砸死了丙。甲、乙在疏忽大意的情况下，共同推下山上一块石头砸死丙，显然是共同过失犯罪。但是，并不是只有认定甲、乙成立共同过失犯罪，才能对甲、乙以过失致人死亡罪论处。因为共同过失犯罪原本也不是共同犯罪，它是按照各人所犯的罪分别处罚的。所以，即使不认定甲、乙成立共同过失犯罪，也可以以过失致人死亡罪分别处罚甲、乙。

（二）同时犯

同时犯，指不约而同实行同一行为，对同一对象造成危害结果，包括一般同时犯和特殊同时犯。区分的意义主要在于认定犯罪数额或者判断责任的归属问题。例如，甲、乙、丙各偷窃5000元，如果按共犯处理，盗窃数额为1.5万元，按同时犯处理，数额为5000元；甲、乙不约而同杀丙，打了两枪其中一枪致死，如果按共犯处理，为故意杀人既遂，如果按照同时犯处理，不知是谁开了致命的一枪，按照存疑有利于被害人，二者均为故意杀人未遂。

对于此类案件，认定时需要同时具备两类条件：一是主观方面。各行为人虽然都实施了故意的犯罪行为，但是彼此之间没有犯意联络和分工，在犯罪目的方面也可能不尽相同。二是客观方面。各行为人的行为通常是分离的，没有实质上的分工配合；即便是形式上巧合地成就了犯罪，也会由于主观要件的不具备而不成立共同犯罪。[1]

（三）间接正犯

间接正犯，是以他人为犯罪工具，实现自己犯罪目的，或者通过强制、欺骗手段支配直接实施者，从而支配构成要件实现。目前，关于间接正犯主要有"支配说""工具说"。其中，"工具说"认为，间接正犯以他人为犯罪工具、实现自己犯罪目的。"支配说"认为，通过强制或欺骗手段支配直接实施者，从而支配构成要件实现，对此应当明确，人不同于工具，具有意识性，对于被支配的人实施的行为，间接正犯应当承担责任。因此，间接正犯的意义在于，间接正犯对被利用者造成的法益侵害结果承担责任。例如，张三让10岁的甲盗窃，甲途中看到9岁伙伴乙，二人每人偷5000元，张三应对盗窃1万元负责。间接正犯对被利用者造成的法益侵害结果承担责任。被利用者有几种类型：其一，被利用者欠缺构成要件，如利用他人犯他罪的故意、利用无身份者。其二，被利用者欠缺违法性，如利用他人合法行为、利用自我侵害行为。其三，被利用者欠缺责任，如利用欠缺故意的

---

[1] 最高人民法院刑事审判一至五庭主办：《中国刑事审判指导案例》（第1卷），法律出版社2017年版，第121~123页。

行为、利用欠缺目的的行为、利用无责任能力者或者利用欠缺违法性认识的人。[1]

(四) 共犯的过限行为

对于过限行为，行为人独自承担相应的责任。如实行犯超出教唆内容，就低不就高。例如，教唆抢劫结果却实施了盗窃，认定构成盗窃既遂；如果未成功窃取财物，认定构成盗窃未遂。如共同正犯超出共谋范围，只在共谋范围内担责。例如，甲、乙约定盗窃，乙盗窃后又实施强奸的，由于甲对此不知情，故对乙的强奸行为不承担责任。又例如，张三教唆李四强奸王五，李四错把张三当成王五强奸，张三成立强奸罪的教唆犯，但不能适用"部分行为整体责任"，对于自己被强奸属于过限行为，不负既遂责任。

除此之外，共同犯罪中部分行为人导致的结果加重犯似乎也具备过限行为的外部特征，那么没有参与加重行为的共犯是否需要对加重结果负责呢？例如，甲、乙实施入室抢劫，在控制被害人后，甲进屋取财，乙负责看管被害人。由于被害人试图脱逃，乙持刀对被害人实施了杀害行为。共犯过限行为需要具备两个要点：一是过限行为在客观方面必须独立于共同犯罪之行为，若内含于后者则不属于过限行为。二是在主观层面，过限行为的犯意必须在共同犯罪的故意之外。只要行为人能够预见或者知晓其他共犯人会实施加重行为，也同样不属于过限行为。该案中，甲对乙看管时可能采取的加重行为是可以预见的，且该行为并不独立于抢劫罪，因而不属于过限行为，二者均应对抢劫致人死亡的结果负责。[2]

(五) 事前无通谋的行为

只有事前有通谋才构成共犯，如果是在事后进行窝藏或者销赃的通谋的，不成立共同犯罪。在处罚上，事前无通谋的行为可能构成独立的犯罪行为，例如掩饰隐瞒犯罪所得罪、窝藏罪、洗钱罪等。例如，公安人员甲向犯罪分子乙通风报信助其逃避处罚的，甲只构成帮助逃避处罚罪。因为两人事前并无共同犯罪的意思联络。

司法实践中还存在一类特殊的情况，即行为人在事前无通谋的情况下，临时起意参与他人的犯罪行为，应当如何定罪。例如，行为人在他人实施抢劫行为并控制被害人之后，临时参与进来共同搜索财物的行为。本书认为应当分情况讨论：第一种是行为人在参与犯罪前并不知晓先前行为的目的、动机，即行为人的主观方面与其他犯罪人并不一致。这时候就需要按照主客观相一致的原则，按照他的客观行为和主观故意来确定其具体罪名。第二种是行为人在参与犯罪前就对他人的犯罪行为知情，中途临时起意参与进来。这种情况下，行为人不仅客观上实施有利于犯罪完成的行为，主观上也表达了对之前犯罪目的的认可，因而需要按照共同犯罪论处。[3]

(六) 承继的共犯

承继的共犯，是指先行行为人的部分行为已经实行终了之后未达既遂之前，后行行为人以共同的犯罪故意中途参与犯罪的形态。一般认为，既遂之后加入不成立共犯，除事先通谋的情况；实施终了之后加入也不成立共犯，但是对于一些复行为犯、继续犯，仍可能成立共犯。

要注意的是，承继的共犯对先前行为导致的加重结果不承担责任，例如，抢劫使被害

---

[1] 张明楷：《刑法学》，法律出版社2016年版，第402~406页。

[2] 最高人民法院刑事审判一至五庭主办：《中国刑事审判指导案例》（第1卷），法律出版社2017年版，第115~118页。

[3] 最高人民法院刑事审判一至五庭主办：《中国刑事审判指导案例》（第1卷），法律出版社2017年版，第139~144页。

人重伤，此时加入仅参与取财的，构成共犯但不对重伤的抢劫加重结果负责。

【案例解读】大理市人民法院（2009）大刑初字第55号刑事判决书

被告人陈某为大理市林业局旅游度假区分局局长，被告人杨某为大理市林业局旅游度假区分局临时工，负责苗圃的日常管理工作。被告人陈某利用其负责采购大理旅游度假区管委会所需1000棵大青树的职务之便，事先安排杨某以50元/棵的价格购买了1000棵大青树，共计支付价款50 000元。其后陈某编造了大理市林业局旅游度假区分局购买大青树的种植协议，将每棵树的定价从50元/棵提高到180元/棵，从中套取公款121 306元。法院认为，被告人杨某（不具有国家工作人员身份）与国家机关工作人员陈某相勾结，贪污公款167万余元，并从中分得5万元。根据《刑法》第382条，"与前两款所列人员勾结，伙同贪污的，以共犯论处"，国家工作人员与非国家工作人员勾结，利用国家工作人员的职务之便，非法占有公共财物的，成立贪污罪的共犯。因此杨某与陈某构成贪污罪的共同犯罪。

S-13-1-2 未成年人和成年人共同犯罪案件的处理

S-13-1-3 共同犯罪中责任的认定

S-13-1-4 共同犯罪中宽严相济的刑事政策

第二节 共同犯罪人的分类与处罚

对于共同犯罪人的分类，有分工分类法和作用分类法。分工分类法是德日刑法的主要观点，按照共犯人在共同犯罪中的分工，将共犯分为：正犯（实行犯）、共犯（教唆犯、帮助犯），能够表明共同犯罪中的分工及彼此联系，但难以很好地解决量刑问题；作用分类法按照共犯人在共同犯罪中所起的作用大小，将共犯分为：主犯、从犯、胁从犯，有助于解决刑事责任问题，但缺点是难以表明分工及彼此联系。我国将共同犯罪人分为主犯、从犯、胁从犯、教唆犯，综合了分工分类和作用分类的方法，是为二分法。

一、主犯

《刑法》第26条第1款规定："组织、领导犯罪集团进行犯罪活动的或者在共同犯罪中起主要作用的，是主犯。"

（一）类型

主犯包括：其一，组织、领导（策划、指挥）犯罪集团，又称组织犯、集团首要分子；其二，共同犯罪中起主要作用的，如犯罪集团中起主要作用的犯罪分子、某些聚众犯罪中的犯罪分子以及一般共同犯罪中的实行犯和教唆犯。所谓犯罪集团，是指3人以上为共同实施犯罪，而组成的较为固定的犯罪组织。

（二）认定

"主要作用"要求行为人对危害结果有实质性支配力，包括共同实行犯、共谋共同正犯、教唆犯。首要分子存在于犯罪集团、聚众犯罪中，是"在犯罪集团或者聚众犯罪中起组织、策划、指挥作用的犯罪分子"。

（三）处罚

对于犯罪集团的首要分子，按照集团所犯的全部犯罪处罚，前提是该罪符合组织成立目的的行为；对于其他主犯，按其参与、组织、指挥的全部犯罪处罚。司法实践中，同一个共同犯罪可能存在有多个主犯的情形，对结果承担全部责任的前提下是否意味着都处以同样或类似的刑罚呢？本书认为这样的做法是违背罪刑相适应的原则的。共同犯罪中，不同主犯在作案动机、手段、情节、所处地位、悔罪态度等方面可能是大相径庭的，应当具体分析，做到刑罚个别化与罪刑法定的有效结合。[1]

J-13-2-1 主从犯的处罚：以污染环境罪为例
——山东省东营市东营区人民检察院第二检察部主任盖秀云

二、从犯

《刑法》第27条第1款规定："在共同犯罪中起次要或者辅助作用的，是从犯。"

（一）种类

任何犯罪都有主犯但可能没从犯，从犯包括起次要作用的实行犯、教唆犯，以及起辅助作用的帮助犯。其中，帮助犯只能是从犯，而教唆犯可能是主犯，要结合案情判断。

（二）从犯的认定

认定从犯，可以从以下几个方面入手：

1. 帮助行为的性质，可以是有形的帮助，也可以是无形的帮助。

2. 事前通谋，事后帮助的行为是帮助犯，这里的"事前"指的是着手前，如果事前无同谋，事后提供帮助，也可能独立构成犯罪，例如掩饰、隐瞒犯罪所得罪。例如，银行工作人员违规出具金融票证，而同伙人非银行工作人员，但其按照事先通谋积极配合，提供相关虚假合同、伪造资料等，为完成违规出具金融票证起积极帮助作用，属于共同犯罪中的帮助犯，二人均构成违规出具金融票证罪。[2]

3. 帮助犯的因果性，根据因果共犯论，促进、强化实行行为的实现，促进法益侵害，为帮助犯，可以根据心理强化和物理帮助认定。对于帮助犯的可罚性问题，需要考虑帮助行为是否起到了心理强化和物理帮助的作用。例如，妻子帮助看护被丈夫绑架的婴儿，妻子是否成立帮助犯，要看该帮助行为是否对绑架具有物理或心理促进作用，如果只是出于善心保护被绑架婴儿，不宜认定为犯罪。又例如，张三意图强奸李四，便找到与李四通奸的王五，商定利用王五通奸去捉奸，然后强迫李四发生关系。尽管李四与王五属于自愿，但由于王五与张三是在共同预谋的支配下，相互配合、相互联系，王五成立帮助犯。

（三）处罚

对于从犯，应当从轻、减轻处罚或者免除处罚。

---

[1] 最高人民法院刑事审判一至五庭主办：《中国刑事审判指导案例》（第1卷），法律出版社2017年版，第125~128页。

[2] 广东省深圳市中级人民法院（2009）深中法刑二终字第274号刑事判决书。

【案例解读】杭锦旗人民法院（2012）杭刑初字第113号刑事判决书
杭锦旗农机局领导甲、乙、丙三人，经局长会议多次研究，将单位公款借给他人从事营利活动，且数额较大，其行为已经构成挪用公款罪。甲、乙在挪用公款犯罪中起主要作用，系主犯；丙作为该单位纪检员，未履行好纪检监督职责，在主管财务期间参与研究并认可违法行为，在挪用公款犯罪中起次要辅助作用，系从犯。

S-13-2-1 对从犯的量刑规则

三、胁从犯

（一）认定

胁从犯所受的强制包括绝对强制和相对强制。在身体或者意志受到绝对强制的情况下，行为人可以主张紧急避险，而不构成胁从犯；相对强制是典型的胁从犯，指虽被胁迫参加犯罪，但仍具有选择是否参与犯罪的余地。胁从犯一般在共同犯罪中处于从犯的地位，但如果胁从犯一开始因受威胁而被动参加犯罪，而后来却积极主动参与犯罪并起到主要作用的，则按主犯处理。例如，团伙电信诈骗中，行为人一开始被诈骗集团限制人身自由威胁其参与诈骗活动，但后期行为人在可以外出向他人求救的情况下依然选择自愿回到犯罪地从事电信诈骗活动，不属于胁从犯，应依法认定为从犯。[1]

（二）处罚

对于被胁迫参加犯罪的，应当按照他的犯罪情节减轻处罚或者免除处罚。

四、教唆犯

教唆是使没有犯罪意图的人产生犯意并实行犯罪行为，或者故意唆使并引起他人实施符合构成要件的违法行为。例如，雇凶犯罪作为共同犯罪中的一种形式，也是教唆犯罪的一种特殊形式，主要分为两种情况：其一，犯意的提出者，但是没有参与实行行为的，从直接造成危害结果角度，确实作用比实施犯罪的行为的受雇者要小，但是作为这一行为的提出者，又要比受雇者更重，因此不能减轻罪责；其二，既是犯意的提出者，又参与实行行为，罪责显然要比受雇者重。[2]

（一）成立条件

1. 教唆的对象为事先无犯罪意图，具有刑事责任能力的特定的人。首先，要求被教唆者要具有刑事责任能力，教唆不具有刑事责任能力的人可能构成间接正犯；其次，教唆的对象必须为特定的一人或多人，对不特定的人进行"教唆"的，将构成煽动类犯罪；最后，被教唆者在被教唆前必须无犯意。

2. 客观上实施了教唆行为。教唆的内容是使他人实施某种符合犯罪构成要件的行为，如果教唆者所教唆的内容不具有犯罪性质，则不成立教唆犯罪。教唆的形式多样，包括怂

---

〔1〕 北京市第二中级人民法院（2012）二中刑初字第366号刑事判决书。
〔2〕 最高人民法院刑事审判一至五庭主办：《中国刑事审判指导案例》（第2卷），法律出版社2017年版，第451、466~467、473~474、480、483、492页。

恿、劝说、指使、请求等，既可以是言语教唆，也可以是文字教唆。不以被教唆者产生犯罪故意为前提。教唆者在被教唆者产生犯意之前可以撤回教唆。

3. 教唆者主观上具有教唆的故意。教唆故意，是指教唆者对于实施的教唆行为及其危害结果具有希望或放任的心理态度，如果其没有认识到自己使他人产生了犯罪意图，则不构成教唆犯。如果教唆者本欲教唆实则起到间接正犯作用的，例如，不知对方为精神病，进行了教唆，实则为间接正犯，按照教唆犯处理。[1]

（二）教唆的错误

行为人只对自己教唆的犯罪承担责任。如果被教唆人产生误解实施其他犯罪，按照所教唆罪的未遂处理。例如，因发音不清，甲教唆乙抢劫，实际乙实施了强奸，甲为抢劫罪未遂。如果被教唆人实施的犯罪超出了被教唆之罪的范围，教唆人也只在轻罪范围内成立教唆的既遂。

（三）教唆的未遂与未遂的教唆

教唆的未遂，包括：其一，失败的教唆，即教唆对象没有理解教唆内容，没有产生犯意；其二，无效果的教唆，即教唆对象产生了犯意但没实施犯罪行为；其三，没有发生犯罪结果的教唆，指教唆对象产生犯罪意图并有实行行为，但没达到既遂结果。

未遂的教唆，指欺诈教唆，即教唆者在实施教唆行为时就认识到被教唆行为不可能达到既遂。对于未遂的教唆是否应当处罚的问题，首先要从客观上根据行为有无具体危险性，判断究竟是属于不能犯还是未遂犯。对于绝对不能犯，如明知保险柜中无钱，仍教唆他人盗窃保险柜的，因不可能实现取财结果，因此不具有法益侵害的现实危险，故不具有刑事可罚性。但如果教唆者以为被害人出差不在家，于是指使他人在被害人家中放火，但实际上被害人提前回家，而被火烧死，这种情况下因犯罪结果具有发生的可能性，所以不属于绝对不能犯，应追究其教唆犯罪的刑事责任。

（四）处罚

教唆犯既可能是主犯，也可能是从犯，因此要按照其在共同犯罪中实际发挥的作用处罚。

教唆不满18周岁的人犯罪的，应从重处罚。

如果被教唆人没有犯被教唆的罪，例如拒绝被教唆，接受教唆但未实行犯罪，实施了他种犯罪或者犯罪不是由教唆引起的，对于教唆犯，可从轻或者减轻处罚。

司法实践中，常需要根据行为人在案件中所起的作用对其行为进行定性。例如，行为人在部分实行犯已具有抢劫的概括犯意的情况下，通过教唆行为使实行犯形成具体的犯意，纠合他人与之共同实施抢劫行为，并促使其采用持枪的加重情节的方式，此时行为人构成教唆犯而非精神性帮助犯，应按照主犯进行处罚。[2]

---

[1] 阮齐林：《刑法》，中国人民大学出版社2013年版，第86页。
[2] 江苏省南京市中级人民法院（2015）宁刑终字第34号刑事裁定书。

第三节 共同犯罪的特殊问题

一、共同犯罪的因果关系

共同正犯要求共犯行为的有机整体与犯罪结果之间存在因果关系，即部分行为，全体责任。对于共谋共同正犯是否一概据此承担整体责任，应当有差异地区分共谋的内容和事项。

帮助犯的成立与否，要判断该帮助行为是否实际上提供了物理、心理方面的帮助力和原因力。帮助犯罪既遂的标准，也即帮助行为与结果之间是否存在因果关系。如果帮助行为仅在客观上提高了正犯行为的危险性，但该帮助行为与犯罪结果之间既缺乏物理性因果关系，又缺乏心理性因果关系，则该帮助犯不可罚。

二、共犯与错误

共同犯罪中的认识错误问题，通说亦采用"法定符合说"。按照"法定符合说"，根据共犯、正犯认识错误是否属于同一犯罪构成内的错误，犯罪的认定和处罚存在不同。

帮助犯对犯罪性质、内容的认识与实行犯不一致时，结合"因果共犯论"，同时根据"部分犯罪共同说"，如果帮助犯所认识的犯罪与正犯实施的犯罪存在重合部分时，认定在轻罪的范围内成立帮助犯。

对于同一构成要件内的教唆错误，如甲教唆乙杀丙，结果乙错杀成丁，甲仍然成立故意杀人既遂。教唆犯认识错误如果发生在不同构成要件内，在主客观一致范围内，一般应成立较轻犯罪的共同犯罪。

此外，还存在教唆犯与帮助犯、教唆犯与间接正犯的错误问题。对于教唆犯与帮助犯的错误，根据主客观一致原则，一般成立较轻的共犯形式。例如，主观上本欲进行心理帮助，实际上却产生了教唆效果的，宜认定为帮助犯；不知对方已有犯意而进行教唆的，同样应认定为帮助犯。对于教唆犯与间接正犯的错误，同样根据主客观相一致的原则，一般认定为教唆犯比较合理，这是因为教唆的故意一般可以包括间接正犯支配利用的故意。例如，"土药案"中，张三教唆李四杀人说这是一碗毒药，李四听成了这是一碗土药，给王五致其死亡。张三主观教唆，客观上成立间接正犯，以教唆犯既遂认定比较合理。

三、共犯与未完成罪

（一）共犯与犯罪未遂

共同正犯的未遂，按照部分行为共同责任原则处理。例如，甲乙共谋杀丙，甲没去，乙按照原计划将丙杀害，甲仍构成故意杀人罪既遂。相反的情形例如，如果甲、乙共同杀害丙，甲以为丙已经死亡便离开，乙无意返回现场后发现丙没死，便又再次实施暴力行为将丙杀死，因为本案中丙的死亡与甲的犯罪行为之间没有因果关系，因此甲构成故意杀人罪未遂，乙为故意杀人罪既遂。帮助犯的未遂按照共犯从属性说处理，教唆犯的未遂按照共犯独立性说处理。

（二）共犯与犯罪中止

共同正犯的中止，包括全部中止和部分中止。全部中止要求所有共犯人都自动中止；部分中止要求部分共犯人自动停止犯罪，并阻止其他共犯继续实施犯罪，一般只适用中止者本人，其他人认定为未遂犯或者预备犯。成立正犯的中止要求对犯罪结果的有效避免，如果部分正犯人中止，其他正犯人犯罪得逞或导致结果发生，则一概认定为犯罪既遂。例如，三名男性行为人见被害人长得漂亮，使用迷药将其迷晕并带到宾馆欲实施轮奸行为，但因被害人尚未完全昏迷，在三人欲实施奸淫行为时开始哭泣并进行反抗，三行为人因怕事情败露受到法律处罚而放弃了自认为当时本可继续实施和完成的犯罪，三人的行为构成共同犯罪，属于轮奸中止。〔1〕这一规则也适用于共谋共同正犯，例如，甲乙共谋杀人，甲后悔并劝乙放弃杀人，乙仍按照计划杀人，甲不成立中止。

教唆犯和帮助犯成立中止，在犯罪着手之前和着手之后的要求不同。在犯罪着手以前，教唆犯的中止要求消除被教唆者的犯意，并采取措施阻止其实施犯罪；帮助犯的中止要求消除其之前行为已经造成的物理、心理影响，即要回工具或让对方知道自己撤回了帮助。例如，如果甲欲盗窃，乙提供钥匙但随后又要回的，甲以其他方式完成盗窃，乙成立犯罪预备阶段的中止；如果在乙要回钥匙以前，甲已经配好一把新的钥匙，并使用该钥匙完成了盗窃，则乙构成犯罪既遂。

犯罪着手之后，帮助犯或教唆犯的中止要求阻止结果的发生，消除帮助行为或者教唆行为的影响。例如，甲、乙非共谋犯，甲帮乙放风时电话通知被害人后离开，但是乙仍然完成了盗窃取财，对甲应当认定成立帮助中止。

（三）共犯中未遂犯与中止犯的并存

部分共同犯罪人在共同犯罪过程中自动放弃犯罪，并且阻止了其他共同犯罪人继续实施犯罪或者有效地防止了犯罪结果的发生，自动放弃犯罪的共同犯罪人成立犯罪中止，对于未自动放弃犯罪的共同犯罪人，应认定其为犯罪未遂。例如，二人预谋抢劫后杀人灭口，将被害人打昏并决定采用挖坑掩埋的方法杀人灭口，被害人苏醒后，乘行为人甲不在现场之机，哀求行为人乙留其性命，并恳求其挖浅坑、少埋土，行为人乙同意，之后被害人在二人离开后，爬出土坑获救。〔2〕

（四）共犯关系的脱离

共犯关系的脱离，是指共谋犯或帮助犯，在犯罪未完成之前自动表示不再继续参与该犯罪并得到其他人认可，而其他人继续实行犯罪的情况。共犯脱离的成立，脱离者首先要使其他共犯者了解其脱离的意思，但是单单凭脱离的意思表示不一定就能够消除其参与的心理性因果关系。例如，在共谋共同正犯作为脱离者的情况下，还要求其对于其他共犯停止犯罪进行更加积极的劝说活动，在其他共犯仍没有消除犯意的情况下，有必要通过向被害人或政府机关通报等方式阻止犯罪继续实行，如果不能够恢复到共谋关系不存在的状态，就不能承认共犯关系的消解。〔3〕同时，共犯关系脱离还必须切断其行为与犯罪结果之间的因果关系，包括心理性因果关系和物理性因果关系。如，甲知道乙想偷车，将车钥匙给乙后，在乙盗车之前要回了钥匙，但是乙以其他方法盗走了汽车，因为甲切断了其与盗车行为之间的物理与心理联系，故甲对车辆失窃行为不承担责任。反而言之，如果乙对甲说："你等会儿，我去配把钥匙再还你"，甲要回自己原来提供的钥匙。后乙利用自己配制的钥匙盗窃了汽车。由于甲没有消除自己帮助行为的影响，甲、乙成立盗窃罪既遂的共犯。

---

〔1〕广西壮族自治区蒙山县人民法院（2007）蒙刑初字第37号刑事判决书。

〔2〕最高人民法院刑事审判一至五庭主办：《中国刑事审判指导案例》（第1卷），法律出版社2017年版，第83~84页。

〔3〕［日］西田典之：《共犯理论的展开》，江溯、李世阳译，中国法制出版社2017年版，第308页。

着手前和着手后脱离共犯关系的要求不同。着手前的脱离，未阻止他人犯罪的，不成立中止，只是对脱离以后他人实行行为不承担未遂或既遂责任。着手后的脱离，原则上不承认，除非阻止犯罪。例如，甲、乙共谋盗窃，甲望风时溜走，则甲、乙均盗窃既遂。共谋共同正犯的脱离，要根据所谋划的内容判断，例如，甲、乙共谋盗窃，约定甲负责望风，但当日甲没去，甲成立盗窃罪的预备。再如，教唆者在教唆他人实施犯罪之后，有明显的阻止他人实施故意伤害的行为，并为避免伤害后果的产生进行了认真、积极的努力，但最终没有成功阻止犯罪后果的发生，虽然仍未脱离共同犯罪的范畴，但在量刑上可以比照既遂犯从轻或减轻处罚。[1]

四、共犯与不作为

不作为与共犯的结合有多种形式：其一，不作为形式的共同正犯，正犯均为不作为，例如，孩子溺水，父母都不救，构成不作为的共同正犯。其二，作为与不作为的共同正犯。其三，不作为犯的教唆犯，是指行为人（教唆犯）以作为的方式教唆具有作为义务的人（正犯），使其不履行作为义务。其四，不作为犯的帮助犯，是指行为人（帮助犯）以作为方式对不作为犯（正犯）提供物质和心理帮助，导致其不履行作为义务。[2] 例如，根据法律的相关规定，学员必须在教练的随车指导下才能驾驶教练车，教练对教练车的安全行驶负有直接的保障义务，在明知其学员喝了酒的情况下，仍然伙同其醉酒驾驶机动车，放任学员违法驾驶，未履行其应有的作为义务，因此教练与学员共同构成危险驾驶犯罪。[3] 其五，共同犯罪行为产生作为义务。例如，张三、李四为抢劫王五将其捆绑，事后李四强奸王五，张三具有阻止义务，否则构成不作为犯罪。

---

[1] 福建省高级人民法院（2010）闽刑终字第302号刑事判决书。
[2] 张明楷：《刑法学》，法律出版社2016年版，第438~439页。
[3] 四川省成都市新都区人民法院（2013）新都刑初字第289号刑事判决书。

第十四章

罪数与竞合

罪数是指犯罪的个数。区分一罪和数罪，对于定罪、量刑都有着重要的意义。对于区分一罪与数罪的标准，历来存在有多种学说，如"行为标准说""犯意标准说""法益标准说""犯罪构成标准说"等。其中"犯罪构成标准说"又称为"主客观统一说"，是我国刑法理论的主流观点。刑法分则中存在应当成立"数罪"，但是却规定只构成"一罪"的情形。例如，根据《刑法》第240条，拐卖妇女、儿童罪之规定，在拐卖妇女、儿童过程中如果奸淫被拐卖的妇女的，按照拐卖妇女、儿童罪一罪处理。虽然行为人既实施了强奸行为，也实施了拐卖妇女的行为，但《刑法》明确进行了规定，将强奸行为作为拐卖妇女罪的加重情节并规定了较重的法定刑，便应当按照《刑法》规定认定只构成一罪。罪数包括一罪与数罪，其中，一罪又包括实质的一罪、法定的一罪、处断的一罪；数罪则包括同种数罪和异种数罪。

第一节 实质的一罪

实质的一罪与形式的一罪相对应，是指从形式上看存在多个犯罪行为的外观，但实际上仅构成一罪的情况。实质的一罪包括继续犯、想象竞合犯等。

一、继续犯

（一）概念

继续犯，又称持续犯，是指出于同一罪过，针对同一法益，从着手实施到犯罪终了的一段时间内，犯罪行为一直处于持续状态。

（二）基本特征

1. 一定时间内犯罪行为不间断地持续存在。一是犯罪行为在时间上的连续性。二是犯罪行为与不法状态必须同时继续，以此区分继续犯与状态犯。状态犯如盗窃罪，虽然犯罪行为造成的不法状态在犯罪既遂后仍在持续进行，但犯罪行为已经实行终了；继续犯强调犯罪行为也要持续存在，如非法拘禁罪，在被害人被拘禁的一定时期内，非法拘禁行为和非法拘禁的状态均持续存在。

2. 犯罪行为出于一个故意。继续犯的实质是在一个犯意支配下实施的一个实行行为，并且在犯罪行为持续的过程中，行为人自始至终只有一个犯罪故意。如果行为人另起新的犯意，则应当构成数罪并实行并罚，例如，行为人在非法拘禁他人的过程中，又另起杀心，将被害人杀害的，构成非法拘禁罪与故意杀人罪，数罪并罚。

3. 犯罪侵犯同一犯罪构成内的法益。继续犯强调法益侵害的单一性，而非犯罪对象的唯一性。如果行为针对不同的对象进行侵害，但都可以评价为同一构成要件内的法益的，应认为行为人仅实行了一个犯罪行为，符合继续犯的特征。

（三）类型

继续犯常见的有以下几种：其一，侵犯自由的犯罪，如拘禁、拐卖、绑架；其二，持有型犯罪，如枪支类、重婚、窝藏包庇、掩饰犯罪所得；其三，不作为犯罪，如遗弃罪、拒不执行判决或裁定罪。

（四）处罚原则

继续犯为一罪，以《刑法》分则的规定直接定罪处罚，在量刑时根据行为时间持续长短酌情考量。

（五）司法适用

1. 追诉时效。根据《刑法》第 89 条的规定，犯罪行为有连续或继续状态的，追诉期限从犯罪行为终了之日起计算。

2. 正当防卫。因为继续犯在一段时间内对法益进行持续侵害，因此在犯罪行为存续期间，不法侵害仍在进行的，针对该不法行为都可以进行正当防卫。

3. 承继的共犯。在犯罪行为存续期间，其他行为人加入的成立事中共犯。

二、想象竞合犯

（一）概念

想象竞合犯，即实施一个犯罪行为并触犯数个罪名。

（二）基本特征

成立想象竞合犯，需要满足以下条件：

1. 行为人只实施了一个犯罪行为。实质的一罪，强调只存在一个犯罪构成行为，数个行为不是实质的一罪，因此也不成立想象竞合犯。例如，甲欲向人贩子乙收买被拐卖妇女但是没钱，遂将毒品给乙进行交换。本案中甲有两个构成要件行为，即收买被拐卖的妇女的行为和贩卖毒品的行为，应当实行并罚。

2. 触犯数个罪名，即一行为数结果。例如，盗窃正在运行中的铁轨的行为，同时符合了盗窃罪、破坏交通设施罪的构成要件，触犯了数个罪名。

S-14-1-1 想象竞合犯——破坏广播电视设施罪

（三）处罚原则

想象竞合犯，从一重罪论处。

（四）与法条竞合的联系和区别

法条竞合，是指数个刑法条文所规定的数个构成要件之间存在包容或者交叉关系，当一个行为同时符合数个条文规定的构成要件时，只能适用其中一个条文，而排除适用其他条文的情况。对于包容关系的竞合，按照特别法优于普通法处理。例如诈骗罪与合同诈骗罪；虐待罪与虐待被监管人罪。对于交叉关系的竞合，按照重法优于轻法处理，例如，诈骗罪与招摇撞骗罪。

想象竞合犯与法条竞合犯联系密切，想象竞合犯是偶然的竞合，而法条竞合犯是一种必然的竞合，前者解决的是罪数问题，是观念评价；后者解决的是法条关系问题，是规范评价。在某些问题上，可能存在重合，既构成想象竞合犯，又构成法条竞合犯，从一重罪处理。

F-14-1-1 想象竞合与法条竞合的关系
——云南省大理州中级人民法院刑二庭刘斌

三、结果加重犯

（一）概念

结果加重犯，是指实施了基本犯罪行为，由于发生了严重结果而加重其法定刑的情况。

（二）基本特征

1. 行为人实施了基本犯罪构成要件内的行为，发生了基本构成要件以外的加重结果，符合基本犯的行为与加重结果之间存在因果关系。例如，甲在故意伤害乙后，因心生悔意而将乙送往医院，但因路上发生车祸事故致乙死亡，在本案中被害人乙的死亡结果与行为人甲的故意伤害行为之间没有因果关系，因此不构成故意伤害罪致人死亡的结果加重犯。

2. 行为人对加重结果具有罪过，对基本犯有故意或过失，对加重结果至少有过失。例如，抢劫致人死亡这一加重情节，如果是抢劫时持刀砍死，行为人对该加重结果有罪过；如果是被害人逃跑时被突然驶来的车撞死，行为人对该结果没有过失，不属于抢劫致人死亡的结果加重犯。

3. 《刑法》对该加重结果明确规定了加重的法定刑。例如，非法拘禁致人轻伤、致人重伤，前者不构成非法拘禁的结果加重犯而后者构成，这是按照非法拘禁罪的《刑法》条文得出的。

（三）处罚原则

结果加重犯为一罪，根据加重的法定刑量刑。

（四）认定

结果加重犯不同于结果犯，结果犯是以危害结果为犯罪构成要件的犯罪，而结果加重犯的犯罪构成既可以是结果犯，也可以是危险犯、行为犯。结果加重犯也不同于结果型的转化犯，结果型的转化犯以法定结果的发生为转化犯的要件，并且按照转化后的犯罪定罪量刑。例如，拘禁使用暴力致人死亡的，依照故意杀人罪定罪处罚，属于结果型的转化犯，而非结果加重犯。

S-14-1-2 常见的故意犯罪的结果加重犯　　　　S-14-1-3 常见的过失犯罪的结果加重犯

第二节　法定的一罪

一、转化犯

（一）概念

转化犯，是指实施较轻的犯罪，因具备法定条件，《刑法》规定以较重的犯罪论处的情况。

（二）基本特征

转化犯具有以下几个基本特征：第一，轻罪转化为重罪，是罪质的变化。第二，轻罪转化为重罪是因为具备了特定条件。第三，转化的条件由刑法分则明文规定，即要求罪刑法定。由于转化犯是一种法律拟制，不同于注意规定，只能以《刑法》明文规定为限。

（三）处罚原则

转化犯，按转化后的重罪论处，不实行并罚。例如，非法拘禁中实施暴力致人死亡，按照故意杀人罪定罪量刑，而非数罪并罚。

【拓展阅读：常见的转化犯】

S-14-2-1 常见的转化犯

二、结合犯

（一）概念

结合犯，是指数个各自独立的犯罪行为，根据刑法的明文规定，结合而成为另一个独立的新罪的形态。

（二）基本特征

结合犯具有以下几个特征：其一，所犯数罪原为数个独立的犯罪；其二，结合成另一个独立的新罪；其三，刑法具有明文规定。

（三）处罚原则

结合犯，依刑法规定的结合之后的新罪定罪处罚。通说认为，我国无相关规定。

三、惯犯

（一）概念

惯犯，包括常业惯犯与常习惯犯，是指以犯罪为业或者以犯罪为习惯的犯罪形态。

（二）基本特征

惯犯的基本特征有：其一，犯罪时间长、次数多，反复多次实施；其二，犯罪行为人主观恶性大，人身危险性程度高；其三，法定性，即惯犯为刑法明文规定。

惯犯分为常业惯犯和常习惯犯。常业惯犯，如赌博罪、非法行医罪。常习惯犯，如惯窃、惯骗，这是1979年《刑法》中的规定，目前《刑法》中无常习惯犯。

（三）处罚原则

惯犯，根据《刑法》的规定，按照一罪处理。

第三节　处断的一罪

一、连续犯

（一）概念

连续犯，是指基于同一或概括故意，连续实施数个行为，并触犯同一罪名的犯罪形态。

（二）基本特征

成立连续犯，需要满足以下条件：其一，实施了数个独立的性质相同的行为。所谓"性质相同"是指数个行为符合同一犯罪构成。数个行为既包括各行为分别独立构成犯罪的情况，也包括各行为单独都不构成犯罪但累加构成犯罪的情况。例如，多次贪污，贪污数额累计计算，只认定为贪污罪一罪。其二，基于同一或概括的犯罪故意。其三，数个行为具有连续性，具体表现为在一定时间内多次实施数个性质相同的犯罪行为，一般不要求时间限制。其四，数个行为触犯同一罪名。

（三）处罚原则

连续犯，按照一罪处理。

（四）连续犯的相关问题

连续犯与继续犯不同。继续犯只有一个行为，针对一个对象，在时间上没有间隔；而连续犯有数个行为，可能针对不同对象，而且数行为在时间上有一定的间隔。例如，甲对乙一家怀有仇恨，欲杀乙一家，在一星期内分3次分别将乙的家人从家中骗出并予以杀害。表面上看，甲实施了3个杀人行为，构成3个杀人罪；但是，甲的3个杀人行为是基于同一个概括故意而实施的，并且具有连续性，触犯的是同一罪名，因此，甲的行为是连续犯。

在实施数个行为作为法定刑升格条件的情况下，不宜认定为连续犯，例如，多次抢劫属于抢劫罪的加重情节，因此属于结果加重犯，而非连续犯。此外，对于徐行犯，又称接续犯，即行为人基于一个犯罪故意，连续实施数个刑法上无独立意义后的行为，一般认为只触犯一个罪名。例如，投毒杀人。

二、吸收犯

（一）概念

吸收犯，是指行为人实施数个犯罪行为，由于在法律规范上数个行为间存在紧密联系，一行为吸收其他行为，仅成立一罪的犯罪形态。

（二）基本特征

1. 实施数个独立的犯罪行为。

2. 数行为之间具有吸收关系。吸收犯可以分为以下几种情形：其一，重行为吸收轻行为。例如，制造毒品、盗窃枪弹、伪造货币后持有，持有行为被前行为吸收。其二，实行行为吸收预备行为。例如，故意杀人既遂可以吸收前期的预备行为。其三，主行为吸收从行为。例如，共同犯罪中实行行为吸收帮助行为、教唆行为。由此可见，吸收犯概念所解决问题是有限的。

（三）处罚原则

吸收犯，按照吸收一罪定罪，或吸收一罪从重处罚。例如，伪造货币后，出售、运输，按照伪造货币一罪从重处罚。

（四）与事后不可罚行为的比较

事后不可罚行为，是指行为人实施某一犯罪行为后，继而又实施另一不同的犯罪行为，基于事前行为与事后行为之间的关联关系，对其实施的事后行为，不再单独予以定罪处罚的情况。例如，甲抢夺他人手机后，将手机变卖的，就属于不可罚的事后行为，不再评价为掩饰、隐瞒犯罪所得罪。

事后不可罚行为有几大特征：其一，在罪名条件方面，前后行为均可单独构成犯罪，且前、后行为构成的罪名有明显的主从轻重差别；其二，在主体方面，前行为与后行为的实施主体为同一人；其三，后行为没有侵害新的法益，指前、后行为的犯罪对象具有同一性，且前、后行为侵害的法益具有同一性；其四，缺乏期待可能性，或者说不具有苛难性，这是事后不可罚行为的实质特征。

事后不可罚行为的外延大于吸收犯，事后不可罚行为不一定是吸收犯。事后不可罚行为包括：其一，实施财产犯罪之后针对赃物的持有、处分、毁坏行为；其二，犯罪之后毁坏证据的行为；其三，非法取得违禁物品之后对违禁物品的使用、持有行为；其四，非法取得财产凭证、单据、票据之后的兑现行为。

三、牵连犯

（一）概念

牵连犯，是以某种犯罪为目的实施的实行行为，与其手段行为或者结果行为分别触犯不同罪名的犯罪形态。

（二）基本特征

牵连犯的基本特征是：其一，基于一个犯罪目的，而非一个犯罪故意。其二，行为人实施了数个独立行为。其三，数行为之间存在某种必然的关系且分别触犯不同罪名。牵连犯与吸收犯不同，牵连犯是法律规范预设一罪是另一罪的必然结果，有更必然的关系。具体而言，这种行为之间的牵连关系，主要是指目的行为与手段行为，或者原因行为与结果行为的关系。例如，入室强奸、抢劫、盗窃与非法侵入住宅的行为；为招摇撞骗而伪造证件的行为。

牵连犯须为刑法类型化的行为，不宜过度扩大。

（三）处罚原则

牵连犯，从一重罪处罚或从一重罪从重处罚。

J-14-3-1 牵连犯的处罚原则——浙江省台州市仙居县人民检察院胡雨晴

J-14-3-2 牵连犯、想象竞合犯、吸收犯之间的区别——山东省东营市东营区人民检察院第一检察部检察官张峰

第十五章

刑罚概述、体系与种类

第一节 概述

一、刑罚的概念和特征

刑罚，是刑法规定的由国家审判机关依法对犯罪人适用的限制或剥夺其一定权利的最严厉的法律制裁方法。与其他制裁方法相比，刑罚具有惩罚性、威慑性、严厉性与最后性等特性。刑罚是刑法所规定的限制或者剥夺犯罪人某种合法权益的制裁措施，其适用主体只能是国家审判机关，即人民法院，适用对象只能是犯罪人，只有经过人民法院判决的认定，才能适用刑罚。和刑罚相比，刑事诉讼强制措施在法律性质上属于限制人身自由，在实然状态上属于特定时间内的剥夺自由。

二、刑罚的根据

刑罚的根据，存在"报应刑论""目的刑论"和"折衷主义"的观点之争。"报应刑论"认为，刑罚的目的是报应，强调罪责自负、罪刑适应，并要求刑罚不能超出报应需要。就刑罚的作用而言，报应论者赞成一般预防，这种犯罪的预防是在追求刑罚报应，实现有罪必罚、罚当其罪的同时，附带产生预防犯罪的效果。"目的刑论"认为，惩罚是刑罚的固有属性，而非刑罚所追求的目的，国家动用刑罚的目的是实现一般预防与特殊预防。

S-15-1-1 走私、贩卖、运输、制造毒品罪——特情介入的问题

三、刑罚的目的

刑罚的目的，是国家制定、适用和执行刑罚的目的，即国家通过制定、适用和执行刑罚所希望达到的效果。通说认为，刑罚的目的在于预防，包括特殊预防、一般预防。

（一）特殊预防

特殊预防，即防止犯罪人再犯罪，实现途径包括永久剥夺犯罪能力，以及徒刑改造，使犯罪人不能犯罪、不敢犯罪、不愿犯罪。对于特殊预防，学界存在一些批判性意见，认

为：其一，国家存在恣意干涉公民自由的倾向；其二，无再犯的危险的情况下，危险再大也不值得处罚；其三，只能针对将来的犯罪进行预防；其四，再犯危险性的判断标准模糊。

（二）一般预防

一般预防包括消极的一般预防与积极的一般预防。消极的一般预防，即威慑预防论，有些学者批判其：①威慑范围不明确；②威慑效果无法证明；③将犯罪人作为预防他人犯罪的工具；④威慑对象对刑法了解程度有待商榷。积极的一般预防，即规范预防论，对象是善良国民而非潜在犯罪人，唤醒人们对法的信仰，从而预防犯罪。规范预防论认为刑罚是用来确证刑法的规范效力，唤醒国民的法治意识。一般预防的实现途径包括：①警示如果违法会受到刑罚；②鼓励公民守法意识的养成。

四、刑罚的功能

刑罚的功能，是指国家创制、裁量和执行刑罚所产生的积极作用。对于犯罪人而言，刑罚具有剥夺、改造、感化和个别威慑功能；对于被害人而言，刑罚具有安抚和补偿的功能；对于社会而言，刑罚具有威慑、教育和鼓励的功能。

五、刑罚的体系和种类

我国的刑法体系包括主刑和附加刑。

主刑包括自由刑和生命刑。自由刑包括管制、拘役、有期徒刑、无期徒刑；生命刑，即死刑。主刑只能独立使用，而不能附加使用。一个犯罪只能适用一个主刑，而不能同时适用两个或两个以上的主刑。

附加刑包括财产刑和资格刑。财产刑包括罚金和没收财产；资格刑包括剥夺政治权利和驱逐出境。

第二节 主刑

一、管制

管制，是限制人身自由的刑罚，对犯罪分子不予关押，而是依法实行社区矫正的一种刑罚方法。管制刑的特征如下：

1. 不采用关押形式，这是管制区别于其他几种自由刑的最大特点。管制不是剥夺自由刑，而是限制自由刑。

2. 被判处管制的犯罪分子，在执行期间，应当遵守五项义务：其一，遵守法律、行政法规，服从监督；其二，未经执行机关批准，不得行使言论、出版、集会、结社、游行、示威自由的权利；其三，按照执行机关规定报告自己的活动情况；其四，遵守执行机关关于会客的规定；其五，离开所居住的市、县或者迁居，应当报经执行机关批准。《中华人民共和国刑法修正案（八）》增设禁止令作为非监禁刑具体执行方式，即对判处管制、宣告缓刑的犯罪分子，法院可根据具体情况，同时禁止犯罪分子在缓刑考验期内从事特定活动、进入特定区域、场所、接触特定的人。禁止令的时间，从管制开始之日起算。

S-15-2-1 禁止令的一般规定

S-15-2-2 未成年人刑事案件中禁止令的适用

S-15-2-3 上诉不加刑原则下禁止令的适用

S-15-2-4 禁止令的时间效力问题

3. 对于判处管制的犯罪分子，在劳动中应当同工同酬。

4. 管制的期限，为3个月以上2年以下；数罪并罚最高不得超过3年；先行羁押1日折抵刑期2日。

S-15-2-5 管制刑期的计算

5. 管制的执行机关是社区矫正机构。社区矫正，是与监禁矫正相对的执行方式，是将符合社区矫正条件的罪犯置于社区内，由专门的国家机关，在相关社会团体和民间组织以及社会志愿者的协助下，在判决、裁定或决定确定的期限内，矫正其犯罪心理和行为恶习，并促进其顺利回归社会的非监禁刑罚执行活动。对于罪行轻微、主观恶性不大的未成年犯、老病残犯，以及罪行较轻的初犯、过失犯等，应作为重点对象，适用上述非监禁措施，实施社区矫正。例如，对犯抢劫罪的未成年人适用非监禁刑，让其边工作边进行社区矫正，充分借助社会力量，做好未成年人的判后帮教工作。[1]

S-15-2-6 社区矫正的适用

S-15-2-7 管制犯的义务

二、拘役

拘役，是短期剥夺犯罪分子的自由，就近执行并实行教育改造的刑罚方法。拘役刑的特征如下：

---

[1] "最高人民法院公布人民法院保障民生第二批典型案例之十一：上海周某抢劫案（判后帮教少年犯）"，载《中华人民共和国最高人民法院公报》2015年第3期。

1. 拘役的内容是剥夺犯罪分子自由，并实行强制劳动改造。但考虑到亲情因素，犯罪分子可以每月回家 1 至 2 天，并且可以适当获得劳动报酬。
2. 拘役的期限为 1 个月以上 6 个月以下，数罪并罚时最高不得超过 1 年；先行羁押 1 日折抵刑期 1 日。
3. 拘役由公安机关就近执行，指在犯罪分子所在地的县、市或市辖区的公安机关设置的拘役场所内执行。

S-15-2-8 拘役犯的执行

三、有期徒刑

有期徒刑，是指剥夺犯罪分子一定期限的人身自由，强迫其劳动并接受教育和改造的刑罚方法。有期徒刑的特征如下：
1. 有期徒刑的内容是剥夺犯罪分子的自由。
2. 有期徒刑的期限为 6 个月到 15 年；限制减刑的死刑缓期执行的犯罪分子，缓期执行期满后依法减为 25 年有期徒刑的，不能少于 20 年；数罪并罚有期徒刑总和刑期不满 35 年的，最高不能超过 20 年，总和刑期在 35 年以上的，最高不能超过 25 年。
3. 有期徒刑在监狱或者其他执行场所执行。
4. 被判处有期徒刑的罪犯，凡有劳动能力的一律参加劳动，接受教育和改造。

有期徒刑与拘役虽然都是自由刑，但存在区别，包括执行的场所、执行机关、执行期间犯罪分子的待遇以及刑罚后遗效果等都存在明显差异。

四、无期徒刑

无期徒刑，是剥夺犯罪分子的终身自由，强制其参加劳动并接受教育改造的刑罚方法。无期徒刑具有以下特征：
1. 无期徒刑为名义上的剥夺终身自由，因为存在减刑、假释、赦免制度等。
2. 先行的羁押时间不能折抵无期徒刑的刑期。
3. 被判处无期徒刑的犯罪分子，应当同时附加剥夺政治权利。
4. 凡有劳动能力的，应当参加劳动，接受教育和改造。

S-15-2-9 有期徒刑、无期徒刑的执行与适用

五、死刑

死刑，是剥夺犯罪分子生命的刑罚方法，包括死刑立即执行和死刑缓期 2 年执行两种情况，是生命刑。

S-15-2-10 死刑的执行

S-15-2-11 走私、贩卖、运输、制造毒品罪——死刑的适用

(一)死刑的存废争议

当前关于废止死刑,有很多理论,例如,死刑违背社会契约、死刑是野蛮之刑、死刑对于特殊预防是不必要之刑、死刑不具有特别的一般威慑功能、死刑误判难纠、死刑不具有可分性等。贝卡利亚曾指出,死刑的必要性就是对危害国家安全罪的适用。一个人被剥夺自由后,仍然有某种力量影响国家的安全,或者他的存在会在既定的政治体制中引起危险的混乱,就应当适用死刑;当一个国家的自由已经消失或陷入无政府状态时,此时混乱代替法律,处死某些公民变得有必要。从目前的废除死刑的国家来看,人口过亿的国家几乎均保留死刑,废除死刑的国家主要集中在欧洲、大洋洲等人口、国土面积较小的国家。

S-15-2-12 死刑适用对象的限制

S-15-2-13 办理死刑案件应当遵循的原则

【拓展阅读】《中华人民共和国刑法修正案(八)》《中华人民共和国刑法修正案(九)》对死刑的废除[1]

(二)死刑适用的限制

1. 适用范围的限制。死刑只适用于罪行极其严重者,只有罪行极其严重才适用死刑立即执行和死刑缓期2年执行。

2. 适用对象的限制。以下几种情形不适用死刑:其一,犯罪的时候不满18周岁的;其二,审判的时候怀孕的妇女,包括羁押中流产的和羁押中怀孕的;其三,审判的时候已满75周岁的,手段特别残忍致人死亡的除外。

3. 适用程序的限制。死刑除依法由最高人民法院判处的以外,须经过最高人民法院的核准。

4. 执行方法的限制,我国死刑的执行方法包括枪决、注射。

---

[1]《中华人民共和国刑法修正案(八)》取消了13个适用死刑的罪名(经济性非暴力类):①走私类4个:走私文物罪,走私贵重金属罪,走私珍贵动物、珍贵动物制品罪,走私普通货物、物品罪;②金融诈骗类3个:票据诈骗罪,金融凭证诈骗罪,信用证诈骗罪;③涉税类2个:虚开增值税专用发票、用于骗取出口退税、抵扣税款发票罪,伪造、出售伪造的增值税专用发票罪;④财产类1个:盗窃罪;⑤妨害社管类1个:传授犯罪方法罪;⑥文物类2个:盗掘古文化遗址、古墓葬罪,盗掘古人类化石、古脊椎动物化石罪。《中华人民共和国刑法修正案(九)》取消了9个适用死刑的罪名:走私武器、弹药罪,走私核材料罪,走私假币罪,伪造货币罪,集资诈骗罪,组织卖淫罪,强迫卖淫罪,阻碍执行军事职务罪,战时造谣惑众罪九个死刑罪名;同时还进一步提高了对死缓罪犯执行死刑的门槛。

(三) 死缓

死缓指死刑缓期执行，对于应当判处死刑的犯罪分子，如果不是必须立即执行的，可以判处死刑同时宣告缓期二年执行。

1. 适用死缓的条件包括形式条件和实质条件，形式条件为应当判处死刑，即触犯死刑罪名、性质可判死刑的情况；实质条件为不是必须立即执行。

2. 限制减刑。被判死缓的累犯和因故意杀人、强奸、抢劫、绑架、放火、爆炸、投放危险物质或者有组织的暴力性犯罪被判死缓的犯罪分子，人民法院根据犯罪情节等情况可以同时决定限制减刑。

3. 死缓的变更。在死刑缓期执行期间：①如果死缓犯没有故意犯罪，2年期满后减为无期徒刑；②如果确有重大立功表现，2年期满后减为25年有期徒刑；③如果在2年期间故意犯罪、情节恶劣，由最高人民法院核准执行死刑；对于故意犯罪未执行死刑的，死刑缓期执行的期间重新计算，并报最高人民法院备案。

4. 死缓期间的计算，从判决确定之日起算；减为25年有期徒刑的，从死缓执行期满之日起算。

5. 终身监禁，不是独立的刑种，是指因犯贪污贿赂被判处死刑缓期执行的，人民法院根据犯罪情节等情况可以同时决定在其死刑缓期执行二年期满依法减为无期徒刑后终身监禁，不得减刑、假释。

S-15-2-14 死缓的法律后果

S-15-2-15 死缓期间限制减刑的审理程序

S-15-2-16 死缓的时间效力问题

第三节 附加刑

附加刑，是补充主刑适用的刑罚方法，既能独立适用又能附加适用。附加刑可以同时并科适用，一般包括罚金、剥夺政治权利、没收财产，驱逐出境适用于外国人。

一、罚金

罚金，是人民法院判处犯罪分子向国家缴纳一定数额金钱的刑罚方法。我国《刑法》没有规定易科罚金或者易服劳役，有观点建议增加罚金刑的适用范围，增强赎刑理念，克服短期自由刑的弊端。

S-15-3-1 罚金适用的一般规定

S-15-3-2 未成年人犯罪案件中罚金刑的适用

S-15-3-3 罚金的缴纳、减免以及执行

（一）适用对象

罚金的适用对象为经济犯罪和贪利型犯罪，如破坏社会主义市场秩序犯罪、侵犯财产犯罪、妨害社会管理秩序犯罪、贪污贿赂犯罪。

（二）科处方式

罚金的科处方式包括：选科制、单科制、强制并科制、选择并科制、选科并科复合模式。

【拓展阅读】罚金刑的科处方式[1]

（三）数额标准

罚金的数额确定方式包括：比例制、倍数制、比例兼倍数制、特定数额制、抽象罚金制。在我国，罚金的数额一般根据犯罪情节确定，综合考虑犯罪分子的缴纳能力，没有规定具体数额标准的，罚金的最低数额不能少于1000元。

（四）缴纳方式

罚金在判决指定的期限内，一次或者分期缴纳。期满不缴纳的，强制缴纳。对于不能全部缴纳罚金的，人民法院在任何时候发现被执行人有可以执行的财产，应当随时追缴。由于遭遇不能抗拒的灾祸等原因缴纳确实有困难的，经人民法院裁定，可以延期缴纳、酌情减少或者免除。在刑事附带民事诉讼案件中，判决应先考虑犯罪分子对被害人的民事赔偿责任。

二、剥夺政治权利

剥夺政治权利，是剥夺犯罪分子参加国家管理与政治活动权利的刑罚方法，属于资格刑。剥夺政治权利罚中的政治权利包括：选举权与被选举权，言论、出版、集会、结社、游行、示威自由的权利，担任国家机关职务的权利和担任国有公司、企业、事业单位和人民团体领导职务的权利。

S-15-3-4 剥夺政治权利的适用

（一）适用对象

剥夺政治权利可以适用的对象包括：其一，应当附加剥夺的有，危害国家安全的犯罪分子，被判处死刑、无期徒刑的犯罪分子；其二，可以附加剥夺的有，故意杀人、强奸、

---

[1] 根据我国《刑法》的规定，罚金刑有以下几种适用方式：①选科制。即罚金刑与其他刑罚并列规定，由人民法院根据案件的具体情况下选择适用，并且各刑罚只能独立适用。处3年以下有期徒刑、拘役、管制或者罚金。②单科制。对犯罪的单位主体，只能单处罚金，而不能适用其他任何刑罚。③强制并科制。即对犯罪分子判处主刑的同时必须判处罚金。处3年以上7年以下有期徒刑，并处罚金。④选择并科制。即对犯罪分子判处主刑的同时可以附加判处罚金。刑法分则中属于选择并科制的只有《刑法》第325条第1款："违反文物保护法规，将收藏的国家禁止出口的珍贵文物私自出售或者私自赠送给外国人的，处五年以下有期徒刑或者拘役，可以并处罚金。"⑤选科制与并科制的复合模式。即既可以在判处主刑的同时附加判处罚金，也可以独立适用罚金。例如《刑法》第140条的规定。

放火、爆炸、投毒、抢劫等严重破坏社会秩序的犯罪分子；其三，剥夺政治权利还可以独立适用。

（二）期限

剥夺政治权利的期限，单处为1年以上5年以下。多个判决的，一般合并执行；可以独立适用，也可以附加于有期徒刑和拘役适用，从主刑执行完毕之日或假释之日起算。判处管制附加剥夺政治权利的，剥夺政治权利的时间应当和管制的期限相同，同时执行。判处死刑、无期徒刑的，应当剥夺政治权利终身。死刑缓期执行减为有期徒刑或者无期徒刑减为有期徒刑的时候，相应把剥夺政治权利的期限改为3年以上10年以下。

S-15-3-5 剥夺政治权利的执行

三、没收财产

没收财产，是指将犯罪分子个人财产的一部分或全部强制无偿地收归国有的刑罚方法。人民法院执行，必要时可会同公安机关执行。

没收财产罚中，没收的是个人财产而非家庭共有财产，在没收之前应当为未成年人、无独立生活能力的成年人保留必要的生活费用，还应当偿还债权人正当的债务。没收财产，与追缴违法所得、没收违禁品有所区别，前者作为一种刑罚，后者属于刑罚之外的对财物的处理方式，因为违法所得与违禁品系犯罪人无权占有的财物，应当予以追缴或者责令退还。

S-15-3-6 没收财产的适用

S-15-3-7 没收财产以前犯罪分子所负的正当债务"的认定

S-15-3-8 对涉案财物的处理

S-15-3-9 退缴赃款等问题的适用

四、驱逐出境

强制出境，是指强迫犯罪的外国人（包括无国籍人）离开中国国境的刑罚方法。其对象是犯罪的外国人，可以独立适用或者附加适用驱逐出境，单处驱逐出境的，自判决生效后立即执行；附加判处驱逐出境的，自主刑执行完毕之日起执行。

S-15-3-10 强制外国人出境

第四节　非刑罚处理方法

《刑法》第37条规定，对于犯罪情节轻微不需要判处刑罚的，可以免予刑事处罚，但是可以根据案件的不同情况，予以训诫或者责令具结悔过、赔礼道歉、赔偿损失，或者由主管部门予以行政处罚或者行政处分。其中，训诫指人民法院对犯罪人当庭予以批评、谴责，责令其改正、不再犯罪，包括口头训诫与书面训诫。责令具结悔过指人民法院责令犯罪人用书面方式保证悔改，不再犯罪。

J-15-4-1 在轻微刑事案件中考虑适用赔偿保证金提存制度——山东省东营市东营区人民检察院第一检察部检察官王业涛

S-15-4-1 免于刑事处罚

S-15-4-2 民事赔偿责任

《中华人民共和国刑法修正案（九）》增加了第37条之一，"职业禁止"，是指因利用职业便利实施犯罪，或者实施违背职业要求的特定义务的犯罪，被判处刑罚的，人民法院可以根据犯罪情况和预防再犯罪的需要，禁止其自刑罚执行完毕之日或者假释之日起从事相关职业，期限为3年至5年。违反决定的，由公安机关依法给予处罚；情节严重的，依照拒不执行判决、裁定罪定罪处罚。其他法律、行政法规对其从事相关职业另有禁止或者限制性规定的，从其规定。要注意的是，职业禁止的时间是自刑罚执行完毕之日或者假释之日起，此处是针对主刑而言的，不包括附加刑，例如剥夺政治权利。例如，行为人犯重大责任事故罪，被法院判处有期徒刑1年7个月，同时禁止其自刑罚执行完毕之日或者假释之日起4年内从事与安全生产相关的职业与特定活动。[1]

S-15-4-3 从业禁止

---

[1] 福建省龙岩市中级人民法院（2017）闽08刑终317号刑事裁定书。

第十六章

刑罚的裁量

第一节 概述

刑罚的裁量，是指人民法院在确认被告人构成犯罪的基础上，依法决定对犯罪人如何适用刑罚的审判活动（量刑）。刑罚裁量是刑事审判活动的基本环节，是实现刑罚目的的重要途径。刑罚裁量的内容具体包括：是否科处刑罚，科处的刑种、刑罚的程度，以及刑罚执行方式等。

一、量刑原则

（一）以证据为根据

以证据为根据，要求查清定罪事实、正确认定犯罪性质、掌握犯罪情节、正确评价社会危害程度。

（二）以刑法规定为准绳

以刑法规定为准绳，包括按照总则规定的量刑原则、制度，以及分则规定的法定刑、量刑情节进行裁量。

J-16-1-1 量刑原则在处罚"家贼"中的运用——浙江省台州市仙居县人民检察院胡雨晴

S-16-1-1 走私、贩卖、运输、制造毒品罪——量刑及处罚

二、量刑情节

量刑情节是犯罪构成基本事实以外的情节，包括案中情节与案外情节，能够影响刑罚轻重。按照量刑情节是否对量刑起作用，分为"应当"情节、"可以"情节与"酌定"情节。按照量刑情节对量刑起作用的形式，分为从宽与从严情节。从重、从轻处罚是以基准刑为基础，指不具有特殊量刑情节的一般案件；减轻处罚，是在法定刑以下定刑，无法定减轻处罚情节的情况下，须经最高人民法院核准；免除刑罚，并非是无罪，可能存在非刑

罚处罚。

S-16-1-2 量刑情节——减轻处罚

S-16-1-3 宽严相济的刑事政策

（一）法定量刑情节

法定的量刑情节包括总则的规定和分则的规定。总则部分规定的量刑情节是对各种犯罪都可以适用的情节，而分则规定的是特定具体犯罪适用的情节。

总则部分的法定量刑情节包括主体方面、正当化适用、停止形态、共犯形态、犯罪前后表现等。在犯罪主体方面，包括未成年人、老年人、限制刑事责任能力人和又聋又哑的人或盲人。在正当化事由方面，包括防卫过当和避险过当。在故意犯罪的未完成形态方面，包括预备犯、未遂犯和中止犯。在共同犯罪方面，包括从犯、胁从犯、教唆未成年人犯罪和教唆未遂。在犯罪前后的表现方面，包括累犯、自首、立功、自首又有重大立功。还有其他方面，如域外犯罪已受过刑事处罚、犯罪情节轻微等。

（二）酌定量刑情节

在法定量刑情节之外，还有酌定量刑情节，酌定量刑情节《刑法》虽然未明文规定，但在量刑中也应当考虑，包括犯罪动机，犯罪手段，犯罪对象，危害结果，犯罪的时间、地点，犯罪后的表现，犯罪前的表现等。在故意杀人罪中，被害人有严重过错的，处理案件时，即使是死刑案件，也要考虑被害人有无过错等酌定从轻情节，不能认为其可有可无。其中，关于被害人过错需要具备的条件主要是：

第一，过错方系被害人，行为人的犯罪行为针对的必须是有过错行为的被害人；

第二，被害人必须出于故意，由于被害人过错通常出现在互动性明显的故意杀人、故意伤害等犯罪中，单纯的过失行为或不可归咎于被害人的其他行为，不能认定为被害人过错；

第三，被害人须实施了较为严重的违背社会伦理或者违反法律的行为；

第四，被害人的过错行为须侵犯了被告人的合法权利或正当利益；

第五，被害人的过错行为须引起被告人实施了犯罪行为或者激起了加害行为的危害程度。[1]

S-16-1-4 常见犯罪量刑的一般性规定

S-16-1-5 量刑的程序性规定

---

〔1〕 最高人民法院刑事审判一至五庭主办：《中国刑事审判指导案例》（第 2 卷），法律出版社 2017 年版，第 446、486、488~489 页。

第二节 刑罚裁量的制度

一、累犯

累犯，指被判处一定刑罚，在刑罚执行完毕或者赦免以后，在法定期限内又犯一定之罪的犯罪人。分为一般累犯和特别累犯两种类型。

（一）一般累犯

《刑法》第65条规定，被判处有期徒刑以上刑罚的犯罪分子，刑罚执行完毕或者赦免以后，在5年以内再犯应当判处有期徒刑以上刑罚之罪的，是累犯，应当从重处罚，但过失犯罪和不满18周岁的人犯罪的除外。

累犯不同于再犯。根据刑法第356条规定，毒品犯罪被判过刑又犯的，从重处罚。

S-16-2-1 累犯和毒品再犯的刑事政策

S-16-2-2 刑罚执行完毕之后"5年以内"起始日期的认定

一般累犯具有以下特征：

1. 前罪和后罪都是故意犯罪。
2. 前罪与后罪均应当判处有期徒刑以上刑罚。
3. 后罪发生在前罪刑罚执行完毕或赦免后5年之内。刑罚执行完毕指的是主刑执行完毕，缓刑考验期内、期满后犯罪均不构成，假释期内也不构成，假释期满之日起5年内构成。
4. 不满18周岁的人犯罪和过失犯罪除外。例如，16岁时杀人，3年后抢劫的，不构成累犯。

S-16-2-3 一般累犯——时间效力

（二）特别累犯

《刑法》第66条规定："危害国家安全犯罪、恐怖活动犯罪、黑社会性质的组织犯罪的犯罪分子，在刑罚执行完毕或者赦免以后，在任何时候再犯上述任一类罪的，都以累犯论处。"特别累犯的特征如下：

1. 前罪和后罪都属于危害国家安全犯罪、恐怖活动犯罪、黑社会性质的组织犯罪这三种类型的犯罪中的任一类。

2. 前后罪被判处的刑罚无要求，包括管制、拘役、附加刑等。

3. 前罪刑罚执行完毕或者赦免以后的任何时间再犯上述任一类罪，均成立特别累犯。例如行为人因犯恐怖活动犯罪被判处有期徒刑4年，刑罚执行完毕后的第12年又犯黑社会性质组织犯罪的，成立累犯。

S-16-2-4 特别累犯——时间效力

（三）处罚原则

累犯应当从重处罚，根据最高院的量刑指导意见，累犯从重处罚的范围是增加基准刑的10%~40%。累犯不得缓刑、不得假释。对于被判处死缓的累犯，人民法院根据犯罪情节等情况可以同时决定对其限制减刑。

S-16-2-5 累犯——处罚原则

二、自首

《刑法》第67条规定："犯罪以后自动投案，如实供述自己的罪行的，是自首。对于自首的犯罪分子，可以从轻或者减轻处罚。其中，犯罪较轻的，可以免除处罚。被采取强制措施的犯罪嫌疑人、被告人和正在服刑的罪犯，如实供述司法机关还未掌握的本人其他罪行的，以自首论。犯罪嫌疑人虽不具有前两款规定的自首情节，但是如实供述自己罪行的，可以从轻处罚；因其如实供述自己罪行，避免特别严重后果发生的，可以减轻处罚。"

（一）一般自首

1. 自动投案。

自动投案的投案时间，是犯罪之后，尚未归案前。尚未归案的情形主要包括：

（1）犯罪分子被发觉但尚未讯问、明知报案未离开现场。行为人在实施犯罪行为后，滞留现场等待公安机关处理的行为，如果满足自首的其他条件，也可以认定为自首。

（2）犯罪行为尚未被发觉仅因形迹可疑被盘问后主动交代，如果是被发现了赃物不构成自动投案。例如，侦查人员在排查某抢劫案件的犯罪嫌疑人中，发现叶某表现反常：不打听案情，沉默寡言，一改往日爱凑热闹的习惯；同时有人反映叶某在案发深夜曾出现在案发现场附近。[1] 此时公安机关认为其有重大作案嫌疑，叶某也在传唤后如实供述了罪行。法院并未认定其构成自首。

---

[1] 最高人民法院刑事审判一至五庭主办：《中国刑事审判指导案例》（第1卷），法律出版社2017年版，第284~285、288、306~307、319~320页。

（3）被通缉中投案。

（4）经查实准备去投案或正在投案中被抓获，查实需要有证据能够证明。

自动投案的投案对象，一般要求犯罪分子直接向司法机关主动投案。如果是告诉了精神病人等不可能转告司法机关的人，不构成自动投案。例如，行为人挪用公款后主动向单位领导承认了全部犯罪事实，并请求单位领导不要将自己移送至司法机关的，不构成自首。

自动投案，要求基于本人意志自动投案，且自愿被置于司法机关的控制之下。例如，被亲人绑着投案自首的不构成自动投案，但可以参照自首的规定酌情从轻处罚。并非出于犯罪嫌疑人主动，而是经亲友规劝、陪同投案的；公安机关通知犯罪嫌疑人的亲友，或者亲友主动报案后，将犯罪嫌疑人送去投案的，也应当视为主动投案。司法实践中，对于取保候审期间脱保后主动投案交代余罪是否应认定为自首也存在争议，主要原因是目前为止最高人民法院没有对此问题作出明确的规定，而相关法院已有判例，认为行为人因涉嫌犯罪被取保候审，期间又被公安机关发现还有余罪，在被公安机关传唤后拒不到案并逃跑，后主动投案并如实供述余罪，就余罪应当认定为自首。[1]

自首的原因或者动机不影响自首的成立。例如，行为人因为盗窃之后分赃不均，得知举报有奖，才主动投案并供述了犯罪事实的，不影响自首的成立。

S-16-2-6 一般自首——自动投案的认定

2. 如实供述自己的罪行。

（1）如实供述自己罪行要求供述的是犯罪事实，并且是自己的主要犯罪事实。

（2）在共同犯罪案件中，一般共犯，应供述所知的同案犯的犯罪事实；主犯，应供述所知其他同案犯的共同犯罪事实。

（3）供述后又翻供的，不构成如实供述，如果在一审判决之前又如实供述的，则构成自首。例如，被告人在第一次供述时，拒不承认自己的杀人行为；但从第三次供述开始，即对自己杀人越货的行为供认不讳，应当认定为自首。

（4）除犯罪事实外，还应当如实供述姓名、年龄、职业身份、住所地、前科等情况，隐瞒真实身份如果影响定罪量刑的，则不构成如实供述。

自首只及于自首之罪，立功仅及于立功之人。辩解不影响自首，例如，辩称故意伤害是正当防卫。翻供和辩解的区别主要体现为：翻供主要是对案件事实的否认，犯罪嫌疑人对自己之前供述的全部或部分犯罪事实不予承认，以使自己脱罪或罪轻的行为；而辩解则是法律赋予当事人维护自身合法权益的行为，主要是对其行为的性质和法律的认识进行辩解，是行使权利的表现，因而不影响自首的认定。[2]

---

[1] 陆建强："脱保后主动投案交代余罪应认定自首"，载《人民司法》2011年第18期。
[2] 最高人民法院刑事审判一至五庭主办：《中国刑事审判指导案例》（第1卷），法律出版社2017年版，第302~304、322~323、384~386、397~400页。

S-16-2-7 一般自首——如实供述的认定

（二）特别自首
1. 特别自首的主体是被采取强制措施的犯罪嫌疑人、被告人或正在服刑的罪犯。
2. 如实供诉自己的其他罪行，即余罪或者异种罪行。

S-16-2-8 特别自首——供述其他罪刑的认定

3. 所述罪行尚未被司法机关发觉。
　　如果供述的是同种罪行，构成坦白。如果坦白避免了特别严重的后果，可以减轻处罚，例如，绑架犯、爆炸犯，归案后交代地点或人质，可以减轻处罚。如果供述的是其他罪，但行为已被掌握或判决确定属同种罪行的，也构成坦白。

S-16-2-9 坦白——处罚原则

　　根据最高人民法院《关于处理自首和立功若干具体问题的意见》，犯罪嫌疑人、被告人在被采取强制措施期间如实供述本人其他罪行，该罪行与司法机关已掌握的罪行属同种罪行还是不同种罪行，一般应以罪名区分。虽然如实供述的其他罪行的罪名与司法机关已掌握犯罪的罪名不同，但如实供述的其他犯罪与司法机关已掌握的犯罪属选择性罪名或者在法律、事实上密切关联……应认定为同种罪行。可见，如果所供述的罪行与司法机关已掌握的罪行构成相同罪名，或者该罪行与之属于选择性罪名或密切联系，则不认定为自首。

S-16-2-10 自首——自首材料的审查

（三）处罚原则
　　自首可以从轻或者减轻处罚，犯罪较轻的，可以免除处罚。

三、立功

《刑法》第 68 条规定:"犯罪分子有揭发他人犯罪行为,查证属实的,或者提供重要线索,从而得以侦破其他案件等立功表现的,可以从轻或者减轻处罚;有重大立功表现的,可以减轻或者免除处罚。"

（一）一般立功

1. 检举揭发他人犯罪行为,而不要求行为构成犯罪。因此,即使是无责任能力、意外事件、未达犯罪数额、被揭发的犯罪人死亡、犯罪已过时效等,仍可以成立立功。

2. 提供破案重要线索。

3. 阻止他人犯罪活动。

4. 协助抓捕犯罪嫌疑人（同案犯）。

5. 其他有利于国家和社会的突出表现。

需要注意的是,积极检举他人犯罪、提供线索的行为,应当认定为立功。对于应当判处死刑的犯罪分子,有立功表现的,可以认定为《刑法》第 48 条规定的"不是必须立即执行",可以判处死刑同时宣告缓期 2 年执行。[1]

根据最高人民法院《关于处理自首和立功若干具体问题的意见》,如果检举揭发的信息是"通过贿买、暴力、胁迫等非法手段,或者被羁押后与律师、亲友会见过程中违反监管规定"而获取的,或者是在"本人以往查办犯罪职务活动中掌握的",或者是"从负有查办犯罪、监管职责的国家工作人员处获取的",不成立立功。

对于实践中出现的"亲属代为立功"的行为,同样不构成立功。一方面,立功制度在

---

[1] "黄某、林某、陈某等虚开增值税专用发票案",载《中华人民共和国最高人民检察院公报》2002 年第 5 号。

《刑法》中是有主体限制的，只有被采取强制措施的犯罪嫌疑人、被告人和正在服刑的罪犯才满足主体条件；另一方面，立功制度的设立，意义便在于鼓励犯罪分子改头换面，重新做人，只有其本人的行为才可以被看作为立功表现。当然，考虑到亲属立功的动机与被告人有关，实践中通常在量刑时也作为酌定量刑情节予以考虑。[1]

（二）重大立功

犯罪分子检举、揭发他人重大犯罪行为，提供侦破其他重大案件的线索；阻止他人重大犯罪活动；协助司法机关抓捕其他犯罪重大犯罪嫌疑人（包括同案犯）；对国家和社会有其他重大贡献等表现。所称"重大犯罪""重点案件""重大犯罪嫌疑人"的标准，一般是指犯罪嫌疑人、被告人可能被判处无期徒刑以上刑罚或者案件在本省、自治区、直辖市或者全国范围内有较大影响的情形。

S-16-2-14 立功——毒品案件立功的认定

（三）处罚

一般立功，可以从轻或者减轻处罚；重大立功，可以减轻或者免除处罚。司法实践中也存在重大立功不予以从轻或减轻处罚的特殊案例，比如，行为人多次贩卖、运输大量毒品，已构成贩卖、运输毒品罪；且其曾因犯其他罪被判处无期徒刑，刑罚执行完毕后又犯罪，可以认定行为人主观恶性深，社会危害性极大。即使行为人具有重大立功表现，也不足以从轻处罚。[2]

S-16-2-15 立功——立功的处罚

四、数罪并罚

（一）概念

数罪并罚，是指在刑罚执行完毕之前，一人犯数罪，分别定罪量刑后，按数罪并罚原则决定刑罚。可以是判决宣告前犯有数罪、刑罚执行完毕前发现漏罪、刑罚执行完毕前又犯新罪、缓刑或假释考验期内发现漏罪或新罪。

（二）数罪并罚原则

对一人所犯数罪合并处罚依据的准则，包括并科原则、吸收原则、限制加重和综合原则。综合原则，是目前大多数国家采用的原则，包括我国。

---

[1] 最高人民法院刑事审判一至五庭主办：《中国刑事审判指导案例》（第1卷），法律出版社2017年版，第435~438、442~444页。

[2] 最高人民法院发布5起毒品犯罪及吸毒诱发的严重犯罪典型案例之一：陈某贩卖、运输毒品，于某贩卖毒品案。

我国数罪并罚的表现形式为：第一，数罪中有被判处死刑、无期徒刑的，采吸收原则，只执行一个死刑或者一个无期徒刑。第二，同时被判处有期徒刑、拘役的，采吸收原则，有期徒刑吸收拘役，例如甲犯某罪被判处有期徒刑 2 年，犯另一罪被判处拘役 6 个月，对甲只需执行有期徒刑。第三，有被判处有期徒刑、拘役、管制的，采限制加重原则，在总和刑期以下，最高刑期以上，酌情决定执行，管制不超过 3 年，拘役不超过 1 年，有期徒刑总和不超过 35 年的，最高不超过 20 年，有期徒刑总和超过 35 年的，最高不超过 25 年。第四，有被判处有期徒刑与管制、拘役与管制的，采并科原则，例如，乙犯某罪被判处有期徒刑 2 年，犯另一罪被判处管制 1 年，对乙应当在有期徒刑执行完毕之后，继续执行管制。第五，被判处附加刑的，即剥夺政治权利、罚金、没收财产的，采并科原则。

S-16-2-16 数罪并罚——时间效力

（三）数罪并罚的情况

《刑法》第 69 条规定，判决宣告以前一人犯数罪的，除判处死刑和无期徒刑的以外，应当在总和刑期以下、数刑中最高刑期以上，酌情决定执行的刑期，但是管制最高不能超过 3 年，拘役最高不能超过 1 年，有期徒刑总和刑期不满 35 年的，最高不能超过 20 年，总和刑期在 35 年以上的，最高不能超过 25 年。数罪中有判处有期徒刑和拘役的，执行有期徒刑。数罪中有判处有期徒刑和管制，或者拘役和管制的，有期徒刑、拘役执行完毕后，管制仍须执行。数罪中有判处附加刑的，附加刑仍须执行，其中附加刑种类相同的，合并执行，种类不同的，分别执行。

《刑法》第 70 条规定："判决宣告以后，刑罚执行完毕以前，发现被判刑的犯罪分子在判决宣告以前还有其他罪没有判决的，应当对新发现的罪作出判决，把前后两个判决所判处的刑罚，依照本法第六十九条的规定，决定执行的刑罚。已经执行的刑期，应当计算在新判决决定的刑期以内。"例如，丙犯某罪被判处有期徒刑 6 年，执行 4 年后发现应被判处拘役的漏罪。此时，应当采取上述法条中"先并后减"的原则，将先前判决的结果有期徒刑 6 年与漏罪判决结果拘役并罚，仅执行 6 年有期徒刑，减去已经执行的 4 年，还需执行 2 年有期徒刑。

S-16-2-17 数罪并罚——判决宣告后发现漏罪的处理

《刑法》第 71 条规定："判决宣告以后，刑罚执行完毕以前，被判刑的犯罪分子又犯罪的，应当对新犯的罪作出判决，把前罪没有执行的刑罚和后罪所判处的刑罚，依照本法第六十九条的规定，决定执行的刑罚。"例如，丁犯某罪被判处有期徒刑 6 年，执行 4 年后被假释，在假释考验期内犯应被判处1年管制的新罪。此时，应当采取上述法条中的"先减后并"原则，先前判决的6年有期徒刑减去已经执行完毕的4年有期徒刑，将剩下的2年有期徒刑与新罪判决结果1年管制实行并罚，故对丁再执行2年有期徒刑后，执行1年管制。

S-16-2-18 数罪并罚——判决宣告后又犯新罪的并罚

第十七章

刑罚的执行与消灭

第一节 刑罚的执行

一、概述

刑罚的执行，是指刑罚执行机关将人民法院生效的刑事判决和裁定所确定的刑罚付诸实施的各种刑事司法活动。

刑罚执行主体是法律规定的刑罚执行机关，例如：监狱执行死缓、无期、有期；法院执行死刑、没收财产、罚金；公安执行拘役、剥夺政治权利；社区矫正机构执行管制、缓刑、假释。

刑罚的执行依据是由人民法院作出并已生效的刑事判决和裁定，包括：已过上诉、抗辩期间的、终审的和经过死刑复核的判决、裁定。

我国刑罚的执行原则包括：惩罚与改造相结合原则、教育与劳动相结合原则、行刑人道主义原则、行刑个别化原则和行刑社会化原则等。

二、缓刑

缓刑，是对原判刑罚附条件不执行的一种刑罚制度。

（一）适用条件

1. 形式条件，被判处拘役、3年以下有期徒刑的犯罪。拘役和3年以下有期徒刑指的是宣告刑。对于管制、附加刑不适用缓刑。

2. 实质条件，犯罪情节较轻、有悔罪表现、无再犯危险、宣告缓刑对所居住社区没有重大不良影响，适用缓刑确实不致再危害社会。因此，如果缓刑考验期再犯，数罪并罚后不再适用缓刑。

3. 消极条件，累犯、犯罪集团的首要分子不适用缓刑。例如，强迫交易案中，行为人没有直接实施暴力、威胁行为，认罪态度较好，确有悔罪表现，且其所在村委会及其家人愿意协助监管、帮教，具备社区矫正条件，对其适用缓刑不致再危害社会，对其可适用缓刑。[1]但若行为人在取保候审期间仍从事违法行为，且有前科劣迹，则不具有社区矫正的

---

[1] 广东省潮州市中级人民法院（2013）潮中法刑二终字第11号刑事判决书。

条件，不能适用缓刑。[1]

F-17-1-1 缓刑的适用：酌定量刑情节——云南省大理市人民法院法官李琳平

4. 法院判决时，如果满足了适用缓刑的实质条件，对以下三类人应当宣告缓刑：其一，不满18周岁的人，符合初犯、积极退赔、具备监护、帮教条件三者之一的；其二，怀孕的妇女；其三，已满75周岁的人。

S-17-1-1 缓刑——缓刑的适用条件　　S-17-1-2 未成年人犯罪案件中缓刑的适用　　S-17-1-3 农民犯罪、危害生产安全刑事、职务犯罪、在大陆受审台湾居民案件中缓刑的适用

（二）缓刑考验期

缓刑考验期的期限，应为原判刑期以上。拘役的缓刑考验期限为原判刑期以上1年以下，但是不能少于2个月；有期徒刑的缓刑考验期限为原判刑期以上5年以下，但是不能少于1年。缓刑考验期限，从判决确定之日起计算，由社区矫正机构依法实行社区矫正。判处缓刑的，可以同时决定禁止令。

最高人民法院、最高人民检察院、公安部、司法部《关于对判处管制、宣告缓刑的犯罪分子适用禁止令有关问题的规定（试行）》第7条规定，人民检察院在提起公诉时，对可能宣告缓刑的被告人，可以建议禁止其从事特定活动，进入特定区域、场所，接触特定的人。例如，对未成年人遭受家庭成员虐待的案件，结合犯罪情节，检察机关可以在提出量刑建议的同时，有针对性地向人民法院提出适用禁止令的建议，禁止被告人再次对被害人实施家庭暴力，依法保障未成年人合法权益，督促被告人在缓刑考验期内认真改造。[2]

判处缓刑应当遵守的规定包括：其一，遵守法律、行政法规，服从监督；其二，按照考察机关的规定报告自己的活动情况；其三，遵守考察机关关于会客的规定；其四，离开所居住的市、县或迁居，应报经考察机关批准。

（三）缓刑的法律后果

1. 如果缓刑考验期内没有发生《刑法》第77条规定的情形，原判刑罚不再执行，但缓刑期满附加刑仍须执行。

2. 如果缓刑考验期内，违反法律、行政法规，违反国务院有关部门关于缓刑的监督管

---

[1] 福建省屏南县人民法院（2012）屏刑初字第51号刑事判决书。
[2] 最高人民检察院第十一批指导性案例：于某虐待案（检例第44号）。

理规定，或者违反人民法院判决中的禁止令，情节严重的，应当撤销缓刑、执行原判刑罚。例如，行为人在缓刑期间被限制进入网吧，但行为人仍然多次进入网吧，情节严重的，应当撤销其缓刑。

3. 如果犯罪分子在缓刑考验期内犯新罪或者考验期内发现漏罪，应当撤销缓刑并实行并罚。如果缓刑考验期满后发现漏罪的，则不撤销。若行为人所犯前罪的缓刑判决尚未生效，其又犯新罪，司法判例认定行为人出现此种情形的主观恶性明显大于缓刑考验期内又犯新罪的情形，结合《刑法》第77条关于缓刑撤销的规定及两种情形间的危害性比较，应当撤销缓刑，与前罪数罪并罚。[1]

S-17-1-4 缓刑——缓刑的适用条件

三、减刑

减刑，是指对被判处管制、拘役、有期徒刑或者无期徒刑的犯罪分子，因其在刑罚执行期间认真遵守监规，接受教育改造，确有悔改或者立功表现，而适当减轻其原判刑罚的制度。减刑的实质是在服刑期间适当减轻原判刑罚，包括减轻刑种和减轻刑期，与减轻处罚、改判不同。适用条件如下：

1. 适用对象是被判处管制、拘役、有期徒刑、无期徒刑的犯罪分子。
2. 实质条件是在服刑期间认真遵守监规，接受教育改造，确有悔改表现，或者有立功表现。

S-17-1-5 减刑——减刑的条件

对于确有悔改表现或者有一般立功表现的可以减刑，例如，检举揭发犯罪或者提供重要破案线索，阻止他人犯罪，进行技术革新，在抢险救灾中表现积极等。对于有重大立功表现的，应当减刑，例如，检举重大犯罪活动，阻止他人重大犯罪活动，重大技术革新，在抵御自然灾害中有突出表现等。对于危害国家安全犯罪、犯罪集团的首要分子、主犯、累犯可以减刑，但要严格把握。

---

[1] 江苏省江阴市人民法院（2013）澄刑初字第2072号刑事判决书。

S-17-1-6 "确有悔改表现"的认定

例如，因民间矛盾引发的故意杀人案件，行为人犯罪手段残忍，且系累犯，应当从重处罚，故对行为人论罪应当判处死刑。但由于行为人系因民间矛盾引发的犯罪，案发后其亲属主动协助公安机关将其抓捕归案，并积极赔偿，则法院在量刑时，应当综合考虑这些情节及行为人认罪态度，可以对行为人酌情从宽处罚，对其可不判处死刑立即执行。同时，鉴于其故意杀人手段残忍，又系累犯，可同时决定对其限制减刑。[1]

减刑限度，实际是指执行的最短刑期，包括：其一，被判处管制、拘役、有期徒刑的，不少于原判刑期的1/2。其二，被判处无期徒刑的，不少于15年；其三，被判处死缓同时被决定限制减刑的，缓刑执行期满减为无期徒刑的，不少于25年；缓刑执行期满减为25年有期徒刑的，不少于20年。

S-17-1-7 减刑——减刑后的刑期

执行机关向中级以上人民法院提出减刑建议书。人民法院应当组成合议庭进行审理，对确有悔改或者立功事实的，裁定予以减刑。非经法定程序不得减刑。

S-17-1-8 减刑——减刑的程序

判处管制、拘役、有期徒刑的，减刑后的刑期从原判执行日起算，原判刑期已执行的部分，计算在减刑后的刑期以内；无期徒刑减为有期徒刑的，从裁定减刑之日起计算，而非裁定执行之日。

S-17-1-9 主刑、附加刑的相关减刑问题

S-17-1-10 未成年犯、老年、身体残疾、患严重疾病等罪犯的相关减刑问题

---

[1] 最高人民法院第三批指导性案例：李某故意杀人案（指导案例12号）。

四、假释

假释，是指被判处有期徒刑或者无期徒刑的犯罪分子，在执行一定时间刑罚之后，如果认真遵守监规，接受教育改造，确有悔改表现，没有再犯罪的危险，司法机关将其附条件地予以提前释放的一种刑罚执行制度。

（一）假释的适用条件

1. 适用对象：被判处有期徒刑、无期徒刑的犯罪分子。

2. 需要满足的执行刑期条件为：被判处有期徒刑的，执行原判刑期的1/2以上；被判处无期徒刑的，实际执行13年以上；如果有特殊情况，经最高人民法院核准，可以不受上述执行刑期的限制。

3. 实质条件是：认真遵守监规，接受教育改造，确有悔改表现，没有再犯罪危险。

4. 消极条件：累犯以及因故意杀人、强奸、抢劫、绑架、放火、爆炸、投放危险物质或者有组织的暴力性犯罪被判处10年以上有期徒刑、无期徒刑的犯罪分子不得假释。

S-17-1-11 假释——假释的适用条件

（二）考验期

有期徒刑假释，其考验期为没有执行完毕的刑期；无期徒刑假释，其考验期为10年。假释考验期内，由社区矫正机构依法执行社区矫正。犯罪人应当遵守规定，离开所居住的市、县或者迁居，应当报经监督机关批准。

（三）假释的法律后果

1. 假释考验期满，如果没有出现《刑法》第86条撤销假释的情形，就认为原判刑罚已经执行完毕，并公开予以宣告。

2. 如果假释考验期限内犯新罪，发现漏罪，违反法律、行政法规或者违反国务院有关部门关于假释的监督管理规定的行为，应当撤销假释。

S-17-1-12 假释——假释的法律后果

S-17-1-13 刑罚的执行——减刑、假释的刑事政策

S-17-1-14 假释——假释的程序

第二节 刑罚的消灭

刑罚的消灭，是指由于法定的或事实的原因，致使代表国家的司法机关不能对犯罪分

子行使具体的刑罚权。刑罚消灭的根据为刑罚目的已经达到、刑罚功能已经实现、法律功能不足之弥补或者对稳定社会秩序的尊重。

一、追诉时效

追诉时效，是指经过一定期限，对刑事犯罪不得追诉或者所判刑罚不得执行的法律制度。

（一）概念

时效分为追诉时效、行刑时效。超过法定追诉时效的，不得再追究犯罪分子的刑事责任；超过法定行刑时效的，刑罚不得再执行。但是，司法实践中也存在特殊情况。例如，行为人1994年犯介绍贿赂罪，2001年被拘留，期间未被采取过任何强制措施，也没有重新犯罪。根据1997年《刑法》，该罪的5年追诉期限已过，依法不能再追究其刑事责任，但是对于其违法所得，应当依法追缴。[1]

（二）期限

追诉时效期限的长短，以犯罪的法定刑轻重为标准。法定最高刑为不满5年有期徒刑的，经过5年；法定最高刑为5年以上不满10年有期徒刑的，经过10年；法定最高刑为10年以上有期徒刑的，经过15年；法定最高刑为无期徒刑、死刑的，经过20年；如果20年以后认为必须追诉的，须报请最高人民检察院核准。

S-17-2-1 追诉时效——追诉时效的核准

（三）追诉时效期限的计算

一般犯罪，追诉时限从犯罪之日（犯罪成立之日）起计算，如行为犯应从犯罪行为实施之日起计算，结果犯应从犯罪结果发生之日起计算，对结果加重犯应从严重后果发生之日起计算，对预备犯、未遂犯、中止犯，应分别从成立之日起计算。犯罪行为有连续或者继续状态的，如连续犯和继续犯，追诉时效从犯罪行为终了之日起计算。

（四）追诉时效的延长

如果人民检察院、公安机关、国家安全机关立案侦查或人民法院受理案件后，逃避侦查、审判的，或者被害人提出控告，公安机关、人民检察院、人民法院应立案而未立案的，不受时效限制。此处立案属于对人立案，非对事立案。

（五）追诉时效的中断

在追诉期限以内又犯罪的，前罪追诉的期限从犯后罪之日起计算。例如，行为人曾在1999年11月犯故意杀人罪，一直潜逃在外。2004年7月又犯了诈骗罪。因为故意杀人罪的法定最高刑期为死刑，故追诉时效为20年。在故意杀人罪的追诉期限内，行为人又触犯了诈骗罪，故前罪（即故意杀人罪）的追诉时效应当中断（即重新开始计算）。

---

[1] "孙某介绍贿赂案"，载《中华人民共和国最高人民法院公报》2002年第6期。

第十七章 刑罚的执行与消灭

S-17-2-2 追诉时效——不予追诉的特殊情形

二、赦免

赦免是国家对于犯罪分子宣告免予追诉或者免除执行刑罚的全部或者部分的法律制度。

赦免包括大赦和特赦。大赦中，获赦者不再认为是犯罪，也不再追究其刑事责任，已受罪刑宣告的，大赦后宣告归于无效；已受追诉而未受罪刑宣告的，大赦后追诉归于无效。特赦，是对于受罪刑宣告的特定犯罪分子免除其刑罚的全部或部分的执行，只赦其刑、不赦其罪。特赦的对象是成批罪犯并且主要是战争罪犯，特赦的条件是必须关押和改造一定的时间，且在服刑的过程中确有改恶从善的表现。我国自1959年以来，进行了9次特赦，2015年特赦了4类犯罪，共3万余人。

三、前科消灭

前科作为刑罚执行的后遗效应，体现为行政法律法规层面对曾经犯过罪的人的权利、资格的限制或者剥夺，甚至影响到其近亲属。为了促进犯罪人的社会回归，前科消灭与犯罪记录制度的构建必要性应逐渐被提上日程。

S-17-2-3 前科消灭——前科报告制度

第十八章

刑法分论概述

刑法分论研究的是刑法分则规定的具体犯罪及其刑罚。刑法总则规定了犯罪的概念及特征；与刑法总则相比，分则在规定具体犯罪时，明确了各犯罪的具体要件。总则规定了犯罪的一般性规定，即犯罪包括犯罪主体、客体、客观方面与主观方面；分则规定了各具体犯罪的不同要件。司法实践中定罪量刑必须结合总则和分则的规定，分则以总则为指导、为补充。刑法条文的解释应当以总则的一般性规定为指导，当分则条文没有完整的规定犯罪构成的全部要素时，应当以总则的规定予以补充。

第一节 刑法分论的一般问题

一、刑法分则的体系

（一）刑法分则体系的概念、分类

刑法分则体系，是对犯罪的分类及排列次序。分则是规定具体犯罪及其刑罚的，而具体犯罪种类繁多，这就需要对分则规定的具体犯罪按照一定标准进行分类编排，从而形成分则体系。因此，刑法分则体系体现的就是犯罪的具体分类及排列次序问题。

刑法分则体系主要是以犯罪侵害客体（法益）的类型及其危害程度为分类依据的。我国《刑法》分则将具体犯罪规定为十类，每一章为一类，共十章依次排列的顺序为：危害国家安全罪，危害公共安全罪，破坏社会主义市场经济秩序罪，侵犯公民人身权利、民主权利罪，侵犯财产罪，妨害社会管理秩序罪，危害国防利益罪，贪污贿赂罪，渎职罪，军人违反职责罪。每一章按照侵害的客体（法益）类型规定，不同种类犯罪侵害的客体（法益）不同。排列顺序则由客体（法益）的重要程度为依据，依次由重到轻排列。每一章的具体犯罪排列大体上也是依据犯罪的危害程度确定的。

（二）我国《刑法》分则体系的演变

自1979年《刑法》制定以来，我国《刑法》分则有着以下几点重大的演变：

1. "反革命罪"改为"危害国家安全罪"。危害国家安全罪这一章是由1979年《刑法》所规定的反革命罪修改而来的。

2. 原"婚姻家庭罪"并入侵犯人身权利、民主权利罪。1997年《刑法》颁布，取消了原来婚姻家庭罪的章节，其下的各项具体犯罪，如婚姻自由、重婚、破坏军婚、虐待、遗弃、拐骗儿童罪，则并入侵犯人身权利、民主权利罪一章中。

3. "贪污贿赂罪"的单立。1979年《刑法》并没有将贪污贿赂罪单列为一类，这是由于这类犯罪在当时处于低发态势，在侵犯财产罪与渎职罪章节中规定相关条文，即可满足打击贪污贿赂行为。随着社会生活方式的改变，贪污贿赂犯罪也呈现出多种多样的新形势，为了有效遏制该类犯罪，1997年《刑法》制定时就将其单立为一章。

4. "军人违反职责罪"从单行刑法加入刑法典。1979年《刑法》制定时，由于历史条件的限制，并未将军人违反职责罪规定于刑法典，而是在刑法典颁布后另行制定了单行刑法《中华人民共和国惩治军人违反职责罪暂行条例》。1997年修订《刑法》时，将单行刑法中的军人违反职责罪进行修改和补充纳入刑法分则，单列为一章。

5. 三大"口袋罪"的分解。其一，分解流氓罪，设立了"聚众斗殴罪""寻衅滋事罪""强制猥亵罪"。其二，分解投机倒把罪，设立了生产、销售伪劣商品罪，破坏金融管理秩序罪以及妨害文物管理罪等。其三，分解玩忽职守罪，1997年新《刑法》将原来的一个玩忽职守罪分解为玩忽职守罪与滥用职权罪，同时将徇私舞弊行为纳入刑法考量，为其单列条款并设置法定刑。但是，"口袋罪"一直被学界所批判，例如，寻衅滋事罪、破坏计算机信息系统罪都有"口袋罪"的风险。

二、刑法分论的体系

（一）刑法分论体系的概念

刑法分论体系，是指犯罪的理论分类及排序。大陆法系国家刑法理论，以犯罪侵犯的客体（法益）为标准，采取二分法或三分法。二分法将犯罪分为侵害公客体（法益）的犯罪与侵害私客体（法益）的犯罪；三分法将犯罪分为侵害个人客体（法益）的犯罪、侵害社会客体（法益）的犯罪与侵害国家客体（法益）的犯罪。

（二）刑法分论体系与分则体系非对应关系

刑法分论体系与刑法分则体系并非一一对应的关系。典型的有德国和日本，在刑法分则中将侵害国家客体（法益）的犯罪置于首位，而研究刑法分论时，将侵害个人客体（法益）的犯罪放在首位。俄罗斯的刑法分则将侵害个人客体（法益）的犯罪置于首位。我国一直认为刑法分论体系应与刑法分则保持一致，如国家客体（法益）在分则与分论中都置于首位。

三、刑法分论的研究方法

刑法分论的研究更多属于对刑法分则的规范性研究，基于形式解释或者实质解释的解释立场，运用一定的解释方法实现刑法适用的正义。在刑法分则具体构成要件解释上，一般应坚持如下要求：

1. 以各罪保护的客体（法益）为指导。例如，对于入户盗窃一根香蕉是否构成犯罪、诬告陷害扰乱司法秩序是否构成诬告陷害罪、破坏卸掉交通工具车轮是否构成破坏交通工具罪，对此并不能直接从刑法分则条文的文字含义中找到答案，必须结合相关罪名所保护的客体（法益），才能得出合理结论。对此，需要明确罪与非罪的区分。首先在对犯罪构成要件的解释上，应当将不值得科处刑罚的行为排除出去。同时，在解释适用《刑法》时，要坚持案件分析与规范解释的统一。

2. 兼顾具体犯罪之间的协调性。例如《刑法》第114条规定："放火、决水、爆炸以及投放毒害性、放射性、传染病病原体等物质或者以其他危险方法危害公共安全，尚未造成严重后果的，处三年以上十年以下有期徒刑。"在进行解释适用时，以其他危险方法的解释应兼顾本条罪名之间、本节罪名之间乃至与其他各章罪名之间的平衡，以实现轻重不同的犯罪得到罪刑相适应的处理。因此，需要对此罪与彼罪之间的区分进行明确。刑法理论与司法实践对于此罪与彼罪的区分，还是应当以各罪保护的客体（法益）为指引，合理归纳案件事实，结合具体构成要件的解释，减少罪与罪之间的对立。

第二节 刑法分则的条文结构

一、刑法分则的条文结构概述

刑法分则条文结构通常为罪状加法定刑，即"……的，处……"的形式。"……的"所表述的内容为罪状（假定条件），"处……"所表述的内容为法定刑（法律后果）。例如《刑法》第114条规定："放火、决水、爆炸以及投放毒害性、放射性、传染病病原体等物质或者以其他危险方法危害公共安全，尚未造成严重后果的，处三年以上十年以下有期徒刑。"其中"放火、决水、爆炸以及投放毒害性、放射性、传染病病原体等物质或者以其他危险方法危害公共安全，尚未造成严重后果的"部分为罪状（假定条件），"处三年以上十年以下有期徒刑"的部分是法定刑（法律后果）。

二、罪状

罪状是指刑法分则条文对具体犯罪的基本构成特征的描述。

（一）罪状与罪名的关系

罪名以罪状为基础，包含于罪状之中。

（二）罪状与犯罪构成的关系

罪状可以分为基本罪状与加重、减轻罪状两大类。基本罪状是对具体犯罪构成特征的描述。加重、减轻罪状是对加重或减轻法定刑适用条件的描述。例如《刑法》第263条规定："以暴力、胁迫或者其他方法抢劫公私财物的，处三年以上十年以下有期徒刑，并处罚金；有下列情形之一的，处十年以上有期徒刑、无期徒刑或者死刑，并处罚金或者没收财产：……"其中第一句属于基本罪状，第二句属于加重罪状。再如第239条规定："以勒索财物为目的绑架他人的，或者绑架他人作为人质的，处十年以上有期徒刑或者无期徒刑，并处罚金或者没收财产；情节较轻的，处五年以上十年以下有期徒刑，并处罚金。"其中"情节较轻……"属于减轻罪状。

（三）罪状的分类

《刑法》条文根据罪状的表述形式可以分为：简单罪状、叙明罪状、引证罪状、空白罪状和混合罪状。

1. 简单罪状，是指仅规定了犯罪名称，未具体描述犯罪构成特征的罪状。例如《刑法》第232条的故意杀人罪。简单罪状的规定，是由于具体犯罪特征为众人所知，其特点是简单明了。

2. 叙明罪状，是指对具体犯罪构成特征进行详细描述的罪状。例如《刑法》第165条规定："国有公司、企业的董事、经理利用职务便利，自己经营或者为他人经营与其所任职公司、企业同类的营业，获取非法利益，数额巨大的，处三年以下有期徒刑或者拘役，并处或者单处罚金；数额特别巨大的，处三年以上七年以下有期徒刑，并处罚金。"该罪状明确规定了非法经营同类营业罪的行为主体、行为方式等内容。

3. 引证罪状，是指引用其他条款规定来明确犯罪具体特征的罪状。例如《刑法》第

124条规定，破坏广播电视设施、公用电信设施，危害公共安全的，处3年以上7年以下有期徒刑；造成严重后果的，处7年以上有期徒刑。过失犯前款罪的，处3年以上7年以下有期徒刑；情节较轻的，处3年以下有期徒刑或者拘役。其中第2款的表述就属于引证罪状。

4. 空白罪状，是指没有具体说明犯罪的成立条件，而是通过指明参照相关法律的形式来表述的条文。例如《刑法》第345条第2款规定："违反森林法的规定，滥伐森林或者其他林木，数量较大的，处三年以下有期徒刑、拘役或者管制，并处或者单处罚金；数量巨大的，处三年以上七年以下有期徒刑，并处罚金。"尤其对于行政犯中空白罪状的功能定位值得关注。

S-18-2-1　空白罪状——滥伐林木罪

5. 混合罪状，是指条文使用了两种以上的罪状描述形式，主要表现为一个条文既有空白罪状，又有叙明罪状的情形。例如《刑法》第338条污染环境罪规定："违反国家规定，排放、倾倒或者处置有放射性的废物、含传染病病原体的废物、有毒物质或者其他有害物质，严重污染环境的，处三年以下有期徒刑或者拘役，并处或者单处罚金；情节严重的，处三年以上七年以下有期徒刑，并处罚金……"

S-18-2-2　混合罪状——污染环境罪

三、罪名

罪名，是对具体犯罪本质或主要特征的高度概括。例如洗钱罪、破坏交通工具罪、传播性病罪，仅仅从罪名的名称中就可以了解这些犯罪的内容。但在认定是否成立犯罪时，并不能仅仅根据罪名来确定，还必须结合分则条文的罪状、总则条文的一般规定以及结合其他条文内容来确定。罪名和法条之间并非是一一对应关系，存在一个法条规定数个罪名的情形，例如《刑法》第114、115条规定了放火罪、决水罪、爆炸罪、投放危险物质罪、以危险方法危害公共安全罪。当然，也存在数个法条对应一个罪名的情形，例如《刑法》第382条与第383条，共同规定了贪污罪；《刑法》第385、386、388条，则共同规定了受贿罪。

根据刑法分则的章节划分，罪名可以分为章罪名、节罪名和条罪名，也可以称为类罪名、小类罪名和具体罪名。根据罪名内容的复杂程度，可以分为单一罪名、选择罪名、概括罪名。单一罪名，是指罪名所含的具体内容单一，只反映一种犯罪行为类型，而不能分解拆开使用的罪名。例如，故意杀人罪、盗窃罪等。选择罪名，是指罪名所含的具体内容复杂，反映出多种犯罪行为类型或者多种行为对象，既可分解拆开使用，也可概括使用的罪名。《刑法》第359条规定的引诱、容留、介绍卖淫罪，属于根据行为选择确定的罪名；《刑法》第240条规定的拐卖妇女、儿童罪，属于根据对象选择确定的罪名。概括罪名，是指罪名所含的具体内容复杂，反映出多种犯罪行为类型，但只能概括使用，而不能分解拆开使用的罪名。例如《刑法》第196条规定的信用卡诈骗罪，包括使用伪造的信用卡、使用作废的信用卡、恶意透支等多种类型。

四、法定刑

法定刑，是指刑法分则（含单行刑法）条文对具体犯罪所规定的刑种和量刑幅度。我国《刑法》总则规定的法定刑有5种主刑（管制、拘役、有期徒刑、无期徒刑、死刑）和4种附加刑（罚金、剥夺政治权利、没收财产、驱逐出境）。分则按照各罪的罪行轻重，在规定罪状时，一并规定了适用的法定刑种类与量刑幅度。根据法定刑的确定性，可以分为：

1. 绝对确定的法定刑，是指在分则条文中仅规定了单一的刑种与固定的刑度。例如，《刑法》第121条规定："……劫持航空器……致人重伤、死亡或者使航空器遭受严重破坏的，处死刑"；第240条规定："拐卖妇女、儿童……情节特别严重的，处死刑，并处没收财产"；第317条第2款规定："暴动越狱或者聚众持械劫狱的首要分子和积极参加的……情节特别严重的，处死刑"。这些法条都规定了绝对确定的死刑。

2. 相对确定的法定刑，是指在分则条文中规定了一定幅度的刑种与刑度，并明确了最高与最低的法定刑。主要有以下几种情形：其一，规定最高限度的法定刑。例如《刑法》第434条规定的战时自伤罪的基本罪状，处3年以下有期徒刑。这里仅规定了最高限度的法定刑，即3年有期徒刑；最低限度的法定刑，则根据《刑法》第45条的规定确定，为有期徒刑6个月。其二，规定最低限度的法定刑。例如《刑法》第103条第2款规定的煽动分裂国家罪，首要分子或者罪行重大的，处5年以上有期徒刑。其三，同时规定最低限度和最高限度的法定刑。例如《刑法》第116条规定的破坏交通工具罪："破坏火车、汽车、电车、船只、航空器，足以使火车、汽车、电车、船只、航空器发生倾覆、毁坏危险，尚未造成严重后果的，处三年以上十年以下有期徒刑。"其四，规定两种以上主刑或并处附加刑的法定刑。例如《刑法》第263条规定的抢劫罪的加重犯，处10年以上有期徒刑、无期徒刑或者死刑，并处罚金或没收财产。

3. 浮动法定刑，是指法定刑的具体期限或者具体数量并非具体确定，而是根据一定标准在一定幅度内浮动。例如《刑法》第140条规定的生产、销售伪劣产品罪，其基本犯并处或单处销售金额50%以上2倍以下的罚金。浮动法定刑仅限于经济犯罪。

五、注意规定和法律拟制

注意规定，是对基本规定内容的重申，仅具有提示性意义。例如，《刑法》第156条中规定的与走私犯通谋，以走私犯的共犯论处。法律拟制，导致将原本不同的行为按照相同的行为处理，即针对一构成要件所作的规定，适用于另一构成要件。例如，《刑法》第267条规定，携带凶器抢夺的，依照抢劫罪定罪处罚。法律拟制必须坚持罪刑法定原则，如果没有法条规定，对于单纯携带凶器抢夺的行为就不会被评价为抢劫行为。例如，对于携带凶器盗窃的不能据此认定为抢劫罪。此外，还有可以作为法院判决理由的司法拟制。

二者区分的意义在于：其一，将某一规定视为注意规定还是法律拟制，会导致适用条件不同，因而形成不同的认定结论。例如《刑法》第247条规定的刑讯逼供致人伤残、死亡的，以故意伤害罪、故意杀人罪论处。将这一规定视为注意规定还是法律拟制，决定了该行为是否要求杀人的故意。其二，注意规定内容属"理所当然"，可类推适用；而法律拟制的内容并不属于"理所当然",而是立法者基于特别理由将某一行为赋予另一规定的法律效果,当然不可类推适用。例如《刑法》第269条规定,犯盗窃、诈骗、抢夺罪,为窝藏赃物、抗拒抓捕或者毁灭罪证而当场使用暴力或者以暴力相威胁的,依照抢劫罪定罪处罚。由此前述第269条抢劫罪的转化犯规定,侵占罪就并不适用。其三,对注意规定按照基本罪状进行解释;法律拟制则需按照拟制规定本身的客观含义进行解释。例如,《刑法》第267条规定携带凶器抢夺的,依照抢劫罪定罪处罚,该条拟制规定决定了只能根据"携带凶器抢夺"的客观含义解释,不要求使用或者显示凶器。如果将其理解为注意规定,需要按照抢劫罪的基本规定进行解释,即要求使用或者显示凶器等暴力、以暴力相威胁的行为方式才构成抢劫罪。

立体刑法学教程

第十九章

危害国家安全罪

第一节 危害国家、颠覆政权的犯罪

S-19-1-1 背叛国家罪；分裂国家罪；煽动分裂国家罪；武装叛乱、暴乱罪；颠覆国家政权罪；煽动颠覆国家政权罪；资助危害国家安全犯罪

第二节 叛变、叛逃的犯罪

S-19-2-1 投敌叛变罪；叛逃罪

第三节 间谍、资敌的犯罪

S-19-3-1 间谍罪；为境外窃取、刺探、收买、非法提供国家秘密、情报罪；资敌罪

第二十章

危害公共安全罪

危害公共安全罪所保护的客体（法益）是公共安全。公共安全，是指不特定或者多数人的生命、身体的安全，重大公私财产安全，以及公共生活的平稳与安宁。不特定是本章犯罪重要特征。所谓不特定，是指行为可能侵犯的对象、可能造成的结果事先无法确定和预料，造成的危险或危害结果难以实际控制，可能随时扩大或增加。危害公共安全罪侵犯的对象是（潜在）多数人。重大公私财产安全是以危害不特定人身安全为前提的。在司法实践中，关于"不特定多数人"的认定为，实施危害公共安全犯罪的行为人，主观上有将要侵犯的特定对象，同时也会对损害的范围有一定的预判，虽然其在某一特定阶段可能指向特定的目标，但是行为最终造成的危害后果是行为人难以控制的。注意，一定不能把危害公共安全罪中的"不特定多数人"理解为没有特定的侵犯对象或者目标。[1]

危害公共安全罪，依据处罚根据的不同，可以分为具体危险犯、抽象危险犯、实害犯与结果加重犯。

1. 具体危险犯，是指行为可罚的根据属于构成要件的内容，即足以造成侵害客体（法益）的危险。例如《刑法》第117条规定的破坏交通设施罪："破坏轨道、桥梁、隧道、公路、机场、航道、灯塔、标志或者进行其他破坏活动，足以使火车、汽车、电车、船只、航空器发生倾覆、毁坏危险，尚未造成严重后果的，处三年以上十年以下有期徒刑。"

2. 抽象危险犯，是指行为可罚的实质违法根据，是立法者拟制或者说立法上推定的危险，属于行为犯的问题。例如《刑法》第125条第1款规定："非法制造、买卖、运输、邮寄、储存枪支、弹药、爆炸物的，处三年以上十年以下有期徒刑；情节严重的，处十年以上有期徒刑、无期徒刑或者死刑。"

3. 实害犯，是指以实际的危害结果的发生作为犯罪成立条件的犯罪类型。例如《刑法》第115条第2款规定的失火罪、过失决水罪、过失投放危险物质罪、过失以危险方法危害公共安全罪，又如《刑法》第133条规定的交通肇事罪，都以危害结果的发生作为定罪处罚的根据。

4. 结果加重犯，是指行为人实施了一般规定的犯罪行为，因为发生了加重的法律后果，而加重其法定刑的犯罪类型。例如，《刑法》第133条规定的交通肇事后逃逸致人死亡的，处7年以上有期徒刑的情形。

---

[1] 最高人民法院刑事审判一至五庭主办：《中国刑事审判指导案例》（第2卷），法律出版社2017年版，第80页。

第一节　以危险方法危害公共安全的犯罪

一、放火罪

（一）概念

放火罪，是指故意放火焚烧公私财物（人），危害公共安全的行为。如果行为人明知自己的放火行为会引起火灾，危害公共安全，那么即使其实施的是火烧自己财产的行为，也应以放火罪认定。[1]

（二）犯罪构成要件

1. 犯罪客观方面。

（1）本罪的客观方面表现为实施危害公共安全的放火行为。所谓实施"放火行为"，是指将目的物点燃，制造火灾的行为。既可以是作为的方式，也可以是不作为的方式；燃烧的对象既可以是自己财物，也可以是他人的、公共的财物，还包括自焚的方式。不管是什么方式实施的放火行为，都必须达到危害公共安全的程度。所谓"危害公共安全"，可以是已对公共安全构成威胁，即《刑法》第114条的规定；或者是已造成危害公共安全的结果，即《刑法》第115条的规定。如行为人在高速路上燃起20厘米的火堆，火堆很快被来往车辆碾轧熄灭，由于该行为不具有"危害公共安全"的特点，故不构成放火罪，也不构成以危险方法危害公共安全罪。

（2）本罪的主体为年满14周岁的人。

2. 犯罪主观方面。本罪的主观方面是故意，既包括直接故意，也包括间接故意。如行为人驾驶越野车在道路上横冲直撞，撞翻相向的车辆，致使两人死亡。行为人由于主观上"横冲直撞"为一种放任的心态，成立以危险方法危害公共安全罪。在司法实践中，行为人因吸毒长期处于精神障碍状态，在病情缓和期间再次吸毒陷于精神障碍状态并驾驶机动车从而可能造成严重后果，应当认定为以危险方法危害公共安全罪。因为，行为人明知自己吸毒后会陷入精神障碍，可能实施危害社会的行为，而不管不顾可能发生的危险，对危险结果持间接故意的心态。[2]

S-20-1-1　放火罪的立案追诉标准

（三）既遂与未遂

《刑法》第114条规定的放火罪为具体危险犯，对于本罪的既遂，有"独立燃烧说""燃烧说""点火说"。"独立燃烧说"，是指目的物的火脱离引火物或者行为人的控制，达

---

[1]　《中华人民共和国最高人民法院公报》1996年第2期。
[2]　最高人民法院刑事审判一至五庭主办：《中国刑事审判指导案例》（第2卷），法律出版社2017年版，第90页。

到独立燃烧的程度就可以认定为危害公共安全。"燃烧说",是指目的物达到燃烧的程度就可以认定为危害公共安全。"点火说",是指行为人实施了点火行为就已危害了公共安全,构成放火罪。本书认为既遂应当采客观标准,即目的物能够独立燃烧,并且具有发生火灾的危险。

认定未遂时,应当将开始点燃目的物认为是犯罪的"着手"。例如行为人开始点火,如果火苗自熄或者他人扑灭,则应当认定为未遂。

本罪中止的认定,应当结合既遂的标准来判断,在目的物独立燃烧威胁到公共安全之前,自动有效防止危险结果的发生,即可认定为中止犯。同时,即使行为人已经引燃大火,但只要能够将火扑灭并且未造成危害后果,依然可以成立中止。这是一种特殊的既遂之后依然可以中止的特例。

(四)此罪与彼罪

1. 放火罪与失火罪的区别。放火罪与失火罪的主观方面的要素不同,失火罪是指过失引起火灾,危害公共安全,致人重伤、死亡或者使公私财产遭受重大损失的行为。失火罪主观方面的要素是过失,属于过失犯,过失的内容针对的是结果而非行为,往往由用火不慎所导致。例如,森林篝火晚会中失火、在自家中失火,造成公共安全损害的,构成失火罪。而放火罪的主观方面的因素为故意,行为人对于放火行为及其所引发的危害后果持故意心态。不过,存在失火罪向放火罪转化的情形。例如,行为人在仓库抽烟引发小火后逃离,能够扑灭而不扑灭造成危害后果的,则从失火罪转化为放火罪。

2. 放火罪与重大责任事故罪的区别。其一,放火罪与重大责任事故罪的主观方面不同,放火罪的主观方面是故意,而重大责任事故罪的主观方面是过失,行为人对于重大责任事故这种危害结果的主观方面是过失,即应当预见自己的行为可能产生重大责任事故这种危害结果,但因疏忽大意没有预见,或者已经预见而轻信能够避免。其二,放火罪与重大责任事故罪的行为方式不同,放火罪的行为方式基本上是放火行为,而重大责任事故罪的行为方式一般是在生产作业中违反相关安全管理规定的行为。其三,放火罪与重大责任事故罪的发生场所不同,重大责任事故罪的发生场所是在生产作业的环境中,放火罪泛指一切可能危害到公共安全的公共场所。

3. 放火罪与以放火方法实施其他犯罪的区别。①以放火的方法杀人、毁坏财物,依据行为是否危害公共安全判断。例如,《西游记》中孙悟空火烧观音庙,应当认为其行为危害了公共安全,因而构成放火罪。②以放火方法破坏交通工具的,构成破坏交通工具罪;如果放火行为本身足以构成放火罪,则成立想象竞合。③以放火方法实施其他犯罪的,一般可以认为属于想象竞合犯。例如行为人以杀人的故意放火的,只有一个放火行为,宜认为是放火罪与故意杀人罪的想象竞合。

在司法实践中,行为人以盗窃的目的放火毁坏列车的行为在区分此罪与彼罪中存在诸多意见。但是最高法处理意见是应当定为放火罪,而不是失火罪、故意毁坏财物罪或者是破坏交通工具罪:首先,行为人在盗窃中放火其实对放火的结果在主观上是间接故意,这便是区别放火罪和失火罪的关键,即由于主观故意,定放火罪。其次,根据行为人的放火地点和放火时周边的环境中不特定人口流通的情况,由于行为人的行为确实危害了公共安全,故排除故意毁坏财物的可能,定为放火罪。最后,由于行为人确实以放火的方法破坏正在使用中的公共交通工具,并足以使交通工具发生颠覆、毁坏的危险。此时,行为人的犯罪行为既具备了放火罪的构成要件,又同时具备了破坏交通工具罪的犯罪构成,形成两罪的竞合，故"从一重罪"处罚，定为放火罪。[1]

（五）一罪与数罪

行为人犯罪后放火毁灭证据的，或者故意放火制造保险事故骗取保险金的，应当数罪并罚。

（六）处罚

根据《刑法》第114条、第115条第1款的规定，犯本罪的，尚未造成严重后果的，处3年以上10年以下有期徒刑；致人重伤、死亡或者使公私财产遭受重大损失的，处10年以上有期徒刑、无期徒刑或者死刑。

二、决水罪

决水罪，是指故意破坏水利设施，造成水患，危害公共安全的行为。决水，是指破坏堤坝、水闸、抗洪排涝等水利设施，使受到控制的水的自然力释放出来，造成水泛滥成灾的行为。决水，既可以是作为，也可以是不作为。前者如掘毁堤坝、破坏水闸的行为，后者如不开放水闸造成水的溃决，泛滥成灾的行为。

根据《刑法》第114条、第115条第1款的规定，犯本罪的，尚未造成严重后果的，处3年以上10年以下有期徒刑；致人重伤、死亡或者使公私财产遭受重大损失的，处10年以上有期徒刑、无期徒刑或者死刑。

三、爆炸罪

爆炸罪，是指故意使用爆炸方法，危害公共安全的行为。本罪构成要件如下：

（一）犯罪客观方面

本罪的客观方面表现为使用爆炸方法危害公共安全的行为。本罪的主体为年满14周岁的人。

（二）把握主观方面

本罪的主观方面为故意，即行为人明知自己的爆炸行为会发生危害公共安全的结果，而希望或者放任这种结果的发生。本罪是具体危险犯，在责任层面，要求认识因素与意志因素的统一。认定本罪时，应当采取主客观相统一原则，行为人以爆炸的方法故意杀人的，客观上并没有危及公共安全的，则应当认定为故意杀人罪。

认定本罪时，要注意此罪彼罪的区分。以爆炸引发火灾，因火灾危害公共安全的，应当认定为放火罪，而如果是由于爆炸行为本身，不考虑放火，就足以发生危害公共安全的结果，则应当认定为爆炸罪。

根据《刑法》第114条、第115条第1款的规定，犯本罪的，尚未造成严重后果的，处3年以上10年以下有期徒刑；致人重伤、死亡或者使公私财产遭受重大损失的，处10年以上有期徒刑、无期徒刑或者死刑。

四、投放危险物质罪

（一）概念

投放危险物质罪，是指故意投放毒害性、放射性、传染病病原体等危险物质，危害公共安全的行为。例如，行为人故意投放鼠药，大量毒杀耕畜并倒卖死耕畜牟利的行为，因其侵害的是不特定或多数人的财产安全，并给他人的财产造成了严重损害，符合投放危

---

[1] 最高人民法院刑事审判一至五庭主办：《中国刑事审判指导案例》（第2卷），法律出版社2017年版，第22页。

物质罪的构成要件，应当依法以投放危险物质罪论处。[1]

(二) 犯罪构成要件

1. 犯罪客观方面。

(1) 本罪的行为表现为投放危险物质，危害公共安全的行为。首先，所谓"危险物质"，必须是毒害性、放射性、传染病病原体等危险物质，包括气体、液体、固体性质的危险物质。例如在不特定或多数人的场所释放放射性铀或者投放拆弹闹钟。其次，投放行为。投放行为可以是在供不特定的多数人、家畜饮用的河流、水井投放危险物质；也可以是在供不特定的多数人通行、生活的场所释放危险性物质；还可以是将危险物质置于一定容器投放于公共场所。例如，在江苏盐城水污染事件中，相关行为人被定"投放危险物质罪"，而非"重大环境污染事故罪"。再者，本罪是具体危险犯，投放危险物质的行为必须危害公共安全。如果投放危险物质只是针对特定人的杀害行为，并没有危害公共安全的，则应认定为故意杀人罪。例如，向他人庭院里种植的丝瓜注射毒害性物质的，构成故意杀人罪。

在司法实践中，行为人通过投放特定毒药毒死特定耕牛并卖出的行为，不构成投放危险物质罪，而是构成破坏集体生产罪和销售有毒食品罪，实行数罪并罚。因为，投放危险物质的关键在于投毒行为是否针对"不特定"的公私财物，如果行为人针对特定的公私财物的话，就不可能构成投放危险物质罪。再者，行为人的"毒牛"和"卖牛"侵犯了《刑法》所保护的两种社会关系——集体生产的正常进行和消费者的身体健康。所以后行为不能被前行为所吸收，应当数罪并罚。[2]

(2) 本罪的主体为年满14周岁的人。

2. 犯罪主观方面。本罪的主观方面为故意。即行为人明知自己投放危险物质的行为会发生危害公共安全的结果，并且希望或者放任这种结果发生。

(三) 此罪与彼罪

1. 本罪与杀人罪、盗窃罪、故意毁坏财物罪、破坏生产经营罪等罪的区别，关键看是否危害公共安全。如行为人的不法侵害对公共安全造成危害，则应构成本罪。而如并未产生危害公共安全的后果，则应判定构成其他犯罪。例如上海复旦投毒案，行为人在被害人寝室的饮水机中投放剧毒化学品N-二甲基亚硝胺，针对的是特定的人，不具有危及公共安全的故意，构成故意杀人罪。在司法实践中，向特定多数人投毒致多人死伤的行为往往与故意杀人行为难以区分，故如果行为人投放毒物的主要目的在于剥夺特定人的生命而不危害公共安全时，就应当认定为故意杀人罪。[3]

2. 本罪与投放虚假危险物质罪的区别。投放虚假危险物质罪，是指投放虚假的爆炸性、毒害性、放射性、传染病病原体等物质，严重扰乱社会秩序的行为。例如投放包裹，若实际含有危险物质的，构成本罪；若仅声称其为危险物质而实际并不存在，扰乱社会正常秩序的，构成投放虚假危险物质罪。本罪是危害公共安全的行为，投放虚假物质罪是扰乱社会正常秩序的行为，实际并未危害公共安全。

3. 本罪与编造、故意传播虚假恐怖信息罪的区别。编造、故意传播虚假恐怖信息罪，

---

[1] 《中华人民共和国最高人民法院公报》1998年第2期。
[2] 最高人民法院刑事审判一至五庭主办：《中国刑事审判指导案例》（第2卷），法律出版社2017年版，第24~25、27、30页。
[3] 最高人民法院刑事审判一至五庭主办：《中国刑事审判指导案例》（第2卷），法律出版社2017年版，第32~33、36页。

是指编造虚假的险情、疫情、灾情、警情,在信息网络或者其他媒体上传播,或者明知是上述虚假信息,故意在信息网络或者其他媒体上传播,严重扰乱社会秩序的行为。例如,行为人虽持有炸弹,仅仅宣称要投放却不实施的,构成编造、故意传播虚假恐怖信息罪。本罪是危害公共安全的行为,其所侵害的客体(法益)是公共安全,编造、故意传播虚假恐怖信息罪是扰乱社会正常秩序的行为,其所侵害的客体(法益)是正常的社会秩序而非公共安全。

4. 本罪与危险物品肇事罪的区别。危险物品肇事罪,是指违反爆炸性、易燃性、放射性、毒害性、腐蚀性物品的管理规定,在生产、储存、运输、使用中发生重大事故的行为。因此危险物品肇事罪是在生产、储存、运输、使用危险物品过程中,由于过失发生重大事故,与本罪的故意投放行为具有本质区别,且投放危险物质不受该生产活动的限制。本罪与危险物品肇事罪主观构成要素不同,本罪主观构成要素为故意,行为人希望或放任投放危险物质行为所产生的危害公共安全的后果,而危险物品肇事罪主观构成要素为过失,行为人并不希望重大责任事故危害后果的发生。

(四)处罚

根据《刑法》第114条、第115条第1款的规定,犯本罪的,尚未造成严重后果的,处3年以上10年以下有期徒刑;致人重伤、死亡或使公私财产遭受重大损失的,处10年以上有期徒刑、无期徒刑或者死刑。

五、以危险方法危害公共安全罪

(一)概念

以危险方法危害公共安全罪,是指故意使用放火、决水、爆炸、投放危险物质以外的其他具有广泛杀伤力和破坏性的方法,危害公共安全的行为。例如,交通肇事后为逃避责任,高速驾驶车辆逃逸过程中冲撞车辆、人群造成特别严重后果的,侵犯了道路交通中的不特定多数人的生命、健康或者大量公私财产的安全,即公共安全;主观上存在放任危害结果发生的间接故意;客观上采取了高速驾驶车辆危害公共安全的行为,并造成了极其严重的后果,该行为符合以危险方法危害公共安全罪的全部构成要件。[1] 又如,明知是非药用原料却冒充药用原料来制药,主观上具有犯罪故意,侵犯的是不特定的患者的生命,且行为与危害后果间有刑法上的因果关系,构成以危险方法危害公共安全罪。[2]

(二)犯罪构成要件

1. 犯罪客观方面。本罪的行为表现为采用其他危险方法,实施危害公共安全的行为,一般应当理解为:其一,必须是放火、决水、爆炸、投毒以外的危险方法。其二,必须是与放火、决水、爆炸、投毒的危险性相当的、足以危害公共安全的危险方法。其三,对本罪应当进行限制解释,能够评价为本章其他危害公共安全犯罪的,一般不认定为本罪。例如,破坏公路井盖而危害公共安全的,以破坏交通设施罪定罪处罚;劫持火车而危害公共安全的,以破坏交通工具罪定罪处罚。

---

[1]《最高人民法院关于印发醉酒驾车犯罪法律适用问题指导意见及相关典型案例的通知》。
[2]《中华人民共和国最高人民法院公报》2009年第1期。

第二十章 危害公共安全罪

S-20-1-2 对预防、控制突发传染病疫情等灾害中危害公共安全行为的定性

S-20-1-3 以危险方法危害公共安全罪对信访活动、
邪教组织人员活动、妨害安全驾驶等行为的定性

《刑法修正案（十一）》将高空抛物行为作为妨害社会管理秩序犯罪予以入罪，但同本罪仍存在法条竞合关系。高空抛物危害公共安全的，仍以本罪论处；针对特定对象抛物，致人重伤或者死亡，构成故意伤害或故意杀人。同时，高空抛物罪同寻衅滋事罪等罪名，亦存在法条竞合关系。

S-20-1-4 以危险方法危害公共安全罪——高空抛物行为的认定

S-20-1-5 以危险方法危害公共安全罪——抗拒疫情防控措施行为的认定

司法实践中，在认定行为人醉酒驾车连续撞倒致数人伤亡的行为时，应当以此罪定罪：其一，从主客观相统一的角度来看，关键在于认定主观心理层面，如果行为人主观上是故意的话，则以此罪定罪为宜；但是如果行为人是过失的话，交通肇事罪反而更好。其二，从立法目的来看，往往定为此罪的情况必须是与放火、决水、爆炸、投毒的危险性相当，仅以危害结果来看往往不够。其三，从罪刑相适应的角度来看，如果将行为人主观恶性较大的行为定为交通肇事罪，最高刑为7年，反而不能起到有效的警示和预防作用。[1]

S-20-1-6 以危险方法危害公共安全罪——醉酒驾车危害公共安全的量刑

2. 犯罪主观方面。本罪的主观方面为故意，即明知采取其他危险方法的行为会发生危

---

[1] 最高人民法院刑事审判一至五庭主办：《中国刑事审判指导案例》（第2卷），法律出版社2017年版，第38、54~55页。

害公共安全的结果,并且希望或者放任这种结果的发生。

(三) 处罚

根据《刑法》第 114 条、第 115 条第 1 款的规定,犯本罪的,尚未造成严重后果的,处 3 年以上 10 年以下有期徒刑;致人重伤、死亡或者使公私财产遭受重大损失的,处 10 年以上有期徒刑、无期徒刑或者死刑。在司法实践中,要严格区分犯罪后为逃避法律制裁而引发的以危险方式危害公共安全案件与醉驾引发的以危险方式危害公共安全案件在量刑上的区别。其中,犯罪后为逃避法律制裁引发的以危险方式危害公共安全罪和醉驾引发的以危险方式危害公共安全罪虽然均属于间接故意犯罪,但是其犯罪情节、行为人的主观恶性和人身危险性均是前者大于后者,所以往往前者完全可以判处死刑立即执行,而后者可以判无期徒刑。[1]

六、失火罪;过失决水罪;过失爆炸罪、过失投放危险物质罪、过失以危险方法危害公共安全罪

《刑法》第 115 条第 2 款集中规定了失火罪、过失决水罪、过失爆炸罪、过失投放危险物质罪、过失以危险方法危害公共安全罪。行为人在森林内吸烟,其应当预见到在森林内吸烟可能引起火灾,但因疏忽大意吸烟失火,使国家财产和人民生命安全遭受重大损失的,已构成失火罪。[2]

(一) 犯罪客观方面

必须造成严重后果,方构成此罪。本罪无未遂犯。

根据《刑法》第 115 条第 2 款,犯上述过失犯罪,处 3 年以上 7 年以下有期徒刑;情节较轻的,处 3 年以下有期徒刑或者拘役。

(二) 犯罪主观方面

本罪的主观方面为过失,所谓过失,是对于某种举动所引起的危害公共安全的严重后果的心理态度,而非对自己某种行为举动本身的态度。

S-20-1-7 失火罪的立案追诉标准

第二节 破坏特定对象危害公共安全的犯罪

一、破坏交通工具罪

(一) 概念

破坏交通工具罪,是指故意破坏火车、汽车、电车、船只、航空器,足以使其发生倾覆、毁坏危险的行为。

---

[1] 最高人民法院刑事审判一至五庭主办:《中国刑事审判指导案例》(第 2 卷),法律出版社 2017 年版,第 43、44、66~67、70 页。
[2] 《中华人民共和国最高人民法院公报》1988 年第 4 号。

（二）犯罪构成要件

1. 本罪的客观方面表现为：其一，行为对象必须是正在使用中的火车、汽车、电车、船只、航空器。其二，必须具有破坏行为。信息与人工智能背景下，诸如通过破坏交通工具智能系统来破坏交通工具亦可构成本罪。其三，破坏行为必须足以发生倾覆、毁坏危险，该危险是一种可能性而非现实性。

2. 本罪的主观方面为故意。

（三）既遂与未遂

本罪的既遂与未遂：例如拆除刹车装置被发现，并未进入正常使用的，应当属于本罪的未遂。

（四）此罪与彼罪

1. 本罪与盗窃罪、故意毁坏财物罪的区别。本罪要求破坏交通工具，足以发生倾覆或者毁坏的危险。如果破坏的是交通工具的非重要部位或次要部件，不可能使其发生倾覆或者毁坏危险的，则可以认定为故意毁坏财物罪。不过，如果是盗窃公交车的轮胎，使其不可能投入正常使用的，不具有危害公共安全的可能，应认定为盗窃罪。在司法实践中，关于在城市主干路采用故意驾驶机动车撞击他人车辆制造交通事故的手段勒索财产行为和驾驶机动车"碰瓷"行为的认定，在财产类犯罪中有详细描述，在此不过多分析。[1]

2. 本罪与放火罪、爆炸罪的区别。以放火的方法破坏交通工具，属于想象竞合，根据特别法优于一般法，以破坏交通工具罪定罪处罚。如果只是纯粹的放火，则应认定为放火罪。

（五）处罚

根据《刑法》第116条、第119条第1款的规定，犯本罪的，尚未造成严重后果的，处3年以上10年以下有期徒刑；造成严重后果的，处10年以上有期徒刑、无期徒刑或者死刑。

二、破坏交通设施罪

（一）概念

破坏交通设施罪，是指故意破坏轨道、桥梁、隧道、公路、机场、航道、灯塔、标志或者进行其他破坏活动，足以使火车、汽车、电车、船只、航空器发生倾覆、毁坏危险的行为。

（二）犯罪构成要件

1. 犯罪客观方面

本罪的行为表现为破坏轨道等交通设施，足以使火车等交通工具发生倾覆、毁坏危险的行为。

2. 犯罪主观方面

本罪的主观方面为故意，即明知破坏交通设施的行为会发生危害公共安全的结果，并且希望或者放任这种结果的发生。

（三）既遂与未遂

例如，挖铁轨案，挖后发现的，构成既遂；正在挖被发现的，构成未遂。

---

[1] 最高人民法院刑事审判一至五庭主办：《中国刑事审判指导案例》（第2卷），法律出版社2017年版，第57~63、75~76页。

(四) 处罚

根据《刑法》第117条、第119条第1款的规定，犯本罪的，尚未造成严重后果的，处3年以上10年以下有期徒刑；造成严重后果的，处10年以上有期徒刑、无期徒刑或者死刑。对于铁路工人违反规定作业造成火车倾覆人员伤亡的重大行车事故的情况，应根据我国《铁路法》第61条和最高人民法院《关于执行〈中华人民共和国铁路法〉中刑事罚则若干问题的解释》的规定以破坏交通设施罪定罪量刑。意即行为人故意毁损、移动铁路行车信号装置或者在铁路线路上放置足以使列车倾覆的障碍物，或者盗窃铁路线路上行车设施的零件、部件、铁路线路上的器材，造成人身伤亡、重大财产毁损、中断铁路行车等严重后果的，依照《刑法》第119条的规定，处10年以上有期徒刑、无期徒刑或者死刑。[1]

三、破坏电力设备罪；破坏易燃易爆设备罪

破坏电力设备罪，是指故意破坏电力设备，危害公共安全的行为。破坏易燃易爆设备罪，是指故意破坏燃气或者其他易燃易爆设备，危害公共安全的行为。

破坏电力设备罪的客观方面表现为故意破坏正在使用中的电力设备，危害公共安全的行为。对于尚未安装完毕的农用低压照明电线路，不属于正在使用中的电力设备。破坏已经通电使用，只是由于枯水季节或电力不足等原因，而暂停供电的线路，构成本罪。破坏已经安装完毕，但未供电的电力线路，若已交付使用，构成本罪；若未正式交付使用的，则不认定为本罪。

S-20-2-1 破坏电力设施罪中"电力设备""危害公共安全"等的认定

盗窃使用中的电力设备，同时构成盗窃罪和破坏电力设备罪的，属于想象竞合，择一重罪处罚。在司法实践中，行为人盗割铁路电气化接触网回流线的行为，其破坏的电力设施数额在1万元以上6万元以下且没有造成严重危害公共安全后果的，应当认定为破坏电力设备罪。虽然想象竞合，但是在这个数额区间比较盗窃罪和破坏电力设备罪比较难，因为两者的最高法定刑都是3年至10年，"择一重罚处理"往往会出现考虑其他因素，这里的"重"就在于比较两种犯罪的社会危害性及犯罪行为本身的性质来确定罪名的轻重，即破坏公共安全的社会危险性会比破坏财产的社会危险性要大。[2]

过失破坏电力、燃气或者其他易燃易爆设备的，造成严重后果的才处罚。

根据《刑法》第118条、第119条第1款的规定，破坏电力、燃气或者其他易燃易爆设备的，尚未造成严重后果的，处3年以上10年以下有期徒刑；造成严重后果的，处10年以上有期徒刑、无期徒刑或者死刑。

2007年最高人民法院在《关于审理破坏电力设备刑事案件具体应用法律若干问题的解释》中将"造成严重后果"界定为以下四种情形，即"（一）造成一人以上死亡、三人以

---

[1]《中华人民共和国最高人民检察院公报》1998年第2号。
[2] 最高人民法院刑事审判一至五庭主办：《中国刑事审判指导案例》（第2卷），法律出版社2017年版，第96页。

上重伤或者十人以上轻伤的；（二）造成一万以上用户电力供应中断六小时以上，致使生产、生活受到严重影响的；（三）造成直接经济损失一百万元以上的；（四）造成其他危害公共安全严重后果的"。在审判中，结合案情，对于情节特别恶劣、后果特别严重的可判处死刑。[1]

S-20-2-2 破坏电力设施罪、破坏易燃易爆设备罪——"造成严重后果"的认定

四、过失损坏交通工具罪；过失损坏交通设施罪；过时损坏电力设备罪；过失损坏易燃易爆设备罪

根据《刑法》第119条的规定，过失损坏交通工具、过失损坏交通设施、过失损害电子设备、过失损坏易燃易爆设备的，处3年以上7年以下有期徒刑；情节较轻的，处3年以下有期徒刑或者拘役。

五、破坏广播电视设施、公用电信设施罪；过失损坏广播电视设施、公用电信设施罪

破坏广播电视设施、公用电信设施，危害公共安全的，处3年以上7年以下有期徒刑；造成严重后果的，处7年以上有期徒刑。过失犯前款罪的，处3年以上7年以下有期徒刑；情节较轻的，处3年以下有期徒刑或者拘役。

S-20-2-3 破坏广播电视设施罪——客观要件、犯罪主体、共同犯罪、量刑等内容的认定

第三节 实施恐怖活动危害公共安全的犯罪

恐怖主义、极端主义犯罪，是刑法典中"之×"条文最多的。恐怖主义、极端主义犯罪包括：《刑法》第120条的组织、领导、参加恐怖组织罪，第120条之一的帮助恐怖活动罪，第120条之二的准备实施恐怖活动罪，第120条之三的宣扬恐怖主义、极端主义、煽动实施恐怖活动罪，第120条之四的利用极端主义破坏法律实施罪，第120条之五的强制穿戴宣扬恐怖主义、极端主义服饰、标志罪，第120条之六的非法持有宣扬恐怖主义、极端主义物品罪。

一、组织、领导、参加恐怖活动组织罪

（一）概念

组织、领导、参加恐怖活动组织罪，是指组织、领导、参加恐怖活动组织的行为。

---

[1]《中华人民共和国最高人民法院公报》1985年第4期。

(二) 犯罪构成要件

1. 本罪的客观方面表现为组织、领导、参加恐怖活动组织的行为。所谓"组织",是指构建恐怖活动组织的行为。所谓"领导",是指指挥、策划恐怖活动组织具体活动的行为。所谓"参加",是指加入恐怖活动组织,成为其中一员的行为。所谓"恐怖活动组织",主要是指以国家和人民为对象、为实施恐怖活动而组成的违法犯罪组织。

2. 本罪的主观方面为故意,即明知组织、领导、参加恐怖活动组织的行为会发生危害公共安全的结果,并且希望或者放任这种结果的发生。

S-20-3-1 组织、领导、参加恐怖活动组织罪——认定

(三) 既遂与未遂

本罪为行为犯而非结果犯,不要求造成特定危害后果才构成犯罪。即组织、领导、参加行为实施完毕即告既遂。

(四) 此罪与彼罪

本罪与组织、领导、参加黑社会性质组织罪,组织、利用会道门、邪教组织、利用迷信破坏法律实施罪的区别。本罪与另两罪的主要区别在于犯罪组织所实施的犯罪活动的性质不同,组织、领导、参加黑社会性质组织罪与组织、利用会道门、邪教组织、利用迷信破坏法律实施罪所实施的犯罪活动并非恐怖活动,而本罪所实施的犯罪活动为恐怖活动。

(五) 一罪与数罪

行为人犯本罪并实施杀人、爆炸、绑架等犯罪的,应当数罪并罚。

(六) 处罚

根据《刑法》第120条的规定,犯本罪的,处10年以上有期徒刑或者无期徒刑,并处没收财产;积极参加的,处3年以上10年以下有期徒刑,并处罚金;其他参加的,处3年以下有期徒刑、拘役、管制或者剥夺政治权利,可以并处罚金。

S-20-3-2 组织、领导、参加恐怖活动组织罪——管辖

S-20-3-3 组织、领导、参加恐怖活动组织罪——量刑

二、帮助恐怖活动罪

(一) 概念

帮助恐怖活动罪,是指资助恐怖活动组织、实施恐怖活动的个人的,或者资助恐怖活动培训的,以及为恐怖活动组织、实施恐怖活动或者恐怖活动培训招募、运送人员的行为。

(二）犯罪构成要件

1. 犯罪客观方面。本罪的行为表现为：其一，资助恐怖活动组织或实施恐怖活动的个人；其二，资助恐怖活动培训；其三，为恐怖活动组织、实施恐怖活动或恐怖活动培训招募、运送人员。以募捐、变卖房产、转移资金等方式为恐怖活动组织、实施恐怖活动的个人、恐怖活动培训筹集、提供经费，或者提供器材、设备、交通工具、武器装备等物资，或者提供其他物质便利的，也应认定为构成此罪。本罪的主体为一般主体。

S-20-3-4 帮助恐怖活动罪——客观要件的认定   S-20-3-5 帮助恐怖活动罪——共犯的认定

2. 犯罪主观方面。本罪的主观方面为故意。

S-20-3-6 帮助恐怖活动罪——主观故意的认定

(三）既遂与未遂

本罪属于帮助行为正犯化在恐怖活动犯罪中的具体体现。从刑法的意义上来说，帮助行为本身就是实行行为、正犯行为。因此，认定本罪的既遂与未遂，应当从帮助行为为实行行为的角度看。

(四）处罚

根据《刑法》第120条之一的规定，犯本罪的，处5年以下有期徒刑、拘役、管制或者剥夺政治权利，并处罚金；情节严重的，处5年以上有期徒刑，并处罚金或者没收财产。单位犯本罪的，对单位判处罚金，并对其直接负责的主管人员和其他直接责任人员，依照上述的规定处罚。犯本罪的，不再适用《刑法》第27条关于"从犯应当从轻、减轻处罚或者免除处罚"的规定。

三、准备实施恐怖活动罪

(一）概念

准备实施恐怖活动罪，是指为实施恐怖活动准备凶器、危险物品或者其他工具，组织恐怖活动培训或者积极参加恐怖活动培训，为实施恐怖活动与境外恐怖活动组织或者人员联络，以及为实施恐怖活动进行策划或者其他准备的行为。

(二）犯罪构成要件

1. 本罪的客观方面表现为：其一，为实施恐怖活动准备凶器、危险物品或者其他工具的；其二，组织恐怖活动培训或积极参加恐怖活动培训；其三，为实施恐怖活动与境外恐怖活动组织或者人员联络的；其四，为实施恐怖活动进行策划或者其他准备的行为。

2. 本罪的主观方面为故意。

(三) 既遂与未遂

本罪的行为内容为实施恐怖活动罪的预备行为，属于预备行为实行化在恐怖活动犯罪中的体现。因此，在本罪的认定上，要注意区分本罪的预备、既遂与未遂。准备凶器的场合，买的时候被抓获，属于未遂犯。组织培训或积极参加培训的场合，讲授恐怖活动的内容，属于既遂犯。在场所齐备并未进行实际培训的时候被抓获，属于预备犯。对联络的认定，行为人为实施恐怖活动与境外恐怖活动组织或者人员联络，而申请开通微信号的，是否构成本罪的预备，根据实质解释，此时危险还很遥远，不宜认定为预备犯。

S-20-3-7 准备实施恐怖活动罪

四、宣扬恐怖主义、极端主义、煽动实施恐怖活动罪

宣扬恐怖主义、极端主义、煽动实施恐怖活动罪，是指以制作、散发宣扬恐怖主义、极端主义的图书、音频视频资料或者其他物品，或者通过讲授、发布信息等方式宣扬恐怖主义、极端主义的，或者煽动实施恐怖活动的行为。

S-20-3-8 宣扬恐怖主义、极端主义、煽动实施恐怖活动罪

五、利用极端主义破坏法律实施罪

利用极端主义破坏法律实施罪，是指利用极端主义煽动、胁迫群众破坏国家法律确立的婚姻、司法、教育、社会管理等制度实施的行为。

S-20-3-9 利用极端主义破坏法律实施罪

六、强制穿戴宣扬恐怖主义、极端主义服饰、标志罪

强制穿戴宣扬恐怖主义、极端主义服饰、标志罪，是指以暴力、胁迫等方式强制他人在公共场所穿着、佩戴宣扬恐怖主义、极端主义服饰、标志的行为。

第二十章 危害公共安全罪

S-20-3-10 强制穿戴宣扬恐怖主义、极端主义服饰、标志罪

七、非法持有宣扬恐怖主义、极端主义物品罪

非法持有宣扬恐怖主义、极端主义物品罪，是指明知是宣扬恐怖主义、极端主义的图书、音频视频资料或者其他物品而非法持有的行为。

S-20-3-11 非法持有宣扬恐怖主义、极端主义物品罪——入罪数额、主观故意、罪数的认定

八、劫持航空器罪

（一）概念

劫持航空器罪，是指以暴力、胁迫或者其他方法劫持航空器，危害航空运输安全的行为。

（二）犯罪构成要件

1. 本罪的客观方面。首先，行为对象，必须是使用中或飞行中的航空器。其次，行为方式，必须以暴力、胁迫或者其他方法劫持航空器。最后，本罪是行为犯而非结果犯，只要实施了劫持航空器的行为，就认定构成本罪。

刑法通说认为本罪对象的航空器一般是指使用中的航空器，关于"使用中的航空器"通说理解认为："使用中"是指从装载完毕、机舱各门均关闭开始直至打开任何一个机舱门为止的任何时间。而处于待飞状态的航空器，劫持不会危及航空运输安全，不以本罪论处，如正在装配中的或正在维修中的航空器。另外，只要是可载人的航空器，不管是民用，还是公务、警察、海关、军用的国家航空器，都属于本罪对象。

2. 本罪的主观方面为故意，即明知劫持航空器的行为会发生危害航空运输安全的结果，并且希望或者放任这种结果的发生。

3. 本罪的停止形态有特殊规定，预备与未遂均可罚。

（三）此罪与彼罪

1. 本罪与破坏交通工具罪的区别。破坏交通工具罪不具有劫机目的，暴力针对航空器及其部件本身足以危及公共安全。例如，怒砸飞机安全门的，应当认定为破坏交通工具罪。

2. 本罪与暴力危及飞行安全罪的区别。暴力危及飞行安全罪无劫机目的，针对飞行中（不含停机待用）的航空器上人员（含乘客）使用暴力，危及飞行安全的，属具体危险犯。例如，怒骂乘务员或者与飞机上的人员互殴，妨碍飞机正常飞行，危及飞行安全的，应当认定为暴力危及飞行安全罪。

3. 本罪与劫持船只、汽车罪的区别。劫持船只、汽车罪危及的是公共交通运输安全。劫持火车的，应当认定为以危险方法危害公共安全罪或者破坏交通工具罪。

（四）处罚

根据《刑法》第 121 条的规定，犯本罪的，处 10 年以上有期徒刑或者无期徒刑；致人重伤、死亡或者使航空器遭受严重破坏的，处死刑。

九、劫持船只、汽车罪

以暴力、胁迫或者其他方法劫持船只、汽车的，处 5 年以上 10 年以下有期徒刑；造成严重后果的，处 10 年以上有期徒刑或者无期徒刑。

十、暴力危及飞行安全罪

对飞行中的航空器上的人员使用暴力，危及飞行安全，尚未造成严重后果的，处 5 年以下有期徒刑或者拘役；造成严重后果的，处 5 年以上有期徒刑。

第四节　违反枪支弹药管理规定危害公共安全的犯罪

一、非法制造、买卖、运输、邮寄、储存枪支、弹药、爆炸物罪

（一）概念

非法制造、买卖、运输、邮寄、储存枪支、弹药、爆炸物罪，是指违反国家有关枪支、弹药、爆炸物管理的法规，非法制造、买卖、运输、邮寄、储存枪支、弹药、爆炸物的行为。

（二）犯罪构成要件

1. 本罪的客观方面。行为对象为枪支、弹药与爆炸物。行为类型为非法制造、买卖、运输、邮寄、储存枪支、弹药与爆炸物的行为。所谓"非法制造枪支、弹药、爆炸物"，是指未经国家有关部门许可，私自制造（包括改装）枪支、弹药、爆炸物的行为。所谓"非法买卖枪支、弹药、爆炸物"，是指违反有关法规，购买或者出售枪支、弹药、爆炸物的行为。介绍非法买卖枪支、弹药、爆炸物的，以买卖枪支、弹药、爆炸物的共犯论处。所谓"非法运输枪支、弹药、爆炸物"，是指违反有关法规，将枪支、弹药、爆炸物转移、运送至其他地方的行为。运输行为必须是与非法制造、买卖相关联的行为。所谓"非法邮寄枪支、弹药、爆炸物"，是指违反有关法规，将枪支、弹药、爆炸物进行伪装，通过邮寄部门寄送的行为。所谓"非法储存枪支、弹药、爆炸物"，是指明知是他人非法制造、买卖、运输、邮寄的枪支、弹药而为其存放的行为或者非法存放爆炸物的行为。[1]

S-20-4-1 非法制造、买卖、运输、邮寄、储存枪支、弹药、爆炸物罪——客观要件的认定

2. 本罪的主观方面为故意，即明知是枪支、弹药、爆炸物而非法制造、买卖、运输、

---

[1] 参见最高人民法院于 2009 年 11 月 16 日修正的《关于审理非法制造、买卖、运输枪支、弹药、爆炸物等刑事案件具体应用法律若干问题的解释》。

邮寄、储存。

(三) 处罚

根据《刑法》第125条第1款与第3款的规定，犯本罪的，处3年以上10年以下有期徒刑；情节严重的，处10年以上有期徒刑、无期徒刑或者死刑。单位犯本罪的，对单位判处罚金，并对其直接负责的主管人员和其他直接责任人员，依照上述规定处罚。

S-20-4-2 非法制造、买卖、运输、邮寄、储存枪支、弹药、爆炸物罪——量刑、共同犯罪、罪数、时间效力的认定

二、非法制造、买卖、运输、储存危险物质罪

非法制造、买卖、运输、储存毒害性、放射性、传染病病原体等物质，危害公共安全的，依照非法制造、买卖、运输、邮寄、储存枪支、弹药、爆炸物罪规定处罚。单位犯本罪的，对单位判处罚金，并对其直接负责的主管人员和其他直接责任人员，依照第125条第1款规定处罚。剧毒化学品，是指致人中毒或者死亡，对人体、环境具有极大的毒害性和极度危险性，极易对环境和人的生命健康造成重大威胁和危害的物质。所谓非法买卖和储存，是指违反法律和国家主管部门规定，未经有关主管部门批准许可，擅自购买、出售或储存毒害性物质的行为。因此，行为人在未取得剧毒化学品使用许可证的情况下，买卖、储存剧毒化学品的，其行为构成非法买卖、储存危险物质罪。[1]

三、违规制造、销售枪支罪

(一) 概念

违规制造、销售枪支罪，是指依法被指定、确定的枪支制造企业、销售企业，违反枪支管理规定，擅自制造、销售枪支的行为。

(二) 犯罪构成要件

1. 本罪的客观方面。行为方式包括：其一，以非法销售为目的，超过限额或者不按照规定的品种制造、配售枪支的；其二，以非法销售为目的，制造无号、重号、假号的枪支的；其三，非法销售枪支或者在境内销售为出口制造的枪支的。本罪的主体，仅限于特殊单位，即依法被指定、确定的枪支制造企业、销售企业。其他个人或者单位实施非法制造、销售枪支的行为的，以非法制造、买卖枪支罪论处。

2. 本罪的主观方面为故意，且以非法销售为目的。

(三) 处罚

根据《刑法》第126条的规定，犯本罪的，对单位判处罚金，并对其直接负责的主管人员和其他直接责任人员，处5年以下有期徒刑；情节严重的，处5年以上10年以下有期徒刑；情节特别严重的，处10年以上有期徒刑或者无期徒刑。"情节严重"的认定，有单纯数量标准和数量加情节标准两种。单纯数量标准是枪支、弹药数量达到入罪最低数量标准的5倍以上即构成"情节严重"；数量加情节标准是数量达到入罪标准而尚未达到5倍以

---

[1]《最高人民法院关于发布第四批指导性案例的通知》，指导案例13号。

上，但是具有造成严重后果等其他恶劣情节的，也构成"情节严重"。[1]

S-20-4-3 违规制造、销售枪支罪

四、盗窃、抢夺枪支、弹药、爆炸物、危险物质罪；抢劫枪支、弹药、爆炸物、危险物质罪

盗窃、抢夺枪支、弹药、爆炸物、危险物质罪，是指盗窃、抢夺枪支、弹药、爆炸物的，或者盗窃、抢夺毒害性、放射性、传染病病原体等物质，危害公共安全的行为。

抢劫枪支、弹药、爆炸物、危险物质罪，是指抢劫枪支、弹药、爆炸物的，或者抢劫毒害性、放射性、传染病病原体等物质，危害公共安全的行为。

盗窃、抢夺枪支、弹药、爆炸物、危险物质罪的认定：

1. 主观上必须明知是或可能是枪支、弹药、爆炸物、危险物质。想偷财物偷了枪，构成盗窃罪（既遂）。想偷枪却偷了普通财物，构成盗窃枪支罪（未遂）。想偷财物却偷了枪，事后占有的，属于盗窃罪（既遂）与非法持有枪支罪，数罪并罚。

2. 本罪的主观构成要素是故意，并以非法占有为目的。若盗窃枪支是为了举报，不以本罪论处。

在选择性罪名分解使用时，可以数罪并罚。司法实践中应当根据案件的具体情况选择适用具体的罪名。对于被告人在盗窃枪支、弹药后用该枪支进行抢劫犯罪活动的，由于被告人实施的数个犯罪行为被一个选择性罪名所涵盖，结合案情，应以一个选择性罪名来定罪，即"盗窃、抢夺枪支、弹药罪"而不是分别以盗窃枪支罪和抢夺枪支罪来定罪。[2] 非法制造、买卖大量炸药，炸药在买方储存中发生爆炸的，可以从轻处罚，因为炸药的爆炸是在炸药卖出后的储存中发生的，非法制造、买卖炸药的行为与爆炸行为的发生不是典型的直接的因果关系。[3]

S-20-4-4 盗窃、抢夺枪支、弹药、爆炸物罪

---

[1] 最高人民法院刑事审判一至五庭主办：《中国刑事审判指导案例》（第2卷），法律出版社2017年版，第108~109、115、118~120页。

[2] 《中华人民共和国最高人民法院公报》1996年第3期。

[3] 最高人民法院刑事审判一至五庭主办：《中国刑事审判指导案例》（第2卷），法律出版社2017年版，第112页。

五、非法持有、私藏枪支、弹药罪

（一）概念

非法持有、私藏枪支、弹药罪，是指违反枪支管理规定，非法持有、私藏枪支、弹药的行为。

（二）犯罪构成要件

1. 犯罪客观方面。本罪的行为表现为非法持有、私藏枪支、弹药的行为。所谓"非法持有"，是指不符合配备、配置枪支、弹药条件的人员，违反枪支管理法律法规的规定，擅自持有枪支、弹药的行为，例如接受枪支质押借钱的、接受朋友的枪支暂时存放的或者接受他人制造的枪支暂时存放的，构成非法持有枪支罪。所谓"私藏"，是指依法配备、配置枪支弹药的人员，在配备、配置枪支、弹药的条件消除后，违反枪支管理法律、法规规定，私自藏匿所配备、配置的枪支、弹药且拒不交出的行为。例如，捡枪收藏，或者转业时私藏空枪留念的，构成非法私藏枪支罪。

S-20-4-5 非法持有、私藏枪支、弹药罪——客观要件的认定

2. 犯罪主观方面。本罪的主观方面为故意，即明知非法持有、私藏枪支、弹药的行为会发生危害公共安全的结果，并且希望或者放任这种结果的发生。

（三）处罚

根据《刑法》第128条的规定，犯本罪的，处3年以下有期徒刑、拘役或者管制；情节严重的[1]，处3年以上7年以下有期徒刑。在司法实践中，关于认定邀约非法持枪者携枪帮助能否构成非法持有枪支罪的共犯问题，由于行为人甲在受行为人乙邀约之后，进行帮助，主观上具有非法控制、使用枪支的意图，客观上又通过行为人乙实现了对枪支非法持有的状态，二人属于共同犯罪，行为人甲的行为构成非法持有枪支罪。[2]

六、非法出租、出借枪支罪

（一）概念

非法出租、出借枪支罪，是指违反枪支管理规定，依法配备公务用枪的人员和单位，非法出租、出借枪支的，或者依法配置枪支的人员和单位，非法出租、出借枪支，造成严重后果的行为。

（二）犯罪构成要件

1. 犯罪客观方面。本罪的行为面表现为违反枪支管理规定，出租、出借枪支的行为。本罪的主体为特殊主体，包括依法配备公务用枪的人员和单位及依法配置枪支的人员和单位。

---

[1] 关于情节严重的认定，参见最高人民法院《关于审理非法制造、买卖、运输枪支、弹药、爆炸物等刑事案件具体应用法律若干问题的解释》第5条的规定。

[2] 最高人民法院刑事审判一至五庭主办：《中国刑事审判指导案例》（第2卷），法律出版社2017年版，第1、132页。

2. 犯罪主观方面。本罪的主观方面为故意，但"造成严重后果"，属于客观的超过要素，只要求行为人有认识的可能性。

（三）本罪的认定

明知他人使用枪支实施杀人、伤害、抢劫、绑架等犯罪行为，而出租、出借枪支的，成立相关犯罪的共犯，与本罪想象竞合，择一重罪论处。例如，明知他人使用枪支进行非法狩猎而出借的，构成非法狩猎罪的共犯，与本罪想象竞合，择一重罪论处。

（四）处罚

根据《刑法》第128条的规定，犯本罪的，处3年以下有期徒刑、拘役或者管制；情节严重的，处3年以上7年以下有期徒刑。单位犯本罪的，对单位判处罚金，并对其直接负责的主管人员和其他直接责任人员，依照上述规定处罚。

七、丢失枪支不报罪

（一）概念

丢失枪支不报罪，是指依法配备公务用枪的人员，丢失枪支不及时报告，造成严重后果的行为。

（二）犯罪构成要件

1. 本罪的主体属于特殊主体，为依法配备公务用枪的人员，而非依法配置枪支的人员或者其他人员，依法配置枪支的人员等其他人员丢失枪支不构成犯罪。

2. 关于本罪的主观方面认定为故意还是过失，理论上有争议。本书认为，丢失枪支不报属于故意，对于造成的危害后果，属于客观的超过要素，不需要行为人的认识。

3. 本罪属于实害犯，丢失枪支不及时报告，并且该枪支被用于不法活动，造成严重后果的，才可认定为本罪。

（三）此罪与彼罪

本罪与玩忽职守罪的关系。依法配备公务用枪的国家机关工作人员，丢失枪支不及时报告，造成严重后果的，成立丢失枪支不报罪与玩忽职守罪；丢失枪支及时报告，依然造成严重后果的，成立玩忽职守罪。

（四）处罚

根据《刑法》第129条的规定，犯本罪的，造成严重后果的，处3年以下有期徒刑或者拘役。

S-20-4-6 丢失枪支不报罪

八、非法携带枪支、弹药、管制刀具、危险物品危及公共安全罪

（一）概念

非法携带枪支、弹药、管制刀具、危险物品危及公共安全罪，是指非法携带枪支、弹药、管制刀具或者爆炸性、易燃性、放射性、毒害性、腐蚀性物品，进入公共场所或者公共交通工具，危及公共安全，情节严重的行为。

（二）犯罪构成要件

1. 犯罪客观方面。本罪的行为表现为携带枪支、弹药、管制刀具或危险物品进入公共场所或公共交通工具的行为。构成本罪，必须达到危及公共安全且情节严重的标准。

S-20-4-7 非法携带枪支、弹药、管制刀具、危险物品危及公共安全罪——客观要件的认定

2. 本罪的主观方面为故意，即行为人明知自己携带危险物品进入公共场所或者公共交通工具，会发生危及公共安全的结果，并且希望或者放任这种结果的发生。

（三）处罚

根据《刑法》第130条的规定，犯本罪的，情节严重的，处3年以下有期徒刑、拘役或者管制。

S-20-4-8 非法携带枪支、弹药、管制刀具、危险物品危及公共安全罪——罪数的认定

第五节 造成重大责任事故危害公共安全的犯罪

S-20-5-1 安全事故类犯罪——
客观要件的认定

S-20-5-2 安全事故类犯罪——量刑

一、交通肇事罪

（一）概念

交通肇事罪，是指违反交通运输管理法规，因而发生重大交通事故，致人重伤、死亡或者使公私财产遭受重大损失的行为。

（二）犯罪构成要件

1. 犯罪客观方面。

（1）本罪行为表现为：其一，发生在公共道路交通管理范围之内或者与正在进行的交通有直接关系。航空人员、铁路职工以外的人员进入飞行、铁路运输的，构成本罪；航空人员、铁路职工违反交通运输法规，造成重大飞行事故、铁路运营安全事故以外的交通事

故的，也应以本罪论处。其二，有违反交通管理法规的行为。主要是指公路、水上交通运输的各种交通规则、操作准则等，同时也包括航空、铁路的交通管理法规。其三，造成重大后果。单纯违反交通管理法规，并未造成重大交通事故，致人重伤、死亡或者使公私财产遭受重大损失的，不以本罪论处。其四，因果关系，即交通肇事的结果必须由违反交通管理法规的规范目的行为所引起。在司法实践中，校园道路是否属于《道路交通安全法》中的规定的"道路"，答案是肯定的，因为校园生活区允许社会公共车辆通过，因此属于《道路交通安全法》规定的"虽在单位管辖范围但允许机动车通行的地方"。[1]

根据《关于审理交通肇事刑事案件具体应用法律若干问题的解释》第2条的规定，交通肇事具有下列情形之一的，构成本罪：①死亡1人或者重伤3人以上，负事故全部或者主要责任的；②死亡3人以上，负事故同等责任的；③造成公共财产或者他人财产直接损失，负事故全部或者主要责任，无能力赔偿数额在30万元以上的。

交通肇事致1人以上重伤，负事故全部或者主要责任，并具有下列情形之一的，构成本罪：①酒后、吸食毒品后驾驶机动车辆的；②无驾驶资格驾驶机动车辆；③明知是安全装置不全或者安全机件失灵的机动车辆而驾驶的；④明知是无牌证或者已报废的机动车辆而驾驶的；⑤严重超载驾驶的；⑥为逃避法律追究逃离事故现场的。

S-20-5-3 交通肇事罪——客观要件的认定

（2）本罪的主体为一般主体，包括从事交通运输的人员、行人等。

2. 犯罪主观方面。本罪的主观方面为过失。即行为人应当预见自己的行为可能会造成重大交通事故的后果，但由于疏忽大意而没有预见，或者虽然已经预见但轻信能够避免，以致这种结果发生。

（三）此罪与彼罪

1. 本罪与利用交通工具故意杀人或者伤害行为的区别，二者的区别主要在于主观方面的不同。交通肇事罪的主观构成要素为过失，行为人主观上并没有杀人、伤害的故意，而行为人若是利用交通工具故意杀人、伤害的，主观构成要素为故意，即故意实施危害他人身体健康的行为，并希望造成被害人伤害或死亡的结果，符合故意杀人罪、故意伤害罪的构成要件，应当以故意杀人、故意伤害罪论处。

2. 本罪与过失以危险方法危害公共安全罪的区别。从客观方面上看，行为人违反交通运输管理法规，造成重大伤亡事故，只要对伤亡的发生持有过失心理，就可以认定为本罪；倘若行为人违反交通运输管理法规，造成的重大伤亡事故，达到了与放火、决水、爆炸、投放危险物质相当的程度，行为人对重大伤亡事故的发生仅有过失，此时交通肇事罪不足以评价，应当认定为过失以危险方法危害公共安全罪。在司法实践中，关于对酒后驾驶造成重大伤亡的案件，区分交通肇事罪和以危险方法危害公共安全罪的关键就在于肇事

---

[1] 最高人民法院刑事审判一至五庭主办：《中国刑事审判指导案例》（第2卷），法律出版社2017年版，第1、177页。

者的主观心理是过失心态还是故意心态。如果是过失，便是交通肇事罪，如果是故意，便是以危险方式危害公共安全罪。[1]

3. 本罪与重大责任事故罪、过失致人死亡罪的区别。重大责任事故罪，发生在生产、作业活动中，在公共交通管理的范围外。因此，在交通运输过程中造成的过失致人死亡，以本罪论处，在生产、作业活动中发生重大责任事故过失致人死亡的，以重大责任事故罪论处。

4. 本罪与故意杀人罪、故意伤害罪的关系。交通肇事后隐藏或者遗弃被害人，致使其得不到救助而死亡、严重残疾的，构成故意杀人罪、故意伤害罪。

（四）一罪与数罪

1. 交通肇事后利用被害人不知反抗或者无法反抗拿走被害人财物的，以本罪与盗窃罪数罪并罚。

2. 盗窃他人机动车违反交通运输管理法规，发生重大事故，构成犯罪的，以盗窃罪与本罪数罪并罚。

（五）处罚

根据《刑法》第133条的规定，犯本罪的，处3年以下有期徒刑或者拘役；交通运输肇事后逃逸或者有其他特别恶劣情节的，处3年以上7年以下有期徒刑；因逃逸致人死亡的，处7年以上有期徒刑。

1. 本罪的基本犯，法定刑为3年以下有期徒刑或者拘役。

2. 交通运输肇事后逃逸或者有其他特别恶劣情节的，处3年以上7年以下有期徒刑。交通运输肇事后逃逸是指行为人具有交通肇事罪的情形[2]，在发生交通事故后，为逃避法律追究而逃跑的行为。交通肇事逃逸的认定，需注意以下几点：首先，逃逸时必须已经认识到自己交通肇事；其次，逃逸行为必须建立在已经成立交通肇事罪的基本犯的基础上；最后，逃逸的主观目的是为了逃避法律追究。实践中，对"交通肇事后逃逸"应当作实质解释，如交通肇事后，行为人仍在现场或者公安机关形式上可控范围内，公安机关向其询问案情时，拒不交代经过，并虚构身份信息，后逃离的行为，应当认定为"交通肇事后逃逸"。[3]

S-20-5-4 交通肇事罪——量刑

3. 因逃逸致人死亡的，处7年以上有期徒刑。因逃逸致人死亡的，是指行为人在交通

---

[1] 最高人民法院刑事审判一至五庭主办：《中国刑事审判指导案例》（第2卷），法律出版社2017年版，第153、156、180页。

[2] 2000年11月10日最高人民法院《关于审理交通肇事刑事案件具体应用法律若干问题的解释》第2条规定的3种基本情形以及除了交通肇事致1人以上重伤，负事故全部或者主要责任并有逃逸行为外的5种特殊情形。

[3] 最高人民法院刑事审判一至五庭主办：《中国刑事审判指导案例》（第2卷），法律出版社2017年版，第144、169、182~183、189、193页。

肇事后为逃避法律追究而逃跑，致使被害人因得不到救助而死亡的情形。必须具备的要素有：其一，逃逸时已经认识到自己交通肇事，有观点认为已经构成交通肇事罪的基本犯。本书认为，根据司法解释规定，其二，交通肇事后有逃逸行为。其三，逃逸行为与被害人死亡结果之间有因果关系。其四，客观标准上要求被害人在逃逸前未死亡。在司法实践中，准确把握"交通肇事后将被害人带离事故现场后遗弃，致使被害人无法得到救助而死亡"的情形在于：①行为人必须有隐藏或抛弃行为；②主观目的是逃避法律追究，即为了逃避其依法应当承担的各种法律责任，至于目的能否得逞不影响定罪；③被害人最终死亡或造成严重残疾，且该结果系因隐藏或抛弃行为而无法得到救助所致。[1]

S-20-5-5 交通肇事罪——交通肇事罪之肇事后逃逸、因逃逸致人死亡的认定

（六）特殊责任人

1. 根据《关于审理交通肇事刑事案件具体应用法律若干问题的解释》第 7 条的规定，单位主管人员、机动车辆所有人或者机动车辆承包人指使、强令他人违章驾驶造成重大交通事故，具有该解释第 2 条规定情形之一的，以交通肇事罪定罪处罚。因此单位主管人员、机动车辆所有人以及机动车辆承包人三类人，指使、强令他人违章构成交通肇事罪。

2. 根据《关于审理交通肇事刑事案件具体应用法律若干问题的解释》第 5 条第 2 款的规定，交通肇事后，单位主管人员、机动车辆所有人、承包人或者乘车人指使肇事人逃逸，致使被害人因得不到救助而死亡的，以交通肇事罪的共犯论处。因此，交通肇事罪责任主体主要包括：从事交通运输的人员（驾驶人、行人）；单位主管人员、机动车辆所有人、机动车辆承包人指使、强令违章的；交通肇事后，单位主管人员，机动车辆所有人、承包人、乘车人指使肇事人逃逸的；偷开机动车辆人员。[2]

（七）自首的认定

交通肇事后保护现场、抢救伤者，并向公安机关报告的，应认定为自动投案，构成自首，因上述行为同时系犯罪嫌疑人的法定义务，对其是否从宽、从宽幅度如何要适当从严掌握。

交通肇事逃逸后自动投案，如实供述自己罪行的，应认定为自首，但应依法以较重法定刑为基准，视情况决定对其是否从宽处罚以及从宽处罚的幅度。在司法实践中，交通肇事逃离现场后又投案自首的行为，不仅仅看肇事者是否逃离现场，其关键在于肇事者是否同时具备"积极履行救助义务"和"立即投案"的行为特征，其中"积极履行救助义务"和"立即投案"均是"接受法律追究"的表现形式，两者具有内在联系。如交通肇事后报警并留在现场等候处理的，应认定为自动报案。交通肇事后逃逸又自动投案的构成自首，

---

[1] 最高人民法院刑事审判一至五庭主办：《中国刑事审判指导案例》（第 2 卷），法律出版社 2017 年版，第 138~139、142 页。

[2] 根据最高人民法院、最高人民检察院《关于办理盗窃刑事案件适用法律若干问题的解释》第 10 条的规定，偷开他人机动车，同时构成其他犯罪的，同盗窃罪数罪并罚。本条解释属于注意规定。

应当在逃逸情节的法定刑幅度内视情况决定是否从轻处罚。[1]

二、危险驾驶罪

（一）概念

危险驾驶罪，是指在道路上驾驶机动车，追逐竞驶，情节恶劣的；醉酒驾驶机动车的；从事校车业务或者旅客运输，严重超过额定乘员载客，或者严重超过规定时速行驶的；违反危险化学品安全管理规定运输危险化学品，危及公共安全的行为。法律规定的"情节恶劣"，一般需结合行为人是否有驾驶资格、是否改装大功率车辆及有无合法号牌、是否大幅度超速、是否在密集路段竞驶、是否多次多人竞驶、是否引发事故及恐慌、是否抗拒或躲避执法、是否有饮酒或吸毒等导致控制力下降等因素综合判断，其核心应当是该追逐竞驶行为是否导致公共交通安全处于危险状态之下。[2]

（二）犯罪构成要件

1. 本罪的客观方面表现为：

（1）追逐竞驶，情节恶劣；

（2）醉酒驾驶机动车；

（3）从事校车业务或者旅客运输，严重超过额定乘员载客，或者严重超过规定时速行驶；

（4）违反危险化学品安全管理规定运输危险化学品，危及公共安全。所谓"机动车"，根据《道路交通安全法》119条的规定，是指以动力装置驱动或者牵引，上道路行驶的供人员乘用或者用于运送物品以及进行工程专项作业的轮式车辆。

追逐竞驶，一般指行为人出于竞技、追求刺激、斗气或者其他动机，2人或2人以上分别驾驶机动车，违反道路交通安全规定，在道路上快速追赶行驶的行为。根据我国《刑法》第133条之一第1款规定，在道路上驾驶机动车追逐竞驶，情节恶劣的，构成危险驾驶罪。行为人为追求刺激、炫耀车技，驾驶超标大功率的改装车辆，在公共道路上多次随意变换车道，且大幅超速驾驶的行为，说明其不仅在主观上具有追逐竞驶的故意心态，而且在客观上也存在严重违反道路交通安全的行为，故其行为应被认定为追逐竞驶。[3] 由于危险驾驶罪属于法定犯，对"机动车"等概念性的法律术语的理解应当与所对应的行政法规保持一致，不能随意扩大。如果将超标的电动自行车作为机动车进行规制的话，就会存在较多困难。所以，对于超标的电动自行车应当作为无罪处理。而关于该罪的"道路"理解应当从立法层面进行理解，即驾驶行为发生地是否具有"公共性"，只要具有"公共性"，就应当认定为"道路"。[4]

---

[1] 最高人民法院刑事审判一至五庭主办：《中国刑事审判指导案例》（第2卷），法律出版社2017年版，第137、150~151、160、164页。

[2] 《最高人民法院公报》2013年第12期。

[3] 《中华人民共和国最高人民法院关于发布第八批指导性案例的通知》，指导案例第32号。

[4] 最高人民法院刑事审判一至五庭主办：《中国刑事审判指导案例》（第2卷），法律出版社2017年版，第196页。

S-20-5-6 危险驾驶罪——客观要件的认定

2. 本罪的主观方面为故意，即明知危险驾驶的行为会发生危害公共安全的结果，并且希望或者放任这种结果的发生。

3. 机动车所有人、管理人对《刑法》第133条之一第1款规定的第3项、第4项行为负有直接责任的，以本罪论处。

（三）罪与非罪

在司法实践中，把握醉驾型危险驾驶罪应当从主客观两个方面考虑：

1. 危险程度：其一，行为人是否造成现实的危害；其二，行为人案发时的驾驶能力，主要是看血液中的酒精含量；其三，行为人是否实施了严重违反《道路交通安全法》的其他行为，如违反交通信号灯、逆向行驶或违规超车等；其四，醉驾行为严重威胁到不特定多数人的生命安全。

2. 主观恶性和人身危险大小：其一，实施醉驾行为前的表现，如以往酒驾历史；其二，被查时的表现，如配合酒精检查的表现；其三，归案后的认罪悔罪态度。在司法实践中，关于醉酒后在道路上挪动车位的行为，构成危险驾驶罪，因驾驶距离较短、速度较慢，未发生严重后果的，可以不作为犯罪处理。[1]

（四）此罪与彼罪

本罪与交通肇事罪的区别。交通肇事罪的主观构成要素为过失，对于违反交通运输法规而造成的危害结果主观方面为过失心态，危险驾驶罪的主观构成要素为故意。交通肇事罪为实害犯，并不是所有违反交通运输法规的行为都构成交通肇事罪，只有造成一定的危害结果才能构成交通肇事罪，而危险驾驶罪不要求造成一定的危害结果即可构成该罪。例如，张三醉驾一段路程后闯红灯引发事故致一人死亡，张三引发事故致人死亡同醉驾没有直接关系，系闯红灯造成，应两罪数罪并罚。反之，因醉驾致1人死亡，直接定交通肇事罪即可。

（五）一罪与数罪

1. 犯本罪，同时构成其他犯罪的，依照处罚较重的罪名定罪处罚。

2. 醉酒驾驶机动车，以暴力、威胁方法阻碍公安机关依法检查，又构成妨害公务罪等其他犯罪的，依照数罪并罚的规定处罚。

3. 醉驾逃逸后找人"顶包"，并指使他人提供虚假证言，导致无法及时检验血液酒精含量的案件，可以根据间接证据认定行为人构成危险驾驶罪，并可以对其在肇事后实施的妨碍作证行为单独评价为妨害作证罪，从而认定构成危险驾驶罪和妨害作证罪，数罪并罚。

---

[1] 最高人民法院刑事审判一至五庭主办：《中国刑事审判指导案例》（总第2卷），法律出版社2017年版，第203~204、210~211、234~235页。

S-20-5-7 危险驾驶罪——罪数的认定

（六）处罚

根据《刑法》第133条之一的规定，犯本罪的，处拘役，并处罚金。

S-20-5-8 危险驾驶罪——量刑

三、妨害安全驾驶罪

妨害安全驾驶罪，是指对行驶中的公共交通工具的驾驶人员使用暴力或者抢控驾驶操纵装置，干扰公共交通工具正常行驶，危及公共安全的行为；以及驾驶人员在行驶的公共交通工具上擅离职守，与他人互殴或者殴打他人，危及公共安全的行为。

《中华人民共和国刑法修正案（十一）》增设第133条之二，规定"对行驶中的公共交通工具的驾驶人员使用暴力或者抢控驾驶操纵装置，干扰公共交通工具正常行驶，危及公共安全的，处一年以下有期徒刑、拘役或者管制，并处或者单处罚金"。"前款规定的驾驶人员在行驶的公共交通工具上擅离职守，与他人互殴或者殴打他人，危及公共安全，依照前款的规定处罚"。对于存在前两款行为，致人伤亡或者造成其他严重后果，同时构成其他犯罪的，依照处罚较重的规定定罪处罚。

四、重大责任事故罪

（一）概念

重大责任事故罪，是指在生产、作业中违反有关安全管理的规定，因而发生重大伤亡事故或者造成其他严重后果的行为。

（二）犯罪构成要件

S-20-5-9 重大责任事故罪——犯罪主体的认定

1.犯罪客观方面。本罪的行为表现为行为人在生产、作业中违反有关安全管理的规定，因而发生重大伤亡事故或者造成其他严重后果，必须具备以下要素：其一，重大事故必须发生在生产、作业活动中。其二，必须违反有关安全管理规定；其三，必须发生重大伤亡事故或造成严重后果——造成死亡1人以上，或者重伤3人以上的；造成直接经济损失100

万元以上的；其他造成严重后果或者重大安全事故的情形。[1]

S-20-5-10 重大责任事故罪——客观要件的认定

2. 犯罪主观方面。本罪主观方面为过失，即行为人应当预见自己的行为可能会造成重大责任事故的后果，但由于疏忽大意而没有预见，或者虽然已经预见但轻信能够避免，以致这种结果发生。

（三）此罪与彼罪

本罪与失火罪、过失爆炸罪的区别：其一，发生场所不同，本罪限于在生产、作业中违反有关安全管理的规定，因而发生重大伤亡事故或者造成其他严重后果，例如工地天然气泄漏引起大火以及修房时发生氢气火灾。失火罪、过失爆炸罪通常发生在日常生活场所。其二，用火类型不同，本罪限于生产、作业活动用火；而失火罪、过失爆炸罪属于生活用火。其三，主观过失不同，本罪属于业务过失；而失火罪、过失爆炸罪属于一般过失。

在司法实践中，往往会出现"重大劳动安全事故罪"和"重大责任事故罪"的竞合，由于两罪的法定刑是相同的，且"安全生产设施或者安全生产条件不符合国家规定"和"在生产、作业中违反有关安全管理的规定"的罪责其实没有区别，无法重罪吸收轻罪。如果以重大责任事故罪定罪就无法全面评价"安全生产设施或者安全生产条件不符合国家规定"的罪责，因为重大责任事故罪并不以"安全生产设施或者安全生产条件不符合国家规定"为前提。以重大劳动安全事故罪定罪，将"在生产、作业中违反有关安全管理的规定"作为从重处罚的情节，可以做到两种罪责兼顾评价。但是，当出现法律规定的"强令他人违章冒险作业"的情况时，由于法律有特别规定且强令违章冒险作业罪法定刑更重，因此应以强令违章冒险作业罪定罪量刑。[2]

S-20-5-11 重大责任事故罪——罪数、行政处罚、量刑情节、量刑、审判原则、政策的认定

S-20-5-12 重大责任事故罪——高空抛物行为的认定

五、不报、谎报安全事故罪

（一）概念

不报、谎报安全事故罪，是指在安全事故发生后，负有报告职责的人员不报或者谎报

---

[1] 参见最高人民法院、最高人民检察院《关于办理危害生产安全刑事案件适用法律若干问题的解释》第6条第1款的规定。

[2] 最高人民法院刑事审判一至五庭主办：《中国刑事审判指导案例》（第2卷），法律出版社2017年版，第239页。

事故情况，贻误事故抢救，情节严重的行为。

（二）犯罪构成要件

1. 犯罪客观方面。

（1）本罪的行为表现为不作为行为。本罪为纯正的不作为犯，即不报或者谎报事故情况，且贻误事故抢救。若未贻误事故抢救的，不构成犯罪。例如报告事故但隐瞒自己过错的，不构成犯罪。

S-20-5-13 不报、谎报安全事故罪——客观要件的认定

（2）本罪的主体为特殊主体，即对发生安全事故负有报告职责的人员，一般包括负有组织、指挥或者管理职责的负责人、管理人员、实际控制人、投资人。

S-20-5-14 不报、谎报安全事故罪——共同犯罪的认定

2. 犯罪主观方面。本罪的主观方面为故意，即明知不报、谎报安全事故的行为会贻误事故抢救，危害公共安全，并且希望或者放任危害结果的发生。

（三）处罚

根据《刑法》第139条之一的规定，犯本罪的，处3年以下有期徒刑或者拘役；情节特别严重的，处3年以上7年以下有期徒刑。

S-20-5-15 不报、谎报安全事故罪——罪数的认定

六、重大飞行事故罪等

S-20-5-16 重大飞行事故罪；铁路运营安全事故罪；强令、组织他人违章冒险作业罪；违反生产安全管理义务罪；重大劳动安全事故罪；大型群众性活动重大安全事故罪；危险物品肇事罪；工程重大安全事故罪；教育设施重大安全事故罪；消防责任事故罪

立体刑法学教程

第二十一章

破坏社会主义市场经济秩序罪

破坏社会主义市场经济秩序罪，是指违反国家市场经济管理法规，破坏社会主义市场经济秩序的行为。本章犯罪的客观要件表现为实害犯，大多要求情节严重或者数额较大。主观要件为故意，本节罪名目的犯较多，如金融诈骗犯罪，要求以非法占有为目的。本章犯罪的罪名类型以法定犯为主，且多有并处财产刑。

第一节 生产、销售伪劣商品罪

1979年《刑法》中没有生产、销售伪劣商品罪的规定，对于销售病死猪肉等行为，构成以其他危险方法危害公共安全罪。后来1997年修订时将1993年人大常委会单行刑法《全国人民代表大会常务委员会关于惩治生产、销售伪劣商品犯罪的决定》的内容并入。

一、生产、销售伪劣产品罪

（一）概念

生产、销售伪劣产品罪，是指生产者、销售者在产品中掺杂、掺假，以假充真，以次充好或者以不合格产品冒充合格产品，销售金额较大的行为。

（二）犯罪构成要件

1. 犯罪客观方面。

（1）本罪的行为分为4种类型，在产品中掺杂、掺假，以假充真，以次充好或者以不合格产品冒充合格产品。行为对象为伪劣产品。

S-21-1-1 生产、销售伪劣产品罪——关于"在产品中掺杂、掺假"的认定

行为结果为要求销售额达5万元以上。销售金额包括生产、销售的成本加利润，多次实施生产、销售伪劣产品的，其销售金额及货值金额累计计算。根据最高人民法院、最高人民检察院《关于办理生产、销售伪劣商品刑事案件具体应用法律若干问题的解释》第2条第2款的规定，伪劣产品尚未销售，货值金额达15万元以上的，构成本罪的未遂。

S-21-1-2 生产、销售伪劣产品罪——客观要件的认定

（2）本罪的主体为生产者与销售者，包括除消费者群体以外的一切从事商品生产、销售的自然人、单位，不限于合法经营主体。因此，如果消费者明知是伪劣产品而购买的销售者无罪；销售明知是伪劣产品的批发商有罪。行为人在生产、销售伪劣产品时为了达到签订销售合同的目的，在合同上加盖了他人单位公章，而他人单位对行为人生产、销售伪劣产品的行为并未参与，也不知情的情况下，该行为人的行为应属于盗用单位的名义实施的犯罪，不属于单位犯罪。[1]

2. 犯罪主观方面。本罪的主观方面为故意。

（三）罪与非罪

本罪为数额犯，在产品中掺杂、掺假，以假充真，以次充好或者以不合格产品冒充合格产品，销售金额满5万元是入罪标准，非未遂标准。例如：明知油脂经销者向饲料生产企业和药品生产企业等单位销售豆油等食用油，仍将用餐厨废弃油加工而成的劣质油脂销售给对方，导致劣质油脂流向饲料生产企业和药品生产企业等单位的，构成生产、销售伪劣产品罪。[2]

S-21-1-3 生产、销售伪劣产品罪——既遂与未遂的认定

（四）此罪与彼罪

本罪与诈骗罪的区别。以假充真、以次充好，属本罪范畴；如果以制售伪劣产品以外的方式骗取财物，则定诈骗罪。例如假古董案，向游客销售假古董的，应当以诈骗罪论处。本罪与销售假冒注册商标的商品罪的区别，对于这一问题应当分情况讨论：如果行为人虽然假冒注册商标，但是产品符合了该类合格产品的最低质量标准，则只构成销售假冒注册商标的商品罪；如果行为人除了假冒注册商标，其产品本身达不到质量标准，则属于法条竞合，从一重罪处理。[3]

（五）罪数

1. 特殊的法条竞合。根据《刑法》第149条的规定，犯本罪的，同时构成第141条至第148条规定的生产、销售假药罪，生产、销售劣药罪，生产、销售不符合安全标准的食

---

[1]《中华人民共和国最高人民法院公报》1999年第3期。
[2]《最高人民检察院关于印发第四批指导性案例的通知》，检例第12号。
[3] 最高人民法院刑事审判一至五庭主办：《中国刑事审判指导案例》第3卷，法律出版社2017年版，第1~3、5~9页。

品罪，生产、销售有毒、有害食品罪，生产、销售不符合标准的卫生器材罪，生产、销售不符合安全标准的产品罪，生产、销售伪劣农药、兽药、化肥、种子罪，生产、销售不符合卫生标准的化妆品罪的，从一重罪定罪处罚。采用重法优于轻法原则，这是刑法对量刑均衡的考量。

2. 犯本罪的，同时构成侵犯知识产权、非法经营等其他犯罪的，属于想象竞合，依处罚较重的定罪处罚。

3. 犯本罪的，又以暴力、威胁方法抗拒查处，构成妨害公务等罪的，应当数罪并罚。

S-21-1-4 生产、销售伪劣产品罪——罪数的认定

（六）共犯问题

根据最高人民法院、最高人民检察院《关于办理生产、销售伪劣商品刑事案件具体应用法律若干问题的解释》，知道或应当知道他人实施生产、销售伪劣商品犯罪，而为其提供贷款、资金、账号、发票、证明、许可证件，或者提供生产、经营场所或者运输、仓储、保管、邮寄等便利条件，或者提供制假生产技术的，以生产、销售伪劣商品犯罪的共犯论处。[1]

S-21-1-5 生产、销售伪劣产品罪——共同犯罪的认定

（七）处罚

S-21-1-6 生产、销售伪劣产品罪——量刑

二、生产、销售、提供假药罪

（一）概念

生产、销售、提供假药罪，是指生产、销售假药，或者药品使用单位的人员明知是假药而提供给他人使用的行为。

---

[1] 参见最高人民法院、最高人民检察院《关于办理生产、销售伪劣商品刑事案件具体应用法律若干问题的解释》第9条的规定。

(二) 犯罪构成要件

1. 犯罪客观方面。

(1) 具有生产、销售假药,或者药品使用单位的人员明知是假药而提供给他人使用的行为。本罪属于抽象危险犯。医院使用假药的或者为出售而购买、储存的行为,都可以评价为销售,构成销售假药罪。

S-21-1-7 生产、销售假药罪——疫情期间制假售假行为的认定

(2) 本罪的行为对象为假药。本罪所称假药,指功能上的假药,通常具有以下特征之一,如药品所含成分与国家药品标准规定的成分不符;以非药品冒充药品或者以他种药品冒充此种药品;变质的药品;药品所标明的适应症或者功能主治超出规定范围。

(3) 本罪的结果加重犯,需对人体健康造成严重伤害。根据《最高人民法院、最高人民检察院关于办理危害药品安全刑事案件适用法律若干问题的解释》第2条的规定,具有下列情形之一的,属于"对人体健康造成严重危害":其一,造成轻伤或者重伤的;其二,造成轻度残疾或者中度残疾的;其三,造成器官组织损伤导致一般功能障碍或者严重功能障碍的;其四,其他对人体健康造成严重危害的情形。

S-21-1-8 生产、销售假药罪——客观要件的认定

2. 犯罪主观方面。本罪的主观方面为故意,并不以营利目的为要件。

对于行为人是否具有主观上故意的认定,不能仅仅依照行为人的供述,还应当综合整个案情和现有证据,根据涉案药品交易的销售渠道、销售价格、药品包装、药品本身的质量,结合行为人的职业、文化程度等因素,进行全面分析。[1]

S-21-1-9 生产、销售假药罪——罪数的认定

S-21-1-10 生产、销售假药罪——共同犯罪的认定

---

[1]《中华人民共和国最高人民法院公报》2010年第12期。

(三) 处罚

S-21-1-11 生产、销售假药罪——量刑

三、生产、销售、提供劣药罪

（一）概念

生产、销售劣药罪，是指生产、销售劣药，对人体健康造成严重危害的；或者药品使用单位的人员明知是劣药而提供给他人使用的行为。

（二）犯罪构成要件

1. 犯罪客观方面。

（1）生产、销售劣药，并对人体健康造成严重危害的行为，属于实害犯。生产、销售劣药，具有以下情形的，应当认定为本罪规定的"对人体健康造成严重危害"：其一，造成轻伤或者重伤的；其二，造成轻度残疾或者中度残疾的；其三，造成器官组织损伤导致一般功能障碍或者严重功能障碍的；其四，其他对人体健康造成严重危害的。没有造成上述后果，但销售金额达到5万元以上的，应当以生产、销售伪劣产品罪论处。

（2）本罪的行为对象为劣药。本罪所称劣药，通常具有以下特征之一，如药品成分的含量不符合国家药品标准；被污染的药品；未标明或者更改有效期的药品；未注明或者更改产品批号的药品；超过有效期的药品；擅自添加防腐剂、辅料的药品；其他不符合药品标准的药品。

（3）本罪的结果加重犯，为后果特别严重的情形。根据2022年3月3日公布，2022年3月6日实施的《最高人民法院、最高人民检察院关于办理危害药品安全刑事案件适用法律若干问题的解释》第5条的规定，具有下列情形之一的，属于"后果特别严重"的情形：其一，致人重度残疾以上的；其二，造成3人以上重伤、中度残疾或者器官组织损伤导致严重功能障碍的；其三，造成5人以上轻度残疾或者器官组织损伤导致一般功能障碍的；其四，造成10人以上轻伤的；其五，造成重大、特别重大突发公共卫生事件的。

生产、销售、提供劣药，具有以下情形之一的，应当酌情从重处罚：其一，涉案药品以孕产妇、婴幼儿、儿童或者危重病人为主要使用对象的；其二，涉案药品属于麻醉药品、精神药品、医疗用毒性药品、放射性药品、避孕药品、血液制品、疫苗的；其三，涉案药品属于注射剂药品、急救药品的；其四，涉案药品系用于应对自然灾害、事故灾难、公共卫生事件、社会安全事件等突发性事件的；其五，药品使用单位及其工作人员生产、销售假药的；其六，其他应当酌情从重处罚的情形。

S-21-1-12 生产、销售劣药罪——客观要件的认定

2. 犯罪主观方面。本罪的主观方面为故意，并不以营利目的为要件。同生产、销售假药罪一样，对于行为人是否具有主观上故意的认定，也应当综合整个案情和现有证据，根据涉案药品交易的销售渠道、销售价格、药品包装、药品本身的质量，结合行为人的职业、文化程度等因素，进行全面的分析判断。

（三）此罪与彼罪

本罪与生产、销售假药罪的区别：首先，犯罪对象不同。其次，客观要件不同，本罪属于结果犯，而生产、销售假药罪属于抽象危险犯（前提得是假药）。若误以为是假药但实际上是劣药的，构成生产、销售假药罪的未遂与本罪的既遂，想象竞合，认定为本罪的既遂。

（四）处罚

《刑法》第142条规定，生产、销售劣药，对人体健康造成严重危害的，处3年以上10年以下有期徒刑，并处罚金；后果特别严重的，处10年以上有期徒刑或者无期徒刑，并处罚金或者没收财产。

S-21-1-13 生产、销售劣药罪——量刑

四、妨害药品管理罪

（一）概念

妨害药品管理罪，是指违反药品管理法规，符合相应情形，足以严重危害人体健康的行为。

（二）犯罪构成要件

1. 犯罪客观方面。本罪的行为方式包括：生产、销售国务院药品监督管理部门禁止使用的药品的；未取得药品批准证明文件生产、进口药品或者明知是上述药品而销售的；药品申请注册中提供虚假的证明、数据、资料、样品或者采取其他欺骗手段的；编造生产、检验记录的。

2. 犯罪主观方面为故意。

（三）此罪与彼罪

符合前述行为，同时又构成《刑法》第141条、第142条规定之罪或者其他犯罪的，依然处罚较重的规定定罪处罚。

（四）处罚

违反药品管理法规，有上述情形之一，足以严重危害人体健康的，处3年以下有期徒刑或者拘役，并处或者单处罚金；对人体健康造成严重危害或者有其他严重情节的，处3年以上7年以下有期徒刑，并处罚金。

五、生产、销售不符合安全标准的食品罪

（一）概念

生产、销售不符合食品安全标准的食品，足以造成严重食物中毒事故或者其他严重食

源性疾病的行为。

(二) 犯罪构成要件

1. 犯罪客观方面。

S-21-1-14 生产、销售不符合安全标准的食品罪——共同犯罪的认定

(1) 本罪的行为表现为：生产、销售不符合食品安全标准的食品，且足以造成严重食物中毒事故或者其他严重食源性疾病的行为。根据《最高人民法院、最高人民检察院关于办理危害食品安全刑事案件适用法律若干问题的解释》第1条的规定，下列情况属于"足以造成严重食物中毒事故或者其他严重食源性疾病"：①含有严重超出标准限量的致病性微生物、农药残留、兽药残留、重金属、污染物质以及其他危害人体健康的物质的；②属于病死、死因不明或者检验检疫不合格的畜、禽、兽、水产动物及其肉类、肉类制品的；③属于国家为防控疾病等特殊需要明令禁止生产、销售的；④特殊医学配方食品、专供婴幼儿的主辅食品营养成分严重不符合食品安全标准的；⑤其他足以造成严重食物中毒事故或者严重食源性疾病的情形。实践中"足以造成严重食物中毒事故或者其他严重食源性疾病""有毒、有害非食品原料"难以确定的，司法机关可以根据检验报告并结合专家意见等相关材料进行认定。必要时，人民法院可以依法通知有关专家出庭作出说明。

S-21-1-15 生产、销售不符合安全标准的食品罪——客观要件的认定

(2) 本罪属于具体危险犯，要求足以造成严重食物中毒事故或者其他严重食源性疾病，若没有的，符合生产、销售伪劣产品罪的构成要件的，以生产、销售伪劣产品罪论处。

2. 犯罪主观方面。本罪的主观方面为故意。

(三) 处罚

S-21-1-16 生产、销售不符合安全标准的食品罪——罪数的认定

S-21-1-17 生产、销售不符合安全标准的食品罪——量刑

六、生产、销售有毒、有害食品罪

（一）概念

生产、销售有毒、有害食品罪，是指在生产、销售的食品中掺入有毒、有害的非食品原料，或者销售明知掺有有毒、有害的非食品原料的食品的行为。

（二）犯罪构成要件

1. 犯罪客观方面。本罪的行为表现为在生产、销售的食品中掺入有毒、有害的非食品原料，或者销售明知掺有有毒、有害的非食品原料的食品。①掺入有毒、有害非食品原料，例如福尔马林、工业酒精、铝馒头。②使用有毒、有害非食品原料加工食品，例如地沟油炸鸡、兑食用油。③在食用农产品种植、养殖中使用禁用农药或兽药或其他有毒、有害物质，例如用毒鼠强种植或者用瘦肉精喂猪。④明知是上述动物而提供屠宰等加工服务或者销售的。例如甲偷鸡，给其喂食禁用兽药，乙对该鸡进行拔毛屠宰，而后甲又销售的。⑤在保健食品或其他食品中添加国家禁用药物等有毒、有害物质，例如保健品加降糖药。

根据《最高人民法院、最高人民检察院关于办理危害食品安全刑事案件适用法律若问题的解释》第9条的规定，下列物质应当认定为"有毒、有害的非食品原料"：

（1）因危害人体健康，被法律、法规禁止在食品生产经营活动中添加、使用的物质；

（2）因危害人体健康，被国务院有关部门公布的《食品中可能违法添加的非食用物质名单》《保健食品中可能非法添加的物质名单》上的物质；

（3）国务院有关部门公告禁止使用的农药、《食品动物中禁止使用的药品及其他化合物清单》等名单上的物质；

（4）其他有毒、有害的物质。行为人在食品生产经营中添加的虽然不是国务院有关部门公布的《食品中可能违法添加的非食用物质名单》和《保健食品中可能非法添加的物质名单》中的物质，但如果该物质与上述名单中所列物质具有同等属性，并且根据检验报告和专家意见等相关材料能够确定该物质对人体具有同等危害的，应当认定为《刑法》第144条规定的"有毒、有害的非食品原料"。[1]

S-21-1-18 生产、销售有毒、有害食品罪——客观要件的认定

2. 犯罪主观方面。本罪的主观方面为故意。例如，行为人明知工业用猪油当作食用猪油销售给消费者，必然损害其身体健康，仍然将其投放市场的行为。

（三）罪与非罪

1. 生产需明知掺入的是有毒有害的非食品原料，否则不构成犯罪。

2. 销售需明知食品中掺有有毒、有害非食品原料，否则不构成犯罪。在食品加工过程中，使用有毒、有害的非食品原料加工食品并出售的，应当认定为生产、销售有毒、有害食品罪；明知是他人使用有毒、有害的非食品原料加工出的食品仍然购买并出售的，应当

---

[1]《最高人民法院关于发布第十五批指导性案例的通知》，指导案例70号。

认定为销售有毒、有害食品罪。[1]

(四) 此罪与彼罪

1. 本罪与生产、销售不符合安全标准的食品罪的区别。首先,犯罪类型不同:本罪属于抽象危险犯,而生产、销售不符合安全标准的食品罪属于具体危险犯。其次,添加物不同:本罪添加的为非食品毒害物质或禁用药,而生产、销售不符合安全标准的食品罪添加的为不安全的食品本身或过量食品添加剂。

2. 本罪与生产、销售伪劣产品罪的区别。是一般与特殊的关系,本罪属于抽象危险犯,而生产、销售伪劣产品罪属于数额犯。由于本罪是特别法条,符合本罪的构成要件的,应当以本罪论处,如果生产、销售的食品有毒、有害,未达本罪的行为要求,符合生产、销售伪劣产品罪的数额标准的,应当以生产、销售伪劣产品罪论处。

3. 本罪与投放危险物质罪的区别。首先,本罪具有一定的时空条件,多发生在生产、销售经营活动中,例如,在生产农田中种植掺有毒药的草莓。其次,投放对象不同:投放危险物质罪的投放非食品原料,不属于生产经营行为。

4. 本罪与以危险方法危害公共安全罪的区别。首先,二者是特殊与一般的关系,在具体认定时一般采用特别法优于一般法的原则,以生产、销售有毒、有害食品罪处理。其次,犯罪对象不同。本罪的犯罪对象必须是掺入有毒、有害的非食品原料的食品,如"三鹿奶粉"事件中,行为人的直接犯罪对象为以三聚氰胺和麦芽糊精为原料生产出的三聚氰胺混合物,不属于食品或食品原料,因而按照以危险方法危害公共安全罪定罪。[2]

S-21-1-19 生产、销售有毒、有害食品罪——罪数的认定

(五) 认定

实施生产、销售有毒、有害食品犯罪,为逃避查处向负有食品安全监管职责的国家工作人员行贿的,应当以生产、销售有毒、有害食品罪和行贿罪实行数罪并罚。[3]

明知盐酸克伦特罗(俗称"瘦肉精")是国家禁止在饲料和动物饮用水中使用的药品,而用以养殖供人食用的动物并出售的,应当认定为生产、销售有毒、有害食品罪。明知盐酸克伦特罗是国家禁止在饲料和动物饮用水中使用的药品,而买卖和代买盐酸克伦特罗片,供他人用以养殖供人食用的动物的,应当认定为生产、销售有毒、有害食品罪的共犯。[4]

明知对方是食用油经销者,仍将餐厨废弃油(俗称"地沟油")加工而成的劣质油脂

---

[1] 《最高人民检察院关于印发第四批指导性案例的通知》,检例第 13 号。
[2] 最高人民法院刑事审判一至五庭主办:《中国刑事审判指导案例》(第 3 卷),法律出版社 2017 年版,第 29~33、37~39 页。
[3] 《最高人民检察院关于印发第四批指导性案例的通知》,检例第 15 号。
[4] 《最高人民检察院关于印发第四批指导性案例的通知》,检例第 14 号。

销售给对方，导致劣质油脂流入食用油市场供人食用的，构成生产、销售有毒、有害食品罪[1]。

J-21-1-1 生产、销售有毒、有害食品案件认定的证据审查重点——山东省东营市东营区人民检察院第一检察部检察官张云

S-21-1-20 生产、销售有毒、有害食品罪——共同犯罪的认定

S-21-1-21 生产、销售有毒、有害食品罪——生产、销售含有兴奋剂目录所列物质的食品行为的认定

（六）处罚

S-21-1-22 生产、销售有毒、有害食品罪——量刑

七、生产、销售不符合标准的医用器材罪等

S-21-1-23 生产、销售不符合标准的医用器材罪；生产、销售不符合安全标准的产品罪；生产、销售伪劣农药、兽药、化肥、种子罪；生产、销售不符合卫生标准的化妆品罪

第二节 走私罪

走私罪，是指违反海关法规，逃避海关监管，进行走私活动，破坏国家海关监督管理制度，情节严重的行为。走私罪不是具体罪名，不是概括性罪名，而是类罪名，具体包括：走私武器、弹药罪，走私核材料罪，走私假币罪，走私文物罪，走私贵重金属罪，走私珍贵动物、珍贵动物制品罪，走私国家禁止进出口的货物、物品罪，走私淫秽物品罪，走私废物罪，走私普通货物、物品罪。《中华人民共和国刑法修正案（八）》实施以后，本类罪的死刑已经全部废除。

---

[1]《最高人民检察院关于印发第四批指导性案例的通知》，检例第12号。

S-21-2-1 走私罪——本节罪名定罪问题的总体规定

S-21-2-2 走私罪——本节罪名量刑问题的总体规定

S-21-2-3 本节走私罪中各罪名、犯罪客体和量刑情节的认定

S-21-2-4 本节走私罪中的单位犯罪

一、走私普通货物、物品罪

（一）概念

走私普通货物、物品罪，是指违反海关法规，走私普通货物、物品，偷逃应缴税额较大或者1年之内曾因走私给予二次行政处罚后又走私的行为。

（二）犯罪构成要件

1. 本罪的客观方面。

S-21-2-5 走私普通货物罪——客观要件的认定

（1）本罪包括4种走私行为：瞒关、绕关、变相走私、间接走私。

S-21-2-6 走私罪——间接走私

（2）偷逃应缴税额较大或1年之内曾因走私给予二次行政处罚后又走私普通货物、物品的，对多次走私未经处理的，按照累计走私货物、物品的偷逃应缴税额处罚。

违反海关法规，逃避海关监管，伙同他人以"少报多进"的方法走私小麦和油菜籽的行为，已构成了走私普通货物罪，偷逃税额巨大，情节严重的，依照《中华人民共和国刑法》第153条第1款第1项、第151条第4款的规定论处。[1]

---

[1]《中华人民共和国最高人民检察院公报》2000年第3号。

公司的法人代表为给单位牟取暴利,利用单位的便利条件,勾结海关工作人员,非法走私成品油,偷逃税额巨大的,该公司的行为构成走私普通货物罪,且情节严重;公司的法人代表,对该公司走私成品油及偷逃税额的行为负有直接责任,其行为也构成走私普通货物罪。[1]

2. 本罪的主观方面为故意。

S-21-2-7 走私罪——犯罪嫌疑人、被告人主观故意的认定

(三) 罪数

一次走私活动,走私了多种对象的,应当评价为数个走私行为,在触犯不同罪名时,构成数罪。武装掩护走私的,依照《刑法》第151条的规定从重处罚。从重处罚的情节为成立与走私对象对应的犯罪,但适用走私武器罪的法定刑,并从重处罚。暴力、威胁方法抗拒缉私的,以走私罪和妨碍公务罪实行数罪并罚。

(四) 处罚

走私普通货物、物品,根据情节轻重,分别依照下列规定处罚:

1. 走私货物、物品偷逃应缴税额较大或者1年内曾因走私被给予2次行政处罚后又走私的,处3年以下有期徒刑或者拘役,并处偷逃应缴税额1倍以上5倍以下罚金。

2. 走私货物、物品偷逃应缴税额巨大或者有其他严重情节的,处3年以上10年以下有期徒刑,并处偷逃应缴税额1倍以上5倍以下罚金。

3. 走私货物、物品偷逃应缴税额特别巨大或者有其他特别严重情节的,处10年以上有期徒刑或者无期徒刑,并处偷逃应缴税额1倍以上5倍以下罚金或者没收财产。

单位犯前款罪的,对单位判处罚金,并对其直接负责的主管人员和其他直接责任人员,处3年以下有期徒刑或者拘役;情节严重的,处3年以上10年以下有期徒刑;情节特别严重的,处10年以上有期徒刑。

对多次走私未经处理的,按照累计走私货物、物品的偷逃应缴税额处罚。

S-21-2-8 走私普通货物、物品——走私兴奋剂行为的认定

二、走私淫秽物品罪

走私淫秽物品罪,是指违反海关法规,以牟利或者传播为目的,走私淫秽的影片、录像带、录音带、图片、书刊或者其他淫秽物品的行为。

---

[1]《中华人民共和国最高人民检察院公报》2000年第3号。

本罪的主观方面为故意，且以牟利或传播为目的。该目的要件属于主观超过要素。走私淫秽物品，同时传播、贩卖的，应当数罪并罚。因为该种情形属于短缩的二行为犯，两罪并非吸收犯和牵连犯的关系。

根据《刑法》第152条第1款、第3款的规定，犯本罪的，处3年以上10年以下有期徒刑，并处罚金；情节严重的，处10年以上有期徒刑或者无期徒刑，并处罚金或者没收财产；情节较轻的，处3年以下有期徒刑、拘役或者管制，并处罚金。[1] 单位犯本罪的，对单位判处罚金，并对其直接负责的主管人员和其他直接责任人员，依照上述的规定处罚。

S-21-2-9 走私淫秽物品罪——客观要件的认定

三、走私国家禁止进出口的货物、物品罪

走私国家禁止进出口的货物、物品罪，是指走私珍稀植物及其制品等国家禁止进出口的其他货物、物品的行为。根据《刑法》第151条的规定，犯本罪的，处5年以下有期徒刑或者拘役，并处或者单处罚金；情节严重的，处5年以上有期徒刑，并处罚金。单位犯本条规定之罪的，对单位判处罚金，并对其直接负责的主管人员和其他直接责任人员，依照本条各款的规定处罚。

S-21-2-10 走私国家禁止进出口的货物、物品罪

四、走私武器、弹药罪等

S-21-2-11 走私武器、弹药罪；走私假币罪；走私珍贵动物、珍贵动物制品罪；走私文物罪；走私贵重金属罪；走私废物罪

---

[1] 有关"情节较轻""情节特别严重"等的处罚规定参见最高人民法院、最高人民检察院《关于办理走私刑事案件适用法律若干问题的解释》第13条。

第三节　妨害对公司、企业的管理秩序罪

一、非国家工作人员受贿罪

（一）概念

非国家工作人员受贿罪，是指公司、企业或者其他单位的工作人员利用职务上的便利，索取他人财物或者非法收受他人财物，为他人谋取利益，数额较大的行为。

（二）犯罪构成要件

1. 犯罪客观方面。本罪的行为表现为：其一，要求利用职务上的便利（非职权性质）。例如：国有医院院长收红包的行为，包括术后收红包、利用开处方的职务便利收红包（劳务、业务性质），构成本罪；但利用采购药品的职务便利（职权性质），则成立受贿罪。公立学校教师收红包的行为，包括利用教学活动的职务便利，构成本罪；教务处长采购教材的职务便利，则成立受贿罪。其二，要求索取或非法收受他人财物，数额较大。财物，根据最高人民法院、最高人民检察院《关于办理商业贿赂刑事案件适用法律若干问题的意见》第7条的规定，既包括金钱和实物，也包括可以用金钱计算数额的财产性利益，如提供房屋装修、含有金额的会员卡、代币卡（券）、旅游费用等。具体数额以实际支付的资费为准。数额较大的要求，根据相关司法解释，起算点为6万。〔1〕其三，为他人谋取利益，只要求最低允诺。第四，本罪的特殊情况为，在经济往来中，利用职务上的便利，收受回扣、手续费，归个人所有。将收受数额较大的回扣、手续费入账或者上交公司、企业，并没有归个人所有的，不构成犯罪。

2. 犯罪主观方面。本罪的主观方面为故意，即行为人明知自己的受贿行为会发生危害社会的后果，而希望或放任该结果的发生。本罪的主体为非国家工作人员，此为与受贿罪的本质区别。

S-21-3-1 非国家工作人员受贿罪——客观要件的认定

S-21-3-2 非国家工作人员受贿罪——犯罪主体的认定

（三）此罪与彼罪

关于利用职务上的便利的理解不同：

1. 非国家工作人员受贿罪：利用职务上组织、领导、监管、主管、经管、负责某项工作的便利条件，包括从事劳务的便利，但不包括其他利用工作上的便利，如便于出入工作

---

〔1〕参见最高人民法院、最高人民检察院《关于办理贪污贿赂刑事案件适用法律若干问题的解释》第11条第1款的规定："数额较大""数额巨大"的数额起点，按照本解释关于受贿罪、贪污罪相对应的数额标准规定的2倍、5倍执行。该解释第1条规定，贪污或者受贿数额在3万元以上不满20万元的，应当认定为"数额较大"。该解释第2条规定，贪污或者受贿数额，20万元以上不满300万元的，应当认定为"数额巨大"。因此，非国家工作人员受贿罪数额较大的起算点为6万，数额巨大的起算点为100万。

场所、熟悉工作环境等。

2. 受贿罪：利用职务上主管、负责或者承办某项公共事务的职权及其所形成的便利条件。受贿行为中的利用职务上的便利，同样强调公务性，不包括从事劳务、技术服务的行为，也不包括其他利用工作上的便利。

S-21-3-3 非国家工作人员受贿罪——罪数的认定

（四）处罚

根据《刑法》第163条第1款的规定，犯本罪的，"处三年以下有期徒刑或者拘役，并处罚金；数额巨大或者有其他严重情节的，处三年以上十年以下有期徒刑，并处罚金；数额特别巨大或者有其他特别严重情节的，处十年以上有期徒刑或者无期徒刑，并处罚金"。

S-21-3-4 非国家工作人员受贿罪——量刑

二、对非国家工作人员行贿罪

（一）概念

对非国家工作人员行贿罪，是指为谋取不正当利益，给予公司、企业或者其他单位的工作人员以财物，数额较大的行为。

（二）犯罪构成要件

1. 犯罪客观方面。本罪的行为表现为给予公司、企业或者其他单位的工作人员以财物，数额较大的行为。本罪的主体为自然人和单位。这点与行贿罪的主体不同，单位不构成行贿罪，而构成单位行贿罪。

2. 犯罪主观方面。本罪的主观方面是故意，且以谋取不正当利益为目的。"谋取不正当利益"，是指行贿人谋取违反法律、法规、规章或者政策规定的利益，或者要求对方违反法律、法规、规章、政策、行业规范的规定提供帮助或者方便条件。在招标投标、政府采购等商业活动中，违背公平原则，给予相关人员财物以谋取竞争优势的，属于"谋取不正当利益"。利益具有选择可能性，即不确定性。

S-21-3-5 对非国家工作人员行贿罪

（三）处罚

根据《刑法》第164条第1款、第3款的规定，犯本罪的，处3年以下有期徒刑或者拘役；数额巨大的，处3年以上10年以下有期徒刑，并处罚金。[1] 单位犯本罪的，对单位判处罚金，并对其直接负责的主管人员和其他直接责任人员，依照上述规定处罚。行贿人在被追诉前主动交待行贿行为的，可以减轻处罚或者免除处罚。

三、对外国公职人员、国际公共组织官员行贿罪

对外国公职人员、国际公共组织官员行贿罪，是指为谋取不正当商业利益，给予外国公职人员或者国际公共组织官员以财物的行为。

本罪的主观方面为故意，且以谋取不正当商业利益为目的。本罪的行为对象为外国公职人员、国际公共组织官员。"外国公职人员"系指外国无论是经任命还是经选举而担任立法、行政、行政管理或者司法职务的任何人员，以及为外国，包括为公共机构或者公营企业行使公共职能的任何人员。"国际公共组织官员"系指国际公务员或者经此种组织授权代表该组织行事的任何人员。

四、签订、履行合同失职被骗罪等

S-21-3-6 签订、履行合同失职被骗罪；国有公司、企业、事业单位人员失职罪；国有公司、企业、事业单位人员滥用职权罪；徇私舞弊低价折股、出售国有资产罪；虚报注册资本罪；虚假出资、抽逃出资罪；欺诈发行证券罪；违规披露、不披露重要信息罪；妨害清算罪；隐匿、故意销毁会计凭证、会计账簿、财务会计报告罪；虚假破产罪；非法经营同类营业罪；为亲友非法牟利罪；背信损害上市公司利益罪

第四节 破坏金融管理秩序罪

一、伪造货币罪

（一）概念

伪造货币罪，是指仿照人民币或外币的面额、图案、色彩、质地、式样、规格等，使用各种方法，非法制造假货币，冒充真货币的行为。

（二）犯罪构成要件

1. 本罪的客观方面表现为：其一，本罪的犯罪对象为国内市场正在流通的境内外货币。

---

[1] 参见《关于办理贪污贿赂刑事案件适用法律若干问题的解释》第11条第3款的规定，对非国家工作人员行贿罪中的"数额较大""数额巨大"的数额起点，按照该解释第7条、第8条第1款关于行贿罪的数额标准规定的2倍执行。该解释第7条规定，向国家工作人员行贿，数额在3万元以上的，以行贿罪论处。该解释第8条第1款规定，行贿数额在100万元以上不满500万元的，应当认定为"情节严重"。因此，对非国家工作人员行贿罪数额较大的起算点为6万元；数额巨大的起算点为200万元。

例如，行为人以营利为目的，以机械印刷的方式伪造了数十万张英镑。[1] 若是以使用为目的伪造错版币，并没有侵犯货币正常流通的市场秩序，可以评价为诈骗罪的预备犯。其二，本罪的伪造行为，必须足以使一般人误信为真。若是制作不存在的假币，未损害货币的公共信用或者发行权，并不构成本罪。例如，发行货币或者手描、复印的行为，不构成伪造货币罪。其三，本罪的主体为自然人。

S-21-4-1 伪造货币罪——客观要件的认定

本罪与变造货币罪的区别，变造货币，是指变造货币数额较大，即总面额为 2000 元以上的行为。变造，是指真币基础上未改变原货币同一性，主要表现为面值额的由少到多。例如，将 20 元货币变造为 50 元的货币，或者将废弃真币碎片拼凑成残币，或者将硬币金属刮下，重新熔铸成更多数量的硬币。而伪造货币改变原货币同一性，是从无到有的行为。例如，将人民币变欧元，改变币种的行为或者硬币融化制作假币。同时采用伪造和变造的方式，制造真伪拼凑货币的行为，以本罪论处。

2. 犯罪主观方面。本罪主观方面为故意。本罪非目的犯，但能证明确实用于科研教学除外，如果只是处于炫耀或者展示个人绘画技巧，不以本罪论处。

S-21-4-2 伪造货币罪——罪数的认定

（三）处罚

根据《刑法》第 170 条的规定，犯本罪的，处 3 年以上 10 年以下有期徒刑，并处罚金；有下列情形之一的，处 10 年以上有期徒刑或者无期徒刑，并处罚金或者没收财产：①伪造货币集团的首要分子；②伪造货币数额特别巨大的；③有其他特别严重情节的。

二、出售、购买、运输假币罪

（一）概念

出售、购买、运输假币罪，是指出售、购买伪造的货币或者明知是伪造的货币而运输，数额较大的行为。

（二）犯罪构成

1. 本罪的客观方面表现为出售、购买伪造的货币或者明知是伪造的货币而运输假币。本罪处罚出售和购买行为，是典型的对向犯。

---

[1] 最高人民法院刑事审判一至五庭主办：《中国刑事审判指导案例》（第 3 卷），法律出版社 2017 年版，第 135~137 页。

2. 本罪的主观方面表现为故意。

S-21-4-3 出售、购买、运输假币罪——客观要件的认定

(三) 罪数

1. 成立吸收犯的情形：伪造货币又持有、使用、出售、运输同宗假币的，以伪造货币罪从重处罚。例如，张三伪造了10万假币，出售了5万又使用了5万的，以伪造货币罪一罪从重处罚。张三伪造了10万假币，只出售了5万，又使用了他人伪造的5万假币，伪造的假币与使用的假币不具有同一性，以伪造货币罪与使用假币罪数罪并罚。购买假币后使用同宗假币的，以购买假币罪从重处罚。

2. 数罪的情形：出售、运输假币，同时又使用的，以出售、运输假币罪与使用假币罪数罪并罚。伪造货币，又出售、运输、使用不同宗货币的，数罪并罚。

3. 购买假币后使用的，应当以购买假币罪定罪，并从重处罚。这一行为属于刑法理论中的牵连犯，即以使用假币为目的而购买假币，处理方式按照从一重罪处罚。从法定刑看，购买假币罪的法定刑要高于持有、使用假币罪的法定刑，因而按照购买假币罪定罪，并从重处罚。[1]

4. 走私假币后运输、出售该批假币的，或者直接向走私假币者购买假币的，以走私假币罪论处。

S-21-4-4 出售、购买、运输假币罪——罪数的认定

(四) 处罚

S-21-4-5 出售、购买、运输假币罪——量刑

---

[1] 最高人民法院刑事审判一至五庭主办：《中国刑事审判指导案例》（第3卷），法律出版社2017年版，第139~140页。

三、持有、使用假币罪

（一）概念

持有、使用假币罪，是指明知是伪造的货币而持有、使用，数额较大的行为。

（二）犯罪构成要件

1. 犯罪客观方面。本罪的行为表现为："持有"，是指置于行为人事实上的支配之下。持有假币罪是涉及假币犯罪的兜底罪名。"使用"，是指将假币作为真币直接置于流通市场。使用假币罪，使用行为必须侵害了货币的公共信用。例如，使用假币行贿的，构成使用假币罪与行贿罪的想象竞合。根据《最高人民法院关于审理伪造货币等案件具体应用法律若干问题的解释》第5条的规定，持有、使用假币总面额在4000元以上不满5万元的，属于"数额较大"。

S-21-4-6 持有、使用假币罪——客观要件的认定

2. 犯罪主观方面。本罪的主观方面为故意，即明知是伪造的货币而持有、使用。如果误收或者误用假币数量较大的，因缺乏使用假币的故意，不构成本罪。持有假币要求有使用或者出售等使之进入市场流通目的，以收藏装饰糊墙为目的而持有假币的，不构成犯罪。

（三）此罪与彼罪

1. 使用假币罪与持有假币罪的区别，关键看假币是否进入流通。例如，只是单纯的向朋友炫富的，构成持有假币罪；让朋友拿10万假币用于消费的，构成使用假币罪。

2. 持有假币与运输假币的区别，持有假币的，是不以运输为目的的随身携带。运输假币的，是以运输为目的故意而持有的状态。

（四）罪数

1. 伪造货币或者购买假币后又使用的，成立吸收犯，以伪造货币罪或者购买假币罪一罪论处。

2. 出售、运输假币又使用的，以出售、运输假币罪与使用假币罪数罪并罚。

3. 明知是他人购买的假币而为其提供储存地的，构成掩饰、隐瞒犯罪所得罪。

4. 持有假币罪与盗窃罪的关系，以盗窃假币为目的，盗窃假币后又持有的，定盗窃罪一罪。意图盗窃普通财物，盗得假币而后持有的，以盗窃罪与持有假币罪数罪并罚。

S-21-4-7 持有、使用假币罪——罪数的认定

（五）处罚

根据《刑法》第172条的规定，犯本罪的，处3年以下有期徒刑或者拘役，并处或者

单处 1 万元以上 10 万元以下罚金；数额巨大的，处 3 年以上 10 年以下有期徒刑，并处 2 万元以上 20 万元以下罚金；数额特别巨大的，处 10 年以上有期徒刑，并处 5 万元以上 50 万元以下罚金或者没收财产。根据最高人民法院《关于审理伪造货币等案件具体应用法律若干问题的解释》第 5 条的规定，持有、使用假币，总面额在 5 万元以上不满 20 万元的，属于"数额巨大"；总面额在 20 万元以上的，属于"数额特别巨大"。

四、变造货币罪

变造货币罪，是指变造货币，数额较大的行为。变造，是指真币基础上未改变原货币同一性，主要表现为面值额的由少到多。例如将 20 元货币变造为 50 元的货币，或者将废弃真币碎片拼凑成残币，或者将硬币金属刮下，重新熔铸成更多数量的硬币。

S-21-4-8 变造货币罪——客观要件的认定

五、非法吸收公众存款罪

（一）概念

非法吸收公众存款罪，是指非法吸收公众存款或者变相吸收公众存款，扰乱金融秩序的行为。

（二）犯罪构成要件

1. 本罪的客观方面表现为：行为类型分为两种，即非法吸收与变相吸收。非法吸收又可分为不具有吸收存款资格而吸收与具有主体资格但采取非法方式吸收的情形。变相吸收，是指不以存款名义向不特定对象吸收资金，但承诺履行还本付息的活动。所谓"公众存款"，是指社会上不特定对象的存款，如果非法吸收的对象仅限于亲朋好友圈，不成立本罪。但将不特定人吸收为本单位成员或者放任亲属吸收的，构成本罪。根据《中华人民共和国刑法修正案（十一）》规定，在提起公诉前积极退赃退赔，减少损害结果发生的，可以从轻或者减轻处罚。

尤其注意不特定对象这一条件，该点可以将民间借贷行为与吸收公众存款的行为区分开来。民间借贷只针对少数个人或特定主体，是不会对国家的金融秩序造成破坏的，因而不构成该罪。[1] 未经中国人民银行批准，不以吸收公众存款的名义，向社会不特定对象吸收资金，但承诺履行的义务与吸收公众存款性质相同，即承诺在一定期限内返本付息的，属于《刑法》第 176 条规定的"变相吸收公众存款"。只要行为人实施了非法吸收公众存款的行为，无论采取何种非法吸收公众存款的手段、方式，均不影响非法吸收公众存款罪的成立。[2] 行为人为非法经营证券业务而设立公司，超越工商行政管理部门核准登记的公司经营范围，未经法定机关批准，向不特定的社会公众代理销售非上市股份有限公司的股权（股票），其行为属未经批准非法经营证券业务、扰乱国家证券市场的非法经营行为，情

---

[1]　最高人民法院刑事审判一至五庭主办：《中国刑事审判指导案例》（第 3 卷），法律出版社 2017 年版，第 147~150 页。

[2]　《中华人民共和国最高人民法院公报》2008 年第 6 期。

节严重的，应当以非法经营罪定罪处罚。[1]

S-21-4-9 非法吸收公众存款罪——客观要件和共同犯罪的认定

2. 本罪的主观方面为故意，不具有非法占有的目的，此为与集资诈骗罪的根本区别。例如，高某利用"经济互助会"的形式非法集资，虽然将少量会费用于个人消费，但绝大部分都用于"上会""放会"，即用于互助会周转，因而不能判定其具有非法占有会费的目的，以非法吸收公众存款罪定罪。[2]

S-21-4-10 非法吸收公众存款罪——主观故意的认定

（三）处罚

S-21-4-11 非法吸收公众存款罪——量刑、涉案财物等其他问题

六、洗钱罪

（一）概念

洗钱罪，是指为掩饰、隐瞒毒品犯罪、黑社会性质的组织犯罪、恐怖活动犯罪、走私犯罪、贪污贿赂犯罪、破坏金融管理秩序犯罪、金融诈骗犯罪的所得及其产生的收益的来源和性质，而提供资金账户，将财产转换为现金、金融票据、有价证券，通过转账或者其他支付结算方式转移资金，跨境转移资产，或者以其他方法掩饰、隐瞒犯罪所得及其收益的来源和性质的行为。

---

[1]《中华人民共和国最高人民法院公报》2009年第1期。
[2] 最高人民法院刑事审判一至五庭主办：《中国刑事审判指导案例》（第3卷），法律出版社2017年版，第143~145页。

第二十一章　破坏社会主义市场经济秩序罪

S-21-4-12 洗钱罪

（二）犯罪构成要件

1. 本罪的客观方面。其一，洗钱的对象为毒品犯罪、黑社会性质的组织犯罪、恐怖活动犯罪、走私犯罪、贪污贿赂犯罪、破坏金融管理秩序犯罪、金融诈骗犯罪的所得及其产生的收益。其中黑社会性质的组织犯罪，包括黑社会性质的组织实施的抢劫、绑架等其他犯罪所得及其收益；贪污贿赂犯罪，为《刑法》分则第八章规定的犯罪；金融诈骗犯罪，为《刑法》分则第三章第五节规定的犯罪，不含合同诈骗罪。本罪的对象为上述7类上游犯罪的犯罪所得及其收益。其二，洗钱的行为为掩饰、隐瞒、转移上述犯罪的违法所得和收益。具体包括以下5种行为方式：提供资金账户；将财产转换为现金、金融票据、有价证券；通过转账或者其他支付结算方式转移资金；跨境转移资产；其他方法。为获得不法利益，明知他人从事毒品犯罪活动，掌握的大量资金可能系毒品犯罪所得，仍积极协助他人以购买股份的形式投资企业经营，并掩饰、隐藏该项资金的性质及来源的，其行为妨害了我国的金融管理秩序，已构成洗钱罪，应依法处罚。[1]

2. 本罪的主观方面为故意。即明知是毒品犯罪、黑社会性质的组织犯罪、恐怖活动犯罪、走私犯罪、贪污贿赂犯罪、破坏金融管理秩序犯罪、金融诈骗犯罪的所得及其产生的收益，故意进行洗钱活动，为之达到掩饰、隐瞒其来源和性质的目的。明知的内容：明知是本罪规定的上述上游犯罪的所得及其收益。对上游犯罪类型产生认识错误的，例如将毒品犯罪所得误以为是贪污犯罪所得的，仍以本罪论处。实施洗钱行为必须与前述7类上游犯罪的犯罪人无事前通谋，有同谋的则属于上游犯罪的帮助犯。例如约定好转移毒资到境外的，以毒品犯罪的共犯论处。例如，虽然没有证据证明被告人对他人的投资系毒资的状况有着确定性认识，但是通过其接受的大额现金转账和对投资人的了解，可以推断出其对投资款项系毒资的可能性具有一定认识，即可构成本罪。[2]

3. 行为主体：一般主体。包括实施了上游犯罪的人，以及未实施上游犯罪、不是共犯的人。"自洗钱"，是指行为人在实施上游犯罪之后，对违法犯罪所得及其收益进行的使之合法化的行为。我国《刑法》以前并未将其规定为独立的犯罪，只是将其作为上游犯罪的附属行为对待，更多作为量刑情节考虑。也正是因为刑法对"自洗钱"行为长期以来的规制空白，使得大量赃款的去向成谜，查处困难。因此，《中华人民共和国刑法修正案（十一）》将第191条洗钱罪的主体范围和相应行为进行了扩充，原本只处罚掩饰、隐瞒他人犯罪所得及其产生收益的行为，现在对于掩饰、隐瞒自己犯罪所得即产生收益的来源和性质的行为，也一并进行处罚。

（三）此罪与彼罪

1. 本罪与掩饰、隐瞒犯罪所得、犯罪所得收益罪的区别，后者是指明知是犯罪所得及

---

[1]《中华人民共和国最高人民法院公报》2004年第10期。
[2] 最高人民法院刑事审判一至五庭主办：《中国刑事审判指导案例》（第3卷），法律出版社2017年版，第185~187页。

其产生的收益而予以掩饰、隐瞒的行为，针对的是犯罪所得及其收益本身。而本罪掩饰、隐瞒的是7类上游犯罪的所得及其收益的来源和性质的行为，针对的是犯罪所得及其收益的来源和性质。

2. 犯掩饰、隐瞒犯罪所得、犯罪所得收益罪，同时又构成本罪或者第349条窝藏、转移、隐瞒毒赃罪的，依处罚较重的规定定罪量刑。

（四）处罚

根据《刑法》第191条的规定，有下列行为之一的，没收实施以上犯罪的所得及其产生的收益，处5年以下有期徒刑或者拘役，并处或者单处罚金；情节严重的，处5年以上10年以下有期徒刑，并处罚金。

七、妨害信用卡管理罪

妨害信用卡管理罪，根据《刑法》第177条之一的规定，妨害信用卡管理的行为，包括：①明知是伪造的信用卡而持有、运输的；②明知是伪造的空白信用卡而持有、运输，数量较大的或者非法持有他人信用卡，数量较大的。例如，张某采取化名，将200余张印有VISA标识的空白信用卡通过快递，邮寄至国外的行为，可构成本罪；[1] ③使用虚假的身份证明骗领信用卡的；④出售、购买、为他人提供伪造的信用卡或者以虚假的身份证明骗领信用卡的。

S-21-4-13 妨害信用卡管理罪——客观要件的认定

本罪与其他信用卡犯罪的关系：以信用卡诈骗罪故意，实施本罪的，按照牵连犯原则处罚，以信用卡诈骗罪一罪论处。有明知他人伪造信用卡或使用伪造的信用卡诈骗而实施本罪的，构成共犯，按照伪造金融票证罪或者信用卡诈骗罪处罚。

八、金融工作人员购买假币、以假币换取货币罪等

S-21-4-14 金融工作人员购买假币、以假币换取货币罪；伪造、变造金融票证罪；擅自设立金融机构罪；伪造、变造、转让金融机构许可证、批准文件罪；高利转贷罪；骗取贷款；票据承兑、金融凭证罪；窃取收买、非法提供信用卡信息罪；伪造、变造国家有价证券罪；伪造、变造股票、公司、企业债券罪；擅自发行股票、公司、企业债券罪；内幕交易、泄露内幕信息罪；利用未公开信息交易罪；编造并传播证券、期货交易虚假信息罪；诱骗投资者买卖证券、期货合约罪；操纵证券、期货市场罪；背信运用受托财产罪；违法运用资金罪；违法发放贷款罪；吸收客户资金不入账罪；违规出具金融票证罪；对违法票据承兑、付款、保证罪；逃汇罪；骗购外汇罪

---

[1] 最高人民法院刑事审判一至五庭主办：《中国刑事审判指导案例》（第3卷），法律出版社2017年版，第153~155页。

第五节 金融诈骗罪

S-21-5-1 金融诈骗罪——本节罪名定罪问题的总体规定

S-21-5-2 金融诈骗罪——本节罪名量刑问题的总体规定

一、集资诈骗罪

（一）概念

集资诈骗罪，是指以非法占有为目的，使用诈骗方法非法集资，数额较大的行为。

网络借贷信息中介机构或其控制人，利用网络借贷平台发布虚假信息，非法建立资金池募集资金，所得资金大部分未用于生产经营活动，主要用于借新还旧和个人挥霍，无法归还所募资金数额巨大，应认定为具有非法占有目的，以集资诈骗罪追究刑事责任。[1]

行为人以非法占有为目的，以虚假融资和虚假股票交易为手段，募集并骗取他人资金的，构成集资诈骗罪。[2]

（二）犯罪构成要件

1. 犯罪客观方面。本罪的客观方面表现为使用诈骗方法非法集资，数额较大的行为。非法集资，表现为虚假承诺回报。根据立案标准，个人集资诈骗，数额在 10 万元以上的；单位集资诈骗，数额在 50 万元以上的，应予立案追诉。

S-21-5-3 集资诈骗罪——客观要件的认定

2. 犯罪主观方面。本罪的主观方面为故意，并且以非法占有为目的。非法占有目的的认定包括：①明知没有归还能力而大量骗取资金的；②携带集资款逃跑；③挥霍集资款，致使集资款无法返还的；④使用集资款进行违法犯罪活动的；⑤抽逃、转移资金、隐匿财产，以逃避返还资金的。

认定集资诈骗罪中的"以非法占有为目的"，应当坚持主客观相统一的认定标准，结合案情具体分析，既不能单纯根据损失结果客观归罪，也不能仅凭被告人自己的供述。应当考察当事人有没有进行实体经营或实体经营的比例，依照考察结果分析当事人是否能通过正常经营偿还前期非法募集的本金及约定利息。在不能通过正常经营偿还非法募集的资金

---

[1]《最高人民检察院第十批指导性案例》，检例第 40 号。
[2]《中华人民共和国最高人民检察院公报》2003 年第 6 号。

及约定回报的情况下，应当认定为当事人具有"以非法占有为目的"的主观动机。[1]

（三）此罪与彼罪

本罪与非法吸收公众存款的区分。其一，犯罪目的不同。本罪要求以非法占有为目的，而非法吸收公众存款罪以营利为目的。其二，行为方式与对象不同。本罪通过诈骗手段非法集资，针对的是特定或不特定公众，而非法吸收无诈骗手段，且针对的是社会公众。其三，侵犯的客体不同。本罪侵犯的是国家金融管理秩序与公众的私有财产权。而非法吸收公众存款仅侵犯国家金融管理秩序。其四，本罪与非法吸收公众存款罪的转化。一开始并不具有非法占有目的，进行非法吸收公共存款，而后因为没有归还能力或者携带吸取的资金逃跑的，转化为本罪。

（四）处罚

根据《刑法》192条的规定，犯本罪的，处3年以上7年以下有期徒刑，并处罚金；数额巨大或者有其他严重情节的，处7年以上有期徒刑或者无期徒刑，并处罚金或者没收财产。

二、贷款诈骗罪

（一）概念

贷款诈骗罪，是指以非法占有为目的，采用虚构事实、隐瞒真相等方法诈骗银行或者其他金融机构的贷款，数额较大的行为。

（二）犯罪构成要件

1. 本罪的客观方面表现为，诈骗银行或者其他金融机构贷款，数额较大。具体行为方式有以下几种：①编造引进资金、项目等虚假理由的；②使用虚假的经济合同的；③使用虚假的证明文件的；④使用虚假的产权证明作担保或者超出抵押物价值重复担保的；⑤以其他方法诈骗贷款的。数额较大，根据立案标准，数额在2万元以上的，应予立案追诉。

本罪是自然人犯罪，不包括单位主体。单位犯本罪，可构成合同诈骗罪。

2. 本罪的主观方面为故意，并以非法占有为目的。非法占有为目的的认定：合法取得贷款后，又产生非法占有的目的，仅仅转移、隐匿贷款的，宜认定为民事案件。合法取得贷款后，骗银行免除还本付息义务的，成立诈骗罪。

非法占有为目的是区分贷款诈骗和贷款欺诈的关键，因而还需要细致把握。根据《全国法院审理金融犯罪案件工作座谈会纪要》（以下简称《纪要》），可以通过以下情形来认定非法占有的目的：①明知没有归还能力而大量骗取资金的；②非法获取资金后逃跑的；③肆意挥霍骗取资金的；④使用骗取的资金进行违法犯罪活动的；⑤抽逃、转移资金、隐匿财产，以逃避返还资金的；⑥隐匿、销毁账目，或者假破产，假倒闭，以逃避返还资金的；⑦其他非法转移资金、拒不返还的行为。[2]

（三）此罪与彼罪

1. 本罪与高利转贷罪的区别，犯罪目的不同。本罪以非法占有为目的诈骗银行或者其他金融机构贷款，数额较大。而后者以转贷牟利为目的，套取金融机构信贷资金。

2. 本罪与骗取贷款罪的区别，也是犯罪目的不同。本罪以非法占有为目的，诈骗银行

---

[1]《中华人民共和国最高人民法院公报》2009年第10期。

[2] 最高人民法院刑事审判一至五庭主办：《中国刑事审判指导案例》（第3卷），法律出版社2017年版，第208、210~211页。

或者其他金融机构贷款，数额较大。而骗取贷款罪，表现为以欺骗手段取得银行或者其他金融机构贷款，给银行或者其他金融机构造成重大损失或者有其他严重情节的行为，不具有以非法占有为目的。

（四）罪与非罪

在现实生活中，不少人为了获取贷款，或多或少地使用了欺诈手段，一旦出现无法归还的问题时，就会产生普通民事欺诈和贷款诈骗罪的选择问题，即罪与非罪的界限问题。根据《纪要》的规定，行为人若起先不具有非法占有的目的，案发时有还款能力，或者案发时没有还款能力是由于意志以外的原因的，不以贷款诈骗罪处罚。[1]

（五）共犯问题

勾结银行工作人员实施本罪行为的，可能成立贪污罪或职务侵占罪的共犯。此时应根据银行人员的是否具有贷款职权，认定是否有"诈骗"的行为。例如，与全银行工作人员勾结的，不构成本罪；若是与银行具有贷款批准权的领导勾结的，欺骗银行职员的行为，不构成本罪；若是勾结职员欺骗银行具有贷款批准权的领导的，属于本罪与贪污罪或职务侵占罪的共犯的想象竞合，从一重罪处理。

（六）处罚

根据《刑法》第 193 条的规定，犯本罪的，处 5 年以下有期徒刑或者拘役，并处 2 万元以上 20 万元以下罚金；数额巨大或者有其他严重情节的，处 5 年以上 10 年以下有期徒刑，并处 5 万元以上 50 万元以下罚金；数额特别巨大或者有其他特别严重情节的，处 10 年以上有期徒刑或者无期徒刑，并处 5 万元以上 50 万元以下罚金或者没收财产。

S-21-5-4 贷款诈骗罪

三、信用卡诈骗罪

（一）概念

信用卡诈骗罪，是指以非法占有为目的，使用伪造或者作废的信用卡，或者使用以虚假的身份证明骗领的信用卡的，或者冒用他人信用卡，或者利用信用卡恶意透支，诈骗公私财物，数额较大的行为。

（二）犯罪构成要件

1. 犯罪客观方面。

（1）犯罪工具为信用卡，本罪的信用卡应当进行扩大解释，由商业银行或者其他金融机构发行的具有消费支付、信用贷款、转账结算、存取现金等全部功能或者部分功能的电子支付卡。包含借记卡，如工商银行的牡丹灵通卡，不要求一定具备透支功能。这一扩大解释源于我国金融法规变化引发的分歧，因而全国人大常委会制定的《关于〈中华人民共和国刑法〉有关信用卡规定的解释》，作为专门的立法解释，以扩大解释的方法解决了这一

---

[1] 最高人民法院刑事审判一至五庭主办：《中国刑事审判指导案例》（第 3 卷），法律出版社 2017 年版，第 213~218 页。

分歧。[1]

（2）本罪有 4 种行为方式：其一，使用伪造的信用卡或使用骗领的信用卡的行为。例如使用他人身份证挂失补卡刷卡。其二，使用作废的信用卡的行为。其三，冒用他人信用卡的行为。根据 2018 年 12 月 1 日《最高人民法院、最高人民检察院关于办理妨害信用卡管理刑事案件具体应用法律若干问题的解释》第 5 条的规定，"冒用他人信用卡"，包括拾得他人信用卡并使用的；骗取他人信用卡并使用的；窃取、收买、骗取或者以其他非法方式获取他人信用卡信息资料，并通过互联网、通讯终端等使用的。例如，张三保管李四的信用卡并知悉密码，张三某日刷卡消费，属于冒用他人信用卡。但如果李四假冒张三用张三身份证办银行卡，用于接收一笔贷款，后张三将贷款取出，张三成立侵占罪。其四，恶意透支，是指持卡人以非法占有为目的，超过规定限额或者规定期限透支，并且经发卡银行催收后仍不归还的行为。恶意透支的认定标准：主体条件仅限于合法持卡人（本人），主观条件为具有非法占有目的，客观条件为超过规定限额或者规定期限透支，并且经发卡银行 2 次催收后超过 3 个月仍不归还。恶意透支，在公安机关立案后人民法院判决宣告前已偿还全部透支款息的，可以从轻处罚，情节轻微的，可以免除处罚。恶意透支数额较大，在公安机关立案前已偿还全部透支款息，情节显著轻微的，可以依法不追究刑事责任。实践中，发卡银行往往通过电话催收、信函催收等方式进行，但是由于持卡人在外地工作、通话记录未录音等原因，导致无法证明银行实施了有效催收的事件时有发生。本书认为，单方面的催收是无法认定为有效催收的，只有持卡人在催收函回执上签字，或者电话录音证实确实对持卡人进行通知，才可以认定为有效催收。[2]

（3）骗取数额较大的财物。根据立案标准，数额在 5000 元以上的，恶意透支的数额在 1 万元以上的，应予立案追诉。恶意透支，数额在 1 万元以上不满 10 万元的，在公安机关立案前已偿还全部透支款息，情节显著轻微的，可以依法不追究刑事责任。

S-21-5-5 信用卡诈骗罪——客观要件的认定

（4）本罪的主体为自然人。

2. 本罪的主观方面。本罪的主观方面为故意，且具有非法占有的目的。

（三）此罪与彼罪

有关信用卡犯罪的罪名体系：

1. 伪造、变造金融票证罪：伪造信用卡再使用伪造的信用卡进行诈骗活动，数额较大的，属于牵连犯。

2. 妨害信用卡管理罪：先骗领再使用的，属于牵连犯。

---

[1] 最高人民法院刑事审判一至五庭主办：《中国刑事审判指导案例》（第 3 卷），法律出版社 2017 年版，第 264~266 页。

[2] 最高人民法院刑事审判一至五庭主办：《中国刑事审判指导案例》（第 3 卷），法律出版社 2017 年版，第 269~271、272~275 页。

3. 窃取、收买或者非法提供信用卡信息罪，处罚的是窃取、收买、非法提供他人信用卡信息资料的行为。窃取、收买、骗取或者以其他非法方式获取他人信用卡信息资料，并通过互联网、通讯终端等使用的，构成本罪。

4. 盗窃罪。根据《刑法》第196条第3款的规定，盗窃信用卡并使用的，定盗窃罪。不过需要注意的几点是，其一，盗窃的必须是真卡、实体卡。如果是假卡、废卡，不构成犯罪；克隆偷来的卡，构成本罪；复制卡的信息制卡的，属于伪造信用卡的行为，构成伪造金融票证罪。其二，需要根据信用卡原本用途使用。例如，将偷来的信用卡使用身份证挂失，然后领取新的信用卡的，构成本罪。其三，共犯问题。例如，将盗窃的信用卡，让他人为之取款的，他人明知是偷来的信用卡的，为盗窃罪的共犯；他人不知是偷来的信用卡的，定本罪。

5. 抢劫信用卡并当场使用，定抢劫罪。事后使用的，以抢劫罪与本罪并罚；若是对机器使用的，以抢劫罪与盗窃罪并罚。抢劫信用卡并未实际使用，也无使用意图的，信用卡本身不做财产对待，不计入抢劫数额。

6. 向机器使用，从理论上讲，机器不会成为诈骗罪的对象，一般以盗窃罪论处。例外：捡拾他人遗忘的信用卡并使用的情形，司法解释将其解释为冒用他人信用卡，属于信用卡诈骗，构成本罪。因此，拾得他人遗忘的信用卡的，不论是对人使用，还是对机器使用，均以本罪论处。

7. 诈骗、抢夺、侵占信用卡的，依据使用的方式确定犯罪种类。若是对人使用的，属于冒用他人信用卡的行为，以本罪论处；若是对机器使用的，以盗窃罪论处。若是没有实际使用，也无使用意图的，对信用卡不构成犯罪。伪造信用卡又诈骗使用的，属于伪造金融票证罪与本罪的牵连犯。

四、保险诈骗罪

（一）概念

保险诈骗罪，是指投保人、被保险人、受益人，以使自己或者第三者获取保险金为目的，采取虚构保险标的、保险事故或者制造保险事故等方法，骗取保险金，数额较大的行为。

（二）犯罪构成要件

1. 犯罪客观方面。

（1）本罪的行为方式表现为5种骗取保险金数额较大的行为：①投保人：故意虚构保险标的，骗取保险金的。②投保人、被保险人、受益人：对发生的保险事故编造虚假原因或夸大损失程度，骗取保险金的。③投保人、被保险人、受益人：编造未曾发生的保险事故，骗取保险金的。④投保人、被保险人：故意造成财产损失的保险事故，骗取保险金的。属于骗取财产保险的行为。⑤投保人、受益人：故意造成被保险人死亡、伤残或者疾病，骗取保险金的。属于骗取人身保险的情形。

数额较大，根据立案标准，个人进行保险诈骗，数额在1万元以上的；单位进行保险诈骗，数额在5万元以上的，应予立案追诉。

（2）本罪的犯罪主体为自然人和单位。

2. 犯罪主观方面。本罪的主观方面为故意，且具有非法占有保险金的目的。

（1）行为人为投保人、被保险人与受益人。实践中，客运服务行业普遍存在挂靠经营的现象。如果被保险车辆的实际所有人利用挂靠单位的名义，实施保险诈骗的，由于其对保险标的具有直接的保险利益，因而也可以成为本罪的主体。

（2）本罪的共犯为鉴定人、证明人、财产评估人。根据《刑法》第198条第4款的规定，保险事故的鉴定人、证明人、财产评估人故意提供虚假的证明文件，为他人诈骗提供条件的，以保险诈骗的共犯论处。

（三）停止形态

1. 本罪的着手认定：实施理赔行为或向保险公司提出保险金请求。

2. 本罪的既遂认定：本罪属于结果犯，即骗取保险金数额较大。例如基于诱惑侦查，假装被骗的，骗取保险金的结果与行为人的保险诈骗行为无因果关系，属于本罪的未遂。司法实践中，还有一类行为可以认定为未遂，即以数额巨大的保险费为目的，虽因意志以外的原因未得逞，但是依然可以根据刑法第23条的规定认定为未遂。[1]

（四）共犯问题

1. 保险事故的鉴定人、证明人、财产评估人故意提供虚假的证明文件，为他人诈骗提供条件的，以共犯论。

2. 利用职务便利，故意编造未曾发生的保险事故进行虚假理赔，骗取保险金归自己所有的，行为人为非国家工作人员，定职务侵占罪；若为国家工作人员，定贪污罪。

（五）罪数

根据《刑法》第198条第2款的规定，投保人、被保险人故意造成财产损失的保险事故，骗取保险金的；投保人、受益人故意造成被保险人死亡、伤残或者疾病，骗取保险金的，同时构成其他犯罪的，依照数罪并罚的规定处罚。主要包括：其一，制造保险事故的行为触犯的罪与保险诈骗数罪并罚。其二，制造保险事故，但未进行索赔，属于本罪的预备犯与制造保险事故所触犯的罪的想象竞合，从一重罪论处。

司法实践中，存在一种以自残方式为手段骗取保险金的行为。例如，张某作为投保人、受益人、被保险人，与李某共商采取伤害自己的方式骗取保险金，后者也按照约定砍下其双脚来骗取保金。对于此种行为，由于自杀、自残并不受刑法管制（除军人战时自伤、自残以逃避义务的），所以对于张某，以保险诈骗罪论处；对李某以故意伤害罪论处。[2]

五、票据诈骗罪等

S-21-5-6 票据诈骗罪；金融凭证诈骗罪；信用证诈骗罪；有价证券诈骗罪

---

[1] 最高人民法院刑事审判一至五庭主办：《中国刑事审判指导案例》（第3卷），法律出版社2017年版，第279~280、285~290页。

[2] 最高人民法院刑事审判一至五庭主办：《中国刑事审判指导案例》（第3卷），法律出版社2017年版，第287页。

第六节 危害税收征管罪

一、逃税罪

S-21-6-1 逃税罪

（一）概念

逃税罪，是指纳税人采取欺骗、隐瞒手段进行虚假纳税申报或者不申报，逃避缴纳税款数额较大并且占应纳税额 10% 以上，以及扣缴义务人采取欺骗、隐瞒手段，不缴或者少缴已扣、已收税款，数额较大的行为。

（二）犯罪构成要件

1. 犯罪客观方面。

（1）本罪的行为方式有三种。

第一，纳税人进行虚假的纳税申报或者不申报。要求数额较大并且占应纳税额 10% 以上。根据立案标准，数额较大的起算点为 5 万元。虚假的纳税申报，是指纳税人或者扣缴义务人向税务机关报送虚假的纳税申报表、财务报表、代扣代缴、代收代缴税款报告表或者其他纳税申报资料，如提供虚假申请、编造减税、免税、抵税、先征收后退还税款等虚假资料等。例如，某外贸公司采取隐瞒手段，不进行纳税申报，逃避应缴纳税额 10 万元并占应纳税额 15% 的行为。

第二，扣缴义务人不缴或者少缴应纳税款或已扣、已收税款。要求数额较大，根据立案标准，数额较大的起算点为 5 万元。在计算逃税数额时，如果行为人在购进货物时未索要增值税专用发票，之后因销售货物未按增值税规定纳税而案发的，可以将之前未索要部分折抵。[1]

第三，根据《刑法》第 204 条的规定，纳税人缴纳税款后，以假报出口或者其他欺骗手段，骗取所缴纳的税款，符合数额较大并且占应纳税额 10% 以上的，以本罪论处。

对多次实施上述逃税行为，未经处理的，按累计数额计算。

（2）本罪的主体为纳税人、扣缴义务人。税务机关工作人员与纳税人、扣缴义务人勾结实施逃税行为，成立逃税罪共犯；同时触犯徇私舞弊不征、少征税款罪的，属于想象竞合。

---

［1］ 最高人民法院刑事审判一至五庭主办：《中国刑事审判指导案例》（第 3 卷），法律出版社 2017 年版，第 291~294 页。

S-21-6-2 逃税罪——犯罪主体的认定

2. 犯罪主观方面。本罪的主观方面为故意，即明知应依法缴纳税款却有意不缴或少缴。因过失而漏税的行为，不构成本罪。

（三）不予追究刑事责任

根据《刑法》第201条第4款的规定，纳税人采取欺骗、隐瞒手段进行虚假纳税申报或者不申报，逃避缴纳税款数额较大并且占应纳税额10%以上，经税务机关依法下达追缴通知后，补缴应纳税款，缴纳滞纳金，并且接受行政处罚的，不予追究刑事责任。

不予追究刑事责任的例外：该规定不适用于扣缴义务人；不适用于刑事诉讼程序启动之后；不适用于5年内因逃避缴纳税款受过刑事处罚或者被税务机关给予2次以上行政处罚的以及只缴纳税款，不缴纳滞纳金的情形。

二、抗税罪

抗税罪，是指以暴力、威胁方法拒不缴纳税款的行为。

本罪的主体为特殊主体：纳税人、扣缴义务人。与纳税人或者扣缴义务人共同实施抗税行为的，以抗税罪的共犯依法处罚；若是普通人单独抗税的，可以评价为妨害公务罪。实施抗税行为致人重伤、死亡，构成故意伤害罪、故意杀人罪的，分别依照《刑法》第234条第2款故意伤害罪、第232条故意杀人罪的规定定罪处罚。

S-21-6-3 抗税罪

三、逃避追缴欠税罪等

S-21-6-4 逃避追缴欠税罪；骗取出口退税罪；虚开增值税专用发票、用于骗取出口退税、抵扣税款发票罪；虚开发票罪；伪造、出售伪造的增值税专用发票罪；非法出售增值税专用发票罪；非法购买增值税专用发票、购买伪造的增值税专用发票罪；非法制造、出售非法制造的用于骗取出口退税、抵扣税款发票罪；非法制造、出售非法制造的发票罪；非法出售用于骗取出口退税、抵扣税款发票罪；非法出售发票罪；持有伪造的发票罪

第七节 侵犯知识产权罪

S-21-7-1 侵犯知识产权罪——
本节罪名定罪问题的总体规定

S-21-7-2 侵犯知识产权罪——
本节罪名量刑问题的总体规定

一、假冒注册商标罪

（一）概念

假冒注册商标罪，是指未经注册商标所有人的许可，在同一种商品、服务上使用与其注册商标相同的商标，情节严重的行为。

（二）犯罪构成要件

1. 犯罪客观方面。

本罪的行为表现为，未经注册商标所有人的许可，在同一种商品、服务上使用与其注册商标相同的商标，情节严重的行为。

（1）未经注册商标所有人许可。

（2）在同一种商品、服务上使用与他人注册商标相同的商标。具体而言，应满足下列条件：

第一，在同一种商品、服务上使用。根据最高人民法院、最高人民检察院、公安部《关于办理侵犯知识产权刑事案件适用法律若干问题的意见》，名称相同的商品以及名称不同但指同一事物的商品，可以认定为"同一种商品"。前者较好理解，但实践中对于名称不同但指同一事物的商品却存在一定的争议。诸如水饺与饺子，元宵与汤圆能否认定为同一商品。本书认为是可以的，只要二者在主要原料、功能、用途、消费对象、销售渠道上相同或基本相同，便可以认定为同一商品。

第二，未经注册商标所有人许可而使用。

第三，相同的商标。

最高人民法院、最高人民检察院《关于办理侵犯知识产权刑事案件具体应用法律若干问题的解释》第8条规定，"相同的商标"，是指与被假冒的注册商标完全相同，或者与被假冒的注册商标在视觉上基本无差别，足以对公众产生误导的商标。

第四，对象只能是注册商标。

（3）达到情节严重程度。根据最高人民法院、最高人民检察院《关于办理侵犯知识产权刑事案件具体应用法律若干问题的解释》，"情节严重"的情形包括：假冒1种注册商标，非法经营数额在5万以上或者违法所得数额在3万元以上；假冒2种以上注册商标，非法经营数额在3万元以上或者违法所得数额在2万元以上。其中，"非法经营数额"是指行为人在实施侵犯知识产权行为过程中，制造、储存、运输、销售侵权产品的价值。

但如果遇到无法查清销售价格的情况，应该如何认定非法经营数额呢？本书认为，既然行为人通过假冒注册商标的行为销售产品，可以推断出其主观上是想要以被侵权产品的价格出售的，因而按照后者的平均价格认定更为合理。[1]

同时，假冒注册商标犯罪的非法经营数额、违法所得数额，应当综合被告人供述、证人证言、被害人陈述、网络销售电子数据、被告人银行账户往来记录、送货单、快递公司电脑系统记录、被告人等所作记账等证据认定。被告人辩解称网络销售记录存在刷信誉的不真实交易，但无证据证实的，对其辩解不予采纳。[2]

S-21-7-3 假冒注册商标罪——
客观要件的认定

S-21-7-4 假冒注册商标罪——
共犯与罪数的认定

2. 犯罪主观方面。本罪主观方面为故意。行为人明知自己使用的商标与他人的注册商标相同，明知自己的使用行为未得到注册商标所有人的许可，仍有意在同一商品上使用。

（三）罪与非罪

以下情形中不成立假冒注册商标罪：①行为人使用的是不同商品或类似商品的；②对象是相似商标而非相同商标的；③假冒的是尚未注册的商标的。

（四）罪数

1. 实施了假冒注册商标犯罪后，又销售该假冒注册商标的商品，构成犯罪的，以假冒注册商标罪定罪处罚。

2. 实施了假冒注册商标犯罪，又销售明知是他人的假冒注册商标的商品，构成犯罪的，以假冒注册商标罪和销售假冒注册商标的商品罪实行数罪并罚。

3. 以假冒注册商标方式生产、销售伪劣商品，成立假冒注册商标罪和生产、销售伪劣产品罪的想象竞合，依照处罚较重的规定定罪处罚。

（五）处罚

根据《刑法》第213条的规定，犯本罪的，处3年以下有期徒刑或者拘役，并处或者单处罚金；情节特别严重的，处3年以上7年以下有期徒刑，并处罚金。

二、销售假冒注册商标的商品罪

销售假冒注册商标的商品罪，是指销售明知是假冒注册商标的商品，销售金额数额较大或者有其他严重情节的行为。

由于构成本罪，要求销售金额较大或者有其他严重情节。因而对于以销售为目的购进假冒注册商标商品后，尚未进行销售就被抓获的，只要其货值金额达到一定程度，便应当按照本罪的未遂形态处理。[3]

---

[1] 最高人民法院刑事审判一至五庭主办：《中国刑事审判指导案例》（第3卷），法律出版社2017年版，第334~336、338~339页。

[2] 《最高人民法院关于发布第16批指导性案例的通知》，指导案例87号。

[3] 最高人民法院刑事审判一至五庭主办：《中国刑事审判指导案例》（第3卷），法律出版社2017年版，第342~344、356~357页。

S-21-7-5 销售假冒注册商标的商品罪——客观要件的认定

至于销售价格的计算,根据《关于办理侵犯知识产权刑事案件具体应用法律若干问题的解释》第12条的规定:已销售的侵权产品价格,按照实际销售价格计算;未销售的侵权产品价格,按照标价或者已经查清的实际销售平均价格计算;侵权产品未标价或者无法查清其实际销售价格的,按照被侵权产品的市场中间价格计算。

如果行为人不仅销售了假冒注册商标的商品,该商品还属于伪劣产品,则属于典型的一行为触犯两罪名的想象竞合犯,择一重罪处罚。又因销售伪劣商品罪的法定刑较高,则按照销售伪劣商品罪定罪处罚。

S-21-7-6 销售假冒注册商标的商品罪——共犯、罪数的认定

根据《刑法》第214条的规定,犯本罪的,处3年以下有期徒刑或者拘役,并处或者单处罚金;销售金额数额巨大的,处3年以上7年以下有期徒刑,并处罚金。

S-21-7-7 销售假冒注册商标的商品罪——量刑

S-21-7-8 非法制造、销售非法制造的注册商标标识罪;销售侵权复制品罪;假冒专利罪

三、侵犯著作权罪

(一) 概念

侵犯著作权罪,是指以营利为目的,侵犯他人著作权,违法所得数额较大或者有其他严重情节的行为。

(二) 犯罪构成要件

判断行为人的行为是否构成侵犯著作权罪,应当从行为人是否以营利为目的、复制行

为是否未经著作权人许可、是否实施了发行行为等方面加以分析。[1]

1. 犯罪客观方面。

(1) 本罪的行为表现为以下四种形式：

S-21-7-9 侵犯著作权罪——客观要件的认定

第一，未经著作权人许可，复制发行、通过信息网络向公众传播其文字作品、音乐、美术、视听作品计算机软件及法律、行政法规规定的其他作品。①复制发行包括复制、发行、复制发行。行为人未经著作权人许可复制其计算机软件，通过修改相应程序捆绑其他软件后在互联网上发布供他人下载，并因此获取广告费等收益的，属于《刑法》第217条规定的"以营利为目的"的"复制发行"行为。[2] 实施了复制、发行两种行为之一或全部的，都被认定为是侵犯著作权的行为，而不是必须同时实施复制及发行行为才能构成侵犯著作权罪。[3] ②发行包括总发行、批发、零售、信息网络传播、展售。国务院颁布的《计算机软件保护条例》第23条规定，"在他人开发的软件上署名或者涂改他人开发的软件上的署名"，"未经软件著作权人或者其合法受让者的同意修改、翻译、注释其软件作品"等行为，均属侵犯软件著作权，因此对他人享有著作权的软件进行修改或者重新开发，也属于侵权行为，违法所得数额较大或者有其他严重情节的，应承担相应的刑事责任。[4]

第二，出版他人享有专有出版权的图书。如果仅是销售他人享有专有出版权的图书，则不符合本罪的客观要件。[5]

第三，未经录音录像制作者许可，复制发行、通过信息网络向公众传播其制作的录音录像。

第四，未经表演者许可，复制发行录有其表演的录音录像制品，或者通过信息网络向公众传播其表演的；

第五，制作、出售假冒他人署名的美术作品（绘画、书法、雕塑等艺术作品）。制作、出售假冒他人署名的美术作品骗取大量钱财的行为，既触犯了侵犯著作权罪，又触犯了诈骗罪，属于想象竞合犯。[6]

第六，未经著作权人或者与著作权人有关的权利人许可，故意避开或者破坏权利人为其作品、录音录像制品等采取的保护著作权或者与著作权有关的权利的技术措施。

(2) 违法所得数额较大或者有其他严重情节。

---

[1]《中华人民共和国最高人民法院公报》2010年第9期。
[2]《中华人民共和国最高人民法院公报》2010年第9期。
[3]《中华人民共和国最高人民检察院公报》2006年第4号。
[4]《中华人民共和国最高人民法院公报》1999年第5期。
[5] 最高人民法院刑事审判一至五庭主办：《中国刑事审判指导案例》（第3卷），法律出版社2017年版，第396~397页。
[6] 王作富：《刑法分则实务研究》，中国方正出版社2003年版，第841页。

S-21-7-10 侵犯著作权罪——"违法所得数额较大"的认定

2. 犯罪主观方面。本罪主观方面为故意，且须以营利为目的。

S-21-7-11 侵犯著作权罪——共犯、罪数的认定

四、侵犯商业秘密罪
（一）概念

侵犯商业秘密罪，是指以盗窃、利诱、胁迫或者其他不正当手段侵犯他人商业秘密，情节严重的行为。例如，张某明知某公司的IC卡食堂管理系统中有着不为公众知悉、能带来经济效益、具有实用性且被采取保密措施的技术，却非法获取并予以复制、销售。

（二）犯罪构成要件

1. 犯罪客观方面。

S-21-7-12 侵犯商业秘密罪——客观要件的认定

（1）行为对象：商业秘密。商业秘密指不为公众所知悉，能为权利人带来经济利益，具有实用性并经权利人采取保密措施的技术信息和经营信息。具有以下特征：①秘密性，即不为公众知悉，该信息不能从公开渠道直接获取；②利益性，即能为权利人带来现实或潜在的经济利益或竞争优势；③实用性，即具有实用性；④保密性，即权利人采取保密措施，包括订立保密协议、建立保密制度等方式；⑤信息性，即包括技术信息和经营信息。

（2）四种侵犯商业秘密的行为。

第一，以盗窃、贿赂、欺诈、胁迫、电子侵入或者其他不正当手段获取权利人的商业秘密。如果该商业秘密系行为人无意间听到或者在不经意间捡到的，不成立本罪。

第二，披露、使用或者允许他人使用以前述手段获取的权利人的商业秘密。

第三，违反保密义务或者违反权利人有关保守商业秘密的要求，披露、使用或者允许他人使用其所掌握的商业秘密。

第四，明知或应知前述三种行为，获取、披露使用或者允许他人使用上述商业秘密的。

违反与原单位的保密约定，伙同他人利用原单位专利技术以外不为公众知悉的工艺技术信息，生产与原单位相同的产品，并给原单位造成重大经济损失的，应根据《刑法》第

219条第1款第3项和第2款的规定，按侵犯商业秘密罪论处。

明知他人违反与原单位的保密约定，仍伙同其利用掌握的原单位专利技术以外不为公众知悉的工艺技术信息，生产与其原单位相同的产品，并给其原单位造成重大经济损失的，应根据《刑法》第219条第1款第3项和第2款的规定，按侵犯商业秘密罪论处。[1]

2. 犯罪主观方面。本罪主观方面为故意。《刑法》第219条第2款规定："明知前款所列行为，获取、披露、使用或者允许他人使用该商业秘密的，以侵犯商业秘密论"。

（三）此罪与彼罪

以轻微的暴力、胁迫手段非法获取他人商业秘密的，由于侵犯商业秘密罪的行为方式中包括以胁迫或其他不正当手段获取他人商业秘密的行为类型，所以不构成敲诈勒索罪、强迫交易罪等其他犯罪，仍以侵犯商业秘密罪追究其责任。但是，如果使用暴力、胁迫的程度同时构成故意伤害罪、非法拘禁罪等犯罪的，应当按照处罚较重的犯罪处理。

五、为境外窃取、刺探、收买、非法提供商业秘密罪

《中华人民共和国刑法修正案（十一）》新增《刑法》第219条之一，为境外窃取、刺探、收买、非法提供商业秘密的处5年以下有期徒刑，并处或单处罚金；情节严重的，处五年以上有期徒刑，并处罚金。

第八节 扰乱市场秩序罪

一、合同诈骗罪

（一）概念

合同诈骗罪，是指以非法占有为目的，在签订、履行合同过程中，骗取对方当事人财物，数额较大的行为。

（二）犯罪构成要件

1. 犯罪客观方面。

（1）本罪发生在签订履行合同的过程中。

（2）本罪的实行行为包括以下五种方式：

第一，虚构身份。即以虚构的单位或者冒用他人名义签订合同，骗取对方财物。如公司虚构身份骗取贷款的，成立本罪。

第二，虚假担保。即以伪造、变造、作废的票据或者其他虚假的产权证明作担保，骗取对方财物。

第三，没有履行能力。即没有实际履行能力，以先履行小额合同或者部分履行合同的方法，诱骗对方当事人继续签订和履行合同，骗取对方财物。

第四，逃匿。即收受对方当事人给付的货物、货款、预付款或者担保财产后逃匿的。

第五，其他方法。例如，签订虚假合同，以此骗取中介费或好处费。

（3）骗取对方当事人财物。

（4）数额较大。

（5）合同诈骗罪的主体。本罪的犯罪主体为从事经营活动市场主体，包括自然人和

---

[1]《中华人民共和国最高人民法院公报》2005年第3期。

单位。

2. 犯罪主观方面。本罪在主观方面为故意，且以非法占有他人财物为目的。倘若行为人虽在客观上采取虚构事实、隐瞒真相的行为，并骗取了他人财物，但其仅仅是为了"骗用"，没有证据证明其有非法占有的倾向，则不满足本罪的主观条件。[1]

（三）罪与非罪

1. 合同诈骗罪与民事欺诈的界限。区分合同诈骗罪与民事欺诈应从以下几个方面把握：首先，判断合同内容的真实性。如果签订的合同内容是真实的，一般不属于合同诈骗。其次，看行为人有无履行合同的实际行动及违约后的态度。如果合同签订后行为人根本不具有履约能力，或者没有任何履约行为，即使合同内容真实，但由于行为人具有或产生非法占有目的，而构成合同诈骗罪。

2. 依欺骗行为取得对方财物与通过民事活动获利。区分合同诈骗罪与民事活动获利的关键是看行为人是否具有非法占有目的。在认定该目的时，既要注意行为人是否使用了欺诈的手段，即是否在签订、履行合同的过程中使用了虚构事实、隐瞒真相的行为方式，还应综合考察行为人在签订、履行合同过程中的全部行为，以此对行为人的主观目的进行综合认定。

（四）此罪与彼罪

1. 合同诈骗罪与普通诈骗罪。二者属于包容式法条竞合关系，诈骗罪是一般法，本罪是特别法。区分的关键在于是否利用经济合同进行诈骗，合同内容是否是通过市场行为获得利润。

2. 合同诈骗罪与金融诈骗罪（如保险诈骗罪、贷款诈骗罪）。合同诈骗罪与保险诈骗罪、贷款诈骗罪属于包容式法条竞合关系。合同诈骗罪是一般法，保险诈骗罪、贷款诈骗罪是特别法。对于包容式法条竞合，按照特别法优于一般法的原则处理。

3. 合同诈骗罪与职务侵占罪、挪用资金罪。如果行为人冒用其所在公司的名义与其他公司签订合同，进而非法占有货款的行为应当如何定性。首先要判断这一冒名顶替行为是否构成表见代理。若成立表见代理，再结合其他条件认定是否满足职务侵占罪或挪用资金罪的条件。若不成立表见代理，那么其非法占有的财物即为合同骗取来的财物，符合本罪的构成要件。[2]

J-21-8-1 合同诈骗罪与诈骗罪的界分——浙江省台州市仙居县人民检察院胡雨晴

S-21-8-1 合同诈骗罪的立案追诉标准

二、非法经营罪

（一）概念

非法经营罪，是指违反国家规定，进行非法经营，扰乱市场秩序，情节严重的行为。

---

[1] 最高人民法院刑事审判一至五庭主办：《中国刑事审判指导案例》（第3卷），法律出版社2017年版，第436~438、444、452~456页。

[2] 最高人民法院刑事审判一至五庭主办：《中国刑事审判指导案例》（第3卷），法律出版社2017年版，第446~448、451、461~462页。

（二）犯罪构成要件

1. 犯罪客观方面。本罪在客观方面表现为违反国家规定，具有法定的四种扰乱市场秩序的行为之一，情节严重的行为。

J-21-8-2 非法经营罪的实践适用和认定——
山东省东营市东营区人民检察院第一检察部
主任古延光

J-21-8-3 高利贷与"套路贷"的区分——
山东省东营市东营区人民检察院第一检察部
检察官吴小晓

对于《刑法》第225条第4项规定的"其他严重扰乱市场秩序的非法经营行为"的适用，应当根据相关行为是否具有与刑法第225条前3项规定的非法经营行为相当的社会危害性、刑事违法性和刑事处罚必要性进行判断。

判断违反行政管理有关规定的经营行为是否构成非法经营罪，应当考虑该经营行为是否属于严重扰乱市场秩序。对于虽然违反行政管理有关规定，但尚未严重扰乱市场秩序的经营行为，不应当认定为非法经营罪。[1]

2. 犯罪主观方面。本罪的主观方面为故意，且须以营利为目的。

（三）罪数

如果行为人不具有经营书籍、音像制品的资格，大量出售印刷宣扬邪教组织的图书、音像制品。既触犯了非法经营罪，同时还触犯了组织、利用邪教组织破坏法律实施罪，属于法条竞合犯。根据特别法优于一般法，重法优于轻法的原则，应当以组织、利用邪教组织破坏法律实施罪论处。

三、强迫交易罪

（一）概念

强迫交易罪，是指以暴力、威胁手段，强迫他人交易，情节严重的行为。

（二）犯罪构成要件

1. 犯罪客观方面。

根据《刑法》规定，本罪的实行行为包括以下5种：①强买强卖商品的；②强迫他人提供或者接受服务的；③强迫他人参与或者退出投标、拍卖的；④强迫他人转让或者收购公司、企业的股份、债券或者其他资产的；⑤强迫他人参与或者退出特定的经营活动的。

S-21-8-2 强迫交易罪——客观要件的认定

---

[1]《最高人民法院关于发布第19批指导性案例的通知》，指导案例97号。

2. 犯罪主观方面。本罪的主观方面为故意。

（三）此罪与彼罪

强迫交易罪与抢劫罪：①强迫交易罪属于破坏市场秩序的犯罪，只存在于经营或交易活动中。②强迫交易罪的暴力、胁迫不得超过轻伤程度，不需要达到足以压制被害人反抗的程度。③强迫交易罪中"不公平价格"只能略高于公开价格。④有无交易内容。如果采取暴力、胁迫手段，以商品交易为借口侵犯财产的，则应认定为抢劫罪。以暴力、胁迫手段，强迫他人借贷的，构成强迫交易罪；以借贷为名义，采取暴力或胁迫手段获取他人财物的，构成抢劫罪或敲诈勒索罪。

四、损害商业信誉、商品声誉罪

（一）犯罪构成要件

1. 犯罪客观方面。

（1）行为方式：捏造并散布虚伪的事实。只有同时具备捏造和散布虚伪事实才可以构成本罪，但如何理解"捏造"，是完全虚假杜撰的，还是只要有所夸张就可以呢？本书认为，只要夸大其词，恶意扭曲使得他人商业信誉降低，经济利益损失即可构成本罪。例如，行为人为了抹黑竞争对手，反向刷单，恶意差评，对其产品的副作用大肆渲染、故意夸大，导致竞争企业销量急剧下滑，即可认定为本罪。[1]

记者在主观上明知厂家已对所提供商品是否存在质量问题提出异议情况下，不仅未对事实真相加以核实，反而参与策划在公共场所砸毁他人商品，轻率地向公众散布不实宣传语的行为，是共同犯罪中的一个有机组成部分，构成损害商品声誉罪。[2]

（2）行为对象：特定的人或单位（或者可以推定出指向某个人或单位）。

2. 犯罪主观方面。本罪的主观方面为故意。

（二）处罚

根据《刑法》第221条的规定，犯本罪的，处2年以下有期徒刑或者拘役，并处或者单处罚金。需要注意，本罪是一个选择性罪名。如果犯罪人针对他人商品的质量、效果等方面进行诋毁、损害的，以损害商品声誉罪定罪；如果针对他人履约的诚信度、资金周转困难等问题进行捏造的，以损害商品信誉罪定罪。如果兼具两者，则以损害商品信誉、商品声誉罪定罪。[3]

五、虚假广告罪

（一）犯罪构成要件

1. 犯罪客观方面。

（1）行为方式：利用广告对商品或者服务作虚假宣传。

（2）犯罪主体：本罪的犯罪主体为特殊主体，包括广告主、广告经营者、广告发布者。

2. 犯罪主观方面。本罪的主观方面为故意。

---

[1] 最高人民法院刑事审判一至五庭主办：《中国刑事审判指导案例》（第3卷），法律出版社2017年版，第416~419、568~570、572~573页。

[2] 《中华人民共和国最高人民法院公报》2004年第6期。

[3] 最高人民法院刑事审判一至五庭主办：《中国刑事审判指导案例》（第3卷），法律出版社2017年版，第418~419页。

S-21-8-3 虚假广告罪——客观要件的认定

（二）罪与非罪

虚假宣传是指经营者为牟取非法利益而利用广告或其他方法，对商品或服务的主要内容作不真实的或引人误解的表示，导致或足以导致消费者对其产生误解从而作出错误判断的宣传活动。如果行为人虽然客观上做了不真实的广告宣传，但不具有故意欺骗的主观意图，不能以本罪论处。

（三）此罪与彼罪

虚假广告罪与生产销售伪劣产品罪的区分：对于行为人既是商品厂家、销售单位同时又是广告经营者、广告发布者的情况，如果行为人制作、传播虚假广告向消费者推销劣质、有毒、有害食品，假药、劣药，不符合卫生标准的食品，不符合卫生标准的化妆品，致使用户在使用过程中发生中毒身亡等重大事故或其他食源性疾患，对人体健康造成危害的，按重罪吸收轻罪原则，以生产、销售伪劣商品罪中的相应犯罪定罪处罚。

S-21-8-4 虚假广告罪——共同犯罪的认定

（四）处罚

根据《刑法》第222条的规定，犯本罪的，情节严重的，处2年以下有期徒刑或者拘役，并处或者单处罚金。

六、组织、领导传销活动罪

（一）概念

组织、领导传销活动罪，是指组织、领导以推销商品、提供服务等经营活动为名，要求参加者以缴纳费用或者购买商品、服务等方式获得加入资格，并按照一定顺序组成层级，直接或者间接以发展人员的数量作为计酬或者返利依据，引诱、胁迫参加者继续发展他人参加，骗取财物，扰乱经济社会秩序的传销活动的行为。

（二）犯罪构成要件

1. 犯罪客观方面。

（1）行为。

S-21-8-5 组织、领导传销活动罪——客观要件的认定

（2）行为主体。传销活动的组织、领导者，是指在传销活动中的首要分子，是实际起到策划、指挥、布置、操作作用的人。由于传销组织往往采用洗脑等形式，有极强的迷惑性，因而对于传销活动的积极参加者、普通参与者，并不进行惩处。[1]

S-21-8-6 组织、领导传销活动罪——犯罪主体的认定

2. 犯罪主观方面。本罪的主观方面为故意。

（三）罪数

如果组织、领导传销活动过程中的有关行为同时触犯了《刑法》中的其他罪名，应实行数罪并罚。

七、串通投标罪等

S-21-8-7 串通投标罪；伪造、倒卖伪造的有价票证罪；非法转让、倒卖土地使用权罪；提供虚假证明文件罪；出具证明文件重大失实罪；逃避商检罪

八、倒卖车票、船票罪

倒卖车票、船票罪，是指倒卖车票、船票，情节严重的行为。

对于"倒卖"的理解，不应当仅包括售卖，应当还包括购进的行为。如果行为人以牟利为目的，购进了大量车票预谋售卖，尚未卖出即案发的行为，同样构成本罪。[2]

---

[1] 最高人民法院刑事审判一至五庭主办：《中国刑事审判指导案例》（第3卷），法律出版社2017年版，第487~491页。

[2] 最高人民法院刑事审判一至五庭主办：《中国刑事审判指导案例》（第3卷），法律出版社2017年版，第576~577、587~588页。

第二十二章

侵犯公民人身权利、民主权利罪

第一节 侵犯生命、健康的犯罪

一、故意杀人罪

（一）概念

故意杀人罪，是指故意非法剥夺他人生命的行为。对于自杀是否成立故意杀人罪，学界主要存在以下观点和立场：

1. 对生命客体（法益）的绝对保护原则：家长主义立场。"家长主义"否定客体（法益）主体对自己生命的处分权，主张故意杀人罪中的"人"不限于他人，而且还包括自杀者本人。因此，自杀是符合构成要件的违法行为，属于故意杀人罪所规定的"杀人"的实行行为。[1]

2. 自我决定与自我答责。生命处分权属于自己决定权的范畴，是人的权利和自由，所以根据自己决定与自我答责的原理，基于自己的意思所实施的自杀行为，在规范上属于完全自由地处置自己生命的行为，同时参与自杀行为和受嘱托杀人的情形也不成立犯罪。[2]

3. 自杀违法但无责。曾根威彦教授认为，自杀是客体（法益）主体消灭自己的行为，但是从家长主义的立场看，对于重大客体（法益）即生命时，即使是行为人本人也无决定放弃的自由。因此，自杀具有违法性，不过考虑到自杀是被害人自身的行为，该违法性并没有达到可罚的程度。[3]

（二）犯罪构成要件

1. 客观方面。

（1）行为对象。本罪的犯罪对象为他人，即行为人以外的有生命的自然人。对于生命开始的标准，理论界有不同的观点，包括"阵痛说""一部露出说""断带说""独立呼吸说"等。我国通说观点为"独立呼吸说"。对于生命终止的标准，存在"综合标准说""脑死亡说"等不同观点。

---

[1] 周光权："教唆、帮助自杀行为的定性——'法外空间说'的展开"，载《中外法学》2014年第5期。

[2] 冯军："刑法中的自我答责"，载《中国法学》2006年第3期。

[3] [日]曾根威彦：《刑法学基础》，黎宏译，法律出版社2005年版，第74页。

（2）行为方式。本罪在客观方面表现为非法剥夺他人的生命。

第一，行为本身必须具有致他人死亡的现实可能性，才构成杀人行为。例如，雨天诱使被害人进入树林，希望其被雷击中而死亡。即使被害人确实被雷电击中而死亡，诱使他人进入树林的行为本身不具有实行行为性，故不构成故意杀人罪。又如，行为人认为白糖可以杀人而使被害人喝下，由于白糖客观上根本不具有致人死亡的可能性，所以属于绝对不能犯，不构成故意杀人罪。

行为人欲毒杀被害人，将毒药置于被害人可取之饮用之时为杀人行为的着手；行为人欲枪杀被害人，用枪瞄准被害人时为杀人行为的着手；行为人携刀潜入被害人家中床底伺机杀人，但侵入住宅后即被抓的，仅成立杀人行为的预备。

第二，故意杀人罪的行为方式表现为作为与不作为两种。以不作为方式构成故意杀人罪须满足以下条件：首先，行为人具有救助的作为义务；其次，以不作为实施杀人行为与作为杀人具有相当性。例如，嫖客在宾馆开房过程中突然身体不舒服，出台小姐未采取任何救助措施，最后嫖客死亡。这种情况下，小姐并无救助义务，所以对于嫖客的死亡不构成故意杀人罪；如果事情发生在小姐家中，则一般认为小姐具有救助义务，此时应承担不作为的故意杀人罪的责任。再例如，行为人给被害人提供毒药，并对其进行言语讽刺，之后在行为人喝下农药后未采取任何救助措施构成故意杀人罪。重点分析以下第二阶段的行为，即行为人的不作为，负有实施某种积极行为的特定法律义务，且能够履行而不履行，从而导致危害后果发生的情形，应当构成不作为的杀人罪。[1]

S-22-1-1 故意杀人罪——客观要件的认定

第三，本罪以发生死亡结果为既遂标准。例如，行为人闯入被害人家中开枪，但因屋内无人而未发生死亡结果。此时应分情况讨论：如果被害人随时都有回家的可能的，行为人只是偶然没有杀死被害人的，构成故意杀人罪的未遂；如果被害人早已搬家，根本不可能返回此处的，行为人属于不能犯。

第四，杀人行为与死亡结果之间须具有相当因果关系，即在没有异常因素介入的情况下，杀人行为按照日常生活经验将合乎规律地导致死亡结果发生。例如，行为人开枪杀人致被害人轻伤，因心生悔意将被害人送往医院救治，但当晚医院发生失火，被害人葬身火海。由于医院发生火灾属于异常的介入因素，所以被害人死亡的结果不能归因于行为人，故行为人不构成故意杀人罪。再如，行为人与被害人发生肢体冲突，用水果刀划伤被害人的皮肤，虽然只达到轻微伤的程度，但因被害人属于血友病患者，流血不止而死亡。由于行为人不知被害人患有血友病，而且按照一般生活经验，划伤皮肤并不会导致人死亡，因此行为与结果之间不具有相当因果关系，行为人不构成犯罪。

（3）行为主体。本罪的犯罪主体为已满 14 周岁具有刑事责任能力的自然人，以及已满

---

〔1〕 最高人民法院刑事审判一至五庭主办：《中国刑事审判指导案例》（第 2 卷），法律出版社 2017 年版，第 449、476、498~499 页。

12周岁不满14周岁，犯故意杀人致人死亡、情节恶劣，经最高人民检察院核准追诉的应当负刑事责任的自然人。例如，行为人对被害人实施投毒行为后，突然精神失常，但只要可以确定其在实施杀人行为时具备刑事责任能力，则成立本罪。

2. 犯罪主观方面。本罪在主观方面为故意，即明知自己的行为必然或者可能导致他人死亡，仍然希望或放任该结果的发生。成立本罪不论杀人行为动机如何（假想防卫除外），除合法剥夺他人生命（如对死刑犯执行死刑，因正当防卫致不法侵害人死亡等）外，即使出于"惩恶扬善"的动机，也同样构成故意杀人罪。

关于行为人主观故意的认定，由于其是一种主观心理状态，即包括认识因素和意志因素两个层面。而准确认定行为人的主观故意，首先看行为人是否对相应犯罪构成要件中的客观方面也就是事实有着明确认识。例如，行为人驾车致人死亡的案件应当充分分析其主观方面的犯意，行为人明知被害人站在道路上阻拦自己，如果继续行驶就会造成被害人伤亡结果，却拒不停车，放任可能发生的后果，强行向被害人的位置冲撞，致使被害人受撞击而死亡。对于这种结果的发生，行为人持放任态度。行为人主观上具有间接杀人的故意，客观上造成被害人死亡的结果，其行为符合间接故意杀人罪的特征，故应当对其以故意杀人罪定罪处罚。[1]

（三）犯罪认定

1. 安乐死问题。对于安乐死合法化的问题，反对者主张人没有剥夺自己生命的权利，而赞成者则认为人有权利选择有尊严、无痛苦的死亡。我国禁止安乐死，停止药物或者撤除患者的生命维持装置，在我国刑法中未取得合法性。对于受嘱托或得到承诺的杀人行为，因行为人实施了杀人行为，故构成故意杀人罪，而因被害人承诺这一因素存在，对于杀人行为应当从轻处罚。在德国判例中，身患肿瘤的被害人在悲观失望的情绪中让丈夫杀害自己的，由于欠缺内心的坚定性不成立真挚的嘱托。[2]

2. 自杀问题。

（1）教唆自杀。行为人教唆无责任能力人（如幼儿、精神病）自杀，成立故意杀人罪的间接正犯；如果被害人系具有完全责任能力的人，行为人通过欺骗手段使其产生绝望或者利用被害人的无知而教唆其自杀的，也可成立故意杀人罪的教唆犯。除以上两种情况外，教唆他人自杀的无罪，不能把教唆自杀直接等同于故意杀人。比如女子站在高楼上想跳楼，地上的人起哄催促其赶紧跳，不能认为路人构成教唆杀人。判断的依据是，看对生命和局面的控制是否仍在自杀者自己手中。

（2）帮助自杀。帮助自杀主要包括两种行为方式：一是为他人自杀提供便利条件。二是直接实施杀人的实行行为。关于帮助他人自杀的行为，应当认定为故意杀人罪，从以下三个方面予以认定：其一，行为人确实实施了非法剥夺他人生命的行为；其二，行为人的行为与被害人死亡的结果之间确实存在刑法意义上的因果关系；其三，行为人的行为具有刑事违法性，且不存在违法性阻却事由。但是，在处理帮助他人自杀这方面的案件时，可以认定故意杀人罪的"情节较轻"。[3]

---

[1] 最高人民法院刑事审判一至五庭主办：《中国刑事审判指导案例》（第2卷），法律出版社2017年版，第444、461页。

[2] 王钢：《德国判例刑法：分则》，北京大学出版社2016年版，第20页。

[3] 最高人民法院刑事审判一至五庭主办：《中国刑事审判指导案例》（第2卷），法律出版社2017年版，第505~506页。

（3）相约自杀。相约自杀是指二人以上相互约定自愿自杀的行为。

（4）欺骗和强迫他人自杀。以相约自杀为名引诱对方自杀，等对方自杀后自己却不自杀的，成立故意杀人罪。

（5）引起他人自杀。如果是因正当行为或者轻微违法行为引起他人自杀的，不成立犯罪。但是，引起他人自杀属于诽谤罪犯罪构成的情节要素。

3. 大义灭亲，义愤杀人。

（四）罪数问题

1. 法律拟制为故意杀人罪的情形（过失致人死亡）：非法拘禁使用暴力致人死亡的；刑讯逼供或暴力取证致人死亡的；虐待被监管人致人死亡的；聚众"打砸抢"致人死亡的；聚众斗殴致人死亡的。

2. 想象竞合：以放火、爆炸、投放危险物质等危险方法杀人，危害公共安全的；破坏交通工具罪，破坏交通设施罪，破坏电力设备罪，破坏易燃易爆设备罪。

3. 结合犯：杀害被绑架人的，或者故意伤害被绑架人，致人重伤、死亡的，成立绑架罪（处无期徒刑或死刑，并处没收财产）。

4. 结果加重犯：抢劫致人死亡的，成立抢劫罪的结果加重犯。

S-22-1-2 抢劫过程中故意杀人案件如何定罪

5. 以下情形实行数罪并罚：

（1）强奸过程中杀害前来阻止的第三人的，强奸罪与故意杀人罪并罚。如果抢劫过程中杀害前来阻止的第三人的，只成立抢劫罪一罪，属于抢劫致人死亡。

（2）强奸妇女、奸淫幼女过程中或者之后杀害被害人的（故意的情形），强奸罪与故意杀人罪并罚。如果强奸妇女、奸淫幼女致使被害人死亡的（过失的情形），成立强奸罪的加重犯。

（3）拐卖妇女、儿童过程中杀害被害人或者被害人近亲属等（故意的情形），拐卖妇女、儿童罪与故意杀人罪并罚。如果拐卖妇女、儿童造成被拐卖的妇女、儿童或者其亲属死亡的（过失的情形），成立加重犯。

（4）非法拘禁、刑讯逼供、暴力取证、虐待被监管人之后，故意杀害被害人的，并罚。如果非法拘禁行为本身过失导致被害人死亡的，成立非法拘禁罪的结果加重犯。

6. 牵连犯：为杀人而非法侵入住宅或者毁坏财物，成立故意杀人罪（预备）。如果为杀人而盗窃枪支的，不属于牵连犯，数罪并罚。

S-22-1-3 故意杀人罪——有关罪数问题的认定

（五）处罚

根据《刑法》第232条的规定，犯本罪的，处死刑、无期徒刑或者10年以上有期徒刑；情节较轻的，处3年以上10年以下有期徒刑。

对于因民间矛盾引发的故意杀人案件，被告人犯罪手段残忍，且系累犯，论罪应当判处死刑，但被告人亲属主动协助公安机关将其抓捕归案，并积极赔偿的，人民法院根据案件具体情节，从尽量化解社会矛盾角度考虑，可以依法判处被告人死刑，缓期2年执行，同时决定限制减刑。[1]

因恋爱、婚姻矛盾激化引发的故意杀人案件，被告人犯罪手段残忍，论罪应当判处死刑，但被告人具有坦白悔罪、积极赔偿等从轻处罚情节，同时被害人亲属要求严惩的，人民法院根据案件性质、犯罪情节、危害后果和被告人的主观恶性及人身危险性，可以依法判处被告人死刑，缓期2年执行，同时决定限制减刑，以有效化解社会矛盾，促进社会和谐。[2]

S-22-1-4 故意杀人罪——量刑

二、过失致人死亡罪

（一）概念

过失致人死亡罪，是指因过失造成他人死亡的行为。

（二）犯罪构成要件

1. 本罪的客观方面：其一，存在过失行为；其二，发生了死亡结果；其三，过失行为与死亡结果之间具有因果关系。过失行为直接造成被害人死亡的，认定行为与死亡结果之间具有因果关系；如果过失行为引起被害人重伤继而导致死亡的，因果关系没有中断，则认定行为与死亡结果之间具有因果关系。

2. 本罪的主观方面表现为过失。对于疏忽大意的过失致人死亡，行为人对自己的行为造成他人死亡的结果须具有预见可能性。

S-22-1-5 过失致人死亡罪的认定

S-22-1-6 过失致人死亡罪——高空抛物行为的认定

---

[1]《最高人民法院关于发布第三批指导性案例的通知》，指导案例12号。
[2]《最高人民法院关于发布第一批指导性案例的通知》，指导案例4号。

（三）此罪与彼罪

过于自信的过失致人死亡罪与间接故意杀人罪在主观认识因素和意志因素方面，二者存在差别：其一，在认识因素方面，二者对于死亡结果发生可能性的认识程度不同。过于自信的过失致人死亡罪中行为人只是认识到自己的行为可能会导致被害人死亡结果的发生；间接故意杀人罪中行为人则认识到行为完全能够或者肯定会导致死亡结果发生。其二，在意志因素方面，二者对于被害人死亡结果所持的心理态度也不同。过于自信的过失致人死亡罪行为人对于死亡结果既不希望也不放任，而是排斥死亡结果的发生；间接故意杀人罪行为人对于被害人死亡结果持放任心态。过失致人死亡罪与故意伤害罪（致死）的区分是司法实践中经常遇到但在具体案件中比较难以解决的问题。二罪在客观上均造成了被害人死亡的结果，但在量刑上差距很大，审判实践中针对个案的定罪争论时有发生。二罪难以区分的主要原因在于行为人对被害人死亡的结果均出于过失，被害人死亡与间接故意伤害中，行为人的认识因素也大致相同，即均预见到可能发生危害后果，这就使区分更加困难。[1]

三、故意伤害罪

（一）概念

故意伤害罪，是指使用暴力等方法，故意非法损害他人身体健康的行为。对于本罪所侵害的客体（法益），有以下几种观点：身体的不可侵犯性；心理状态的健康；外部身体的完整性；生理机能的健全。我国刑法采"生理机能的健全说"。

（二）犯罪构成要件

1. 犯罪客观方面表现为非法侵害他人身体健康的行为。

S-22-1-7 故意伤害罪——客观要件的认定

（1）行为对象为他人身体。尸体、胎儿不构成本罪的犯罪对象。行为人如果伤害的是自己的身体，一般不构成犯罪，但如果军职人员在战斗前为了逃避履行军事义务而伤害自己身体的，则构成战时自伤罪。行为人教唆、帮助他人自伤的，如果行为对象为成年人，根据自我答责原理，不构成犯罪；如果行为对象为未成年人，则成立本罪。

J-22-1-1 故意伤害案件中不构成犯罪的情况
——山东省东营市东营区人民检察院检察官赵鹏

---

[1] 最高人民法院刑事审判一至五庭主办：《中国刑事审判指导案例》（第2卷），法律出版社2017年版，第525、527页。

（2）实施了伤害行为。首先，伤害行为必须达到足以损害他人健康的程度。其次，在行为方式上，本罪包括作为和不作为两种。在行为类型上，传播疾病（传播性病除外）的行为也属于伤害行为。

S-22-1-8 故意伤害罪——疫情防控期间暴力伤医行为的认定

（3）发生轻伤、重伤、死亡的伤害结果。其中轻伤结果为本罪的基本构成内容，重伤、死亡为本罪加重结果。

（4）伤害行为与危害结果之间存在直接的因果关系。例如，因轻伤而引发心脏病发作死亡，成立故意伤害罪与过失犯罪的竞合，不成立故意伤害致人死亡罪。又例如，当被害人因为受到行为人残暴虐待之后精神恍惚，在恐怖绝望之中企图摆脱行为人的进一步虐待而从十楼跳下身亡时，行为人成立故意伤害致人死亡罪。此时被害人的行为由于欠缺自我答责性，不能中断伤害行为与死亡结果之间的特殊风险关联。[1]

S-22-1-9 故意伤害罪——人体损伤程度的鉴定标准

（5）本罪主体分为三种情况：致人轻伤的，刑事责任年龄的起算点为16周岁；致人重伤或者死亡的，刑事责任年龄的起点为14周岁；致人死亡或者以特别残忍手段致人重伤造成残疾，情节恶劣，经最高人民检察院核准追诉的，刑事责任年龄的起算点为12周岁。

2.犯罪主观方面。本罪在主观方面为故意。故意内容为概括故意，根据实际损害结果进行确定，例如，张三首次吸毒后产生幻觉持刀伤人致重伤。张三成立过失致人重伤，无故意。反之多次吸毒致幻，仍吸毒致人伤害，则为故意。造成重伤结果按重伤处罚；造成轻伤结果按轻伤处罚。如行为人以故意伤害砍被害人两刀，随即心生杀意又砍两刀并致使被害人死亡，由于无法查明是由哪把刀致使被害人死亡的，根据存疑有利于被告的原则，虽然可以认定为故意杀人的未遂和故意伤害的既遂，但是杀人和伤害不是对立关系，可以按照故意伤害（致死）罪处理案件。

行为人对加重结果（重伤、死亡）可能具有过失，但至少要有轻伤的故意，否则无罪。

（三）既未遂问题

1.本罪属于结果犯。

2.对于本罪是否存在未遂状态，有学说认为，伤害未遂（未到轻伤）情节严重的，应定罪处罚。

---

[1] 王钢：《德国判例刑法：分则》，北京大学出版社2016年版，第86页。

3. 故意杀人的不能犯可能成立故意伤害罪。例如，故意杀人未遂是否成立故意伤害罪，有目的说、故意说、事实说，后两者占据主流地位。

（四）此罪彼罪

对于故意伤害（致人死亡）与故意杀人罪、过失致人死亡罪的判断，根据使用工具、打击部位、打击强度、关系、环境、地点综合进行判断。

1. 足以认定故意杀人的，成立故意杀人罪。对于聚众斗殴中出现死亡后果的，应当依照刑法规定的故意伤害罪和故意杀人罪的构成要件，在准确认定行为人主观罪过的基础之上正确定罪。[1] 在寻衅滋事过程中殴打他人致人重伤、死亡的一般定故意伤害罪。[2]

F-22-1-1 故意伤害罪与寻衅滋事罪的想象竞合关系
——云南省大理州中级人民法院刑二庭刘斌

2. 不足以认定杀人但足以认定伤害的，成立故意伤害罪。典型具有故意伤害性质的，如厮打、互殴等。司法实践中，尽管故意杀人罪既遂和故意伤害致人死亡都导致了被害人死亡的危害结果，但是认定犯罪应当遵循主客观相一致的原则。如果行为人没有对被害人的死亡结果持希望或放任的态度，而只是有故意伤害的直接或间接故意，即便造成了被害人死亡的严重后果，也是由于故意伤害的方式、手段或者其他因素造成的加重结果，因此应当认定为是故意伤害罪的结果加重犯，而不应当认定为故意杀人罪。[3]

F-22-1-2 故意伤害人死亡与故意杀人罪的区分——云南省大理州中级人民法院民二庭李晓丹

3. 不足以认定故意伤害，但对死亡结果有过失。例如，甲想杀乙，开了一枪后未打中，决定放弃后收枪时意外走火，致被害人死亡的，数罪并罚。

---

[1] 最高人民法院刑事审判一至五庭主办：《中国刑事审判指导案例》（第2卷），法律出版社2017年版，第533、547~564、574页。

[2] 最高人民法院刑事审判一至五庭主办：《中国刑事审判指导案例》（第2卷），法律出版社2017年版，第537、553页。

[3] 《中华人民共和国最高人民检察院公报》2002年第3号。

S-22-1-10 故意伤害罪——此罪和彼罪的认定

（五）共犯

1. 伤害助势行为。一般不以犯罪进行处罚。
2. 同时伤害犯。
（1）没有造成伤害结果的，都不承担刑事责任；
（2）造成了轻伤结果，但不能辨认该轻伤为何人造成时，无责任；
（3）造成了重伤结果，但不能辨认该重伤为何人造成时，各行为人成立故意伤害未遂；
（4）造成了轻伤或者重伤，并能认定各自的行为造成了何种伤害的，应当分别追究刑事责任。

3. 超出共同伤害故意的共犯的行为。例如，甲与乙共谋只打掉丙两颗牙，结果乙却砍掉了丙一条腿，由于超出了共同故意的范围，所以乙应当对于超出部分独立承担责任。德国判例中，行为人甲唆使行为人乙、丙对被害人实施身体伤害，即使甲本身没有出现在犯罪现场，乙、丙二人的行为也足以构成"与其他参与者共同实施"的身体伤害。[1]

（六）处罚

根据《刑法》第234条的规定，犯本罪的，处3年以下有期徒刑、拘役或者管制。致人重伤的，处3年以上10年以下有期徒刑；致人死亡或者以特别残忍手段致人重伤造成严重残疾的，处10年以上有期徒刑、无期徒刑或者死刑。本法另有规定的，依照规定。

对于被告人故意伤害他人致死，已构成故意伤害罪且不具有法定减轻处罚情节的，如果被害人死亡的主要原因为自身患有严重疾病，被告人的伤害行为只是被害人死亡诱因的，被告人不应对被害人的死亡结果负全部责任。审判机关量刑时可依照《刑法》第63条第2款之规定，根据案件的特殊情况，经最高人民法院核准，可以在法定刑以下判处刑罚。[2]

司法实践中，对于由民事纠纷引起的故意伤害致人死亡的案件，被告人已构成故意伤害罪且不具有法定减轻处罚情节的，如果其主观恶性和社会危害性相对较低，犯罪情节轻微，审判机关量刑时可依照《刑法》第63条第2款之规定，根据案件的特殊情况，经最高人民法院核准，可以在法定刑以下判处刑罚。[3]

S-22-1-11 故意伤害罪——量刑

---

[1] 王钢：《德国判例刑法：分则》，北京大学出版社2016年版，第78页。
[2] 《中华人民共和国最高人民法院公报》2007年第1期。
[3] 《中华人民共和国最高人民法院公报》2005年第8期。

四、组织出卖人体器官罪

（一）犯罪构成要件

1. 犯罪客观方面。组织他人出卖，是指经他人同意的出卖行为。如行为人谎称受害人的女儿需要器官移植，然而却把被害人的器官移植给另外的人，行为人没有产生错误认识，是被害人对自己的"权益"处分产生了错误认识。则行为人的行为构成故意伤害罪。[1]

非法摘取、骗取他人器官的行为，构成故意伤害罪、故意杀人罪。例如，欺骗他人获利3万，但在摘取之后只给被害人5000的，由于被害人对摘取本人器官的行为表示同意，行为人没有对摘取行为实施欺骗，只是对于价格进行欺骗，不构成故意伤害、故意杀人罪，仍然构成本罪。再如，行为人征得17岁未成年人同意，欺骗其将肾脏捐献给偶像，因为未成年人对于出卖自己器官的同意无效，行为人成立故意伤害罪或者故意杀人罪。

非法摘取尸体器官的行为成立盗窃、侮辱、毁坏尸体罪。

2. 犯罪主观方面。本罪主观方面为故意。

（二）既遂、未遂认定标准

因为组织出卖人体器官罪是行为犯，行为人只要实施了组织他人出卖人体器官的行为，即构成本罪，不应以损害结果的发生作为认定既遂的标准，因此即使出卖者未被实际摘取器官，只要组织者的组织出卖人体器官行为实施完毕，国家器官移植医疗秩序受到严重侵害，组织行为即构成既遂。[2]

（三）处罚

根据《刑法》第234条的规定，犯本罪的，处5年以下有期徒刑，并处罚金；情节严重的，处5年以上有期徒刑，并处罚金或者没收财产。

未经本人同意摘取其器官，或者摘取不满18周岁的人的器官，或者强迫、欺骗他人捐献器官的，依照《刑法》第234条、第232条的规定定罪处罚。

违背本人生前意愿摘取其尸体器官，或者本人生前未表示同意，违反国家规定，违背其近亲属意愿摘取其尸体器官的，依照《刑法》第302条的规定定罪处罚。

第二节 侵犯妇女、儿童身心健康的犯罪

一、强奸罪

（一）概念

强奸罪，是指违背妇女意志，使用暴力、胁迫或者其他手段强行与妇女性交，或者奸淫不满14周岁幼女的行为其侵害公益为妇女的性自主权。

（二）对象为已满14周岁妇女的强奸罪的犯罪构成

1. 犯罪客观方面。本罪在客观方面表现为，使用暴力、胁迫等强制手段，利用妇女不能反抗、不敢反抗、不知反抗的状态，强行奸淫妇女的行为。

（1）行为方式。

---

[1] 国家司法考试2014年第二卷第15题。
[2] 最高人民法院刑事审判一至五庭主办：《中国刑事审判指导案例》（第2卷），法律出版社2017年版，第583页。

第一，使用暴力、胁迫、其他手段。行为本质是违背妇女意志，使其处于不知、不能、不敢反抗的状态。对于强奸案中"违背妇女意志"的认定标准，存在以下几种观点："女性最大限度保护说"，即以该女性所说为准；"合理反抗说"，以美国泰森强奸案为例，被害人见行为人强大未做反抗，结合当时情形也应当认定强奸成立；"肯定性同意说"，在是否违背妇女意志的判断上，需要结合具体的事实进行判断。例如，行为人利用职务上的优越地位，以提级等利益相引诱，而妇女为了谋取这些私利以肉体进行交换的，属于基于相互利用的自愿性行为，不违背妇女意志，行为人不构成强奸罪。同样地，行为人谎称自己是警察，妇女因该男子的警察身份而与之发生性关系的，不构成强奸罪。例如，冒充妇女的梦中情人，使其与自己发生性关系，此时不构成本罪；利用妇女沉睡之际，冒充该妇女的丈夫与之发生性行为的，成立强奸罪；假借治疗疾病、以酒灌醉或以药麻醉被害人的，均成立强奸罪。

与具有精神障碍的妇女发生性行为，是否构成强奸罪，应分情况讨论。如果在发生性行为时，该妇女不具有辨认和控制能力，且行为人明知对方处于不能辨认或控制自己行为的状态的，成立强奸罪。对于间歇性精神病人，在其精神正常期间，如果自愿与他人发生性行为的，不能将男方行为认定为强奸罪。

第二，实施奸淫行为。认定强奸罪不能以被害妇女有无反抗表示作为必要条件。对妇女未作反抗表示，或者反抗表示不明显的，要具体分析。在司法实践中，行为人虽然没有亲自实施强奸、威胁妇女的行为，但是强迫他人实施上述行为的，其属于间接正犯，应当按照实行犯来处理。有观点认为，被强迫者在生命受到现实威胁的情况下，被迫与他人性交的行为，是紧急避险行为，不构成犯罪。[1] 本书对此持否定意见，人不能作为避险的手段，不应成立避险，但可以因欠缺期待可能性减免责任。在判定强奸行为与通奸行为上：先通奸后强奸，是指双方曾多次自愿发生婚外性行为，之后行为人违背女方意志，以暴力、胁迫或者其他手段强行与其发生性行为的情形。这种情况下构成强奸罪。先强奸后通奸，是指行为人第一次将妇女强奸，以后该妇女自愿与行为人多次发生性行为。此种情况下，在强奸行为发生之后，该妇女的意志已经发生转变，发生性行为不再违背其意志，故不构成强奸罪。

S-22-2-1 强奸罪——客观要件的认定

（2）行为对象为已满14周岁的妇女。如果妇女使用暴力、胁迫手段与男子性交的，或者男子强行与其他男子实施口交、肛交的，不成立强奸罪。强奸双性人，看社会性别、生理体征，如果具有女性特征，应成立强奸既遂。行为造成伤害的，可认定为故意伤害罪；符合强制猥亵罪或者侮辱罪的犯罪构成的，认定为强制猥亵罪、侮辱罪。

（3）犯罪主体。本罪的犯罪主体为已满14周岁的自然人。强奸罪中的女性豁免、婚姻

---

[1] 最高人民法院刑事审判一至五庭主办：《中国刑事审判指导案例》（第2卷），法律出版社2017年版，第586、599、603、611页。

豁免逐渐被否定，女性强奸、婚内强奸逐渐被认可，婚姻豁免仍对强制猥亵罪具有一定的效力，公共场所强制猥亵除外。

女性强奸问题。一般认为，单独犯罪的情况下，本罪的主体必须为男性。妇女不能单独构成本罪，但可以成立该罪的间接正犯、共同正犯（非直接）、帮助犯或教唆犯。

婚内强奸问题。婚内强奸有罪的判例，主要集中在有瑕疵的婚姻，例如，离婚诉讼期间分居后的强奸、未办理结婚登记但已拜堂形成事实婚姻中的强奸等。

2. 犯罪主观方面。本罪的主观方面为故意，即行为人明知自己的行为违背妇女意志而强行奸淫。例如，张三强奸李四，但李四暗恋张三，内心欢喜但表面故作反抗。本案中张三具有强奸故意，成立强奸罪，但可以适用不能犯。

（三）对象为幼女的强奸罪的犯罪构成要件

奸淫幼女型强奸罪，在犯罪客观方面除"行为对象"外与"奸淫已满14周岁妇女型"强奸罪均相同。在犯罪主观方面表现为故意，即明知对方是幼女而与之性交的心理状态。关于"明知"的判断标准：对于不满12周岁的被害人实施奸淫等性侵害行为的，应当认定行为人"明知"对方是幼女。对于已满12周岁不满14周岁的被害人，从其身体发育状况、言谈举止、衣着特征、生活作息规律等观察可能是幼女，而实施奸淫等性侵害行为的，应当认定行为人"明知"对方是幼女。

（四）停止形态

对于强奸罪既遂的标准，存在"插入说""接触说"等不同学说。"插入说"认为，只要男方的生殖器插入了女方的生殖器，双方的生殖器已经结合，即为既遂。"接触说"认为，只要行为人生殖器接触女方生殖器的表皮即为既遂，而不管是否已经插入。对已满14周岁采"插入说"，对幼女采"接触说"。

关于轮奸案件中，一人强奸得逞、一人未得逞的处理原则为：由于行为人均实施了轮奸行为，故应当对各被告人以强奸罪定罪并按轮奸情节予以处罚；其次由于轮奸是基于共同奸淫认识的共同实行行为，只要实行犯强奸罪既遂了，那么对其帮助犯、教唆犯、组织犯以及共同实行犯都应当按照强奸罪的既遂予以处罚。但要注意，对于帮助犯、从犯可以从宽处罚，从而对于奸淫未得逞的实行犯也可以酌情从轻处罚。[1] 本书认为，停止形态是基本犯的停止形态，且强奸罪作为亲犯，应当区别于非亲手犯，对于得逞的应当按照未遂处理，同时适用轮奸加重处罚。

（五）罪数关系

1. 成立强奸罪一罪的情形。

（1）强奸妇女和幼女，强奸罪从重处罚。

（2）强奸中因过失造成被害妇女重伤或死亡，构成结果加重犯。

（3）奸淫被拐卖的妇女、幼女，构成拐卖妇女、儿童罪的加重犯。

2. 数罪并罚的情形。

（1）出于报复灭口等动机，杀伤被害人的，分别构成故意杀人罪、强奸罪。

（2）在强奸过程中，临时起意劫取被害人财物的，分别构成抢劫罪、强奸罪。

（3）行为人在被害人失去知觉或未发觉时窃取被害人随身携带的财物的，分别构成盗

---

[1] 最高人民法院刑事审判一至五庭主办：《中国刑事审判指导案例》（第2卷），法律出版社2017年版，第601页。

窃罪、强奸罪。

（4）收买拐卖妇女后强奸，分别成立收买被拐卖的妇女罪、强奸罪。

S-22-2-2 强奸罪——拐卖妇女过程中强奸行为的认定

（5）组织他人偷越国（边）境、运送他人偷越国（边）境中强奸的，与强奸罪并罚。

（6）强迫组织卖淫，同时有强奸行为的，与强奸罪并罚。

S-22-2-3 强奸罪——共犯及罪数的认定

（六）处罚

根据《刑法》第236条的规定，犯本罪的，处3年以上10年以下有期徒刑。奸淫不满14周岁的幼女的，以强奸论，从重处罚。强奸妇女、奸淫幼女，有下列情形之一的，处10年以上有期徒刑、无期徒刑或者死刑：

（1）强奸妇女、奸淫幼女情节恶劣的；

（2）强奸妇女、奸淫幼女多人的；轮奸幼女的，应当同时适用轮奸加重处罚和奸淫幼女从重处罚情节，不存在重复评价的问题。[1]

（3）在公共场所当众强奸妇女、奸淫幼女的："当众"不需要实际看到，公共场所可能被看到的即可；直播奸淫过程属于在"公共场所"当众强奸。行为人在教室、集体宿舍等场所实施猥亵行为，只要当时有多人在场，即使在场人员未实际看到，也应当认定犯罪行为是在"公共场所当众"实施。[2]

（4）二人以上轮奸的：共同正犯；时间具有连续性，地点不要求同一性；这是一种违法形态，非责任形态。例如，甲与三个具有精神障碍的男子轮奸一女子，对甲而言仍以轮奸追究其责任；属于加重情节：基本犯未遂不影响该加重情节的成立；适用主从犯：甲帮乙、丙暴力控制被害人，甲成立强奸罪的共同正犯，如果是单纯望风，则按从犯处理；片面的轮奸：甲强奸完之后，故意隐瞒自己的奸淫事实，让乙对被害人实施奸淫，甲成立轮奸。

（5）奸淫不满10周岁的幼女或者造成幼女伤害的：对于以低龄幼女为犯罪对象实施的奸淫行为，《中华人民共和国刑法修正案（十一）》专门加重了此类行为的法定刑，进一步加强对低龄幼女性权力的保护。

---

[1] 最高人民法院刑事审判一至五庭主办：《中国刑事审判指导案例》（第2卷），法律出版社2017年版，第633~634、636页。

[2] 《最高人民检察院第十一批指导性案例》，检例第42号。

(6) 致使被害人重伤、死亡或者造成其他严重后果的：主观心态为过失；强奸行为与被害人重伤、死亡结果之间有因果关系；强奸罪基本犯未遂仍可成立加重犯。

S-22-2-4 强奸罪——量刑

二、负有照护职责人员性侵罪

（一）概念

负有照护职责人员性侵罪，是指对已满 14 周岁不满 16 周岁的未成年女性负有监护、收养、看护、教育、医疗等特殊职责的人员，与该未成年女性发生性关系的行为。

（二）犯罪构成要件

1. 犯罪客观方面。

（1）本罪的犯罪对象为已满 14 周岁不满 16 周岁的未成年女性。

（2）本罪的犯罪主体为负有监护、收养、看护、教育、医疗等特殊职责的人员。

（3）我国的"性同意年龄"为 14 周岁，理论认为 14 周岁以上的人已经具备了一定的辨识能力，能够对陌生人的侵犯具有一定的识别与抵挡能力。但其在面对相对熟悉，尤其是具有特殊职责的人员时，往往由于自我保护意识降低或者防控能力不足等原因，极易遭受来自前者的侵犯。个别负有监护、收养等特殊职责的人员，在利用其优势地位实施性侵后，往往以与受害人"谈恋爱"为由开脱罪责，有的被害人甚至无法认识或者时隔多年后才意识到自己遭受了性侵，因此要专门予以规制。

2. 犯罪主观方面。本罪的主观方面为故意。只要行为人对犯罪对象的年龄明知，并与其发生了性关系，即可认定为本罪的故意。

（三）处罚

对已满 14 周岁不满 16 周岁的未成年女性负监护、收养、看护、教育、医疗等特殊职责的人员，与该未成年女性发生性关系的，处 3 年以下有期徒刑；情节恶劣的，处 3 年以上 10 年以下有期徒刑。

三、强制猥亵、侮辱罪、猥亵儿童罪

（一）概念

强制猥亵、侮辱罪，是指以暴力、胁迫或者其他方法强制猥亵他人或者侮辱妇女的行为。本罪的客体（法益）为性羞耻心。

（二）犯罪构成要件

1. 犯罪客观方面。

（1）本罪的行为表现为使用了暴力、胁迫、其他强制手段。

（2）本罪的犯罪主体为已满 16 周岁的自然人。

第一，"公然"不是本罪的构成要件要素，成立本罪不需要在公开场合实施强制猥亵、侮辱行为；但如果聚众或者在公共场所当众犯前款罪的，则属于加重情节。另外，向被害人身上涂抹污物的行为没有侵犯被害人的性羞耻心，不构成强制猥亵罪。例如，行为人将被捉奸的妇女赤裸捆绑示众的行为，应当评价为侮辱罪。因为行为人以贬低、损害他人人格，破坏他人名誉为目的，在捉奸过程中暴力殴打被害人，并将被害人全身赤裸展示给他人看，侵犯了公民的人格和名誉权利，情节严重，所以构成侮辱罪。[1]

第二，丈夫如果在私密场合下对妻子实施猥亵行为的，即使妻子不同意，也不构成本罪；但如果在公开场合进行，则侵犯了妻子的性羞耻心，构成本罪。

S-22-2-5 强制猥亵、侮辱罪、猥亵儿童罪——客观要件的认定

第一，强制猥亵罪的行为对象为已满14周岁的自然人。强制包括心理强制，例如公交车人多密闭空间，使被害人羞于反抗亦属于强制。

第二，强制侮辱罪的行为方式包括以下几种：直接对妇女实施；强迫妇女容忍他人实施；强迫妇女对他人或自行实施；强迫妇女观看他人实施。

第三，猥亵儿童罪。成立本罪不要求使用强制手段。例如，儿童主动对行为人实施猥亵行为的，行为人具有阻止义务，不阻止的行为成立猥亵儿童罪。行为人以满足性刺激为目的，以诱骗、强迫或者其他方法要求儿童拍摄裸体、敏感部位照片、视频等供其观看，严重侵害儿童人格尊严和心理健康的，构成猥亵儿童罪。[2]

S-22-2-6 强制猥亵、侮辱罪、猥亵儿童罪——性侵未成年人案件事实的认定

2. 犯罪主观方面。本罪的主观方面为故意。

（三）此罪与彼罪

1. 强制猥亵、侮辱罪与侮辱罪。

（1）侮辱罪侵犯的是被害人的名誉权，而强制猥亵、侮辱罪侵犯的是被害人的性羞耻心，当行为人实施的侮辱行为同时损害了被害人的性羞耻心和人格名誉的，构成两罪的想象竞合。

（2）侮辱罪要求行为公然实施，而强制猥亵、侮辱罪不要求公然性。为了寻求刺激在车站将妇女的衣服扒光，引起他人的围观，同时触犯了强制猥亵、侮辱罪和侮辱罪，适用特殊法优于一般法的处理原则。

2. 强制猥亵、侮辱罪与强奸罪。

（1）是否具有奸淫目的：行为人出于满足自己性欲的目的，以暴力、胁迫手段对被害

---

[1] 最高人民法院刑事审判一至五庭主办：《中国刑事审判指导案例》（第2卷），法律出版社2017年版，第631、645页。

[2]《最高人民检察院第十一批指导性案例的通知》，检例第43号。

人进行强制，但仅实施了强制猥亵行为的，对于该情况构成强奸罪还是强制猥亵、侮辱罪，关键是判断行为人是否具有强行奸淫的目的。强奸罪具有强行奸淫的目的，而本罪不具有该目的。

（2）罪数问题：一般来说，在强奸过程中经常伴随有强制猥亵行为，这时的猥亵行为属于强奸罪的预备行为或者附随行为，不具有独立性，因而为强奸罪所吸收，不能实现数罪并罚。但是，如果行为人在强制被害人的过程中先后产生了强奸和强制猥亵两个犯罪故意，并先后实施了强奸行为和强制猥亵行为的，则应实行数罪并罚。

S-22-2-7 强制猥亵、侮辱罪——罪数的认定

3. 强制猥亵、侮辱罪与故意伤害罪、过失致人重伤罪、过失致人死亡罪。

（1）强制猥亵、侮辱行为本身就具有伤害的性质，所以认为行为人在实施这种行为时，轻伤结果包含在猥亵故意的范围之内。当强制猥亵、侮辱行为致被害人轻伤的，以本罪论处。

（2）当强制猥亵、侮辱行为致被害人重伤的，按照想象竞合犯的处罚规则，以重罪故意伤害罪论处。

（3）如果行为人对于被害人重伤或死亡的结果是过失的心态，则成立本罪与过失致人重伤罪或过失致人死亡罪的想象竞合。

（四）处罚

根据《刑法》第 237 条的规定，犯本罪的，处 5 年以下有期徒刑或者拘役。聚众或者在公共场所当众犯前款罪的，或者有其他恶劣情节的，处 5 年以上有期徒刑。

根据《刑法》第 237 条第 3 款，猥亵儿童的，处 5 年以下有期徒刑。有下列情形之一的，处 5 年以上有期徒刑：猥亵儿童多人或者多次的；聚众或者在公共场所当众猥亵儿童，情节恶劣的；造成儿童伤害或者其他严重后果的；猥亵手段恶劣或者有其他恶劣情节的。

S-22-2-8 强制猥亵、侮辱罪——量刑

第三节 侵犯人身自由的犯罪

一、非法拘禁罪

（一）概念

非法拘禁罪，是指以拘押、禁闭或其他强制方法非法剥夺他人人身自由的行为。例如，

警务工作人员不经合法程序强制限制他人人身自由的行为，构成非法拘禁罪。[1]

对于本罪所侵犯的客体（法益），学术界存在不同的观点：

1. "身体活动自由说""场所移动自由说"。"场所移动自由说"认为"拘禁"指对被害人的关押、扣押，即将被害人关押于一定的场所，从而剥夺其行动自由；而"身体活动自由说"认为人身自由不限于可以移动身体位置的自由，还包括从事一切社会活动的自由。因此，按照"身体活动自由说"，将被害人的护照、身份证等证件拿走，使其不能出国的，构成非法拘禁罪。

2. "可能的身体活动自由说""现实的身体活动自由说"。"现实的身体活动自由说"认为，只有当被拘禁人认识到自己的人身自由被剥夺时，才能构成非法拘禁罪；而"可能的身体活动自由说"认为只要存在侵犯人身自由的可能就构成犯罪。按照"现实的身体活动自由说"，将熟睡的人锁在房间里，在其醒来之前打开房锁的行为不属于非法拘禁。

3. "实害犯说""危险犯说"。"危险犯说"认为，行为只要是具有侵害被害人身体活动自由的可能性，即使没有现实地侵害其身体活动自由，仍属于非法拘禁。

（二）非法拘禁罪的犯罪构成要件

1. 犯罪客观方面。

（1）行为方式。本罪在客观方面表现为非法剥夺他人身体活动自由的拘禁行为。所谓"非法"是指违反法律规定而拘禁他人或剥夺他人人身自由的行为。

极为短暂地剥夺被害人行动自由的，并不足以构成非法拘禁罪。譬如，将被害人推倒在地，压住其上身和手臂并抓住被害人头部撞击地面三次然后松开被害人的，并不成立非法拘禁罪。[2]

（2）行为对象。本罪的行为对象为有身体活动自由的自然人，以下情形不构成非法拘禁罪：其一，当被拘禁者无活动自由，且无活动意识时，不属于非法拘禁。其二，当被拘禁者无活动自由，但有活动意识时，不属于非法拘禁。其三，当被拘禁者有活动自由且有活动意识，只是暂时丧失时，不属于非法拘禁。

2. 犯罪主观方面。本罪的主观方面为故意，即明知自己的行为会发生导致他人人身自由被侵犯的结果，并且希望或者放任这种结果发生的心理态度。

（三）此罪与彼罪

为索债而非法扣押拘禁他人，但不以伤害、杀害等相威胁，构成非法拘禁罪；超出部分，以绑架论。对于索取非法债务或者单方面主张的债务，又以伤害、杀害被害人等相威胁的，则成立绑架罪。为索取债务，将与债务人没有共同财产关系、扶养、抚养关系的第三者作为人质的，成立绑架罪。

J-22-3-1 非法拘禁罪之罪数——山东省东营市东营区人民检察院第一检察部检察官张峰

---

[1]《中华人民共和国最高人民检察院公报》1998年第3号。
[2] 王钢：《德国判例刑法：分则》，北京大学出版社2016年版，第97~98页。

行为人为索取赌债而非法扣押、拘禁他人的行为，应当以非法拘禁罪定罪处罚。虽然该罪与勒索财物为目的的绑架罪在客观上表现相同，即非法剥夺他人人身自由，但两罪具有本质区别：其一，主观目的：为索取债务非法剥夺他人人身自由的非法拘禁罪，目的是索要债务（法律不予保护的也包括在内），绑架罪以勒索财物为目的；其二，犯罪对象：前者实施非法剥夺他人人身自由的行为之前存在引起"债务"的特定行为或事件，后者实施非法剥夺他人人身自由的行为之前不存在引起"债务"的特定行为或事件；其三，客观行为：前者可能会有捆绑、推搡、殴打等行为，但是主要是侵害他人的人身自由，后者采取暴力、胁迫、麻醉等犯罪方法，对他人的健康、生命有较大的危害。[1]

（四）处罚

根据《刑法》第238条的规定，犯本罪的，处3年以下有期徒刑、拘役、管制或者剥夺政治权利。具有殴打、侮辱情节的，从重处罚。

致人重伤的，处3年以上10年以下有期徒刑；致人死亡的，处10年以上有期徒刑。例如，行为人为索取债务非法扣押、拘禁他人，在非法拘禁过程中，害怕被害人呼救，而对其注射药物，但并非出于故意的主观心态，而是因为过失导致行为人的死亡结果，属于非法拘禁过程中的致人死亡，定非法拘禁罪。在此种情况下不应认定为"使用暴力致人伤残、死亡"（此种情况应当定为故意伤害罪或故意杀人罪），而应认定为"致人重伤、死亡"，以《刑法》第238条第2款规定的处3年以上10年以下有期徒刑或10年以上有期徒刑论处。[2]

使用暴力致人伤残、死亡的，依照《刑法》第234条、第232条的规定定罪处罚。需要注意：其一，使用暴力指超出控制人质所必要的暴力。其二，使用暴力但死亡结果并非因拘禁的暴力所致。例如拘禁时采取打人手段，但被害人最终却死于被绳子捆绑过紧的，不属于使用暴力致人死亡。其三，使用暴力手段但过失把被拘禁人打死的，转化为故意杀人罪。其四，行为人在拘禁后心生恨意再杀人或者将其打成轻伤的，实行数罪并罚。例如，被拘禁者想到自己债台高筑从30楼跳下，由于死亡结果与拘禁行为不具有直接因果关系，故不属于此处的非法拘禁致人死亡；但被拘禁者从行为人的车上跳下逃跑而被摔成重伤的，虽然介入了被害人的危险行为，但因果关系不中断，构成非法拘禁致人重伤。

国家机关工作人员利用职权犯上述罪的，依法从重处罚。

S-22-3-1 非法拘禁罪——量刑

---

[1] 最高人民法院刑事审判一至五庭主办：《中国刑事审判指导案例》（第2卷），法律出版社2017年版，第642~643、652页。

[2] 最高人民法院刑事审判一至五庭主办：《中国刑事审判指导案例》（第2卷），法律出版社2017年版，第648、656、665、668~669、688~689页。

二、绑架罪

（一）概念

绑架罪，是指以勒索财物为目的，控制他人，或者劫持他人为人质，或者以勒索财物为目的偷盗婴幼儿的行为。关于本罪的客体（法益），学界主要存在"人身自由说""被绑架者在本来生活状态下的行动自由及身体安全说"等学说。其中，"人身自由说"认为本罪的客体（法益）是被绑架者的人身自由。但这种观点不能说明绑架婴儿的行为也构成绑架罪。第二种学说认为，本罪的客体（法益）是被绑架者的行动自由和身体安全。按照此学说，在绑架婴儿时，虽然没有侵犯婴儿的行动自由，但是使婴儿脱离了本来的生活状态，侵害了其人身安全；父母绑架未成年子女的行为，或者征得父母同意绑架婴幼儿向第三人索要财物的（监护人无效的同意），同样侵害了子女在本来生活状态下的人身安全与行动自由；至于征得朋友同意向其父母要钱的行为，如果本人的同意是有效的，则行为人的行为不构成绑架罪；如果同意无效，则构成绑架罪。

（二）勒索财物型绑架的犯罪构成要件

1. 犯罪客观方面。

S-22-3-2 绑架罪——客观要件的认定

（1）行为。

第一，对于本罪的实行行为，理论界存在"复行为说"（通说）与"单一行为说"两种观点。复行为说认为：①绑架罪的实行行为由手段行为和目的行为两部分构成，是短缩的二行为犯。即绑架罪由绑架行为与勒索财物的行为两部分构成，其中勒索财物属于犯罪目的，该目的必须通过行为表现出来，所以成为目的行为。②绑架罪中劫持人质的行为首先是一种非法拘禁行为，向第三人提出勒赎请求的行为又符合敲诈勒索的行为构成。

第二，绑架他人作为人质的行为，绑架不以人质的宣示为构成要件要素，控制人质即为既遂。绑架行为需要注意：一是使用暴力、胁迫或者麻醉等方法。二是不要求绑离原场所，实际控制即可。行为人利用受害人年幼将其哄骗至外地继而敲诈其家属钱财构成敲诈勒索罪。因为，行为人主观上敲诈勒索财物的犯罪故意非常明显，客观上实施了用被害人的安全来对其父母进行恐吓，使得其父母产生恐惧心理，再者，行为人并没有对受害人进行人身强制，其行为主要是侵犯了被害人家人的财产权利。因此，定敲诈勒索罪为宜。[1]

第三，向第三人提出不法要求（索财），包括两个层面：其一，利用第三人对人质担忧的意思，只要行为人具有利用被绑架人近亲属或者其他人对被绑架人安危的忧虑的意思即可。构成绑架罪无需以行为人自行或者通过被绑架人向被绑架人的亲友明确告知绑架事实为要件，只要以勒索财物为目的绑架他人的，均应以绑架罪论处。例如，被告人为了勒索财物绑架被害人，而后逼迫被害人以出车祸为由向其亲友骗取财物，对于该案，本书认为

---

[1] 最高人民法院刑事审判一至五庭主办：《中国刑事审判指导案例》（第2卷），法律出版社2017年版，第677页。

成立绑架罪。其二，勒索财物。

（2）犯罪主体为已满 16 周岁的自然人。

2. 犯罪主观方面。本罪在主观方面为故意，并以勒索财物为目的。向第三人提出不法要求的目的属于主观的超过要素，无须客观化。即使客观上没有对被绑架人的近亲属或其他人提出勒索财物或其他不法要求，也成立本罪。

（1）行为人无索财目的绑架被害人，先杀害被害人，然后向其亲属谎称拿钱赎人，首先前行为成立故意杀人罪，后行为成立敲诈勒索罪与诈骗罪的想象竞合。

（2）行为人出于索财目的绑架被害人，在绑架过程中将被害人杀害，又向其亲属谎称拿钱赎人的。前行为成立绑架罪，后行为成立敲诈勒索罪与诈骗罪的想象竞合。

（三）劫持人质型绑架

劫持他人作为人质，并提出非法要求，例如，黑社会性质组织成员劫持人质后要求司法机关释放其被关押的同伙。其中提出非法要求属于主观的超过要素，只要行为人具有这种意思，即使客观上没有通知告诉被绑架人的近亲属或其他人的，也不影响本罪的成立。

（四）停止形态

只要对被害人进行了实质控制或将被害人作为人质的，即成立本罪的既遂。例如，绑架后发现绑架的对象错误，又将被绑架人放走的，已经构成绑架罪既遂。司法实践中，如行为人绑架他人后主动放弃继续犯罪，根据"单一行为说"，应当认定为绑架罪既遂，其后主动放弃继续犯罪的行为应当认定为补救措施。[1]

（五）共犯形态

如果行为人不了解他人真正的犯罪意图，而是受他人的蒙骗而实施了帮助他人实现他人绑架意图的犯罪行为，那么由于对此犯罪意图，行为人与他人缺乏犯意联络，不具有共同的犯罪故意，因而不构成绑架罪的共犯。对行为人的行为应根据主客观一致原则，在其实际的犯罪意图内，对其犯罪行为进行定罪处罚。[2]例如，甲骗乙称，丙欠自己的钱未还，让乙向丙索债，乙将丙实际控制后，丙让老婆送钱。由于乙没有绑架的故意，只有索要债务的目的，故成立非法拘禁罪。

（六）此罪与彼罪

1. 绑架罪与非法拘禁罪。区分的关键在于行为人的主观目的，为索债而扣押、拘禁的构成非法拘禁。凭空捏造本不存在的债务或者超出债务范围索要财物的，构成绑架罪。例如，甲使用欺骗方法引诱乙"赌博"，使乙欠债，然后拘禁乙，迫使乙的家属为其还债的，成立绑架罪。最高人民法院《关于对为索取法律不予保护的债务非法拘禁他人行为如何定罪问题的解释》规定，行为人为索取高利贷、赌债等法律不予保护的债务，非法扣押、拘禁他人的，依照《刑法》第 238 条规定的非法拘禁罪定罪处罚。由此可见，是否存在债务是区别绑架罪与非法拘禁罪的重要标准，而非以判断债务是否合法来确定。对于被告人为索要不受法律保护的非法债务而控制他人身体自由权的，只要被告人是以索要债务为目的，以强制的方法实施了非法剥夺他人人身自由的行为，那么即使其索要的债务是非法的，

---

[1] 最高人民法院刑事审判一至五庭主办：《中国刑事审判指导案例》（第 2 卷），法律出版社 2017 年版，第 679 页。

[2] 《中华人民共和国最高人民法院公报》2008 年第 8 期。

也应当以非法拘禁罪论处。[1]

2. 绑架罪与抢劫罪。区分的关键在于索要财物的行为是否具有当场性。抢劫罪要求当场使用暴力、当场提出勒索要求、当场取财，而绑架罪不要求当场取得财物。两罪之间最明显的区别的在于，抢劫罪的暴力、胁迫行为直接指向被抢劫人，手段行为与目的行为指向同一，而绑架罪的手段行为与目的行为分别指向被绑架人和被绑架人的亲友或其他人。行为人使用殴打、捆绑、拘禁等暴力和胁迫手段，迫使被害人自己交出现金，以实现非法占有的目的。虽然在手段行为中行为人使用了拘禁的方式，但是使用该手段仍然是为了实现迫使被害人当场交出财物的目的，而不是为了向第三人勒索财物或者实现其他目的。所以，对行为人的行为应以抢劫罪论处。[2]

在行为人采用暴力、胁迫方法控制被害人的人身自由的目的不是以此要挟向第三人索要财物，而是向被害人本人勒索钱财的情况下，不符合绑架罪的客观方面，不构成绑架罪。但采用暴力、胁迫方法控制被害人的人身自由的行为不仅符合非法拘禁罪的犯罪构成，同时也完全符合刑法对抢劫罪的规定，鉴于此种行为存在手段与目的上的牵连关系，符合我国刑法对牵连犯的规定，因此应当采用"择一重罚"的定罪处罚原则，以抢劫罪论处。[3]同时值得注意，行为人在非法拘禁过程中，又以暴力、胁迫等手段当场劫取被害人财物，构成犯罪的，择一重罪处罚。

S-22-3-3 绑架罪——抢劫罪与绑架罪的界限

3. 绑架罪与敲诈勒索罪。区分的关键在于是否使用绑架人质的方式索取财物。行为人虽然实施了限制他人人身自由或使用轻微暴力的方法，但是行为人主要是利用他人弱点、以将来的损害为要挟的，应当认定为敲诈勒索罪，而不是绑架罪。[4] 二者的区别如下：

（1）谎称绑架人质，向第三人勒索财物的，构成敲诈勒索罪。

（2）为勒索财物绑架人质，之后将人质杀害，继续向其亲属索财赎人的，构成绑架罪。刑法对绑架中的故意杀人行为没有单独以故意杀人罪论处，而是被绑架行为所包含，作为绑架罪的结果加重犯处理，不实行数罪并罚，理论上将这种现象称之为包容犯，对于杀害人质之后的敲诈勒索行为也不再单独定敲诈勒索罪。

（3）先将被害人杀害后，又编造绑架事实，向其亲属索财的，前行为成立故意杀人罪，后行为成立敲诈勒索罪与诈骗罪的竞合，数罪并罚。

（七）处罚

根据《刑法》第239条的规定，犯本罪的，处10年以上有期徒刑或者无期徒刑，并处罚金或者没收财产；情节较轻的，处5年以上10年以下有期徒刑，并处罚金。

---

[1]《中华人民共和国最高人民法院公报》2001年第6期。
[2]《中华人民共和国最高人民法院公报》2005年第2期。
[3]《中华人民共和国最高人民法院公报》2007年第1期。
[4]《中华人民共和国最高人民法院公报》2009年第10期。

杀害被绑架人的，或者故意伤害被绑架人，致人重伤、死亡的，处无期徒刑或者死刑，并处没收财产。以勒索财物为目的偷盗婴幼儿的，依照前两款的规定处罚。

"杀害被绑架人"包括在绑架过程中故意杀死被绑架人，在杀害后再隐瞒该事实向其亲属勒索财物，或者因为亲属拒绝支付赎金而撕票，故意伤害被绑架人，致其重伤、死亡。其中，"杀害被绑架人"既包括故意杀人既遂，也包括故意杀人未遂，以此保证刑罚均衡和罪责刑的相适应。

如果绑架行为直接导致被绑架人死亡，行为人对于死亡结果出于过失的，成立本罪与过失犯罪的想象竞合。例如，行为人绑架被害人，由于随手丢弃的烟头引发居民楼火灾，致被害人死亡，构成绑架罪和失火罪，数罪并罚。行为人绑架被害人后，故意实施强奸、伤害等行为的，实行数罪并罚。

S-22-3-4 绑架罪——量刑

三、拐卖妇女、儿童罪

（一）概念

拐卖妇女、儿童罪，是指以出卖为目的，有拐骗、绑架、收买、贩卖、接送、中转妇女、儿童的行为或者偷盗婴幼儿的行为。本罪的客体（法益）为被拐者的行动自由与人身安全，并非妇女的不可买卖性。如果得到妇女同意后将其出卖的，一般不构成犯罪；但是，拐卖儿童的，即使征得儿童的同意，也成立拐卖儿童罪。

（二）犯罪构成要件

1. 犯罪客观方面。

（1）行为方式包括拐骗、绑架、收买、贩卖、接送、中转等行为方式。

（2）行为对象为妇女、儿童。以拐卖妇女的目的，拐卖两性人的行为，在刑法理论中属于对象不能犯未遂，因为行为人已经满足了拐卖妇女的全部要件，只是因为行为人的疏忽大意而未发生行为人所期待的犯罪后果，但仍然具有社会危害性，故认定为拐卖妇女（未遂）罪。为精神发育迟钝、无民事行为能力的妇女"介绍对象"并获取利益的行为，应当认定为拐卖妇女罪。关键在于，因为该类妇女精神发育迟钝、无民事行为能力且自我保护意识薄弱，无须使用强制人身自由的手段进行拐卖就可以达到强制的效果。司法实践中，对于行为人出卖亲生子女构成拐卖儿童罪，具备特殊情况，可以在法定刑以下判处刑罚。[1]

---

[1] 最高人民法院刑事审判一至五庭主办：《中国刑事审判指导案例》（第2卷），法律出版社2017年版，第695、703、709页。

S-22-3-5 拐卖妇女、儿童罪——客观要件的认定

（3）犯罪主体为已满16周岁的自然人。如果行为人未达本罪刑事责任年龄，可以依据其他罪名定罪处罚。例如，15岁的甲实施了拐卖妇女、儿童的行为，同时对被拐卖的妇女实施奸淫的，只以强奸罪追究其刑事责任。又如，14周岁的乙为拐卖而对被害人进行绑架的，由17岁的丙为其望风，根据"限制从属性说"，只要正犯的行为是符合客观方面的行为，以帮助故意实施帮助行为者，便可能成立帮助犯，而不要求正犯满足责任能力、责任年龄条件。因此乙和丙共同实施了拐卖妇女、儿童的行为，乙无罪，丙构成拐卖妇女、儿童罪。

S-22-3-6 拐卖妇女、儿童罪——犯罪主体的认定

2. 犯罪主观方面为故意，并且以出卖为目的。根据最高人民法院《全国法院维护农村稳定刑事审判工作座谈会纪要》，父母出卖亲生子女或者所收养的子女的，如果是迫于生活困难而出卖的，可不作为犯罪处理；如果出卖子女情节恶劣的，构成遗弃罪。

（三）加重犯

1. 奸淫被拐卖的妇女。只成立本罪，不另外成立强奸罪。
2. 诱骗强迫卖淫或者卖给他人迫使其卖淫，只成立本罪，不另外成立组织、强迫卖淫罪。
3. 以出卖为目的偷盗婴幼儿的，分情况讨论：
（1）以出卖为目的，成立拐卖儿童罪；
（2）以勒索财物为目的，成立绑架罪；如果在以勒索财物为目的偷盗婴幼儿后，因婴幼儿没人管而将其卖出的，成立绑架罪与拐卖儿童罪，数罪并罚；
（3）以自养为目的，成立拐骗儿童罪。
4. 造成被拐卖的妇女、儿童或者其亲属重伤、死亡或者其他严重后果的。"造成被拐卖的妇女、儿童或者其亲属重伤、死亡或者其他严重后果的"，是指由于犯罪分子拐卖妇女、儿童的行为，直接、间接造成被拐卖的妇女、儿童或者其亲属重伤、死亡或者其他严重后果的。例如，由于犯罪分子采取拘禁、捆绑、虐待等手段，致使被害人重伤、死亡或者造成其他严重后果的；由于犯罪分子的拐卖行为以及拐卖中的侮辱、殴打等行为引起的被害人或者其亲属自杀、精神失常或者其他严重后果的，等等。对被拐卖的妇女、儿童进行故意杀害、伤害的，应当以故意杀人罪或者故意伤害罪与拐卖妇女、儿童罪实行并罚。

（四）停止形态

拐卖妇女儿童罪中的出卖目的属于主观的超过要素，该要件不需实现即可构成既遂，即只要行为人实际控制了被拐卖人即构成本罪的既遂。

（五）罪数

1. 拐卖妇女罪与诈骗罪：行为人与妇女通谋，将该妇女介绍与某人成婚，获得钱财后，行为人与该妇女双双逃走的（"放飞鸽"），是共同诈骗行为，诈骗数额较大的，构成诈骗罪。

2. 拐卖妇女、儿童罪与绑架罪：区分二者的关键是看行为人是否以向第三人勒索财物为目的。

S-22-3-7 拐卖妇女、儿童罪——罪与非罪、一罪与数罪的界限

（六）共犯

明知对方是人贩子而提供居间介绍的，以本罪的共犯论处。但是，借为男女双方做婚姻介绍人的机会，向其中一方或双方索取财物的行为，不成立拐卖妇女罪。介绍收养儿童索取财物的行为，不成立拐卖儿童罪。

S-22-3-8 拐卖妇女、儿童罪——共犯的认定

（七）处罚

根据《刑法》第240条的规定，犯本罪的，处5年以上10年以下有期徒刑，并处罚金；有下列情形之一的，处10年以上有期徒刑或者无期徒刑，并处罚金或者没收财产；情节特别严重的，处死刑，并处没收财产：①拐卖妇女、儿童集团的首要分子；②拐卖妇女、儿童三人以上的；③奸淫被拐卖的妇女的；④诱骗、强迫被拐卖的妇女卖淫或者将被拐卖的妇女卖给他人迫使其卖淫的；⑤以出卖为目的，使用暴力、胁迫或者麻醉方法绑架妇女、儿童的；⑥以出卖为目的，偷盗婴幼儿的；⑦造成被拐卖的妇女、儿童或者其亲属重伤、死亡或者其他严重后果的；⑧将妇女、儿童卖往境外的。

拐卖妇女、儿童是指以出卖为目的，有拐骗、绑架、收买、贩卖、接送、中转妇女、儿童的行为之一的。

S-22-3-9 拐卖妇女、儿童罪——量刑

四、收买被拐卖的妇女、儿童罪

(一) 概念

收买被拐卖的妇女、儿童罪，是指不以出卖为目的，故意用金钱或财物收买被拐卖的妇女、儿童的行为。

(二) 行为着手和既遂

当行为人与拐卖者商讨价格时，行为已着手；行为人实际接收到被拐卖的妇女或者儿童的，成立既遂。

S-22-3-10 收买被拐卖的妇女、儿童罪——客观要件的认定

(三) 共犯问题

1. 收买被拐卖的妇女、儿童的，收买者不成立拐卖妇女、儿童罪的共犯。

2. 如果收买者教唆没有拐卖故意的人拐卖妇女、儿童的，或帮助他人拐卖妇女、儿童后又收买的，成立拐卖妇女、儿童罪的共犯，以本罪与拐卖妇女、儿童罪的共犯实行并罚。

S-22-3-11 收买被拐卖的妇女、儿童罪——共犯的认定

(四) 罪数问题

1. 收买被拐卖的妇女、儿童后，对其实施强奸行为或者非法拘禁行为的，以本罪与强奸罪、非法拘禁罪实行并罚。

2. 收买被拐卖的妇女、儿童后，对其实施了强奸、非法拘禁行为，后来又将其出卖的，仅认定为拐卖妇女、儿童罪。如果在收买后实施了拐卖妇女、儿童罪不能包含的其他犯罪行为，如故意伤害行为，即使之后又出卖的，也应以拐卖妇女、儿童罪与故意伤害罪实行并罚。

3. 将妇女、儿童拘禁或收买后又产生勒索意图并向被害人的亲属或其他人实施勒索行为的，一般定绑架罪。

4. 应收买的被拐卖妇女的要求再转卖他人的行为应当以拐卖妇女一罪论处，但是在具体量刑上应当考虑到被害人自愿等因素，从宽处罚。[1]

---

[1] 最高人民法院刑事审判一至五庭主办：《中国刑事审判指导案例》（第2卷），法律出版社2017年版，第699页。

S-22-3-12 收买被拐卖的妇女、儿童罪——一罪与数罪的定性

（五）其他涉及拐卖妇女儿童的犯罪
1. 阻碍解救被收买的妇女、儿童。
（1）如果是行为人自己阻碍解救被收买的妇女、儿童的，以收买被拐卖的妇女、儿童罪（共犯）与妨害公务罪实行并罚。
（2）如果是聚众阻碍解救被收买的妇女、儿童的，以收买被拐卖的妇女、儿童罪（共犯）与聚众阻碍解救被收买的妇女、儿童罪（首要分子）实行并罚。
（3）如果聚众阻碍解救的是尚未出卖的妇女、儿童的，成立妨害公务罪或收买被拐卖的妇女、儿童罪的共犯。
2. 负有解救职责的国家机关工作人员。
（1）《刑法》第416条第1款，不解救被拐卖、绑架妇女、儿童罪。
（2）《刑法》第416条第2款，阻碍解救被拐卖、绑架妇女、儿童罪。

S-22-3-13 收买被拐卖的妇女、儿童罪——聚众阻碍解救被收买的妇女、儿童罪

（六）处罚
根据《刑法》第241条的规定，犯本罪的，处3年以下有期徒刑、拘役或者管制。收买被拐卖的妇女，强行与其发生性关系的，依照《刑法》第236条的规定定罪处罚。收买被拐卖的妇女、儿童，非法剥夺、限制其人身自由或者有伤害、侮辱等犯罪行为的，依照本法的有关规定定罪处罚。收买被拐卖的妇女、儿童，并有第2款、第3款规定的犯罪行为的，依照数罪并罚的规定处罚。收买被拐卖的妇女、儿童又出卖的，依照《刑法》第240条的规定定罪处罚。收买被拐卖的妇女、儿童，对被买儿童没有虐待行为，不阻碍对其进行解救的，可以从轻处罚；按照被买妇女的意愿，不阻碍其返回原居住地的，可以从轻或者减轻处罚。

S-22-3-14 收买被拐卖的妇女、儿童罪——量刑

五、诬告陷害罪

（一）概念

诬告陷害罪，是指故意捏造犯罪事实，向国家机关或者有关单位告发，意图使他人受到刑事追究，情节严重的行为。本罪的客体（法益）是公民的人身自由，而非司法秩序。如果为了诬告陷害向司法机关虚假报案，称李四是逃犯，而司法机关在调查后发现其真是逃犯的，实际并未对被诬告人的人身自由造成损害，不构成本罪。极端的情况例如，张三要求李四诬告陷害自己引起别人注意，被害人同意的诬告陷害属于对自己人身自由的处分，此时李四一般不成立本罪。

（二）犯罪构成要件

1. 犯罪客观方面。

（1）诬告陷害行为，包括捏造犯罪事实和虚假告发两部分行为。仅捏造犯罪事实而未向司法机关告发的，只构成本罪的预备。需要注意：①捏造的必须是犯罪事实，即能够引起刑事追究的虚假事实。如果捏造的是嫖娼等一般违法事实，不构成本罪。对于明知是虚假的传播事实，行为人将该事实向司法机关告发的，成立本罪。例如，张三明知李四盗窃，向公安告发李四抢劫杀人，成立诬告陷害。②向国家机关或有关单位告发，或采取其他方法足以引起司法机关的追究活动。③达到情节严重的程度，即足以引发刑事诉讼程序的启动。

（2）行为对象为特定的他人。自我诬告或者教唆他人诬告自己，由于未侵害他人的人身权利，不构成诬告陷害罪。诬告未达刑事责任年龄的人，如果可能会使该未成年人陷入刑事诉讼并被司法机关调查询问甚至采取强制措施的，成立本罪。对单位进行诬告，如果能够引起对直接负责的主管人员和其他直接责任人员的刑事指控，也可以成立本罪。

2. 犯罪主观方面。

（1）本罪主观方面为故意，即明知自己所告发的是虚假的犯罪事实，明知诬告陷害行为会发生侵犯他人人身权利的结果，仍希望或者放任这种结果发生。对于是否要求行为人认识到所告发的确实是虚假的犯罪事实，理论界存在"未必的认识说"与"确定的认识说"两种不同观点。"确定的认识说"认为，应当要求行为人明知自己所告发的犯罪事实确实是犯罪事实，如果行为人认识到所告发的犯罪事实仅具有可能性时而予以告发的，不成立本罪。

（2）检举失实，非有意诬陷，而是错告，由于没有陷害他人的故意，故不构成本罪。例如，匿名举报某高官受贿10万，经调查实则只有3万的，属于检举失实，不构成犯罪。

（三）停止形态

1. 本罪的着手行为：转达、移送诬告材料给司法机关。

2. 既遂：有关机关收悉诬告材料，是否对被诬告人立案追究在所不论。例如，行为人将诬告材料寄送司法机关，但还未送到就被抓获的，构成诬告陷害罪的未遂。

（四）此罪与彼罪

1. 诬告陷害罪与伪证罪。捏造证据作伪证，意图使他人受刑事追究，成立诬告陷害罪。

2. 诬告陷害罪与诽谤罪。对于二者的区分，应从主观上和客观上分别进行判断：

（1）在主观方面，诬告陷害罪是意图使他人受到刑事责任追究，而诽谤罪则是损毁他人名誉；

（2）在客观方面，诬告陷害罪表现为向司法机关等进行虚假告发，而诽谤罪则要求散布虚假信息，而不要求向司法机关等告发。

3. 诬告陷害罪与报复陷害罪。报复陷害罪，指国家机关工作人员滥用职权、假公济私，对控告人、申诉人、批评人、举报人实行报复陷害的行为。两罪在犯罪主体上具有很大不同。

（五）处罚

根据《刑法》第243条的规定，犯本罪的，意图使他人受刑事追究，情节严重的，处3年以下有期徒刑、拘役或者管制；造成严重后果的，处3年以上10年以下有期徒刑。国家机关工作人员犯前款罪的，从重处罚。不是有意诬陷，而是错告，或者检举失实的，不适用前两款的规定。

六、刑讯逼供罪、暴力取证罪

（一）概念

刑讯逼供罪，是指司法工作人员对犯罪嫌疑人、被告人使用肉刑或者变相肉刑，逼取口供的行为。

本罪所侵害的客体（法益）是人身权利。凡是使用能够给犯罪嫌疑人、被告人肉体造成痛苦的方法逼取口供的行为，都是刑讯逼供。

（二）犯罪构成要件

1. 犯罪客观方面。刑讯逼供表现为使用肉刑或者变相肉刑的方法逼取犯罪嫌疑人、被告人的口供的行为。

（1）行为方式表现为使用刑讯方法，逼取口供的行为。刑讯方法包括肉刑或变相肉刑。"肉刑"指捆绑、吊打等使犯罪嫌疑人、被告人身体器官或肌体遭受痛苦的摧残手段。"变相肉刑"指长时间冻、晒、烤、饿、乏等不直接伤害身体但造成痛苦的折磨手段。采取诱供、指名问供等错误方法，但没有使用肉刑或变相肉刑的，不构成本罪。

（2）行为对象为犯罪嫌疑人、刑事被告人。

（3）行为主体。本罪为特殊主体，只限于司法工作人员。"司法工作人员"具体包括以下几类：①侦查、检察、审判、监管人员；②尚未被公安机关正式录用，受委托履行侦查职责的人员；③对于不具有司法工作人员身份，但与司法工作人员共同刑讯逼供的，成立刑讯逼供罪的共犯。

2. 犯罪主观方面。本罪主观方面为故意，且具有逼取口供的目的，但不论公私动机。

S-22-3-15 刑讯逼供罪的立案追诉标准

（三）此罪与彼罪

1. 刑讯逼供罪与非法拘禁罪。二者并非对立关系，司法工作人员可能同时触犯该两个罪，构成想象竞合犯，从一重罪处罚。

2. 转化犯。刑讯逼供致人伤残、死亡的，成立故意伤害罪或故意杀人罪。如果犯罪嫌疑人、被告人因刑讯逼供而自杀的，由于行为人对自杀结果缺乏希望或放任的故意，所以不属于此处的"致人伤残、死亡"。

3. 刑讯逼供罪与暴力取证罪。两罪在行为对象上不同，暴力取证罪针对证人，包括被害人。

4. 刑讯逼供罪与虐待被监管人罪。两罪在行为对象上不同，虐待被监管人罪针对被监管人。

（四）处罚

根据《刑法》第247条的规定，犯本罪的，处3年以下有期徒刑或者拘役。致人伤残、死亡的，依照故意伤害罪、故意杀人罪的规定定罪从重处罚。

行为人对被告人实行刑讯逼供，导致死亡的不论行为人对伤害或死亡具有何种心理状态，都应认定为故意伤害罪或故意杀人罪，并从重处罚。[1]

七、虐待被监管人罪

《刑法》第248条规定："监狱、拘留所、看守所等监管机构的监管人员对被监管人进行殴打或者体罚虐待，情节严重的，处三年以下有期徒刑或者拘役；情节特别严重的，处三年以上十年以下有期徒刑。致人伤残、死亡的，依照本法第二百三十四条、第二百三十二条的规定定罪从重处罚。监管人员指使被监管人殴打或者体罚虐待其他被监管人的，依照前款的规定处罚。"

1. 看守教唆被监管人员殴打其他被监管人的，对于该监管人认定为本罪，而不构成故意伤害罪的教唆犯。

2. 监管人员虐待被监管人致死的，按照故意杀人罪定罪处罚，不实行并罚。

3. 虐待戒毒人员的，构成本罪。监狱、拘留所、看守所、拘役所、强制戒毒所、强制收容教育机关等均属于监管机构，因此戒毒人员属于本罪中的"被监管人"。[2]

4. 对于受被监管人员指使实施殴打、体罚虐待的被监管人，如果指使行为达到了一定强度，能够评价为对被指使者形成了强制，则对被指使者不应以犯罪论处；反之，被指使者成立本罪的共犯。

根据《刑法》第248条的规定，犯本罪情节严重的，处3年以下有期徒刑或者拘役；情节特别严重的，处3年以上10年以下有期徒刑。致人伤残、死亡的，依照本法第234条、第232条的规定定罪从重处罚。监管人员指使被监管人殴打或者体罚虐待其他被监管人的，依照前款的规定处罚。

S-22-3-16 虐待被监管人罪

八、雇佣童工从事危重劳动罪

雇佣童工从事危重劳动罪，是指违反劳动管理法规，雇用未满16周岁的未成年人从事超强度体力劳动的，或者从事高空、井下作业的，或者在爆炸性、易燃性、放射性、毒害性等危险环境下从事劳动，情节严重的行为。

---

[1]《最高人民检察院公报》2009年第3号。

[2] 左坚卫、刘志伟："虐待被监管人罪构成要件中疑难问题探讨"，载《法商研究》2003年第6期。

1. 行为对象。本罪的行为对象为未满 16 周岁的未成年人。

2. 行为方式。必须从事的是超强度体力劳动,或者从事高空、井下作业的,或者在爆炸性、易燃性、放射性、毒害性等危险环境下从事劳动。雇用童工在饭馆、理发店等场所工作的,不构成本罪。

3. 达到情节严重的程度。

4. 非法雇用童工,发生事故,又构成其他犯罪的,实行并罚。

根据《刑法》第 244 条的规定,犯本罪的,对直接责任人员,处 3 年以下有期徒刑或者拘役,并处罚金;情节特别严重的,处 3 年以上 7 年以下有期徒刑,并处罚金。有前款行为,造成事故,又构成其他犯罪的,依照数罪并罚的规定处罚。

九、强迫劳动罪

本罪的行为方式包括以下两种:

1. 以暴力、威胁或者限制人身自由的方法强迫他人劳动;

2. 明知他人实施强迫劳动犯罪行为,为其招募、运送人员或其他协助行为。如果行为人将被害人招募、运送至特定地点后,并没有强迫其劳动,而是视其意愿选择去留的,因为没有侵害被害人的人身自由,不构成犯罪。但行为人如果采取非法拘禁的手段将被害人运送至特定地点的,应认定为非法拘禁罪。

根据《刑法》第 244 条的规定,犯本罪的,处 3 年以下有期徒刑或者拘役,并处罚金;情节严重的,处 3 年以上 10 年以下有期徒刑,并处罚金。

明知他人实施前款行为,为其招募、运送人员或者有其他协助强迫他人劳动行为的,依照前款的规定处罚。单位犯前两款罪的,对单位判处罚金,并对其直接负责的主管人员和其他直接责任人员,依照第 1 款的规定处罚。

强迫劳动罪与非罪(即一般行政违法行为)区分的关键在于,行为人实施的强迫行为是否足以使他人陷入无法或者难以抗拒和自由选择,而不得不进行劳动的境地,也就是说要达到当行为人的强迫行为足以使劳动者陷入不能自由选择的境地而需要刑法介入和干预的程度。[1]

十、非法搜查罪

非法搜查罪,是指非法搜查他人身体、住宅,或者非法侵入他人住宅的行为。

本罪的犯罪主体为一般主体。司法工作人员为本罪加重身份,属于不真正身份犯,也叫量刑身份、加减身份。

根据《最高人民检察院关于渎职侵权犯罪案件立案标准的规定》:"国家机关工作人员利用职权非法搜查,涉嫌下列情形之一的,应予立案:①非法搜查他人身体、住宅,并实施殴打、侮辱等行为的;②非法搜查,情节严重,导致被搜查人或者其近亲属自杀、自残造成重伤、死亡,或者精神失常的;③非法搜查,造成财物严重损坏的;④非法搜查 3 人(户)次以上的;⑤司法工作人员对明知是与涉嫌犯罪无关的人身、住宅非法搜查的;⑥其他非法搜查应予追究刑事责任的情形。"

根据《刑法》第 245 条的规定,犯本罪的,处 3 年以下有期徒刑或者拘役。司法工作人员滥用职权,犯前款罪的,从重处罚。

---

[1] 最高人民法院刑事审判一至五庭主办:《中国刑事审判指导案例》(第 2 卷),法律出版社 2017 年版,第 718 页。

S-22-3-17 非法搜查罪的立案追诉标准

十一、非法侵入住宅罪

1. 行为方式：非法强行闯入他人住宅，或者经要求退出而拒不退出，影响他人正常生活和居住安宁的行为。

侵入要求身体进入。只是从室外将物品扔进被害人屋内或者从室外用灯光、噪音或者气味干扰被害人的，并未侵入受保护的空间。据德国判例认为，"住宅"是指为人提供住宿的场所，即便是短暂或者临时住宿的场所，也是刑法意义上的住宅。因此，旅行者临时落足的旅店，以及流浪汉临时使用的过夜场所，也都是住宅。[1]

2. 入户实施抢劫或者盗窃等犯罪行为的，仅认定为抢劫罪、盗窃罪，而不与本罪并罚。

3. 入户盗窃数额未达到盗窃罪的定罪标准，严重妨碍他人的居住与生活安宁的，可以按照非法侵入住宅罪定罪处罚。司法工作人员滥用职权，犯前款罪的，从重处罚。

十二、暴力取证罪

1. 行为主体：司法工作人员。
2. 行为对象：刑事诉讼证人（含被害人、鉴定人），民事诉讼、行政诉讼证人。
3. 转化犯：司法工作人员暴力逼取证人证言，致人伤残、死亡的，以故意伤害罪、故意杀人罪定罪处罚。但是，在司法实践中，行为人暴力迫使证人在询问笔录上签字按手印并致使被害人轻伤的行为，仍应当认定为暴力取证罪，不应按故意伤害罪论处。[2]

根据《刑法》第247条的规定，犯本罪的，处3年以下有期徒刑或者拘役。致人伤残、死亡的，依照故意伤害罪、故意杀人罪的规定定罪从重处罚。

第四节 侵犯他人人格、名誉的犯罪

一、侮辱罪

（一）概念

侮辱罪，是指以暴力或者其他方法，公然贬低他人人格，败坏他人名誉，情节严重的行为。

（二）犯罪构成要件

1. 犯罪客观方面。

（1）具有贬低人格、破坏名誉的侮辱行为。包括暴力侮辱，也包括言辞侮辱等非暴力侮辱。例如，为表达对被害人的不满用食指弹击其额头，或者蔑视的向被害人脸上喷溅唾

---

[1] 王钢：《德国判例刑法：分则》，北京大学出版社2016年版，第138、140页。
[2] 最高人民法院刑事审判一至五庭主办：《中国刑事审判指导案例》（第2卷），法律出版社2017年版，第720、724页。

沫星子的,也被德国司法判例认定为侮辱行为。

(2) 行为对象。本罪的行为对象为特定的自然人,单位不能成为本罪的侮辱对象。对于特定的职业群体进行侮辱的,例如,发帖称"教授都是畜生专家",并没有指向特定的自然人对象,不构成本罪。

(3) 必须公然进行。指采用不特定或者多数人可能知晓的方式对他人进行侮辱,不要求被害人在现场。例如,行为人只是将对他人贬损性的价值判断写在自己私藏的日记里,日后这些日记却偶然地被公之于世的,行为人不成立侮辱罪。又例如,使用扩音器、在报纸上或者通过悬挂横幅等方式公开宣扬有损被害人声誉,但并不涉及公共利益的真实事实的,大肆宣扬随着时间流逝已经基本丧失现实意义的陈年往事的,或者在宣扬真实事实时使用了侮辱性语词的,同样构成侮辱罪。[1]

(4) 达到情节严重的程度。

S-22-4-1 侮辱罪、诽谤罪——客观要件的认定

2. 犯罪主观方面。本罪的主观方面为故意,且具有侮辱他人的目的。

(三) 此罪彼罪

1. 侮辱罪与强制猥亵、侮辱妇女罪。两罪所侵犯的客体(法益)不同。侮辱罪的客体(法益)是他人的名誉,而强制猥亵、侮辱妇女罪的客体(法益)是他人的性羞耻心。

S-22-4-2 侮辱罪、诽谤罪——共犯与罪数的认定

(四) 处罚

本罪属于告诉才处理的犯罪,但严重危害社会秩序和国家利益除外。

根据《刑法》第246条的规定,犯本罪的,处3年以下有期徒刑、拘役、管制或者剥夺政治权利。通过信息网络实施第1款规定的行为,被害人向人民法院告诉,但提供证据确有困难的,人民法院可以要求公安机关提供协助。

---

[1] 王钢:《德国判例刑法:分则》,北京大学出版社2016年版,第124~125、131~132页。

S-22-4-3 侮辱罪、诽谤罪——量刑

二、诽谤罪

（一）概念

诽谤罪，是指故意捏造并散布某种虚假事实，损坏他人人格，破坏他人名誉，情节严重的行为。

（二）犯罪构成要件

1. 犯罪客观方面。

（1）诽谤行为。①捏造虚假事实，并予以散布；②明知是捏造的事实，而故意散布；

（2）诽谤对象为特定的自然人。

（3）达到情节严重的程度。

2. 犯罪主观方面。本罪的主观方面为故意。

（三）此罪与彼罪

1. 诽谤罪与侮辱罪。

（1）诽谤罪的行为方式只能是口头或文字的，而侮辱罪可以采用口头、文字方式进行侮辱，也可以进行暴力侮辱；

（2）诽谤罪散布的只能是虚假事实，而侮辱罪可以以真实事实损害他人名誉。

2. 诽谤罪与诬告陷害罪。二者的相同点表现在，都捏造了事实；不同点在于诽谤罪不要求向司法机关告发。

（四）刑事责任

本罪属于告诉才处理的犯罪，但严重危害社会秩序和国家利益除外。

根据《刑法》第246条的规定，犯本罪的，处3年以下有期徒刑、拘役、管制或者剥夺政治权利。

三、煽动民族仇恨、民族歧视罪

根据《刑法》第249条的规定，犯本罪的，处3年以下有期徒刑、拘役、管制或者剥夺政治权利；情节特别严重的，处3年以上10年以下有期徒刑。

四、出版歧视、侮辱少数民族作品罪

出版歧视、侮辱少数民族作品罪，是指在出版物中刊载歧视、侮辱少数民族的内容，情节恶劣，造成严重后果的行为。

根据《刑法》第250条的规定，犯本罪的，对直接责任人员，处3年以下有期徒刑、拘役或者管制。

第五节 侵犯民主权利的犯罪

一、非法剥夺公民宗教信仰自由罪，侵犯少数民族风俗习惯罪

非法剥夺公民宗教信仰自由罪、侵犯少数民族风俗习惯罪，是指国家机关工作人员非

法剥夺公民的宗教信仰自由和侵犯少数民族风俗习惯,情节严重的行为。

根据《刑法》第251条的规定,犯本罪的,处2年以下有期徒刑或者拘役。

二、侵犯通信自由罪

侵犯通信自由罪,是指隐匿、毁弃或者非法开拆他人信件,侵犯公民通信自由权利,情节严重的行为。本罪为一般主体。

根据《刑法》第252条的规定,犯本罪的,处1年以下有期徒刑或者拘役。

三、私自开拆、隐匿、毁弃邮件、电报罪

私自开拆、隐匿、毁弃邮件、电报罪,是指邮政工作人员私自开拆或者隐匿、毁弃邮件、电报的行为。例如,行为人为邮政中心信函分拣组长,先后三次将各地退回的信函数万封,出卖给废品收购站,所得款项占为己有,行为人的行为应当成立私自毁弃邮件罪。

根据《刑法》第253条的规定,犯本罪的,处2年以下有期徒刑或者拘役。犯前款罪而窃取财物的,依照《刑法》第264条的规定定罪从重处罚。

四、报复陷害罪

(一) 犯罪构成要件

1. 犯罪主观方面。

(1) 行为方式:国家机关工作人员,滥用职权、假公济私,对控告人、申诉人、批评人、举报人等予以打击报复。例如,非法降职、调离、克扣工资福利、压制职称评定等。

(2) 造成本人或近亲属自杀自残、精神失常等应予处罚。

2. 犯罪主观方面。

本罪主观方面为故意,即行为人明知自己的报复陷害行为会发生侵犯他人民主权利的结果,并且希望或者放任这种结果的发生。

(二) 处罚

根据《刑法》第254条的规定,犯本罪的,处2年以下有期徒刑或者拘役;情节严重的,处2年以上7年以下有期徒刑。

五、打击报复会计、统计人员罪

打击报复会计、统计人员罪,是指公司、企业、事业单位、机关、团体的领导人,对依法履行职责、抵制违反会计法、统计法行为的会计、统计人员实行打击报复,情节恶劣的行为。

根据《刑法》第255条的规定,犯本罪的,处3年以下有期徒刑或者拘役。

六、破坏选举罪

破坏选举罪,是指在选举各级人民代表大会代表和国家机关领导人员时,以暴力、威胁、欺骗、贿赂、伪造选举文件、虚报选举票数等手段破坏选举或者妨害选民和代表自由行使选举权和被选举权,情节严重的行为。

行为人为自己当选,采取用金钱贿赂部分人大代表的方式干预选举结果的,是妨害选民自由行使选举权和被选举权的行为。依据刑法之规定,该行为构成破坏选举罪。[1]

根据《刑法》第256条的规定,犯本罪的,处3年以下有期徒刑、拘役或者剥夺政治权利。

---

[1] 《中华人民共和国最高人民法院公报》1995年第4期。

七、侵犯公民个人信息罪

侵犯公民个人信息罪，是指违反国家有关规定，向他人出售或者提供公民个人信息，情节严重的行为。

S-22-5-1 侵犯公民个人信息罪

根据《刑法》第 253 条的规定，犯本罪的，处 3 年以下有期徒刑或者拘役，并处或者单处罚金；情节特别严重的，处 3 年以上 7 年以下有期徒刑，并处罚金。违反国家有关规定，将在履行职责或者提供服务过程中获得的公民个人信息，出售或者提供给他人的，依照前款的规定从重处罚。窃取或者以其他方法非法获取公民个人信息的，依照第 1 款的规定处罚。单位犯前三款罪的，对单位判处罚金，并对其直接负责的主管人员和其他直接责任人员，依照各该款的规定处罚。

第六节 妨害婚姻家庭权利的犯罪

一、暴力干涉婚姻自由罪

（一）概念

暴力干涉婚姻自由罪，是指以暴力干涉他人结婚或离婚自由的行为。

（二）犯罪构成要件

1. 犯罪客观方面。
（1）实施暴力行为。仅以暴力相威胁进行干涉的，不构成本罪。
（2）暴力可包括非法拘禁、伤害（轻伤，不含轻微伤）。
（3）以故意重伤、杀害干涉的，成立想象竞合犯，从一重罪处罚。如果长期以暴力干涉婚姻自由，只要其中一次属于故意杀人或故意伤害行为，则构成暴力干涉婚姻自由罪与故意杀人罪或故意伤害罪，实行数罪并罚。

2. 犯罪主观方面。本罪的主观方面为故意。

S-22-6-1 暴力干涉婚姻自由罪的定罪与罪数问题

（三）刑事责任

暴力干涉婚姻自由致使被害人死亡（包括因过失导致被害人死亡和直接引起被害人自杀两种），属于结果加重犯，不适用告诉才处理的规定，而是依法由检察机关提起公诉。

（四）处罚

根据《刑法》第257条的规定，犯本罪的，处2年以下有期徒刑或者拘役。犯前款罪，致使被害人死亡的，处2年以上7年以下有期徒刑。第1款罪，告诉的才处理。

二、重婚罪

（一）概念

重婚罪，是指有配偶而与他人结婚，或者明知他人有配偶而与之结婚的行为。

（二）犯罪构成要件

1. 犯罪客观方面。

（1）重婚行为包括法律婚姻和事实婚姻两种。事实婚姻关系指公开以夫妻名义长期生活在一起。恶意申请宣告配偶死亡后与他人结婚的行为构成重婚罪。[1]

（2）行为主体包括重婚者和相婚者两类。重婚者，是指有配偶而没有解除婚姻关系的人；相婚者，是指明知对方有配偶而与之结婚的人。

2. 犯罪主观方面。本罪的主观方面为故意，即明知自己或对方有配偶。

（三）认定

因强迫、包办婚姻而与他人形成事实婚姻的，因受客观条件所迫，不具有期待可能性，不宜以重婚罪论处。此时，期待可能性这一超法规的责任阻却事由，可以适用于作为犯的出罪上，但期待可能性出罪功能仅应限于不作为犯、过失犯。

（四）处罚

根据《刑法》第258条的规定，犯本罪的，处2年以下有期徒刑或者拘役。

S-22-6-2 重婚罪的定罪问题

三、破坏军婚罪

（一）概念

破坏军婚罪，是指明知是现役军人的配偶，而与之结婚或同居的行为。

（二）犯罪构成要件

1. 犯罪客观方面。

（1）行为方式表现为结婚或同居。同房既不是指通奸，也不是形成事实婚姻关系，而是指在一定时间内公开或秘密地姘居在一起的行为。

（2）行为对象。为现役军人的配偶。

（3）破坏军婚罪与重婚罪的关系。破坏军婚罪的行为，除同居行为以外，属于重婚行为。如果重婚行为符合破坏军婚罪的构成要件的，应以破坏军婚罪论处。

2. 犯罪主观方面。本罪的主观方面为故意。

---

[1] 最高人民法院刑事审判一至五庭主办：《中国刑事审判指导案例》（第2卷），法律出版社2017年版，第739页。

（三）处罚

根据《刑法》第259条的规定，犯本罪的，处3年以下有期徒刑或者拘役。利用职权、从属关系，以胁迫手段奸淫现役军人的妻子的，依照本法第236条的规定定罪处罚。

S-22-6-3 破坏军婚罪的定罪

四、虐待罪

（一）概念

虐待罪，是指对共同生活的家庭成员，进行经常性精神折磨和身体摧残，情节恶劣的行为。

（二）犯罪构成要件

1. 犯罪客观方面。

（1）行为方式。本罪在客观方面表现为虐待，即对被害人进行肉体上与精神上的摧残、折磨。例如，在家庭成员生病时不联系医生为其诊治的，便是以不作为的方式虐待了家庭成员的身体。[1]

（2）行为对象。本罪的行为对象为与行为人共同生活的家庭成员。

（3）虐待行为要求经常性，偶尔打骂、冻饿的行为，不构成虐待罪。在经常性虐待过程中，其中一次产生伤害或者杀人故意，进而实施伤害或杀人行为的，构成虐待罪与故意伤害罪或故意杀人罪，数罪并罚。

（4）情节恶劣，从虐待的手段、持续的时间、对象、结果等方面进行综合评价。

2. 犯罪主观方面。本罪的主观方面为故意。

（三）结果加重犯

虐待致使被害人重伤、死亡。

1. 包括虐待行为过失致被害人重伤或死亡，也包括被害人因虐待体弱多病而死，或者自杀的情形。

2. 明显超过虐待限度的，构成故意伤害罪或故意杀人罪。

S-22-6-4 虐待罪——定性、罪数、罪与非罪、溯及力等问题

（四）处罚

根据《刑法》第260条的规定，犯本罪的，处2年以下有期徒刑、拘役或者管制。犯

---

[1] 王钢：《德国判例刑法：分则》，北京大学出版社2016年版，第72页。

前款罪，致使被害人重伤、死亡的，处2年以上7年以下有期徒刑。第1款罪，告诉的才处理，但被害人没有能力告诉，或者因受到强制、恐吓无法告诉的除外。被虐待的未成年人，因年幼无法行使告诉权利的，属于《刑法》第260条第3款规定的"被害人没有能力告诉"的情形，应当按照公诉案件处理，由检察机关提起公诉，并可以依法提出适用禁止令的建议。

抚养人对未成年人未尽抚养义务，实施虐待或者其他严重侵害未成年人合法权益的行为，不适宜继续担任抚养人的，检察机关可以支持未成年人或者其他监护人向人民法院提起变更抚养权诉讼。[1]

S-22-6-5 虐待罪——量刑

五、虐待被监护、看护人罪

（一）概念

对未成年人、老年人、患病的人、残疾人等负有监护、看护职责的人虐待被监护、看护的人，情节恶劣的行为。

（二）犯罪构成要件

1. 犯罪客观方面。

（1）行为方式。本罪在客观方面表现为虐待行为，并且情节恶劣。

（2）行为对象。本罪的行为对象为未成年人、老年人、患病的人、残疾人等。

（3）犯罪主体。本罪的犯罪主体为负有监护、看护职责的人。

2. 犯罪主观方面。本罪的主观方面为故意。

（三）虐待被监护、看护人罪与虐待罪

区分两罪的关键是看虐待行为的行为对象是否为行为人的家庭成员。两罪有可能成立想象竞合犯，以重罪即本罪定罪处罚。

（四）处罚

根据《刑法》第260条的规定，犯本罪的，处3年以下有期徒刑或者拘役。单位犯前款罪的，对单位判处罚金，并对其直接负责的主管人员和其他直接责任人员，依照前款的规定处罚。有第1款行为，同时构成其他犯罪的，依照处罚较重的规定定罪处罚。

S-22-6-6 虐待被监护、看护人罪

---

[1] 最高人民检察院关于印发最高人民检察院第十一批指导性案例的通知（检例第44号）。

六、遗弃罪

（一）概念

遗弃罪，是指对于年老、年幼、患病或者其他没有独立生活能力的人，负有扶养义务而拒绝扶养，情节恶劣的行为。

对于"遗弃"的界定，德日刑法采广义的遗弃，即将被害人置于不受保护的状态，是一种具体的危险犯，即使履行了抚养义务依然构成遗弃罪。我国则采用狭义的遗弃，在拒绝履行扶养义务的情况下，构成遗弃罪。

例如，丈夫对因吸毒而无生活能力的妻子负有扶养义务，拒绝扶养的可能成立本罪。

（二）犯罪构成要件

一般认为，遗弃罪中的"扶养"不应包括非家庭成员之间的扶养。因为根据立法沿革，1979年《刑法》将遗弃罪置于妨害婚姻家庭罪一章中，表明遗弃罪的客体（法益）是婚姻家庭关系，因此只有对家庭成员才可能构成遗弃罪。因此，对于"扶养"的理解应依沿革解释，做有利于被告的限缩解释。

1. 犯罪客观方面。

（1）行为方式。本罪为不作为犯罪，只能以不作为的方式构成。例如，父亲看见他人将自己的孩子带入无助的处境却不加阻止。[1]

（2）行为对象。本罪的行为对象为没有独立生活能力的人。

（3）情节恶劣。

（4）犯罪主体。本罪的行为主体为有抚养能力的扶养义务人。例如福利院院长将28名"三无"公费病人遗弃，依法构成遗弃罪。本书认为，本罪中所指的"扶养义务"是广义的，不仅包括亲属间的法定扶养义务，也包括职业道德、职责所要求必须履行的扶养义务。因此，依特定的职业道德和职责应当对特定的对象履行救助职责而拒不履行的行为人，也可以成立遗弃罪的主体。[2]

2. 犯罪主观方面。本罪的主观方面为故意。

3. 遗弃罪与不作为杀人罪的区别。区分两罪的关键是对客体（法益）的侵害程度。遗弃罪是给被害人的生命、身体造成危险的犯罪，而故意杀人罪是剥夺被害人生命的犯罪。从生命所面临的危险是否紧迫，生命对作为义务的依赖程度以及行为人履行义务的难易程度等方面，判断是构成遗弃罪，还是故意杀人罪。如行为人对家庭成员负有扶养义务而拒绝扶养，故意造成家庭成员死亡，行为人构成遗弃罪而不是具有死亡紧迫性的故意杀人罪。

4. 遗弃致死伤的处理。我国《刑法》没有规定遗弃罪的结果加重情形。因遗弃而过失致被遗弃者重伤或死亡的，成立遗弃罪与过失致人重伤罪、过失致人死亡罪的想象竞合，从一重罪处罚。

（三）处罚

根据《刑法》第261条的规定，犯本罪的，处5年以下有期徒刑、拘役或者管制。

七、拐骗儿童罪

（一）概念

拐骗儿童罪，是指拐骗不满14周岁的未成年人，脱离家庭或者监护人的行为。

---

[1] 王钢：《德国判例刑法：分则》，北京大学出版社2016年版，第30页。

[2] 陈兴良："非家庭成员间遗弃行为之定性研究——王某民等遗弃案之分析"，载《法学评论》2005年第4期。

（二）罪数关系

1. 拐骗儿童罪与拐卖儿童罪。以出卖为目的拐骗儿童，构成拐卖儿童罪。不以出卖为目的拐骗儿童，构成拐骗儿童罪。拐骗儿童后又出卖的，成立拐卖儿童罪与拐骗儿童罪的竞合，基本法优于补充法。

2. 拐骗儿童罪与绑架罪。拐骗儿童后产生勒赎目的，进而对儿童进行实力支配以勒索钱财的，成立拐骗儿童罪与绑架罪，数罪并罚。

3. "拐骗"既包括蒙骗、利诱，也包括盗窃、抢夺、抢劫儿童的行为，因此将儿童偷走或者抢走的行为也成立本罪。

（三）处罚

根据《刑法》第262条的规定，犯本罪的，处5年以下有期徒刑或者拘役。

八、组织残疾人、儿童乞讨罪

组织残疾人、儿童乞讨罪，是指以暴力、胁迫手段组织残疾人或者不满十四周岁的未成年人乞讨的行为。

根据《刑法》第262条的规定，犯本罪的，处3年以下有期徒刑或者拘役，并处罚金；情节严重的，处3年以上7年以下有期徒刑，并处罚金。

九、组织未成年人进行违反治安管理活动罪

组织未成年人进行违反治安管理活动罪，是指组织未成年人进行盗窃、诈骗、抢夺、敲诈勒索等违反治安管理活动的行为。

根据《刑法》第262条的规定，犯本罪的，处3年以下有期徒刑或者拘役，并处罚金；情节严重的，处3年以上7年以下有期徒刑，并处罚金。

第二十三章

侵犯财产罪

第一节 概述

一、侵犯财产罪的概念

侵犯财产罪，是指故意非法占有、挪用、毁坏公私财物的行为。在侵犯财产罪保护的客体上，合法占有权与所有权并列都被刑法所保护。财产犯罪的客体（法益）首先是财产所有权，他物权（合法占有权）、债权等其他本权也属于财产犯罪的保护对象。但是，当合法占有权和所有权发生冲突时，合法占有权优先于所有权。例如，其一，窃回自己的出借物的定性问题。出借物是否到期，以及出借人是否索要赔偿，对于财产犯罪的成立有影响。如果 A 将摩托车借给 B，但还未到归还日期时，A 将车偷偷开走的，此时 B 的合法占有权可以对抗 A 的所有权，A 的行为构成盗窃罪。其二，所有者以外的人窃取他人犯罪所得的定性问题。A 的车被 B 偷走，C 又从 B 处偷走，C 构成盗窃罪。虽然 B 不享有对该车的所有权，但是刑法保护这种占有的状态，否则将造成财产关系的混乱。其三，窃回自己被盗财物的定性问题。被害人从盗窃犯处窃回自己的被盗财物的，由于非法占有无法对抗所有，该行为属于恢复本权的自救行为，所以不成立盗窃罪。

二、侵犯财产罪的构成要件

（一）犯罪客观方面

1. 行为类型。主要包括取得行为和毁坏行为，以下前两项属于取得行为，第三项属于毁坏行为。

（1）非法占有公私财物的行为，即使他人财产转变为自己财产。

（2）以非法手段挪用财物的行为，即暂时非法占有、使用他人财产。

（3）毁损公私财物的行为，即使财产丧失或减少使用价值。

2. 行为对象。侵犯财产罪的行为对象为财物。有体物和无体物，包括财产性利益，都可以成为财产犯罪的行为对象。某些侵犯财产罪的对象也可以是特定的债，比如通过诈骗取得债权或减免债务的，构成诈骗罪。

3. 行为结果：财产损害。给他人造成经济利益损失的，可以认定为财产损害。需注意以下情形：

（1）使无效债权的丧失不成立犯罪。例如，欺骗失足妇女免去嫖宿费用，不成立诈骗。

但是，抢走嫖资的成立抢劫罪。

（2）提供了相当对价不阻却犯罪成立。

（3）财产损害是否仅从客观的经济价值方面评价，还是需要兼顾被害人主观感受？例如，考研秘籍定价为5000元一本，而其实际价值也是5000元，但该书标榜的"秘籍"却非真正秘籍，与买受人的缔约目的不符合。德国将这种情况认定为犯罪。

（二）犯罪主观方面

本章全为故意犯罪。财产犯罪可分为毁坏财物犯罪和取得财物犯罪。

1. 毁坏财物犯罪：明知自己行为会发生使他人财物丧失或减少价值的结果，并希望或放任这种结果发生。例如，在"朱健勇故意毁坏财物案"中，行为人利用获悉的他人账号密码，高进低出股票，使他人账户损失19.7万。根据实质解释论的观点，本案中的将股票高价买进低价卖出，虽然不属于传统意义上的毁坏财物，但是从犯罪所保护的客体（法益）来看，使价值减少或丧失才是犯罪的本质，因此行为人构成故意毁坏财物罪。与之相反，形式解释论认为，该行为不构成故意毁坏财物罪。

2. 取得财物犯罪：要求具有非法占有目的，但挪用型取得犯罪除外。所谓非法占有目的主要包括排除意思和利用意思。排除意思是指排除权利人占有而将他人财物占为己有。例如，尽管短暂使用但没有返还意思，或者虽然具有返还意思，但严重侵害他人利用的可能性，或者造成财产利益重大损失，如盗走2020年考研政治书（价值20万），2021年2月返还。利用意思指对物进行利用或处分的意思，这种利用不限于遵从财物本来用途，除了毁弃、隐匿外，一般应认定为利用意思。在司法实践中，行为人以借钱为名暴力劫取财物，后因射幸性赌博行为获得利益才连本带利归还财物的行为，应当认定行为人具有非法占有的目的。[1]

第二节 暴力、胁迫型财产罪

一、抢劫罪

（一）抢劫罪概念

抢劫罪，是指以非法占有为目的，以暴力、胁迫或者其他方法，强行劫取公私财物的行为。日本刑法中规定有抢劫利益罪，认为犯罪对象可以是民法上请求返还该物的权利。

本罪的客体为财产权利与人身权利的双重客体，首先是财产权，其次是人身权。本罪的行为结构表现为，行为人采取强制手段，针对被害人自由，使被害人处于不能抵抗状态，目的是获取财物。

S-23-2-1 抢劫罪——对"反攻倒算"案件的认定

---

[1] 最高人民法院刑事审判一至五庭主办：《中国刑事审判指导案例》（第4卷），法律出版社2017年版，第180~181页。

财产性利益不能当然地认为属于财产犯罪的对象，如果认为杀害债权人即成立财产犯罪，则刑法处罚范围会不当扩大。抢劫财产性利益成立犯罪，要求该利益至少是实际上可能取得利益。如果是为了独占遗产而杀害其他继承人，按照继承法的相关规定，为争夺财产而杀害其他共同继承人的，行为人丧失继承权。因而并不能现实的取得利益，也不成立抢劫罪。

S-23-2-2 抢劫罪——抢劫特定财物的认定　　S-23-2-3 抢劫罪——罪名定义

（二）抢劫罪的犯罪构成要件

1. 犯罪客观方面。

（1）行为手段。本罪在客观方面表现为使用暴力、胁迫或者其他方法，强行劫取公私财物的行为。

第一，"暴力"即暴力压制对方反抗。暴力对象为他人，但不限于财物持有人。对任何妨碍其取财的人采取暴力的，也构成本罪。如果针对物实施暴力的则为抢夺。在暴力程度上，暴力行为必须足以抑制被害人反抗。对于压制反抗的标准，应根据一般人标准，只要该暴力行为具有压制被害人反抗的可能性即构成本罪，而不要求达到实际压制被害人的状态。

如果犯罪人主观具有强行劫取被害人随身携带的财物的犯罪故意，客观上通过对被害人实施强制禁闭的暴力方法来实现对被害人的财物的实际占有，根据刑法主客观相一致原则，构成抢劫罪。[1] 纯粹的心理上的影响或者单纯的对物暴力，不能成立抢劫罪。例如，行为人为了能够从容地从被害人家中盗窃财物而破坏被害人的交通工具阻止其按时回家的，或者设置障碍防止他人干预自己的盗窃行为的，均不成立抢劫罪。[2]

第二，"胁迫"即威胁当场使用暴力。只要使被害人以为会实现威胁即成立。

第三，"其他方法"指采取除暴力、胁迫之外的足以造成被害人不知反抗、不能反抗、不敢反抗的强制方法。对于是否达到了使被害人不知、不能、不敢反抗的程度，存在主观说、客观说和折中的客观说三种观点。主观说认为，只要行为人自己知道在压制对方反抗即可；客观说认为，按照一般人标准，行为达到了压制的程度，即使被害人本人并没有实际被压制，按照该说也认为成立犯罪；折中的客观说认为，如果按照一般人标准，行为尚未达到压制的程度，但被害人生性胆小，事实上已经处于行为人的压制之下的，也成立抢劫罪。是否为实行行为，应根据是否具有发生结果的现实危险性来加以判断，该危险性以行为人特别认识的情况以及一般人能够认识的情况为基础。

---

[1]《中华人民共和国最高人民法院公报》2008 年第 5 期。
[2] 王钢：《德国判例刑法：分则》，北京大学出版社 2016 年版，第 270 页。

S-23-2-4 抢劫罪——抢劫行为手段的认定

（2）行为目的。行为人使用暴力、胁迫或者其他方法的目的是强取值得刑法保护的财物。例如，如果行为人强取的是极为微薄的财物，如在餐厅里抢一块肉，不构成犯罪。强取近亲属的财物，或者以暴力方式索取债务的，也不宜直接认定为抢劫罪。如果行为人以抢钱包为目的，结果钱包中只有一分钱的，构成抢劫罪的未遂；如果行为人只想抢一分钱的，因为标的额太小而不构成犯罪。

（3）手段行为与取财行为之间具有因果关系。认定手段行为与取财行为之间具有因果关系，须满足以下两个条件：一是为劫财而造成压制被害人反抗的状态，或前手段行为具有抢劫目的。如果行为人在实施强奸行为时，临时起意，利用被害人不能、不敢反抗的状态，劫取其财物的，以强奸罪与抢劫罪实行并罚；如果行为人实施强奸行为，在被害人失去知觉时窃取其财物的，以强奸罪与盗窃罪实行并罚。在司法实践中，行为人以强奸犯罪为目的进入被害人住所，在强奸过程中临时起意进行劫取财务的行为，不应认定为"入户抢劫"。[1]二是必须利用暴力压制被害人反抗使其产生恐惧的心理取财。如果行为人对被害人施加暴行，被害人因恐惧逃跑，在逃跑过程中钱包掉落。因为胁迫行为与获取财物之间没有相当的因果关系，所以成立抢劫罪未遂与侵占罪，实行并罚。再如，行为人抢劫银行，欲砍杀阻拦的工作人员，此时储户出于怜悯而给钱的，同样构成抢劫罪未遂。例如，行为人先使用暴力或胁迫迫使被害人交出商店保险柜的钥匙（其对保险柜钥匙本身没有非法所有目的），然后驱车去保险柜所在的商店打开保险柜并取走其中的财物的，不能成立抢劫罪。[2]

（4）两个当场：当场使用暴力、当场劫取财物。如果行为人为得财而杀人，但在一个月之后才赴被害人家中取财的，属于事后图财行为，以故意杀人罪与盗窃罪，数罪并罚。再如，行为人为强取被害人的钱包而将其杀死，发现被害人戴着金项链，随即又将项链一并带走的，构成抢劫罪一罪；如果在将钱包拿走后，数日后返回，突然发现金项链，然后又将项链拿走的，后行为不能评价为抢劫罪，不符合当场性，所以以抢劫罪与侵占罪实行并罚。

（5）犯罪主体。本罪的犯罪主体为已满14周岁且具有刑事责任能力的自然人。

S-23-2-5 抢劫罪——主体要件

2. 抢劫罪犯罪主观方面。本罪主观方面为故意，且以非法占有为目的。如果行为人以

---

[1] 最高人民法院刑事审判一至五庭主办：《中国刑事审判指导案例》（第4卷），法律出版社2017年版，第48、134~135、142~143页。
[2] 王钢：《德国判例刑法：分则》，北京大学出版社2016年版，第273页。

暴力、胁迫的手段强迫他人为其贷款，一方面，如果不能证实行为人具有非法占有目的，就不能以抢劫罪或者敲诈勒索罪定罪处罚；另一方面，如果强迫金融机构工作人员贷款行为，是扰乱市场秩序的行为，情况严重的，应以强迫交易罪定罪处罚。[1] 如果行为人主观上同时具有抢劫和盗窃的故意，即原本意图抢劫，后改为盗窃，并实施了非法侵入他人住宅的行为，因被害人家中无人，故实施了盗窃财物的行为的，构成抢劫罪预备和盗窃罪既遂的想象竞合。如果行为人出于索债目的（包括赌债赌资）而使用暴力取财的，属于维护合法权益的行为，不具有非法占有目的，故不构成本罪。

（三）既遂与未遂

1. 根据最高人民法院《关于审理抢劫、抢夺刑事案件适用法律若干问题的意见》，抢劫罪侵犯的是复杂客体，既侵犯财产权利又侵犯人身权利，具备劫取财物或者造成他人轻伤以上后果两者之一的，均属抢劫既遂；既未劫取财物，又未造成他人人身伤害后果的，如仅造成轻微伤，属抢劫未遂。据此，《刑法》第263条规定的八种处罚情节中除"抢劫致人重伤、死亡的"这一结果加重情节之外，其余七种处罚情节同样存在既遂、未遂问题，其中属抢劫未遂的，应当根据《刑法》关于加重情节的法定刑规定，结合未遂犯的处理原则量刑。

S-23-2-6 抢劫罪——抢劫既遂与未遂的认定

2. 如果取财结果与手段行为无因果关系，应认定为未遂。如行为人深夜进入小超市，持枪威胁被害人交出现金，掏100元使得被害人能打开取款机，但是其中只有88元，行为人自己还亏损了12元的行为，仍然属于抢劫罪既遂。

3. 基本犯未遂与加重犯。如果抢劫行为未遂，仍可能成立抢劫罪的加重犯，如入户抢劫被擒，构成抢劫罪（结果加重犯）的未遂，以加重刑结合未遂的处罚规定定罪量刑。因此，加重情节的未遂除"抢劫致人重伤、死亡"外，均要求取得财物或轻伤以上结果。入户或者在公共交通工具上盗窃、诈骗、抢夺后，为了窝藏赃物、抗拒抓捕或者毁灭罪证，当场使用暴力或者以暴力相威胁的，构成"入户抢劫"或者"在公共交通工具上抢劫"。

（四）法律拟制一：携带凶器抢夺

S-23-2-7 抢劫罪——携带凶器抢夺的认定

---

[1] 最高人民法院刑事审判一至五庭主办：《中国刑事审判指导案例》（第4卷），法律出版社2017年版，第19~20、157页。

1. 凶器。对于凶器的认定，应做扩大解释。具体包括：其一，性质上的凶器：管制用品；其二，用法上的凶器：此时需要考虑杀伤力、携带可能性、畏惧感等因素；其三，犯罪工具：例如用于划破背包带的刀。例如，用轻巧的金属物件顶着被害人的后颈，用唇膏抵住被害人的后背，将金属管藏在大衣下谎称自己持有武器从而压制被害人反抗的，均由于相应物品欠缺危险性不能成立严重的抢劫。[1] 在司法实践中，"携带凶器"在具体理解中应当具体区分，即：如果行为人携带枪支、爆炸物、管制刀具等国家禁止个人携带的器材进行抢夺或者为了实施犯罪而携带枪支、爆炸物、管制刀具等国家禁止个人携带器械进行抢夺的，一律以抢劫罪定罪处罚；如果行为人携带上述国家禁止个人携带"器械"之外其他器械抢夺的，确有证据证明不是为了实施犯罪准备的，不应以抢劫罪定罪。[2]

2. 携带。

（1）将凶器置于现实的支配之下。行为人指使第三人携带凶器的，也可以认定为行为人携带凶器。

（2）不要求显示、暗示或实际使用。如果行为人显示、暗示或实际使用凶器的，则直接构成抢劫罪，而非转化抢劫。

（3）需要行为人有使用凶器的意图。

（4）需行为人没有使用凶器，即既没有使用，也没有以之相威胁。

（5）本条为法律拟制，同样适用于已满14周岁未满16周岁的未成年人。

（6）携带凶器抢夺后，在逃跑中为窝藏赃物、抗拒抓捕或毁灭罪证而当场使用暴力或以暴力相威胁的，定抢劫罪。

（五）法律拟制二：事后抢劫、准抢劫

S-23-2-8 抢劫罪——转化型抢劫的认定

根据《刑法》第269条规定："犯盗窃、诈骗、抢夺罪，为窝藏赃物、抗拒抓捕或者毁灭罪证而当场使用暴力或者以暴力相威胁的"，依照抢劫罪的规定定罪处罚。

1. 行为人实施了盗窃、诈骗、抢夺行为。

（1）数额要求：根据最高人民法院《关于审理抢劫、抢夺刑事案件适用法律若干问题的意见》，未达到"数额较大"且情节较轻，不定本罪，但具有严重情节的除外。例如，虽然仅盗窃100元，但却将被害人打成轻伤的，成立事后抢劫。但如果盗窃100元，为抗拒抓捕使用暴力未造成后果，则不适用。

（2）适用时间：成立事后抢劫，要求盗窃、诈骗、抢夺行为已经着手实行，如果盗窃、诈骗、抢夺行为处于预备阶段的，不能转化为抢劫罪。

（3）适用主体：已满14周岁不满16周岁的不适用本条，如果在实施了盗窃、诈骗、

---

[1] 王钢：《德国判例刑法：分则》，北京大学出版社2016年版，第275页。

[2] 最高人民法院刑事审判一至五庭主办：《中国刑事审判指导案例》（第4卷），法律出版社2017年版，第50、160页。

抢夺行为后，为窝藏赃物、抗拒抓捕或者毁灭罪证而使用暴力的，对于后一暴力行为评价为故意伤害罪或杀人罪。

（4）适用范围：盗窃、诈骗、抢夺类行为。例如，行为人盗伐林木后，为窝藏赃物、抗拒抓捕或者毁灭罪证而使用暴力的，可以构成事后抢劫罪。但是盗窃尸体罪不能转化为抢劫罪，因为尸体不能评价为具有财产价值。

2. 当场使用暴力或者以暴力相威胁。

（1）当场性：所谓当场要求行为人进行盗窃、诈骗或者抢夺财物的行为发生在犯罪现场，要求时间地点具有接续性即可。如果行为人实施盗窃 1 小时后被发现，然后躲在天井，3 小时后被警察发现，而对抓捕警察使用暴力的，仍应成立转化抢劫罪。又例如，与被害人一同乘车的行为人，在车上窃取被害人的钱包，继续行车 50 公里之后被害人才发现钱包被窃，此时行为人再使用暴力压制被害人反抗的，不成立抢劫性盗窃。[1] 例如，盗窃中看有人过来，以为主人回来，使用暴力，实则是邻居，此时仍构成事后抢劫。张三盗窃后感觉偷得少，又再次到场去盗窃，刚到现场未能着手便被发现，此时不转换。

（2）使用暴力、胁迫达到足以抑制反抗的程度，但不要求实际抑制。例如，造成轻伤以上后果或者手段恶劣。如果行为人暴力程度很小，情节显著轻微，或者没有加害他人的意图，只是为了挣脱抓捕而冲撞了他人并未造成严重后果的，可不认为是使用暴力，不以抢劫罪论处。欺骗他人使用暴力帮自己逃脱，也构成转化抢劫。

（3）对象只能是人，但不限于失主，也不论对象有无抓捕意识。财产共有人抢劫共有财产的，以抢劫罪定罪处罚。

3. 目的：窝藏赃物、抗拒抓捕或者毁灭罪证。在司法实践中，关于"窝藏赃物"，即转移、隐匿盗窃、诈骗、抢夺所得到的公私财物的行为；"抓捕"，即司法机关依法对犯罪分子采取的拘留、逮捕等强制措施，也包括公民（含被害人）的抓获、扭送等。所谓"毁灭罪证"，是指犯罪分子为逃避罪责，湮灭作案现场遗留的痕迹、物品以及消灭可以证明其罪行的各种证据。[2] 如果行为人盗窃财物时被发现，而暴力夺取财物的，直接定抢劫罪。只有在盗窃被发现后为抗拒抓捕而使用暴力或以暴力相威胁的，才转化为抢劫罪。

4. 转化型抢劫的既未遂。只有在先前的盗窃、诈骗、抢夺行为构成既遂时，事后抢劫才构成既遂；如果先前的犯罪行为只构成未遂，事后抢劫也只能构成未遂。

5. 共犯问题。

S-23-2-9 抢劫罪——抢劫罪共犯的认定

---

〔1〕 王钢：《德国判例刑法：分则》，北京大学出版社 2016 年版，第 281 页。
〔2〕 最高人民法院刑事审判一至五庭主办：《中国刑事审判指导案例》（第 4 卷），法律出版社 2017 年版，第 6、42 页。

（六）法定刑升格条件

1. 入户抢劫。

S-23-2-10 抢劫罪——入户抢劫的认定

（1）"户"指具有家庭生活内容的住所，宿舍、旅馆、工棚、商店则不符合"入户抢劫"的条件，因此，入户盗窃非入室盗窃。

（2）以实施财产犯罪目的入户，即入户与抢劫存在牵连关系，例如入户查水表后，盗窃被发现为抗拒抓捕使用暴力，不属于入户抢劫。

（3）在户内实施暴力。如果行为人在被害人家外面对其实施暴力，之后再入户取财的，不属于"入户抢劫"。对于入户盗窃，因被发现而当场使用暴力或者以暴力相威胁的行为，应当认定为"入户抢劫"。[1]

（4）暴力劫财行为始发在户外，持续至户内，仍应认定为"入户抢劫"。因为，一方面，行为人入户在主观目的上具有非法性；另一方面，劫财行为从户外开始，又延续到户内完成，符合入户抢劫的暴力或者暴力胁迫行为发生在户内的特征，仍应认定为入户抢劫。[2]

2. 在公共交通工具上抢劫。

S-23-2-11 抢劫罪——在公共交通工具上抢劫的认定

必须是正在运行中的公共交通工具。在未运营的公共汽车中，对乘务员进行抢劫的，不属于加重情形。在小型出租车中抢劫的，不符合公共交通工具的限制条件，不成立抢劫罪的加重犯。

3. 抢劫银行或者其他金融机构。抢劫正在使用中的运钞车的，属于抢劫金融机构。在司法实践中要做两种区分，其一，行为人在金融经营场所抢劫被害人，如抢劫正在银行或其他金融机构等待办理业务的客户，就不能认定为抢劫金融机构；其二，行为人抢劫被害人转移给金融机构的财物，如被害人的现金已经递交银行或者金融机构工作人员，则应当认定为抢劫金融机构。

---

〔1〕最高人民检察院关于印发第五批指导性案例的通知（检例第17号）。
〔2〕最高人民法院刑事审判一至五庭主办：《中国刑事审判指导案例》（第4卷），法律出版社2017年版，第7、31~32、42、46、93~94、109、112~114、126~128、193页。

S-23-2-12 抢劫罪——抢劫银行或者其他金融机构的认定

4. 多次抢劫或者抢劫数额巨大。"多次"指3次以上。在司法实践中，如果行为人在同一个地点连续对多人同时实施抢劫的，虽属抢劫多人，但由于是基于同一犯意，不仅具有犯罪时间的连续性，还具有犯意地点的相近性，不属于"多次抢劫"。

S-23-2-13 抢劫罪——多次抢劫的认定

"数额巨大"在司法实践中的认定，如行为人在抢劫过程中致人轻伤，认定为抢劫罪既遂没有争议，但是其最终没有拿到"数额巨大"的财物，则应当认定为"数额巨大"的未遂，那么就会存在一项罪行中同时出现既遂和未遂现象，显然自相矛盾，在司法实践中对抢劫国家二级以上的文物的行为，由于文物具有特殊性不能简单等同于财物进行价值计算，所以根据司法解释，应当将抢劫国家二级以上文物和抢劫"数额巨大"作同样的法律评价。[1]

S-23-2-14 抢劫罪——抢劫数额巨大的认定

5. 抢劫致人重伤、死亡。行为人在使用强制手段压制被害人反抗时对之进行殴打、捆绑、封堵口鼻造成其死亡，或者在使用枪支进行强制时，故意地或出于重大过失开枪射击造成被害人死亡。[2] 例如，甲抢劫后被害人乙大骂，甲向其轻踢一脚，造成乙心脏骤停死亡，甲属于抢劫罪、过失致人死亡罪并罚。

抢劫中过失致人死亡的，属于抢劫罪的结果加重犯。例如，行为人实施抢劫，被害人在逃跑过程中，跑到公路上被车撞死的，构成抢劫致人死亡。如果是为了劫取财物而预谋杀人，在杀人后立刻取财的，属于此处的抢劫致人死亡，而非事后图财杀人。如果行为人在抢劫既遂之后又另起犯意，将被害人杀害的，以抢劫罪与故意杀人罪实行并罚。

6. 冒充军警人员抢劫。

---

〔1〕 最高人民法院刑事审判一至五庭主办：《中国刑事审判指导案例》（第4卷），法律出版社2017年版，第50、97~100、121页。

〔2〕 王钢：《德国判例刑法：分则》，北京大学出版社2016年版，第277页。

（1）依照常人判断标准足以使他人误以为是军警人员。
（2）根据最高人民法院《关于审理抢劫、抢夺刑事案件适用法律若干问题的意见》，军警人员利用自身的真实身份实施抢劫的，不认定为"冒充军警人员抢劫"，应依法从重处罚。

S-23-2-15 抢劫罪——冒充军警人员抢劫的认定

7. 持枪抢劫。
（1）必须持真枪抢劫，枪支无弹也可构成持枪抢劫；
（2）需持有、使用或宣示。

S-23-2-16 抢劫罪——持枪抢劫的认定

8. 抢劫军用物资或者抢险、救灾、救济物资。
（七）此罪与彼罪
1. 抢劫罪与故意伤害、故意杀人罪。
（1）抢劫过程中致人死亡的，成立抢劫罪一罪；
（2）以杀人作为抢劫的手段的，成立抢劫罪一罪；
（3）行为人为了劫取财物而预谋故意杀人，或者在劫取财物过程中，为制服被害人反抗而故意杀人的，以抢劫罪定罪处罚。
2. 抢劫罪与绑架罪。二者有以下不同点：
（1）行为方法不同。抢劫罪要求当场使用暴力并当场取财，而绑架罪则是先扣押人质，事后再向第三人索要财物。例如，甲入户抓住小乙向大乙索财，否则杀害小乙，甲属于抢劫。
（2）索财对象不同。抢劫罪是向被实施暴力的对象索要财物，而绑架罪是向被害人以外的第三人勒索财物。如果行为人在绑架过程中又劫取被害人财物的，从一重罪。在司法实践中，行为人以占有财物为目的，将被害人予以非法拘禁，迫使其本人交付财物的行为，应当认定为抢劫罪而不是绑架罪。因为，其一，行为人实施暴力行为挟持被害人并对其实施非法拘禁的行为，不具备以被绑架人为人质，向绑架人以外的第三方勒索财物的这一绑架罪的基本特征；其二，行为人暴力挟持他人、非法索取他人财物的行为、具备抢劫罪的两个"当场"要件，构成抢劫罪，期间实施的非法拘禁行为因与抢劫罪存在牵连关系，依照牵连犯的一般处理原则,不再单独定罪。[1]

3. 抢劫罪与其他犯罪。

(1) 抢劫罪和抢夺罪。二者实施暴力的对象不同,抢劫罪是对人实施,抢夺罪是对物实施。

(2) 抢劫罪和敲诈勒索罪。抢劫罪一般要求当场取财,而敲诈勒索罪没有当场取财的要求。

(3) 抢劫罪与强迫交易罪。首先,二者所使用的暴力程度不同,抢劫罪所使用的暴力要求达到足以压制被害人反抗的程度,而强迫交易罪只能是轻微暴力;其次,在行为方式方面,强迫交易罪必须有特定的交易行为,且交易额基本符合对价;最后,根据最高人民法院《关于审理抢劫、抢夺刑事案件适用法律若干问题的意见》第9条专门就经营中的强迫交易罪和抢劫罪进行了区分:一是行为人是否为了获取基本合理的对价;二是行为人是否从事正常的经营活动。[2] 例如,出租车驾驶员在正常营运过程中,使用暴力、威胁手段,向乘客索取高额服务费的行为应符合强迫交易罪的犯罪构成,而不构成抢劫罪。[3]

(4) 抢劫罪与寻衅滋事罪。二者的犯罪目的不同,抢劫罪是为了非法占有财产,而寻衅滋事罪则以寻求精神刺激为目的;两罪在犯罪手段方面不同,抢劫罪要求使用暴力、胁迫或者其他手段,而寻衅滋事罪除了暴力殴打外,还具有追逐、拦截、辱骂、强拿硬要等行为方式。

(5) 抢劫罪与非法拘禁罪。《最高人民法院关于对为索取法律不予保护的债务非法拘禁他人行为如何定罪问题的解释》规定,行为人为索取高利贷、赌债等法律不予保护的债务,非法扣押、拘禁他人的,依照刑法第238条规定的非法拘禁罪定罪处罚。例如行为人仅从主观上怀疑他人在赌局中对其设计骗局,为追回赌资而非法劫持他人,逼迫他人交出财物,而没有证据证明行为人的怀疑及该非法债权是否存在的,不应当认定为上述司法解释规定的情形。其采取非法劫持的手段逼迫他人交出财物的行为,符合抢劫罪的构成要件,应当依照《刑法》第263条的规定进行处罚。[4]

S-23-2-17 抢劫罪——抢劫罪与相似罪名的区分

---

[1] 最高人民法院刑事审判一至五庭主办:《中国刑事审判指导案例》(第4卷),法律出版社2017年版,第61、64、106~107、131、162、164页。

[2] 最高人民法院刑事审判一至五庭主办:《中国刑事审判指导案例》(第4卷),法律出版社2017年版,第52~53、174页。

[3] 《中华人民共和国最高人民法院公报》2006年第4期。

[4] 《中华人民共和国最高人民法院公报》2010年第6期。

(八) 处罚

S-23-2-18 抢劫罪——处罚

二、抢夺罪

(一) 概念

抢夺罪,是指以非法占有为目的,当场直接夺取他人亲密占有的数额较大的公私财物的行为。对于本罪对象是否属于紧密占有,根据是否承认公开盗窃,所得结论不同。本书认为,夺取他人掉落地上的财物,不应成立盗窃,成立抢夺。

(二) 犯罪构成要件

1. 犯罪客观方面。

(1) 行为对象。本罪的行为对象为他人占有的公私财物,只限于动产。

S-23-2-19 抢夺罪——抢夺对象的认定

(2) 行为方式。

S-23-2-20 抢夺罪——抢夺罪的行为方式认定

本罪在客观方面表现为公然夺取。公然夺取包括以下两个要素:

第一,趁人不备,即利用对方来不及抗拒实施取财,但无需压制反抗;

第二,直接对物暴力,但不排除对被害人的人身使用轻微暴力。在司法实践中,抢夺行为人本人因质押而被第三人保管的财物,应当认定为抢夺罪。因为行为人虽然公然拿走的是自己的所有财物,但是该财物已经依法质押给他人,并处于他人合法监督的状态下。此时,该财物的占有权已经从作为所有人的行为人手中转移到保管者手中了,行为人乘其不备而将财物强行取走,符合抢夺罪的构成要件,应当以抢夺罪论处。[1]

(3) 数额较大(抢夺1000元至3000元以上)或者多次抢夺。如果抢夺的数额未达到

---

[1] 最高人民法院刑事审判一至五庭主办:《中国刑事审判指导案例》(第4卷),法律出版社2017年版,第208~209、391页。

数额较大的要求，但属于情节恶劣的，仍然构成抢夺罪。根据最高人民法院、最高人民检察院《关于办理抢夺刑事案件适用法律若干问题的解释》，"具有下列情形之一的，'数额较大'的标准按照前条规定标准的百分之五十确定：……（六）抢夺老年人、未成年人、孕妇、携带婴幼儿的人……"

S-23-2-21 抢夺罪——抢夺数额及情节的认定

2. 犯罪主观方面。本罪要求主观上具有非法占有目的。

（三）抢夺罪与抢劫罪

二者的区别与联系表现在以下方面：

1. 暴力对象不同。抢夺罪是对物使用暴力，抢劫罪是对人使用暴力。

2. 暴力程度不同。抢劫罪所使用的暴力达到足以压制他人反抗的程度，而抢夺罪则是利用来不及反抗以取得财物。例如，抢他人耳环扯掉耳垂，成立抢夺；背后推倒他人夺取财物成立抢劫。

3. 对于驾驶机动车辆抢夺的，应根据是否有对人使用暴力或产生精神强制的行为，分情况讨论：

（1）一般以抢夺罪从重处罚；

（2）飞车抢夺，具有以下情形的，认定为抢劫：其一，逼挤、撞击或强行逼倒他人而强行夺取；其二，因被害人不放手而强拉硬拽；其三，明知会造成伤亡结果仍强行夺取放任造成轻伤以上损害后果。在司法实践中，对于"飞车行抢"应当根据案件的实际情况，具体问题具体分析：首先，对于并未造成人员伤亡的案件，考虑到行为人主观心态的不确定性和客观上直接针对的是财物，如果行为人抢取的财物数额较大的话，应以抢夺罪论处；其次，如果行为人对于伤亡后果主观罪过是故意的（包括直接故意和间接故意），应当以抢劫罪定罪处罚；最后，如果行为人对于伤亡后果的主观罪过是过失，则应当分两种情况：一是抢取财物达到"数额较大"标准时，致人轻伤的，认定为"情节严重"，致人重伤或者死亡的，认定为"情节特别严重"，以抢夺罪处罚；二是抢取财物未达到"数额较大"标准时，如果仅仅过失造成被害人轻伤以下的伤害，可以按治安行政处罚规定处理；如果过失致人重伤或死亡的，分别定过失致人重伤罪或过失致人死亡罪。[1]

S-23-2-22 抢夺罪——一罪与数罪的认定

S-23-2-23 抢夺罪——抢夺共犯的认定

---

[1] 最高人民法院刑事审判一至五庭主办：《中国刑事审判指导案例》（第4卷），法律出版社2017年版，第87~88页。

（四）处罚

根据《刑法》第 267 条的规定，犯本罪的，处 3 年以下有期徒刑、拘役或者管制，并处或者单处罚金；数额巨大或者有其他严重情节的，处 3 年以上 10 年以下有期徒刑，并处罚金；数额特别巨大或者有其他特别严重情节的，处 10 年以上有期徒刑或者无期徒刑，并处罚金或者没收财产。携带凶器抢夺的，依照《刑法》第 263 条的规定定罪处罚。

S-23-2-24 抢夺罪——抢夺罪立案追诉标准

S-23-2-25 抢夺罪——抢夺罪的量刑

S-23-2-26 "携带凶器抢夺"的认定

三、聚众哄抢罪

（一）概念

聚众哄抢罪，是指以非法占有为目的，聚集多人，公然夺取公私财物，数额较大或者情节严重的行为。

（二）犯罪构成要件

1. 犯罪客观方面。
（1） "聚众"，哄抢人数达三人以上的构成"聚众"。
（2）公然性，行为人当着所有者、占有者、保管者的面实施哄抢行为。
（3）哄抢行为，即蜂拥而上，不使用暴力。
（4）数额较大或情节严重。
（5）犯罪主体，首要分子和积极参加者。

S-23-2-27 聚众哄抢罪——聚众哄抢罪的认定

2. 犯罪主观方面。本罪的主观方面为故意，并要求具有非法占有的目的。

（三）处罚

根据《刑法》第 268 条的规定，犯本罪的，对首要分子和积极参加的，处 3 年以下有期徒刑、拘役或者管制，并处罚金；数额巨大或者有其他特别严重情节的，处 3 年以上 10 年以下有期徒刑，并处罚金。

S-23-2-28 聚众哄抢罪——聚众哄抢罪的立案追诉标准

四、敲诈勒索罪

（一）概念

敲诈勒索罪，是指以非法占有为目的，采用威胁或要挟的方法，强行索取公私财物，数额较大或者多次敲诈勒索的行为。例如，利用商品夸大宣传，产品标识不符标准进行职业索赔勒索成立本罪，但职业打假，购买者维权不应成立本罪。

（二）犯罪构成要件

S-23-2-29 敲诈勒索罪——敲诈勒索罪的认定

1. 犯罪客观方面。例如，在德国判例中，负责企业采购的行为人威胁供货商，如果供货商不给自己好处费就不向其下订单的，虽然行为人并不负有向特定供货商下订单的义务，但仍然可以被认定为敲诈勒索中的胁迫行为。[1] 但根据我国刑法，可以定位强迫交易罪。

（1）行为手段。本罪在客观方面为采取威胁行为、要挟行为，向他人索取财物的行为。其一，威胁、要挟行为的内容没有限制，如告发他人的违法犯罪事实、张扬他人隐私等，只要使对方产生恐惧心理即可。但是，在此需要明确正当维权与敲诈勒索的界限。其二，威胁、要挟行为的方法没有限制，既可以表现为动作（如寄子弹），也可以是轻微暴力（如扇耳光）。其三，威胁、要挟行为不要求实现，也不要求具有实现的意思。例如，看守所工作人员指使在押人员对其他在押人员进行折磨、威胁，强行索取财物的，虽没有直接实施敲诈勒索行为，但被指使人对其他在押人员进行折磨、威胁，强行索取财物，符合敲诈勒索罪的构成特征，该看守所工作人员是敲诈勒索罪的共犯。[2] 但是，威胁、要挟一定是以自己将要实现威胁内容为前提，例如，甲威胁乙不给钱会恶鬼缠身，或者假称帮丙传话，不给钱就会受到丙的报复，甲成立诈骗。

（2）行为目的。行为人采取威胁、要挟行为的目的是索取财物。对于索财行为，可以是迫使被害人当场交出，也可以要求其限期交出。

（3）数额较大或者多次敲诈。

第一，数额较大：2000元至5000元以上。

S-23-2-30 敲诈勒索罪——敲诈数额的认定

---

[1] 王钢：《德国判例刑法：分则》，北京大学出版社2016年版，第286页。
[2]《中华人民共和国最高人民检察院公报》2011年第6号。

第二,多次敲诈:2年内敲诈勒索3次以上。

S-23-2-31 敲诈勒索罪——多次敲诈的认定

S-23-2-32 敲诈勒索罪——敲诈情节的认定

(4)敲诈勒索行为与被害人交付财物之间具有因果关系。被害人必须是基于恐惧心理交付财物,才构成本罪的既遂。如果被害人并没有因行为人的威胁或要挟行为产生恐惧,而是基于怜悯心理交付财物的,构成敲诈勒索罪未遂。

(5)行为人的敲诈勒索行为如果针对债权人、近亲属实施的,不宜认定为本罪或从宽处罚。

S-23-2-33 敲诈勒索罪——敲诈勒索罪共犯的认定

2. 犯罪主观方面。本罪的主观方面为故意,并且具有非法占有目的。司法实践中,拆迁户以举报开发商违法行为为手段索取巨额补偿款,由于行为人主观上没有非法占有的目的,且其索要补偿款的行为并非法律禁止的,故不能对行为人进行刑法惩罚。[1] 行为人只是为了让被害人处于无助的状态而迫使其将手机交付给自己的,也同样由于欠缺对手机的非法获利目的不能成立敲诈勒索罪。[2]

(三)停止形态

1. 行为人向被害人进行威胁、要挟时,是本罪的着手。例如行为人为了勒索财物而拍摄他人裸照,但并未实施敲诈行为的,只构成敲诈勒索罪的预备。

2. 被害人只有基于恐惧心理交付财物,行为人因此取得财物的,成立犯罪既遂。

(四)此罪与彼罪

1. 敲诈勒索罪与胁迫型抢劫罪。区分两罪的关键在于暴力胁迫的程度,敲诈勒索罪所使用的暴力仅以使被害人产生恐惧心理为足够,往往表现在其通过暴力加害被害人或亲属,或者以揭发被害人的隐私、毁坏其财产等相胁迫、要挟,逼迫被害人交出财物。而抢劫罪的暴力程度则足以压制被害人反抗,往往表现为使用暴力相胁迫,当场劫财,遇到抵抗或为排除抵抗施加暴力。

(1)威胁内容不同。敲诈勒索罪可以以毁坏财物、揭发隐私等多种威胁内容相要挟,

---

[1] 最高人民法院刑事审判一至五庭主办:《中国刑事审判指导案例》(第4卷),法律出版社2017年版,第468~469、483~485、490页。

[2] 王钢:《德国判例刑法:分则》,北京大学出版社2016年版,第294页。

而胁迫型抢劫罪只限于以暴力相威胁。例如，甲打乙一巴掌索要财物，乙给付财物，甲并没有压制反抗，一般不宜定抢劫。

（2）威胁方式不同。敲诈勒索罪可以以口头、书面或转告的方式进行威胁或要挟，而胁迫型抢劫罪只能由行为人当场向被害人当面提出。

（3）实现威胁的现实可能性不同。敲诈勒索罪不具有当场实施暴力的可能性，只有在被害人不答应其要求时才可能实施暴力，而抢劫罪具有当场实施暴力的可能性。

（4）取财时间不同。敲诈勒索罪可以是当场取财，也可以限期取财，而胁迫型抢劫罪只能是当场强取财物。

（5）对象不同。同绑架罪相比，抢劫的对象可以是被害人或在场的亲友、同事，而敲诈勒索罪更为广泛，不仅限于在场的被害人或者近亲属，还包括不在场的被害人或者近亲属。

S-23-2-34 敲诈勒索罪——敲诈勒索罪与胁迫型抢劫罪的区分

2. 敲诈勒索罪与诈骗罪。从以下几点对二者进行区分：

（1）行为人有无威胁手段，被害人是否基于恐惧心理交付财物。同时，二罪名之间存在想象竞合。

（2）威胁内容是否为行为人捏造的虚假内容。

（3）诈骗罪中，被害人被骗而交出财物的当时是"自愿"的。在司法实践中，将被害人杀害后，以被害人被绑架为名，向被害人亲属勒索钱款的，虽然行为人利用"欺骗的手段"，但是由于当时被害人家属并非自愿而是基于害怕被迫交出财物的，所以应当定为敲诈勒索罪。[1]

在司法实践中，关于"碰瓷"行为到底是敲诈勒索罪还是诈骗罪的区分往往比较困难。故进行以下情形的划分：其一，被害人是完全被胁迫交付财物，其中所谓的"碰瓷骗局"只不过是行为人营造出的噱头，被害人主要是基于要挟、强迫的方式而交出财物，应定性为"敲诈勒索罪"。其二，行为人故意制造交通事故的事实，隐瞒事故真相，受害人基于对事故产生的原因出现认识错误而交付财物，应定性为"诈骗罪"。

3. 敲诈勒索罪与绑架罪。两罪在客观方面都具有勒索财物的行为，但区分的关键在于是否有实际绑架他人的行为。如果没有实际绑架人质，而是以不给钱就绑架对方子女相威胁的，构成敲诈勒索罪。例如，行为人在主观上以敲诈勒索财物的犯罪故意客观上实施了用被害人的安全来对其父母进行恐吓的行为，使得其父母产生恐惧心理，试图敲诈被害人家中钱财，却没有对被害人进行人身限制的行为，应当定为敲诈勒索罪，而不是绑架罪。

---

[1] 最高人民法院刑事审判一至五庭主办：《中国刑事审判指导案例》（第 4 卷），法律出版社 2017 年版，第 35~36、473~475 页。

S-23-2-35 敲诈勒索罪——一罪与数罪的认定

S-23-2-36 假借民间借贷之名非法占有他人财产行为的定性

(五) 处罚

根据《刑法》第274条的规定，犯本罪的，处3年以下有期徒刑、拘役或者管制，并处或者单处罚金；数额巨大或者有其他严重情节的，处3年以上10年以下有期徒刑，并处罚金；数额特别巨大或者有其他特别严重情节的，处10年以上有期徒刑，并处罚金。

S-23-2-37 敲诈勒索罪——敲诈勒索罪的量刑及处罚

第三节 窃取、骗取型财产罪

一、盗窃罪

(一) 概念

盗窃罪，是指以非法占有为目的，多次窃取、入户盗窃、携带凶器盗窃、扒窃或者盗取数额较大财物的行为。司法实践中，行为人入户盗窃信用卡并使用，虽然其最终获取信用卡中金额的行为不是发生在户内的，但是其侵犯财产权的同时侵犯了公民的住宅权，应当将户外提取的数额一并计入入户盗窃的数额。[1]

盗窃增值税专用发票或可用于骗取出口退税、抵扣税款的其他发票的，成立盗窃罪。

根据相关司法解释，单位组织、指使盗窃，符合《刑法》第264条及最高人民法院《关于执行刑法中若干问题的初步经验总结》有关规定的，以盗窃罪追究组织者、指使者、直接实施者的刑事责任。

行为人利用信息网络，诱骗他人点击虚假链接而通过预先植入的计算机程序窃取财物构成犯罪的，以盗窃罪定罪处罚。[2]

---

[1] 最高人民法院刑事审判一至五庭主办：《中国刑事审判指导案例》（第4卷），法律出版社2017年版，第184、310、480页。

[2] 《最高人民法院关于发布第七批指导性案例的通知》，指导案例27号。

S-23-3-1 盗窃罪——盗窃罪的概念

(二) 盗窃罪的犯罪构成要件

S-23-3-2 盗窃罪——盗窃罪的认定

1. 犯罪客观方面。

(1) 行为对象。本罪的行为对象为他人占有的公私财物。包括：①他人实际支配领域内的财物，如住宅、信箱或公园水池内的财物。②虽处在支配领域外但可推知由他人事实支配的财物。如高尔夫球场外、住宅外停的车辆。例如，被害人将行李放在一边，去20余米处购物，行为人将该行李拿走据为己有的，成立盗窃罪。③特定封闭建筑物管理者支配领域内的财物，如酒店、网吧等。④饲养的动物。⑤行为人违背他人意志窃走自己与他人共同所有之物的，也成立盗窃罪。[1] ⑥网络域名具备法律意义上的财产属性，盗窃网络域名也可以认定为盗窃行为。[2] 虚拟财产具有财产属性，但实践中逐渐否定盗窃虚拟财产成立盗窃罪。例如，德国将盗窃虚拟财产认定为非法获取信息数据犯罪。

但是根据《刑法》盗窃以下对象不成立盗窃罪：国家秘密、情报（第111条）；广播电视设施、公用电信设施（第124条）；枪支、弹药、爆炸物、危险物质（第127条）；商业秘密（第219条）；国家机关公文、证件、印章（第280条）；尸体、尸骨、骨灰（第302条）；国有档案（第329条）；武装部队公文、证件、印章（第375条）；武器装备、军用物资（第438条）。

S-23-3-3 盗窃罪——盗窃罪的行为对象

(2) 行为方式。本罪在客观方面表现为窃取行为。窃取实质是排除他人支配建立新的支配关系。窃取的手段没有限制，例如，将同行乘客骗下火车占有其财物。盗窃罪中的"秘密窃取"具有主观性、相对性、当场性的法律特征。主观性是指行为人主观上自认为盗窃行为不会被发觉，至于实际上是否被发觉，不影响"秘密窃取"的成立。相对性是指行

---

[1] 王钢：《德国判例刑法：分则》，北京大学出版社2016年版，第155页。
[2] 《最高人民检察院第九批指导性案例》，检例第37号。

为人自认为盗窃行为不会被财物的所有者或保管者发觉，至于是否会被第三者发觉，不影响"秘密窃取"的成立。当场性是指行为人自认为在实施盗窃行为当时不会被发觉，至于事后是否被发觉，不影响"秘密窃取"的成立。[1] 对于公开盗窃，学界主流观点开始承认其属于盗窃。

在涉及自动售货机或取款机的案件中，设置机器的权利人只在使用者对机器进行正常操作的前提下才同意转移由机器所保管的财物的占有，因此，如果行为人出于非法所有的目的往自动售货机投掷假币或者价值较小的外国货币从而获取售货机内的商品时，成立盗窃罪。[2]

在司法实践中，关于外部人员勾结、伙同银行人员盗窃银行现金的行为，应当认定为盗窃罪，不应当认定为贪污罪的共犯。因为关于共犯认定上，两类人必须具有共同的故意和共同的利用职务便利的贪污行为，全案才能以共同贪污罪定性。[3]

（3）数额较大或有其他严重情节。

第一，数额较大（1000元至3000元以上）。

S-23-3-4 盗窃罪——盗窃数额的认定

S-23-3-5 盗窃罪——其他严重或特别严重情节的认定

第二，多次窃取。最高人民法院、最高人民检察院《关于办理盗窃刑事案件适用法律若干问题的解释》第3条第1款规定："二年内盗窃三次以上的，应当认定为'多次盗窃'。"

S-23-3-6 盗窃罪——多次盗窃的认定

第三，入户盗窃。仅以盗取较低价值财物为目的，不宜定盗窃罪。如在司法实践中，入户盗窃财物数额未达到盗窃罪定罪标准，严重妨碍他人的居住与生活安宁的，可以按照非法侵入住宅罪来定罪处罚。[4]

---

[1]《中华人民共和国最高人民法院公报》2011年第9期。
[2] 王钢：《德国判例刑法：分则》，北京大学出版社2016年版，第160页。
[3] 最高人民法院刑事审判一至五庭主办：《中国刑事审判指导案例》（第4卷），法律出版社2017年版，第212、267、292、298~299、302、322页。
[4] 最高人民法院刑事审判一至五庭主办：《中国刑事审判指导案例》（第4卷），法律出版社2017年版，第97、288页。

S-23-3-7 盗窃罪——入户盗窃的认定

第四，携带凶器盗窃。要求行为人基于可能使用的意思携带凶器，如果对于其身上携带有凶器的事实并不知情，不能认定为携带凶器盗窃。行为人并不需要将武器或工具掌握在手中或者放在身上，即便其和相应的武器或工具之间存在数米的距离，也可能被认定为携带。但是，行为人将武器放置在离案发地点200米远的汽车上的，属于没有"携带"武器。[1]

S-23-3-8 盗窃罪——携带凶器盗窃的认定

第五，扒窃。指在公共场所或公共交通工具上盗窃他人随身携带的财物。对于"随身携带"，存在贴身说、近身说和随身说三种观点：最高人民法院主张"贴身说"，对于"随身携带"采取限缩解释，即未离身的财物，被害人身体与财物有接触，如口袋内的手机、手提、肩背的包、坐躺、倚靠的行李等。最高人民检察院主张"近身说"，认为对于财物具有实际的支配或控制的占有状态的，才构成"随身携带"，包括有身体接触的财物，及虽未依附身体，但置于被害人身边，可随时直接触摸、检查的财物。"随身说"认为，"随身携带"的财物是指他人带在身上或者置于身边附近的财物。如在火车、地铁上窃取他人置于货架上、床底下的财物的，即构成扒窃。本书采贴身说观点，入户盗窃、携带凶器盗窃、扒窃，应以是否实际窃得财物作为区别既遂、未遂的标准。对于扒窃数额一般没有限制，但数额特别低的，应限制入罪。

S-23-3-9 盗窃罪——扒窃的认定

2. 犯罪主观方面。本罪的主观方面为故意，即明知是他人财物且数额较大并具有非法占有的目的。如果行为人供述和被害人陈述的被盗金额不一致时，且查证不清之时，按照存疑有利于被告的原则，应当按照数额较低一方予以认定。[2] 如果行为人对"数额特别巨

---

[1] 王钢：《德国判例刑法：分则》，北京大学出版社2016年版，第178、184页。
[2] 最高人民法院刑事审判一至五庭主办：《中国刑事审判指导案例》（第4卷），法律出版社2017年版，第226、247、328~329页。

大"产生认识错误,则应当结合行为人的出身、作案时的年龄、职业、见识、阅历等状况来看,来界定其对盗窃对象的实际价值有无可信基础。行为人只是出于盗窃珠宝的意思实施行为,期间又改变主意取走被害人的现金,或者在窃取珍宝之外还窃取现金的,仅成立一个既遂的盗窃罪。相反,如果行为人由于未能找到计划盗窃的珍宝,不得不放弃之前的计划,转而盗窃了现金的,则成立两个盗窃罪:对珍宝构成盗窃未遂,对现金构成盗窃既遂。[1] 在司法实践中,盗窃所有权属于自己但是被公安交通管理机关查扣的机动车辆并使用暴力致人伤亡的行为应当定性为故意伤害罪。因为,从客观上来看,行为人并未实施侵犯其他公私财产权的行为;从主观上来看,行为人没有非法占有的目的。所以,不是盗窃罪(更不可能是转化型抢劫),定故意伤害罪足矣。[2]

德国、瑞士均明确规定成立盗窃罪,行为人必须具备非法占有财物的目的。我国《刑法》虽然没有规定以非法占有为目的作为本罪的要件,但司法实践均将此作为主观要件,以区别于挪用型、毁坏型犯罪。但是,对于使用盗窃行为的定性,亦有判例定盗窃罪。

S-23-3-10 盗窃罪——罪与非罪的认定   S-23-3-11 盗窃罪——单位盗窃的认定

(三)停止形态

1. 本罪的着手为行为具有使他人丧失财产的紧急危险之时。

2. 本罪的既遂为取得或控制被害人的财物时。例如,行为人将欲窃取的工具,服装和电子产品藏匿在建材市场户外场地中,企图夜间再侵入其中取走的,仅成立盗窃未遂。[3] 银行卡所有人虽然失去对银行卡的实际控制,但基于掌握密码,并未丧失对卡内钱款的占有和控制,行为人不能直接控制卡内钱款。但如果行为人通过挂失、补办新卡、转账等行为,则实现了对银行卡内钱款的控制和占有,符合盗窃罪"转移占有"的法律特征。[4]

F-23-3-1 入户盗窃既遂的认定——云南省大理州中级人民法院民二庭李晓丹

对于犯罪既遂的认定标准,实践中一般采用的是"犯罪构成要件齐备说"。盗窃罪侵犯的是财产权益,属于结果犯。本书认为,成立盗窃罪既遂需要满足以下条件:其一,在程度上,只要处于实际控制范围之内、排除他人支配可能性即可。例如,行为人将被害人的

---

[1] 王钢:《德国判例刑法:分则》,北京大学出版社2016年版,第163页。

[2] 最高人民法院刑事审判一至五庭主办:《中国刑事审判指导案例》(第4卷),法律出版社2017年版,第219~221页。

[3] 王钢:《德国判例刑法:分则》,北京大学出版社2016年版,第162页。

[4] 《中华人民共和国最高人民法院公报》2011年第9期。

戒指藏在冰箱里，不管行为人是否实际利用了该财物，不影响盗窃罪成立。再如，行为人将被害人的钱款转入自己账户，还未取出使用便被抓的，已经构成盗窃罪既遂。其二，在状态上，取得控制应达到暂时平稳状态。例如，偷取被害人的戒指，但立刻被发现的，成立本罪的未遂；如果是在将戒指装进口袋后一段时间才被发现的，成立既遂。根据德国司法判例，在超市或者自助商店中将小件、易于携带的物品藏于衣内或者放入衣兜或裤兜内的行为人，即便其仍然身处超市或者自助商店内，也已经建立起了自己对这些物品的新的独立的占有，因而构成盗窃罪既遂。[1]

3. 对于本罪的未遂，如果行为人是以盗窃数额巨大的财物或者国家珍贵文物等为目标，即使最后分文未得，仍然成立本罪的未遂。根据最高人民法院、最高人民检察院《关于办理盗窃刑事案件适用法律若干问题的解释》第12条，盗窃未遂，具有下列情形之一的，应当依法追究刑事责任：①以数额巨大的财物为盗窃目标的；②以珍贵文物为盗窃目标的；③其他情节严重的情形。

S-23-3-12 盗窃罪——盗窃未遂的认定

4. 盗窃后销赃的，属于事后不可罚，在司法实践中，如行为人非法侵入计算机信息系统将银行的资金划入自己的账号之后再提取现金的行为，其中后面的提取现金的行为应当认定为前面盗窃行为的自然延续，所以应当认定为成立盗窃罪。[2]但盗窃对象为毒品，之后将所盗的毒品卖出的，以本罪与贩卖毒品罪并罚。如果行为人在窃取财物后，见被害人寻找，便向其勒索3万才将所盗财物归还的，属于盗窃罪与敲诈勒索罪的牵连犯。

（四）盗窃罪与相关犯罪界限

1. 如果行为人盗窃的是使用中的电力设备，成立本罪与破坏电力设备罪的想象竞合犯。

2. 对于偷开机动车，应分情况讨论：

（1）偷开机动车导致车辆丢失的，构成盗窃罪；

（2）行为人为盗窃其他财物而偷开他人机动车，后将该车非法占有或者遗弃丢失的，对偷开机动车的行为也应认定为盗窃，将机动车价值金额记入之前的盗窃罪之中，按照一罪处罚；

（3）行为人为实施其他犯罪而偷开他人机动车，后将该车非法占有或者遗弃丢失的，以前罪与盗窃罪数罪并罚；如果之后行为人将机动车无损失地归还的，只认定为其他犯罪一罪，并从重处罚。

3. 对于损毁财物的，应分情况讨论：

（1）造成财物损毁，以盗窃罪从重处罚；

（2）盗窃财物无罪但损毁财物的，以故意毁坏财物罪论处；

---

〔1〕王钢：《德国判例刑法：分则》，北京大学出版社2016年版，第161页。
〔2〕最高人民法院刑事审判一至五庭主办：《中国刑事审判指导案例》（第4卷），法律出版社2017年版，第170~172、214~216、263、296~297页。

（3）盗窃后又毁坏其他财物的，以盗窃罪和故意毁坏财物罪并罚。

4. 行为人的盗窃行为如果同时危害公共安全的（如炸鱼），成立盗窃罪与危害公共安全罪的想象竞合。

（五）此罪与彼罪

1. 盗窃罪与抢夺罪。盗窃罪是以和平方式取得财物；而抢夺罪表现为公然抢夺他人的财物。

2. 盗窃罪与诈骗罪。以窃取他人财物为目的，而采取"调虎离山"或"偷梁换柱"的欺骗手段的，被害人并非有意处分财物的，成立盗窃罪。例如，骗取他人的银行卡和密码，趁被害人不备将银行卡调包后取走卡里的钱，此行为成立盗窃罪而非诈骗罪。司法实践中，行为人盗窃他人的股票账户号码和密码之后秘密使用他人账号上的资金高价买入朋友的股票从中获利应当定性为盗窃罪。因为，行为人虽然实行行为具有一定的欺骗性，但是直接被欺骗的对象是证券交易系统而不是真正的财物所有人。其中盗窃金额应当按照行为人及其朋友在股票交易中所获得的差价数额认定。[1]

3. 盗窃罪与侵占罪。侵占罪表现为将自己合法占有的财物非法所有，而盗窃罪则为将他人合法占有的财物转变为自己非法占有。例如，保姆拿走主人家里的财物，因为家中财物仍处于主人占有之下，故成立盗窃罪；主人委托保姆保管自己的银行卡，而保姆却偷偷取走卡里钱的，尽管保姆占有银行卡，但不占有卡里的钱，成立信用卡诈骗罪。例如，对于他人忘记关闭车窗、车灯，车钥匙遗忘在车上的车辆而言，由于机动车作为财物的特殊性，该车辆不属于他人的遗忘物，他人对该车辆并未失去支配关系，即车辆仍然属于他人占有下的财物，所以，开走该车辆且长期不归还的行为应认定构成盗窃罪。[2]

4. 盗窃罪与职务侵占罪。两种犯罪的主要区别是行为人在实施犯罪时是否利用了职务上的便利，所谓"利用职务上的便利"，是指行为人在实施犯罪时，利用自身的职权，或者利用自身因执行职务而获取的主管、管理、经手本单位财物的便利条件。例如货运驾驶人在运输途中盗窃所运货物，则属于利用自己运输、保管涉案货物的职务便利实施的盗窃，不应以盗窃罪而应以职务侵占罪论处。[3]

S-23-3-13 盗窃罪——一罪与数罪的认定

---

[1] 最高人民法院刑事审判一至五庭主办：《中国刑事审判指导案例》（第4卷），法律出版社2017年版，第221~223页。
[2] 《中华人民共和国最高人民法院公报》2006年第4期。
[3] 《中华人民共和国最高人民法院公报》2009年第8期。

（六）共同犯罪

S-23-3-14 盗窃罪——共同盗窃的认定

（七）处罚

J-23-3-1 盗窃罪中"家贼"的处罚原则——浙江省台州市仙居县人民检察院胡雨晴

S-23-3-15 盗窃罪——处罚

二、诈骗罪

（一）概念

诈骗罪，是指以非法占有为目的，用虚构事实或者隐瞒真相的方法，骗取数额较大的公私财物的行为。例如，打麻将赌博安装作弊工具使对方输钱给自己，数额较大，成立诈骗罪。

S-23-3-16 诈骗罪——罪与非罪的认定

（二）犯罪构成要件

1. 犯罪客观方面。

（1）骗取他人处分财物行为。

第一，必须具有欺骗行为，表现为虚构事实，隐瞒真相。例如，行为人谎称文物的朝代，谎称自己所卖的珠宝曾经在拍卖行卖出过高价等，均足以成立诈骗罪。在商业广告中常见的表述，例如"全国销量第一"或"世界最好的洗衣机"等，以及玉石标价5万元，实际仅5000元，往往由于欠缺可以验证的事实核心难以构成诈骗罪。[1] 判断一行为是否构成诈骗罪，客观上要看行为人是否实施了诈骗行为给被害人造成了经济损失，主观上要看行为人是否具有非法占有的目的。[2] 如果在商品交易中，对自己所售商品作一定程度的

---

[1] 王钢：《德国判例刑法：分则》，北京大学出版社2016年版，第195页。

[2] 最高人民法院刑事审判一至五庭主办：《中国刑事审判指导案例》（第4卷），法律出版社2017年版，第362~363、369页。

夸张，不能轻易认定为构成诈骗。但如果行为人明知被害人手中的古董价值1亿元，却故意骗其称为赝品，而后以1000买下的，成立诈骗罪。再如，在募捐时，甲为了鼓动土豪乙多捐钱，谎称他人都捐一两万元，但实则大多只捐一两百元。土豪信以为真，最后捐款2万元的，不构成诈骗，因为甲并未控制乙自由捐助的认识。

第二，欺骗行为必须使对方产生错误认识。在司法实践中，处分意识具有三个特征：其一，处分对象明确性；其二，处分外在形式自愿性；其三，处分结果的明晰性。例如，火车上的检票员在车厢内路过并问道："还有乘客没有买票的吗？"行为人虽未买票但不予回应，致使检票员潜意识里认为所有乘客都买了票，同样引起了检票员的认识错误，成立诈骗罪。[1] 对于欺骗对象，①首先必须为有处分能力的人。如果针对的是机器、幼儿、精神病的，则认定为盗窃罪。②该欺骗对象还必须为处于可处分财产地位或具有许可权的人，但不限于所有人。例如，洗衣店的总经理甲对店里的临时工乙谎称被害人丙的一件西服需要干洗，但丙没有时间送来，便让乙去丙家中拿。由于乙对丙的西服不具有所有人或者管理人的地位，所以无权处分，甲的行为构成盗窃罪的间接正犯。

第三，对方因陷入错误认识而处分财产，行为人获得积极财产增加，或消极财产减少，而被害人遭受财产损失。欺骗被害人将财物置于行为人可自由支配的地方也是交付。处分的实质是要求被害人必须具有处分或者转移占有的意思，即允许持财物离开自己控制的意思。即转移控制。例如，甲冒充饭店服务员拿走顾客手机称饭店代其保管，成立诈骗；乙借打手机为名骗丙，后趁丙不备逃走，乙成立盗窃。比如，欺骗他人放弃财物而后自己捡走的，构成诈骗罪。但是，甲向朋友乙要车钥匙谎称自己在车里待着，结果却将车开走的，由于乙并没有让甲开走车的意思，所以甲构成盗窃罪。对于盗窃与诈骗手法相交织的非法取财行为如何定性问题，应当认定为何种行为起着决定性的作用。如盗取定期存单，即一种记名有价支付凭证之时，其票面数额仅仅只是财产权利上的象征意义，仅仅偷窃定期存单的行为并不能构成对财产权益的侵犯，只有将存单的资金兑换或者转账才能真正占有他人的财产，从而实现非法占有他人财产的犯罪目的。故定为诈骗罪更为合适。[2]

虚构可供交易的商品或者服务，欺骗他人点击付款链接而骗取财物构成犯罪的，以诈骗罪定罪处罚。[3] 以非法占有为目的，采用自我交易方式，虚构提供服务事实，骗取互联网公司垫付费用及订单补贴，数额较大的行为，应认定为诈骗罪。[4] 行为人借款后，私自改变借款用途，将借款用于其他商业活动，且为应付借款人的催讨，指使他人伪造与其合作开发工程项目的企业印章和收款收据的，因对借款不具有非法占有的目的，不构成诈骗罪。[5] 行为人更换商品的价格标签，将价格较低的标签贴在价格较高的商品上，然后在通过收银台时将商品交给收银员计算价格，或者对二手车的里程表进行调整，减少了显示的里程数，然后将车出售给他人的，均成立默示的诈骗。[6]

---

[1] 王钢：《德国判例刑法：分则》，北京大学出版社2016年版，第201页。

[2] 最高人民法院刑事审判一至五庭主办：《中国刑事审判指导案例》（第4卷），法律出版社2017年版，第262~263、283、326、340、343、376页。

[3] 《最高人民法院关于发布第七批指导性案例的通知》，指导案例第27号。

[4] 《最高人民检察院第九批指导性案例》，检例第38号。

[5] 《中华人民共和国最高人民法院公报》2005年第2期。

[6] 王钢：《德国判例刑法：分则》，北京大学出版社2016年版，第197、209页。

（2）数额较大：2000元至4000元以上。

S-23-3-17 诈骗罪——诈骗罪数额及情节的认定

2. 犯罪主观方面。本罪的主观方面为故意，并且具有非法占有目的。行为人对被害人进行诈骗未遂之际，继而威胁受害人交付钱款，此时行为人主观上具有"从被害人处获得财物"的非法占有目的，成立抢劫罪。[1]

（三）特殊类型诈骗行为

1. 三角诈骗：被骗人与被害人可以不同的诈骗犯罪，但被骗人必须是处分人，不然无法与盗窃罪间接正犯区分。
2. 诉讼诈骗：与虚假诉讼罪比较。
3. 赌博诈骗：设局诱赌的，成立赌博罪。
4. 使用盗窃或伪造的军牌骗免交通规费的，构成诈骗罪。
5. 骗取增值税专用发票或者可以用于骗取出口退税、抵扣税款的其他发票，构成诈骗罪。

S-23-3-18 诈骗罪——特殊类型诈骗行为的认定

（四）共同犯罪

S-23-3-19 诈骗罪——共同犯罪的认定

（五）停止形态

1. 本罪的着手为行为人对被害人实施欺骗行为时。
2. 当被害人基于错误认识处分财物，而行为人得到财物时，成立既遂。行为人发送诈骗短信，受骗人上当后汇出5万元，但因误操作汇到无关第三人的账户的，成立本罪未遂。又如，甲诈骗乙，乙误将5万元汇入到另一骗子账户，甲与乙的财产损失之间有因果关系。

---

[1] 最高人民法院刑事审判一至五庭主办：《中国刑事审判指导案例》（第4卷），法律出版社2017年版，第145~146、359~360页。

3. 诈骗行为有下列情形之一的，构成未遂：①被害人未陷入错误认识；②被害人不是基于错误认识而处分财物；③诈骗数额低但情节恶劣。例如，行为人利用手机群发诈骗短信，后因逃避侦查丢弃银行卡而未取得银行卡内他人所汇款项，基于对于犯罪既遂采取"失控说+控制说"相结合的观点，应当认定为诈骗罪的未遂。因为，在该案件中，不仅要求被害人基于错误认识交付财物，而且该财物应为行为人所占有。行为人为逃避侦查丢弃银行卡后，已无法通过银行卡来实现对被害人财物的控制，所以定为未遂。[1]

S-23-3-20 诈骗罪——诈骗未遂的认定

（六）此罪与彼罪

1. 诈骗罪与盗窃罪（诈骗型盗窃）。区分的关键在于被害人是否陷入认识错误而处分财物。例如，窃取交通管理部门扣押的自己所有的车辆而进行索赔的行为，应当定为盗窃罪。因为，其一，本人所有，他人合法占有、控制期间，能够成为自己盗窃的对象；其二，秘密窃取他人占有的本人财物而后索赔的行为只会构成盗窃罪一罪，因为前行为（秘密窃取行为）具有与后行为（隐瞒被窃事实而欺骗交管部门）紧密的牵连关系，没有前行为便没有后行为；其三，行为人获得的赔偿数额应当认定为盗窃的数额。[2] 例如，以假证件交给营业员作保证拿走衣服，称回家拿钱，成立诈骗；将贵重物品放入廉价商品包装，由营业员结算拿走成立盗窃，反之，将廉价商品的价格标签贴到贵重物品结算拿走成立诈骗。

2. 诈骗罪与敲诈勒索罪。区分的关键在于被害人是否基于恐惧而被迫处分财物。

（1）如果行为人仅实施欺骗行为，而被害人陷入错误却未产生恐惧心理，因而处分财产的，成立诈骗罪；如果仅实施胁迫行为，被害人陷入错误但主要基于恐惧而处分财产的，成立敲诈勒索罪；

（2）如果同时具有欺骗和胁迫性质，但被害人没有产生恐惧心理的，认定为诈骗罪；

（3）如果同时具有欺骗和胁迫性质，但被害人没有产生认识错误的，认定为敲诈勒索罪；

（4）如果同时具有欺骗和胁迫性质，被害人既陷入错误又产生了恐惧心理的，构成诈骗罪与敲诈勒索罪的想象竞合。

3. 诈骗罪与侵占罪。区分的关键在于，行为人取得对财物的占有是合法的还是通过非法的欺骗手段。在二重买卖问题中，如果甲将不动产卖给乙并办理变更登记，之后又隐瞒事实卖给丙的，对丙成立诈骗；如果甲与乙就不动产买卖达成合意，同时约定由甲继续占有1个月，甲又将该不动产卖给丙并给丙办理变更登记的，甲对乙成立侵占罪。

4. 诈骗罪与抢夺罪。区别的关键在于，从客观方面来看，诈骗罪是以虚构事实或隐瞒

---

[1] 最高人民法院刑事审判一至五庭主办：《中国刑事审判指导案例》（第4卷），法律出版社2017年版，第356、365~366、378页。

[2] 最高人民法院刑事审判一至五庭主办：《中国刑事审判指导案例》（第4卷），法律出版社2017年版，第252~253、354~355页。

真相的方法，骗取财物；而抢夺罪则表现为乘人不备公然夺取他人财物。比如，行为人一抢走财物之后，行为人二哄骗被害人不要追赶的行为应当认定为诈骗罪和抢夺罪，数罪并罚。[1]

5. 诈骗罪与赌博罪。诈骗罪的主要特征在于欺骗，行为人通过虚构事实，隐瞒真相的方法，使被害人陷入错误认识。虽然赌博罪中也有欺骗活动，但与诈骗罪中的欺骗不同。赌博罪中的欺骗即制造虚假事实，目的是通过赌博达到营利的目的，而不是以非法占有为目的。对于设计赌局圈套，以打假牌方式赢取钱财的行为，属于以赌博为名，行诈骗之实。其主观方面具有非法占有他人钱财之故意，客观上实施赌博欺诈，通过打假牌的方式控制牌局，使得赌博的结果不具有不确定性，符合诈骗罪的特征，应以诈骗罪论处。[2]

S-23-3-21 诈骗罪——一罪与数罪的认定

（七）处罚

根据《刑法》第 266 条的规定，犯本罪的，处 3 年以下有期徒刑、拘役或者管制，并处或者单处罚金；数额巨大或者有其他严重情节的，处 3 年以上 10 年以下有期徒刑，并处罚金；数额特别巨大或者有其他特别严重情节的，处 10 年以上有期徒刑或者无期徒刑，并处罚金或者没收财产。《刑法》另有规定的，依照规定。

S-23-3-22 诈骗罪——处罚

第四节　侵占、挪用型财产罪

一、侵占罪

（一）概念

侵占罪，是指以非法占有（所有）为目的，将代为保管的他人财物或者将他人的遗忘物、埋藏物非法占为己有，数额较大，拒不退还或者拒不交出的行为。侵占罪主要包括以下两种犯罪类型：

1. 侵占委托物（普通侵占）。该类侵占行为侵犯的客体（法益）为财产权和委托信任

---

[1] 最高人民法院刑事审判一至五庭主办：《中国刑事审判指导案例》（第 4 卷），法律出版社 2017 年版，第 336~337、347~348、373 页。

[2] 《中华人民共和国最高人民法院公报》2007 年第 8 期。

关系。侵占的对象为基于委托、租赁、借用、担保等关系而代为保管的他人财物。如果财物虽然事实上由行为人占有，但并未脱离被害人的控制的，如搬运工帮他人搬运行李，趁物主不备将行李扛走的行为，由于行李一直在物主的视线范围之内，所以仍为物主占有，搬运工构成盗窃罪而非侵占罪。

2. 侵占脱离占有物。该类侵占行为涉及的法律关系为无因管理和不当得利。脱离占有物主要包括遗忘物、埋藏物等财物。

（1）遗忘物。一般认为，遗忘物应包含遗失物。但当财物脱离被害人时间较短或者尚未脱离被害人控制范围的，如打架过程中发现对方钱包掉落，而假装摔倒将钱包"拿走"的，对被害人掉落的钱包不应当做是遗失物，该钱包仍由被害人本人占有，因此拿走钱包的行为构成盗窃。例如，4S店、商场试衣间内的财物，都应当作为遗忘物侵占处理。

（2）埋藏物。埋藏物必须是由他人所有（包括个人、集体和国家所有）且所有人明确，埋藏于地下或者地面建筑物之中的财物。如果是财物所有人有意将财物埋藏的，或者某人家中发现的埋藏物，该物仍为所有人占有之物，而非此处所指埋藏物，行为人将该物取走的行为，属于盗窃行为。

（二）犯罪构成要件

1. 犯罪客观方面。

（1）行为主体。本罪的行为主体为代为保管人、他人财物占有人。

（2）行为对象。本罪的行为对象是代为保管物、遗忘物、埋藏物。在对行为对象判断上，应同时考察事实占有、法律上占有。对于基于不法原因而委托给付的财物，如甲托乙将行贿款交给国家工作人员丙，但乙却将该钱款私吞的，乙是否成立侵占罪的问题，学术界存有争议。有观点认为，甲与乙之间的不存在法律上的委托关系，行贿款本应上交国家，所以甲对该行贿款不享有占有权，所以乙将钱款私吞并不侵犯甲对钱款的占有；虽然行贿款应当由国家没收，但在被没收之前也不应认为已由国家占有，因此乙也未侵犯国家对该财物的占有，因此乙不成立侵占罪。另有观点认为，行贿款亦属于代为保管物，应成立侵占罪。

（3）行为方式。本罪在客观方面表现为侵占行为，即行为人对代为保管的他人财物、遗忘物、埋藏物以所有人自居，非法占为己有，拒不退还或拒不交出的行为。例如借用他人摩托车，之后谎称摩托车被盗而偷偷将该车占为己有的，成立侵占罪。行为人明知没有所有权人的许可，却认真地向其他人提出出售所有权人物品的要约，或者对上门要求返还物品的所有权人谎称自己并没有占有相应物品的，均已经表征了其所有意思，从而成立侵占罪。[1] 对于占有性质的理解，应认为占有既包括事实上的占有，也包括法律上的占有。例如，被害人对于老宅地下埋藏的黄金毫不知情，但被装修工意外挖出拿走的，由于黄金属于被害人合法继承的财物，虽然被害人不知其占有该财物，但成立法律上的占有，因此装修工成立盗窃。对于"非法占为己有"与"拒不归还"的关系，通说认为只有非法占为己有之后还存在经要求归还而拒不归还的行为的，才成立侵占。而个别观点认为，拒不归还是对非法占为己有的强调，二者表达的是同一含义，只要具有其中之一即构成犯罪。

（4）数额较大：5000元至1万元以上。

2. 犯罪主观方面。

---

[1] 王钢：《德国判例刑法：分则》，北京大学出版社2016年版，第186页。

（1）本罪在主观方面表现为故意，即明知对象为代管物或已脱离他人占有之物而非法占为己有。如果行为人主观上认为是他人的遗忘物，而对财物系由他人占有的事实不知情的，虽然客观上实施了盗窃行为，但由于只具有侵占的故意，所以根据主客观相一致原理，成立侵占罪；如果行为人主观上认为是他人的占有物，而该财物实际上是他人遗忘物的，虽然主观上欲实施盗窃行为，但客观上只成立侵占的，根据主客观相一致原理，成立侵占罪。但是，如果在转移占有的场所，如酒店，误认为是遗忘物，实际是服务员的财物，仍成立盗窃。

侵占的故意必须是行为人在合法持有该物之后才产生，如果在占有该物之前已经具有日后不予归还的目的，则属于非法占有目的，成立盗窃罪。

（2）非法占有（所有）目的，是指自居所有人对财物进行利用、处分的意图。但如果行为人将代为保管物故意进行毁坏的，成立故意毁坏财物罪，而非侵占罪。

（三）此罪与彼罪

1. 侵占罪与盗窃罪。侵占罪与盗窃罪具有以下不同：

（1）在客观方面，体现为对财物是否已合法取得占有。例如，在倒塌房屋上拿走财物，成立盗窃。

（2）在主观方面，侵占罪是明知他人对财物失去控制、占有而变占有为所有，且非法目的产生于合法占有之后，而盗窃罪则是明知财物归他人占有而产生非法占有目的。

（3）对于保管物、遗忘物、埋藏物三种类型财物分别进行分析：首先，对于代为保管物，判断侵占与盗窃的关键是看该物究竟是属于脱离占有物，还是委托保管物。比如保姆拿走财物，该财物如果是主人委托其保管的，则构成侵占；反之，该财物属于主人占有，成立盗窃。其次，对于遗忘物，判断侵占与盗窃的关键是看该物是否属于他人占有之下。比如拿走食堂中学生用来占座的手机，该手机并非遗忘物，而是仍由该学生占有，行为人成立盗窃。最后，对于埋藏物，判断侵占与盗窃的关键是看是否是偶然发现该埋藏物。

2. 侵占罪与诈骗罪。侵占罪与诈骗罪的区别主要表现在：

（1）获得占有物的事由不同。侵占罪是基于合法的法律关系而取得对财物的占有，而诈骗罪则是通过欺骗手段取得对财物的占有。

（2）是否为脱离占有物不同。如果被委托保管人采取欺骗方式，虚构财物被盗事实，从而将财物据为己有的，因该财物属于脱离所有人占有之物，故成立侵占罪；而诈骗罪通过欺骗手段骗取的是他人占有之物。

从以下具体情形中判断侵占罪与诈骗罪：①骗取第三人占有下的遗忘物，成立诈骗；②骗取没有管理权者交付的他人遗忘物，成立侵占。例如，甲乙同时看到地上的包，甲对捡包的乙声称包是自己的，乙将包还给甲，则甲成立侵占罪。③对不动产双重买卖的行为，成立诈骗；对动产一物两卖的行为，成立侵占。

总之，侵占罪的对象必须为代管物、遗忘物或埋藏物，不是以上三类物一般就不构成侵占。

（四）处罚

根据《刑法》第270条的规定，犯本罪的，处2年以下有期徒刑、拘役或者罚金；数额巨大或者有其他严重情节的，处2年以上5年以下有期徒刑，并处罚金。将他人的遗忘物或者埋藏物非法占为己有，数额较大，拒不交出的，依照前款的规定处罚。本条罪，告诉的才处理。

二、职务侵占罪

（一）犯罪构成要件

职务侵占罪，是指公司、企业或者其他单位的工作人员，利用职务上的便利，将本单位财物非法占为己有，数额较大的行为。

1. 犯罪客观方面。

S-23-4-1 职务侵占罪——客观方面的认定

（1）行为主体。本罪的行为主体为公司、企业或其他单位的人员。"其他单位人员"，包括国家机关、事业单位等不具有国家工作人员身份的人，如非国有银行、保险公司等金融机构人员，侵占本单位或客户资金的，成立本罪。对村民小组组长利用职务上的便利，将村民小组集体财产非法占为己有，数额较大的行为，应当以职务侵占罪定罪处罚。[1] 国有公司受聘人员，既不属于国家工作人员，也不属于"受委托管理、经营国有财产的人员"，其不能成为贪污罪的主体，因此不构成贪污罪。对于受聘人员在受聘期间利用职务之便窃取国有财产，在实施过程中同时存在非利用职务便利行为的，如果能够证明犯罪结果与行为人利用职务便利存在必然的因果关系，非利用职务便利的行为仅占次要地位的，就应根据《刑法》第271条之规定按职务侵占罪定罪。[2]

S-23-4-2 职务侵占罪——行为主体的认定

（2）行为对象。本罪的行为对象为行为人所属公司、企业等单位的财物。例如，关于作为公司员工的行为人将还贷剩余款占为己有的行为中，虽然还贷剩余额所有权属于作为受害人的还贷人，但是因为承担还款责任的义务方是公司，故行为人所侵犯的是单位的财产。[3]

---

[1] 最高人民法院《关于村民小组组长利用职务便利非法占有公共财物行为如何定性问题的批复》。
[2]《中华人民共和国最高人民法院公报》2002年第3期。
[3] 最高人民法院刑事审判一至五庭主办：《中国刑事审判指导案例》（第4卷），法律出版社2017年版，第235、385、393~394、408、417、442、446~447页。

S-23-4-3 职务侵占罪——行为对象的认定

（3）行为方式。本罪在客观方面表现为利用职务上的便利，将本单位财物非法占为己有，数额较大的行为。

第一，利用职务便利。行为人应当从事主管、管理本单位财物的管理性职务，包括部分劳务活动，如财物占有者、管理者，例如，仓库门卫、货车司机亦可以成为本罪主体。如果是纯粹的体力性劳动则不构成本罪，比如宾馆前台人员将客人寄放的财物私吞的，以及装卸工人将单位财物搬走的行为，构成盗窃罪。侵占罪中利用职务上的便利是指行为人在实施犯罪时，利用自身的职权，或者利用自身因执行职务而获取的主管、管理、经手本单位财物的便利条件。这就要求行为人将单位财物占为己有是以本人职务范围内的权限、职责为基础，在实际支配、控制和处置单位财物时实施了非法占有的行为。行为人如果仅仅是利用在工作中易于接触他人主管、管理或经手的财物，或者是熟悉作案环境的便利条件，不属于职务侵占罪中的利用职务上的便利，不构成职务侵占，而应以盗窃罪定罪处罚。[1]

第二，将本单位财物非法占为己有。例如，行为人在合同有效成立且相对人（对象单位）已经依约转移货物给所在单位之后，采用隐蔽手段，擅自处理了财物，并将货款占为己有，构成职务侵占罪。[2]

第三，数额较大：5000元至1万元以上。

S-23-4-4 职务侵占罪——侵占数额的认定

2. 犯罪主观方面。本罪的主观方面为故意，并具有非法占有本单位财物的目的。例如，王某以虚假身份证应聘驾驶员，上班后将单位车辆开走占为己有，经查，先后骗了四家单位。对于王某行为的定性，有以下几种处理意见：诈骗罪，以骗为手段的盗窃罪，职务侵占罪。本书认为，在判断思路上，应坚持客观优先于主观。王某客观上利用职务之便，侵占了所在单位的财物（车），且主观上具有非法占有单位财物的目的，因此符合职务侵占罪的构成要件，成立职务侵占罪。而主张成立诈骗罪的观点，是按照主观先于客观的思路得出的结论，但以诈骗罪定罪虽能评价王某主观上骗取公司财物的目的，但却不能评价其客观上利用职务之便侵占单位财物的行为性质。

---

〔1〕《中华人民共和国最高人民法院公报》2008年第11期。
〔2〕最高人民法院刑事审判一至五庭主办：《中国刑事审判指导案例》（第4卷），法律出版社2017年版，第33~34、276、401、422~424、430、434~435、439、451~452页。

（二）共犯

行为人如果是与本单位人员勾结，共同将该单位财物占为己有的，以本罪的共犯论处。例如在国有企业中除了承包、租赁经营者受国有企业的委托，在生产或者经营过程中依照合同约定对国有财产行使管理和经营权之外的职权，在承包企业里面的一般职工，属于劳务活动，不具有管理、经营性质。所以对这些人的共同犯罪，以主犯的"职务侵占罪"加以认定。[1]

S-23-4-5 职务侵占罪——共犯的认定

（三）处罚

根据《刑法》第 271 条的规定，犯本罪的，处 3 年以下有期徒刑或者拘役，并处罚金；数额巨大的，处 3 年以上 10 年以下有期徒刑，并处罚金；数额特别巨大的，处 10 年以上有期徒刑或者无期徒刑，并处罚金。国有公司、企业或者其他国有单位中从事公务的人员和国有公司、企业或者其他国有单位委派到非国有公司、企业以及其他单位从事公务的人员有前款行为的，依照《刑法》第 382 条、第 383 条的规定定罪处罚。

S-23-4-6 职务侵占罪——一罪与数罪的认定

S-23-4-7 职务侵占罪——职务侵占罪的量刑及处罚

三、挪用资金罪

挪用资金罪，是指公司、企业或者其他单位任何工作人员，利用职务上的便利，挪用本单位资金归个人使用或者借贷给他人数额较大、超过 3 个月未还的，或者虽未超过 3 个月，但数额较大，进行营利活动的，或者进行非法活动的行为。

（一）犯罪构成要件

S-23-4-8 挪用资金罪——挪用资金罪的认定

---

[1] 最高人民法院刑事审判一至五庭主办：《中国刑事审判指导案例》（第 4 卷），法律出版社 2017 年版，第 404、426~428 页。

1. 犯罪客观方面。

（1）行为对象。本罪的行为对象为本单位资金。

（2）行为方式。其一，利用职务便利，即主管、管理、经手本单位资金的职务便利。其二，挪用行为，即不经合法批准，擅自动用本单位资金的行为。根据最高人民法院《关于如何理解刑法第二百七十二条规定的"挪用本单位资金归个人使用或者借贷给他人"问题的批复》，"挪用"包括挪用本单位资金归本人或者其他自然人使用，或者以个人名义将所挪用的资金借给其他自然人和单位。行为人利用职务上的便利，挪用单位资金之后又单独侵占了单位资金，其先行为和后行为是基于两个完全不同的犯罪故意，前行为既不是后行为发展的必经阶段，后行为也并非前行为发展的自然结果，前行为的挪用资金行为不会为职务侵占行为所吸收。[1]例如，福利彩票是国家为筹集社会福利事业发展资金，特许中国福利彩票发行中心垄断发行的有价凭证。受彩票发行机构委托，在彩票投注站代销福利彩票的非国家工作人员，如果以不交纳彩票投注金的方式擅自打印并获取彩票。是侵犯彩票发行机构管理的社会公益性财产的行为。根据《刑法》第272条第1款规定，对这种行为应当按挪用资金罪定罪处罚。[2]

（3）行为用途。首先，挪用本单位资金归个人使用或者借贷给他人，数额较大，超过3个月未还。如果行为人在挪用3个月之后再归还的，不阻却成立犯罪。其次，挪用本单位资金，数额较大，进行营利活动。进行营利活动是指将挪用的资金用于合法的经营活动，如果借于他人收取利息的，也属于进行营利活动。最后，挪用本单位资金，进行非法活动的。非法活动如进行赌博、走私、行贿、嫖娼等违法或者犯罪活动。

S-23-4-9 挪用资金罪——行为用途的认定

（4）挪用资金罪的犯罪主体。本罪的犯罪主体为公司（包括正在筹建中的公司）、企业或其他单位的人员。该罪的主体是特殊主体，即必须是公司、企业或者其他单位的工作人员；侵犯的客体是公司、企业或者其他单位对资金的占有、使用和收益权。如果凭现有证据无法查明企业的经济性质，那么也就不能认定企业负责人对本企业资金享有怎样的权利，对企业负责人将企业资金转移至个人账户进行使用的行为也就不能按挪用资金罪定罪处罚。[3]

2. 挪用资金罪的主观方面。本罪的主观方面为故意，并具有非法暂时占有、使用的目的。本罪与职务侵占罪的区别在于主观目的的不同。例如，行为人作为受委托管理、经营国有财产的人员，利用承包经营福利彩票投注站、销售福利彩票的职务便利，不交纳投注金购买彩票的行为，与直接挪用福利彩票投注站的资金购买彩票的性质是相同的，可以视

---

[1] 最高人民法院刑事审判一至五庭主办：《中国刑事审判指导案例》（第4卷），法律出版社2017年版，第455、458、466~467页。

[2]《中华人民共和国最高人民法院公报》2006年第2期。

[3]《中华人民共和国最高人民法院公报》2004年第8期。

为挪用本单位的资金购买彩票,以挪用资金罪追究刑事责任。[1]

(二) 处罚

根据《刑法》第272条的规定,犯本罪的,超过3个月未还的,或者虽未超过3个月,但数额较大、进行营利活动的,或者进行非法活动的,处3年以下有期徒刑或者拘役;挪用本单位资金数额巨大的,处3年以上7年以下有期徒刑;数额特别巨大的,处7年以上有期徒刑。国有公司、企业或者其他国有单位中从事公务的人员和国有公司、企业或者其他国有单位委派到非国有公司、企业以及其他单位从事公务的人员有前款行为的,依照《刑法》第384条的规定定罪处罚。有第1款行为,在提起公诉前将挪用的资金退还的,可以从轻或者减轻处罚。其中,犯罪较轻的,可以减轻或者免除处罚。

S-23-4-10 挪用资金罪——挪用数额的认定

S-23-4-11 挪用资金罪——挪用资金罪的量刑及处罚

四、挪用特定款物罪

(一) 构成要件

1. 犯罪客观方面。

(1) 挪用特定款物罪的行为主体为国家工作人员。

(2) 挪用特定款物罪的行为对象。本罪的行为对象包括钱款和财物,指用于救灾、抢险、防汛、优抚、扶贫、移民、救济款物。挪用失业保险金和下岗职工保障金的,成立本罪。[2]

(3) 挪作其他公用。①所挪用的款物必须用于其他公共用途,仅限用于单位。比如为单位购置汽车、空调,或者用于单位绿化,建造办公楼等。②如果将所挪用的款物用于个人使用,则以挪用公款罪从重处罚。③情节严重,致使国家和人民群众利益遭受重大损失。

S-23-4-12 挪用特定款物罪——挪用特定款物罪的认定

---

[1] 最高人民法院刑事审判一至五庭主办:《中国刑事审判指导案例》(第4卷),法律出版社2017年版,第462~463页。

[2] 最高人民检察院《关于挪用失业保险基金和下岗职工基本生活保障资金的行为适用法律问题的批复》:"挪用失业保险基金和下岗职工基本生活保障资金属于挪用救济款物。挪用失业保险基金和下岗职工基本生活保障资金,情节严重,致使国家和人民群众利益遭受重大损害的,对直接责任人员,应当依照《刑法》第二百七十三条的规定,以挪用特定款物罪追究刑事责任;国家工作人员利用职务上的便利,挪用失业保险基金和下岗职工基本生活保障资金归个人使用,构成犯罪的,应当依照《刑法》第三百八十四条的规定,以挪用公款罪追究刑事责任。"

2. 犯罪主观方面。本罪的主观方面为故意，并且有将特定款物挪作其他公用的主观目的。

（二）处罚

根据《刑法》第272条的规定，犯本罪的，对直接责任人员，处3年以下有期徒刑或者拘役；情节特别严重的，处3年以上7年以下有期徒刑。

S-23-4-13 挪用特定款物罪——挪用特定款物罪的立案追诉标准

第五节 毁坏、破坏型财产罪

一、故意毁坏财物罪

S-23-5-1 故意毁坏财物罪——故意毁坏财物罪的认定

（一）犯罪构成要件

1. 犯罪客观方面。

（1）"毁坏"的内涵。包括毁灭与损坏两种行为方式。其中，毁灭是指财物的一切价值与效用均完全丧失，不仅包括财物本身丧失，也包括对财物占有的丧失，比如将财物隐匿。损坏是指财物的部分价值与效用丧失，比如向他人的食物中加入唾液，使其不能食用。股票作为一种权利凭证，具有经济价值，代表着持有人的财产权利，可以成为故意毁坏财物罪的犯罪对象。根据形式解释和实质解释论的不同立场，有时会得出不同结论。例如，根据实质解释论的观点，行为人出于泄愤目的侵入他人股票账户后，高进低出进行股票买卖造成他人巨大财产损失的行为，侵犯了他人私有财物的所有权，并且行为人主观上具有使他人财产造成毁损、损失的故意，符合故意毁坏财物罪的犯罪构成，而且行为人的行为具备社会危害性，应该受到刑罚处罚。因此，行为人的行为应认定构成故意毁坏财物罪。[1] 如果行为人的行为既没有造成权利人物品的物质损伤，也没有妨害相应物品的效用，即使其违反权利人的意志，更改了相应物品的外观或状态，也不符合毁坏财物罪的犯罪构成。譬如，在邮局邮箱或者垃圾桶、电话亭等设施张贴能够较为方便地去除的告示或

---

[1]《中华人民共和国最高人民法院公报》2004年第4期。

海报的，并不构成故意损坏财物罪。[1]

（2）数额较大或有其他严重情节。股票作为一种财产权利，不同于一般财物，其价格呈不断波动状态。行为人以股票为犯罪对象构成故意毁坏财物罪的，其犯罪数额如何计算的问题，目前尚无法律或者司法解释作出规定。

2. 犯罪主观方面。行为人在主观上，必须自始至终没有占用、利用的故意。在司法实践中，判定非法"占有"还是"毁坏"行为有些困难，如，行为人并没有按照占有牛奶和遵从作为食品或者商品的牛奶的本来用途加以利用或处分，既没有供自己或者他人饮用，也未变卖牛奶占有货款，而是将其倒掉和拿去喂猪，这并非通常意义上的实现财物的价值和使用价值的方式。[2]

（二）本罪与其他罪名的竞合

1. 行为人采取放火、爆炸手段毁坏财物，危害公共安全的，认定为放火罪、爆炸罪。
2. 行为人毁坏的如果是交通工具、电力设备等特殊对象，认定为破坏交通工具罪、破坏电力设备罪等。

（三）处罚

根据《刑法》第275条的规定，犯本罪的，判处3年以下有期徒刑、拘役或者罚金。故意毁坏公私财物，数额巨大或者有其他特别严重情节的，判处3年以上7年以下有期徒刑。

S-23-5-2 故意毁坏财物罪——故意毁坏财物罪的立案追诉标准

S-23-5-3 故意毁坏财物罪——故意毁坏财物罪一罪与数罪的认定

二、破坏生产经营罪

（一）概念

破坏生产经营罪，是指由于泄愤报复或者其他个人目的，毁坏机器设备、残害耕畜或者以其他方法破坏生产经营的行为。

（二）犯罪构成要件

1. 犯罪客观方面。

（1）行为方式。本罪在客观方面表现为，采取毁坏机器设备、残害耕畜或者其他足以使生产经营不能正常进行或使生产经营归于失败的方法，如断电、毁坏种子、更改图纸等。根据形式解释，实质解释的不同立场，对"破坏"亦有不同结论。

（2）行为对象。本罪的对象是用于生产经营或与生产经营密切相关的生产资料、生产工具。

2. 犯罪主观方面。本罪的主观方面为故意，并具有泄愤报复或者其他个人目的。例如，

---

[1] 王钢：《德国判例刑法：分则》，北京大学出版社2016年版，第301页。
[2] 最高人民法院刑事审判一至五庭主办：《中国刑事审判指导案例》（第4卷），法律出版社2017年版，第495页。

行为人主观上出于其他个人目的，客观上实施了改变体彩用球重量的行为方式，因为破坏了经营活动，情节严重，故认定为破坏生产经营罪。[1]

（三）处罚

根据《刑法》第276条的规定，犯本罪的，处3年以下有期徒刑、拘役或者管制；情节严重的，处3年以上7年以下有期徒刑。

S-23-5-4 破坏生产经营罪——破坏生产经营罪的立案追诉标准

三、拒不支付劳动报酬罪

（一）概念

拒不支付劳动报酬罪，是指以转移财产、逃匿等方法逃避支付劳动者的劳动报酬或者有能力支付而不支付劳动者的劳动报酬，数额较大，经政府有关部门责令支付仍不支付的行为。

S-23-5-5 拒不支付劳动报酬罪——拒不支付劳动报酬罪客观要件的认定

（二）犯罪构成要件

1. 犯罪客观方面。

（1）行为方式。本罪为不作为犯，在客观方面表现为：①以转移财产、逃匿等方法逃避支付；②有能力支付而不支付。

S-23-5-6 拒不支付劳动报酬罪——拒不支付劳动报酬罪的行为方式

（2）行为对象。本罪的行为对象只能为劳动报酬，而不能是一般债务。如果行为人违法用工，拒不支付报酬的，虽不满足劳动合同法上的用工关系，但存在事实上的用工关系，应认定为本罪。

---

[1] 最高人民法院刑事审判一至五庭主办：《中国刑事审判指导案例》（第4卷），法律出版社2017年版，第500、502页。

S-23-5-7 拒不支付劳动报酬罪——拒不支付劳动报酬罪的行为对象

（3）数额较大。

S-23-5-8 拒不支付劳动报酬罪——拒不支付劳动报酬罪的数额认定

（4）前提条件。经政府有关部门责令支付仍不支付。
（5）犯罪主体。本罪的犯罪主体既可以是自然人，也可是单位。
2. 犯罪主观方面。本罪的主观方面为故意，因失误而漏发报酬的，不成立本罪。
（三）可以减免处罚的事由
尚未造成严重后果，在提起公诉前支付劳动者的劳动报酬，并依法承担相应赔偿责任，可减轻或免除处罚（但行为仍构成既遂）。
（四）处罚

S-23-5-9 拒不支付劳动报酬罪——拒不支付劳动报酬罪的立案追诉标准

S-23-5-10 拒不支付劳动报酬罪——拒不支付劳动报酬罪的量刑及处罚

第二十四章

妨害社会管理秩序罪

第一节 扰乱公共秩序罪

一、妨害公务罪

（一）概念

妨害公务罪，是指以暴力、威胁方法阻碍国家机关工作人员依法执行职务，阻碍人大代表依法执行代表职务，阻碍红十字会工作人员依法履行职责的行为，以及故意阻碍国家安全机关、公安机关依法执行国家安全工作任务，未使用暴力、威胁方法，造成严重后果的行为。

（二）犯罪构成要件

S-24-1-1 妨害公务罪——客观要件的认定

1. 犯罪客观方面。本罪在客观方面表现为四种具体的行为类型，根据是否需要使用暴力、威胁方法，进行分别讨论：

（1）使用暴力、威胁方法构成本罪的情形。

第一，阻碍国家机关工作人员依法执行职务。首先，职务行为必须依法进行，包括实体合法和程序合法。阻碍国家机关工作人员违法的职务活动的，不构成本罪。认定职务行为合法的标准，以执法时为界。其次，行为针对的必须是具有具体职务权限的国家机关工作人员。阻碍城管依法执行职务的，构成本罪；阻碍外国公职人员或者军人职务活动的，不构成本罪。行为人所使用的暴力，既可以是对物进行、也可以对人进行。在暴力程度上，不需要达到足以压迫对方反抗的程度，轻微的暴力、威胁内容即足够。

第二，阻碍人大代表执行代表职务。在人大会议闭会期间，阻碍人大代表执行代表职务的，也构成本罪。

第三，自然灾害、突发事件中，阻碍红十字会工作人员依法履行职责。以暴力、威胁方法妨害或者抗拒人民法院执行判决、裁定的行为，严重妨害了司法执行人员执行公务，性质上属于以暴力、威胁方法阻碍国家机关工作人员依法执行职务的行为，符合妨害公务罪的构成。[1]

（2）无需使用暴力、威胁方法即可构成本罪的情形。故意阻碍国家安全机关、公安机关依法执行国家安全工作任务，造成严重后果的行为。如果使用暴力、威胁方法阻碍国家安全机关、公安机关依法执行国家安全工作任务的，且不需要行为造成严重后果，依照妨害公务罪第一款处理。

（3）与袭警罪的区别，袭警罪是指暴力袭击正在依法执行职务的人民警察。根据《刑法》第277条第5款规定，暴力袭击正在依法执行职务的人民警察的，处3年以下有期徒刑、拘役或者管制；使用枪支、管制刀具，或者以驾驶机动车撞击等手段，严重危及人身安全的，处3年以上7年以下有期徒刑。该罪名是《中华人民共和国刑法修正案（十一）》新增的罪名，暴力袭警不应作为行为犯，轻微的推搡不能当然地认为是使用暴力，行为人所使用的暴力须达到一定程度。

S-24-1-2 妨害公务罪——
暴力袭警的认定

S-24-1-3 妨害公务罪——
疫情期间暴力袭警

2. 犯罪主观方面。本罪在主观方面为故意，即明知是上述五类人员依法执行职务，希望使其停止或改变执行任务。如果行为人误以为对方是抢劫犯，其实对方正在执行职务的，而对其进行假想防卫的，属于事实认识错误，不具有妨害公务的故意，不构成本罪。

（三）罪与非罪

行为人如果只是对国家机关工作进行轻微的推搡、拉扯或者轻微的顶撞、纠缠，不足以妨碍正常职务行为的，不构成犯罪。如果合法公民被侦查人员当做嫌疑犯逮捕的，该公民以自己并未违法犯罪而奋力抵抗的，同样缺乏妨害公务的故意，不构成本罪。例如，行为人以对抗执法的故意和目的，聚众以暴力在中途拦截执法车辆，公然夺回被依法查扣的制假设备，符合妨害公务罪的构成特征，应以妨害公务罪定罪处罚。[2]

（四）此罪与彼罪

1. 法条竞合。抗税罪、组织越狱罪、暴动越狱罪、扰乱法庭秩序罪、聚众阻碍解救被收买的妇女儿童罪（首要分子以外）等犯罪，都存在以暴力、威胁手段阻碍国家机关工作人员依法执行职务的行为，本罪与上述犯罪存在法条竞合关系。

2. 想象竞合。本罪保护轻伤结果，如果造成被害人轻伤的，只认定为本罪；如果暴力阻碍行为致人重伤的，从一重罪论处。

---

[1] 最高人民法院刑事审判一至五庭主办：《中国刑事审判指导案例》（第5卷），法律出版社2017年版，第6页。

[2] 最高人民法院刑事审判一至五庭主办：《中国刑事审判指导案例》（第5卷），法律出版社2017年版，第3页。

（五）罪数问题

1. 以暴力、胁迫方法抗拒缉私的，以走私罪与本罪进行数罪并罚。

2. 组织他人偷越国（边）境、运送他人偷越国（边）境过程中，以暴力、威胁方法抗拒检查的，只认定为组织他人偷越国（边）境罪或运送他人偷越国（边）境罪一罪。

3. 在走私、贩卖、运输、制造毒品过程中暴力抗拒缉查的，只认定为走私、贩卖、运输、制造毒品罪一罪。

4. 如果先前的行为已经构成犯罪，在面对侦查时又妨害公务的，实行数罪并罚。

S-24-1-4 妨害公务罪——妨害公务罪的罪数认定

（六）处罚

根据《刑法》第277条的规定，犯本罪的，处3年以下有期徒刑、拘役、管制或者罚金。

S-24-1-5 妨害公务罪——妨害公务罪的量刑及处罚

二、招摇撞骗罪

（一）犯罪构成要件

1. 犯罪客观方面。

（1）冒充国家机关工作人员的身份。包括：其一，非国家机关工作人员冒充国家机关工作人员；其二，此种国家机关工作人员冒充彼种国家机关工作人员；其三，冒充人民警察的，从重处罚。行为人必须冒充的是国家机关工作人员，高干子弟、烈士子女等都不属于国家机关工作人员。如果行为人冒充军人进行招摇撞骗的，成立冒充军人招摇撞骗罪。

（2）招摇撞骗行为。具体表现为以假冒身份进行炫耀、欺骗，以骗取爱情、资格、荣誉、职位等利益，原则上不含财物。如果行为人只是冒充国家机关工作人员的身份，而不具有骗取非法利益的目的，则不成立本罪。

2. 犯罪主观方面。本罪的主观方面为故意，并且以谋取非法利益为目的。

（二）此罪与彼罪

1. 招摇撞骗罪与诈骗罪。

（1）客观要件不同。本罪以冒充国家机关工作人员招摇撞骗为要件；后者要求以虚构事实、隐瞒真相为手段。

（2）主观要件不同。本罪不以骗取财物为要件；后者以非法占有他人财物为目的。

（3）当冒充国家机关工作人员诈骗财物时，两罪可产生想象竞合。数额不大且未达到诈骗罪成立标准时，认定为本罪；数额较大时，从一重罪论处；数额特别巨大时（20万以上），认定为诈骗罪。例如，冒充国家机关工作人员以骗取他人信任，非法占有他人数额较大的财物的行为，既符合诈骗罪的犯罪构成，又符合招摇撞骗罪的犯罪构成，这种情况属于法条竞合。[1]

F-24-1-1 招摇撞骗罪与诈骗罪的法条竞合关系
——云南省大理州中级人民法院刑二庭刘斌

2. 冒充警察、治安联防队员抓赌、抓嫖（仙人跳）。
（1）行为人冒充警察没收或罚款，成立招摇撞骗罪；如果同时使用暴力或以暴力相威胁的，则成立抢劫罪。
（2）行为人冒充联防队员抓赌、抓嫖，索要"封口费"的，成立敲诈勒索罪；如果同时使用暴力或以暴力相威胁的，则成立抢劫罪。

S-24-1-6 招摇撞骗罪——
招摇撞骗罪与他罪的区分

S-24-1-7 招摇撞骗罪——
招摇撞骗罪的罪数认定

（三）处罚

根据《刑法》第279条的规定，犯本罪的，处3年以下有期徒刑、拘役、管制或者剥夺政治权利；情节严重的，处3年以上10年以下有期徒刑。冒充人民警察招摇撞骗的，依照前款规定从重处罚。

三、伪造、变造、买卖国家机关公文、证件、印章罪

（一）犯罪构成要件

1. 犯罪客观方面。

（1）行为对象。本罪的行为对象为国家机关的公文、证件、印章。"公文"是指用以联系事务、指导工作、处理问题的书面文件，如命令、指示、决定、通知等。"证件"是指国家机关制作颁发的用于证明身份、职务等的凭证，如结婚证、车牌证、车辆年检证、户口迁移证、营业执照等。"印章"包括公章和专用章，国家机关首长的私人签名章，在用于公务时具有公务活动的性质，属于国家机关的印章。

（2）行为方式。实施了伪造、变造、买卖国家机关的公文、证件、印章的行为。

---

[1] 最高人民法院刑事审判一至五庭主办：《中国刑事审判指导案例》（第5卷），法律出版社2017年版，第10页。

2. 犯罪主观方面。行为人必须明知是国家机关制作的公文、证件、印章而伪造、变造、买卖。

（二）未完成罪

伪造的国家机关公文、证件、印章，不要求与真实公文、证件、印章完全一致，只要足以使一般人信以为真，即构成本罪既遂。

（三）罪数

1. 行为人将伪造、变造、买卖的国家机关公文、证件、印章用于诈骗、非法经营的，成立本罪与诈骗罪、非法经营罪的牵连犯。

2. 如果行为人本想利用伪造、变造、买卖的国家机关公文、证件、印章进行诈骗，但还没着手实施诈骗时就被抓获的，成立本罪与诈骗罪的想象竞合。

S-24-1-8 伪造、变造、买卖国家机关公文、证件、印章罪
——伪造、变造、买卖国家机关公文、证件、印章罪的认定

四、伪造、变造、买卖身份证件罪

身份证件应作限缩解释，指依法可以用于证明身份的证件，包括真实的身份证件和虚假的身份证件。单纯购买身份证件的行为无罪。行为人在未能补办遗失居民身份证的情况下，雇佣他人以本人的真实身份资料伪造居民身份证，供自己在日常生活中使用的行为，虽然违反身份证管理的法律规定，但情节显著轻微，危害不大，根据《刑法》第13条的规定，应认定不构成犯罪。[1]

五、使用虚假身份证件、盗用身份证件罪

（一）情节严重

使用虚假身份证件、盗用身份证件的行为，不仅扰乱公民身份证件管理秩序，破坏了社会诚信，为公民身份证明文件造假的犯罪活动提供了市场和驱动力，而且为实施其他严重犯罪提供了掩护。构成本罪需要达到情节严重的标准，包括多次使用、盗用他人身份证件的、使用大量虚假身份证明文件的，或者给他人合法权益造成严重损害后果等情形。如果因未能补办遗失身份证，而以真实身份伪造身份证并使用的，情节显著轻微不构成犯罪。

（二）罪数

行为成立本罪，同时又构成其他犯罪的（如诈骗罪、洗钱罪、非法经营罪），依重罪处罚。例如，行为人以虚假身份证办理入网并使用移动电话，数额较大的，认定为诈骗罪。

六、冒名顶替罪

盗用、冒用他人身份，顶替他人取得的高等学历教育入学资格、公务员录用资格、就业安置待遇的，处3年以下有期徒刑、拘役或者管制，并处罚金。组织、指使他人实施前款行为的，依照前款的规定从重处罚。国家工作人员有前两款行为，又构成其他犯罪的，依照数罪并罚的规定处罚。

---

[1]《中华人民共和国最高人民法院公报》2004年第12期。

七、组织考试作弊罪;非法出售、提供试题、答案罪;代替考试罪

组织考试作弊罪中的考试是指法律规定的国家考试,这里的"法律"应当限缩解释为全国人大及其常委会制定的法律。若某部法律中未对国家考试作出直接规定,但明确规定由相关国家机关制定有关制度,相关国家机关据此制定了行政法规或部门规章对国家考试作出规定,则该考试仍应认定为法律规定的国家考试。在该考试中组织作弊的,应依法以组织考试作弊罪追究刑事责任。[1] 例如,《国家通用语言文字法》规定的普通话考试、《公务员法》规定的公务员考试、《法官法》《检察官法》以及《律师法》规定的司法考试等近20种国家考试。英语四六级等部门规章、文件设立的考试不属于此处的"考试"。组织考试作弊罪的行为方式包括组织作弊活动、提供作弊器材等帮助作弊行为。依据《刑法》规定,应试者与替考者均分别成立本罪。

S-24-1-9 组织考试作弊罪;非法出售、提供试题、答案罪、代替考试罪——罪名的时间效力

八、非法侵入计算机信息系统罪等

S-24-1-10 非法侵入计算机信息系统罪;非法获取计算机信息系统数据罪;非法控制计算机信息系统罪;提供侵入、非法控制计算机信息系统程序、工具罪;破坏计算机信息系统罪

九、拒不履行信息网络安全管理义务罪

S-24-1-11 拒不履行信息网络安全管理义务罪——拒不履行信息网络安全管理义务罪的认定

---

[1]《中华人民共和国最高人民法院公报》2018年第12期。

十、非法利用信息网络罪

S-24-1-12 非法利用信息网络罪——非法利用信息网络罪的认定

S-24-1-13 非法利用信息网络罪——非法利用信息网络罪的罪数认定

十一、帮助信息网络犯罪活动罪

帮助信息网络犯罪活动罪，是指明知他人利用信息网络实施犯罪，为其犯罪提供互联网接入、服务器托管、网络存储、通讯传输等技术支持，或者提供广告推广、支付结算等帮助，情节严重的行为。本罪属于相对的帮助行为正犯化，需要达到情节严重的程度。

S-24-1-14 帮助信息网络犯罪活动罪——罪数认定

十二、投放虚假危险物质罪；编造、故意传播虚假恐怖信息罪；编造、故意传播虚假信息罪

以编造虚假恐怖信息的方式实施敲诈勒索的行为中，行为人只实施了一个行为，该行为具有多重属性，触犯了两个罪名，属于想象竞合犯，应按行为所触犯的罪名中的一个重罪论处，即以编造虚假恐怖信息罪定罪处罚。[1]

关于编造虚假恐怖信息造成"严重扰乱社会秩序"的认定，应当结合行为对正常的工作、生产、生活、经营、教学、科研等秩序的影响程度、对公众造成的恐慌程度以及处置情况等因素进行综合分析判断。对于编造、故意传播虚假恐怖信息威胁民航安全，引起公众恐慌，或者致使航班无法正常起降的，应当认定为"严重扰乱社会秩序"。[2]

编造、故意传播虚假恐怖信息罪是选择性罪名。编造恐怖信息以后向特定对象散布，严重扰乱社会秩序的，构成编造虚假恐怖信息罪。编造恐怖信息以后向不特定对象散布，严重扰乱社会秩序的，构成编造、故意传播虚假恐怖信息罪。对于实施数个编造、故意传播虚假恐怖信息行为的，不实行数罪并罚，但应当将其作为量刑情节予以考虑。[3]

---

[1] 最高人民法院刑事审判一至五庭主办：《中国刑事审判指导案例》（第5卷），法律出版社2017年版，第40、45页。

[2] 《最高人民检察院关于印发第三批指导性案例的通知》，检例10号。

[3] 《最高人民检察院关于印发第三批指导性案例的通知》，检例9号。

S-24-1-15 投放虚假危险物质罪；编造、故意传播虚假恐怖信息罪；编造、故意传播虚假信息罪

十三、高空抛物罪

根据《刑法》第291条之二规定，以建筑物或者其他高宅对于从建筑物或者其他高空抛掷物品的行为，最高人民法院曾于2019年出台司法解释，将其按照《刑法》第114条、第115条的"以危险方法危害公共安全罪"定性。但这样的行为显然无法与"放火""爆炸""决水"等行为相提并论；而且高空抛物行为很难造成不特定多人受伤，与公共安全的法益不相吻合。因此，《中华人民共和国刑法修正案（十一）》将此类行为单独入罪。本罪保护的客体应同公共安全相区分，属于社会管理秩序。抛掷物品，情节严重的，处一年以下有期徒刑、拘役或者管制，并处或者单处罚金。有前款行为，同时构成其他犯罪的，依然处罚较重的规定　处罚。

十四、聚众斗殴罪

客观上，本罪要求聚众，要求其中一方人数在三人以上。在聚众斗殴之前的双方对峙行为，是本罪的着手。"聚众"强调的是行为样态，而非聚集的具体行为，所以双方临时起意拉拢多人进行斗殴的，也成立本罪。聚众斗殴只造成轻伤结果的，认定为聚众斗殴罪一罪。聚众斗殴致人重伤、死亡的，以故意伤害罪、故意杀人罪论处，既包括过失致他方人员重伤、死亡，也包括过失致本方人员重伤、死亡的情况。如果首要分子、积极参加者以外的一般斗殴人员在斗殴过程中致人重伤、死亡的，也只是直接责任人员和负责组织、策划的首要分子转化为故意伤害罪、故意杀人罪，根据责任原理，积极参加者不应对死伤结果负责，所以不转化为故意伤害罪、故意杀人罪。

主体上，本罪处罚聚众斗殴的首要分子和积极参加者，一般参加者不以本罪论处。正当防卫人对其他参与者进行攻击性防卫的，同样参与了斗殴。但是，如果正当防卫人在其中只是消极地进行防御性防卫，则不属于参与斗殴。[1]

主观上，聚众斗殴罪的认定，除要求客观上双方或多方以暴力互相攻击外，还要求双方都有非法侵犯对方的意图，均是积极参与斗殴。如果行为人并没有争霸、报复等动机，则不宜认定为聚众斗殴罪。[2]

十五、寻衅滋事罪

（一）概念

寻衅滋事罪，是指无事生非、起哄闹事、肆意挑衅，破坏社会秩序的行为。寻衅滋事罪具有单方积极性，是相对于受害对象的被动性而言的，双方所处的状态是一方积极主动，另一方消极被动。如果行为人与受害人之间的关系不符合这种特征，则不宜认定为寻衅滋

---

[1] 王钢：《德国判例刑法：分则》，北京大学出版社2016年版，第92页。
[2] 最高人民法院刑事审判一至五庭主办：《中国刑事审判指导案例》（第5卷），法律出版社2017年版，第56、61、65、68、75页。

事罪。[1]

S-24-1-16 寻衅滋事罪——罪名认定

(二) 犯罪构成要件

1. 犯罪客观方面。本罪在客观方面表现为，寻求刺激、发泄情绪、逞强耍横、无事生非，实施下列四种行为：

(1) 随意殴打他人，情节恶劣的；

S-23-1-17 寻衅滋事罪——随意殴打他人情节恶劣的认定

(2) 追逐、拦截、辱骂、恐吓他人，情节恶劣的；

S-24-1-18 寻衅滋事罪——追逐、拦截、辱骂、恐吓他人情节恶劣的认定

(3) 强拿硬要或者任意损毁、占用公私财物，情节严重的；

S-24-1-19 寻衅滋事罪——强拿硬要或者任意损毁、占用公私财物情节严重的认定

(4) 在公共场所起哄闹事，造成公共场所秩序严重混乱的。

---

[1] 最高人民法院刑事审判一至五庭主办：《中国刑事审判指导案例》（第 5 卷），法律出版社 2017 年版，第 75 页。

S-24-1-20 寻衅滋事罪——在公共场所起哄闹事造成公共场所秩序严重混乱的认定

2. 犯罪主观方面。只能由故意构成，并且一般具有"流氓动机"，即寻求刺激、发泄情绪、逞强耍横的动机。

根据最高人民法院、最高人民检察院《关于办理利用信息网络实施诽谤等刑事案件适用法律若干问题的解释》第5条规定："利用信息网络辱骂、恐吓他人，情节恶劣，破坏社会秩序的，依照刑法第二百九十三条第一款第（二）项的规定，以寻衅滋事罪定罪处罚。编造虚假信息，或者明知是编造的虚假信息，在信息网络上散布，或者组织、指使人员在信息网络上散布，起哄闹事，造成公共秩序严重混乱的，依照刑法第二百九十三条第一款第（四）项的规定，以寻衅滋事罪定罪处罚"。可见，网络也应理解为此处的"公共场所"，在网络上发布虚假信息同样可能成立寻衅滋事罪。

F-24-1-2 在网络领域起哄闹事——云南省大理市人民法院法官李琳平

在公共场所起哄闹事，如果符合聚众条件，并且情节严重造成社会秩序混乱，致使工作等无法进行，造成严重损失的，也有可能构成聚众扰乱社会秩序罪。

S-24-1-21 寻衅滋事罪——此罪与彼罪　　S-24-1-22 寻衅滋事罪——罪数认定

（三）处罚

S-24-1-23 寻衅滋事罪——立案追诉标准　　S-24-1-24 寻衅滋事罪——量刑及处罚

十六、催收非法债务罪

有下列情形之一，催收高利放贷产生的债务或者其他法律不予保护的债务，情节严重的，处3年以下有期徒刑、拘役或者管制，并处或者单处罚金：①使用暴力、胁迫方法的；②限制他人人身自由或者侵入他人住宅的；③恐吓、跟踪、骚扰他人的。

十七、组织、领导、参加黑社会性质组织罪；入境发展黑社会组织罪；包庇、纵容黑社会性质组织罪

S-24-1-25 包庇、纵容黑社会性质组织罪

J-24-1-1 套路贷犯罪的认定——山西省临汾市曲沃县人民检察院检察官司冬芬

黑社会性质的组织应当同时具备以下特征：

1. 组织性：形成较稳定的犯罪组织，人数较多，有明确的组织者、领导者，骨干成员基本固定。

2. 经济性：有组织地通过违法犯罪活动或者其他手段获取经济利益，具有一定的经济实力，以支持该组织的活动。黑社会性质组织既可以通过有组织地实施违法犯罪活动敛财，也可以通过形式合法的经营来获取经济利益。其所获取经济利益应足以支持黑社会性质组织生存、发展和实施违法犯罪活动。所获经济利益应用于犯罪组织或组织犯罪活动所需。[1]

3. 暴力性：以暴力、威胁或者其他手段，有组织地多次进行违法犯罪活动，为非作恶，欺压、残害群众。

4. 控制性：通过实施违法犯罪活动，或者利用国家工作人员的包庇或者纵容，称霸一方，在一定区域或者行业内，形成非法控制或者重大影响，严重破坏经济、社会生活秩序。黑社会性质组织的非法控制并不表现为对一定区域内领土的占领，而是表现为对这个区域内生活的人以及这个区域内的经济、社会生活秩序有了非法的控制和重大影响。因此，在理解上，要注意区域的大小和空间范围具有相对性，不能简单地以必须达到某一特定的空间范围为标准。

J-24-1-2 恶势力犯罪组织的认定——山东省东营市东营区人民检察院第二检察部检察官李铮

J-24-1-3 恶势力犯罪集团的认定——山西省临汾市曲沃县人民检察院检察官司冬芬

S-24-1-26 包庇、纵容黑社会性质组织罪——黑社会性质组织的特征

S-24-1-27 包庇、纵容黑社会性质组织罪——恶势力的特征

---

[1] 最高人民法院刑事审判一至五庭主办：《中国刑事审判指导案例》（第5卷），法律出版社2017年版，第111、134、141页。

（一）组织、领导、参加黑社会性质组织罪

组织、领导、参加黑社会性质组织罪，是指组织、领导黑社会性质的组织的行为。

1. 具有组织、领导、参加行为即构成本罪。对有下列情形之一的，可以认定行为人完成了"参加"行为：一是就加入犯罪组织有明确的约定；二是行为人履行了加入组织的仪式；三是行为人要求加入，并经该组织或组织头目的批准或默许；四是虽未履行手续，但已在该组织的领导和管理下实际参加了该组织的各种违法犯罪活动；五是行为人开始不知道加入的是从事违法犯罪活动的黑社会性质组织，了解真相后没有退出，并在该组织的领导和管理下参加了该组织的违法犯罪活动。[1]

认定行为人构成参加黑社会性质组织罪不以明确知道组织的黑社会性质为前提。但是，如果行为人事先确实不了解情况，不知是黑社会性质组织而参加，发现后即退出；或者行为人确实不知道，也不应当知道其参加的组织是一个主要从事违法犯罪活动，具有一定层次结构的犯罪组织，一般不按参加黑社会性质组织罪论处。

2. 对组织、领导者按其组织、领导的黑社会组织的全部罪行处罚。

3. 对于参加黑社会性质组织未实施违法犯罪或受蒙蔽、胁迫参加，情节轻微的，可以不作为犯罪处罚。

4. 对黑社会性质组织中的积极参加者和其他参加者，应按照其所参与的犯罪，根据其在具体犯罪中的地位和作用，按照罪责刑相适应的原则，确定应承担的刑事责任。对黑社会性质组织犯罪中涉案的非黑社会组织成员的被告人，应当按照其在共同犯罪中的地位、作用，确定应当承担的刑事责任。参与黑社会性质组织后，又触犯其他罪名的，应当依据行为人所犯罪行，以组织、领导、参加黑社会性质组织罪和触犯的其他罪名，进行数罪并罚。[2]

（二）入境发展黑社会组织罪

入境发展黑社会组织罪，是指境外的黑社会组织的人员到中华人民共和国境内发展组织成员的行为。

1. 本罪主体为特殊主体，只有具有境外黑社会组织的人员身份才能构成本罪。本罪为危险犯，符合主体要件的行为人以发展组织成员为目的来到我国境内，即构成本罪。

2. "入境"不限于行为人自身进入我国境内，通过网络、电话手段在我国境内发展组织成员的，同样构成本罪。

S-24-1-28 入境发展黑社会组织罪——客观方面认定

---

〔1〕 最高人民法院刑事审判一至五庭主办：《中国刑事审判指导案例》（第5卷），法律出版社2017年版，第70、93、98页。

〔2〕 《中华人民共和国最高人民检察院公报》2003年第2号。

（三）包庇、纵容黑社会性质组织罪

包庇、纵容黑社会性质组织罪，是指国家机关工作人员包庇黑社会性质的组织，或者纵容黑社会性质的组织进行违法犯罪活动的行为。

1. 客观方面：具有包庇黑社会性质的组织，或者纵容黑社会性质的组织进行违法犯罪活动的行为。本罪为特殊主体，即需为国家机关工作人员。

S-24-1-29 包庇、纵容黑社会性质组织罪——客观方面认定

2. 主观方面：行为人必须明知对方为黑社会性质的组织而予以包庇、纵容，但只需概括的明知，不需要明知对方为刑法意义上的黑社会性质组织。

S-24-1-30 包庇、纵容黑社会性质组织罪——主观方面的认定

S-24-1-31 包庇、纵容黑社会性质组织罪——组织成员的刑事责任认定

十八、传授犯罪方法罪

传授犯罪方法罪，是指传授犯罪方法的行为。

1. 本罪为行为犯，只要行为人故意以各种手段向他人传授犯罪方法的，即成立本罪，不要求被传授对象实际掌握该犯罪方法，更不要求利用该方法实施具体犯罪。

2. 行为人如果在传授犯罪方法后又教唆犯罪的，以本罪与相应教唆犯罪实行并罚。

3. 行为人如果在教唆犯罪后又对被教唆人传授犯罪方法的，仅成立教唆犯。利用互联网传授犯罪方法是否成立本罪存在争议。有观点认为，首先，刑法并未限定传授犯罪方法的对象必须是特定主体。其次，从社会危害性的比较来看，利用互联网向不特定的人员传授犯罪方法比向特定的人员传授的危害性更大。[1] 本书认为，应区分传授和传播，不宜过度扩大解释。

根据《刑法》第295条的规定，犯本罪的，处5年以下有期徒刑、拘役或者管制；情节严重的，处5年以上10年以下有期徒刑；情节特别严重的，处10年以上有期徒刑或者无期徒刑。

---

[1] 最高人民法院刑事审判一至五庭主办：《中国刑事审判指导案例》（第5卷），法律出版社2017年版，第86、117、129、146、166、168页。

S-24-1-32 传授犯罪方法罪——罪数认定

十九、非法集会、游行、示威罪；非法携带武器、管制刀具、爆炸物参加集会、游行、示威罪；破坏集会、游行、示威罪；侮辱国旗、国徽、国歌罪；侵害英雄烈士名誉、荣誉罪

举行集会、游行、示威，未依照法律规定申请或者申请未获许可，或者未按照主管机关许可的起止时间、地点、路线进行，又拒不服从解散命令，严重破坏社会秩序的，对集会、游行、示威的负责人和直接责任人员，处5年以下有期徒刑、拘役、管制或者剥夺政治权利。

违反法律规定，携带武器、管制刀具或者爆炸物参加集会、游行、示威的，处3年以下有期徒刑、拘役、管制或者剥夺政治权利。

扰乱、冲击或者以其他方法破坏依法举行的集会、游行、示威，造成公共秩序混乱的，处5年以下有期徒刑、拘役、管制或者剥夺政治权利。

在公共场合，故意以焚烧、毁损、涂划、玷污、践踏等方式侮辱中华人民共和国国旗、国徽的，处3年以下有期徒刑、拘役、管制或者剥夺政治权利。在公共场合，故意篡改中华人民共和国国歌歌词、曲谱，以歪曲、贬损方式奏唱国歌，或者以其他方式侮辱国歌，情节严重的，依照前款的规定处罚。

侮辱、诽谤或者以其他方式侵害英雄烈士的名誉、荣誉，损害社会公共利益，情节严重的，处3年以下有期徒刑、拘役、管制或者剥夺政治权利。

S-24-1-33 非法集会、游行、示威罪——立案追诉标准

S-24-1-34 非法携带武器、管制刀具、爆炸物参加集会、游行、示威罪——立案追诉标准

S-24-1-35 破坏集会、游行、示威罪——立案追诉标准

二十、聚众淫乱罪、引诱未成年人聚众淫乱罪

聚众进行淫乱活动的，对首要分子或者多次参加的，处5年以下有期徒刑、拘役或者管制。

引诱未成年人参加聚众淫乱活动的，依照前款的规定从重处罚。

S-24-1-36 聚众淫乱罪、引诱未成年人聚众淫乱罪——立案追诉标准

二十一、盗窃、侮辱、故意毁坏尸体、尸骨、骨灰罪

盗窃、侮辱、故意毁坏尸体、尸骨、骨灰的，处3年以下有期徒刑、拘役或者管制。

部分虽已白骨化的尸体，但整具尸身尚未溃散，坟墓并未移动，应当视为完整的尸体。[1]

二十二、赌博罪

赌博罪，是指以营利为目的，聚众赌博或者以赌博为业的行为。行为人在火车站等一些公共场所设置圈套诱骗他人参赌，并使用一些欺诈手段从中获取钱财的行为，构成赌博罪。这类案件的行为对象具有不确定性和广泛性，一般涉及多名被害人，行为人主观上是以设置赌局进行营利活动为目的，对此类案件根据其社会危害程度，从罪刑相适应角度出发，以赌博罪定罪是恰当的。[2]

（一）犯罪构成要件

1. 犯罪客观方面。赌博罪包括以下两种情形：

（1）聚众赌博，即纠集多人从事赌博活动。如果只是单纯参加赌博活动，不构成本罪。

S-24-1-37 赌博罪——聚众赌博的认定

（2）以赌博为业。在内地利用香港"六合彩"开奖信息，在庄家与投注者之间进行竞猜对赌的行为，构成赌博罪。圈套型赌博犯罪，是指通过设置圈套的方式诱骗他人参赌的行为，行为人实施犯罪的目的在于通过赌博进行营利，虽然行为人在赌博过程中采用了一些欺诈的行为，但是该欺诈行为是为了诱骗他人参赌，保证赌博的顺利进行而实施的，赌博的输赢主要还是靠行为人掌握的娴熟的赌博技巧，并且依靠一定的偶然性完成，行为人并不必然控制赌博输赢。对于此种类型的犯罪行为，应当以赌博罪定罪处罚。[3]

2. 犯罪主观方面。本罪在主观方面为故意，并且以营利为目的。行为人通过赌博活动获利，或者通过抽头渔利、收取手续费等获利，均属于出于营利目的。

（二）此罪与彼罪

1. 赌博罪与诈骗罪。

---

[1]《中华人民共和国最高人民法院公报》1999年第6期。

[2] 最高人民法院刑事审判一至五庭主办：《中国刑事审判指导案例》（第5卷），法律出版社2017年版，第179页。

[3] 最高人民法院刑事审判一至五庭主办：《中国刑事审判指导案例》（第5卷），法律出版社2017年版，第181、189页。

(1) 诱骗参赌：行为人诱使他人参赌，但赌博中未使用欺骗方法的，构成赌博罪；被识破后，对被害人实施暴力的，从重处罚。

(2) 赌博诈骗：行为人设置骗局使胜负被自己控制，输赢结果并非偶然，构成诈骗罪。

2. 赌博罪与抢劫罪。例如，甲和乙诱使丙参与赌博，其间对丙下迷药，想让丙神志不清输钱给自己，却因药量过大导致丙昏迷，后两人直接将丙的财物取走的。甲乙二人的下药行为使被害人丙处于不知反抗、不能反抗的状态，并利用这种状态强取丙的财物，构成抢劫罪。

（三）与赌博相关犯罪

1. 在赌博活动过程中，引发冲突而故意伤害杀人的，实行数罪并罚；

2. 抢劫赌资、犯罪所得，以抢劫罪定罪；如果仅以所输赌资或所赢赌债为对象，不构成抢劫罪；

S-24-1-38 赌博罪——共犯认定

S-24-1-39 赌博罪——罪名区分

（四）处罚

根据《刑法》第303条的规定，犯本罪的，处3年以下有期徒刑、拘役或者管制，并处罚金。

S-24-1-40 赌博罪——处罚

二十三、开设赌场罪

以营利为目的，通过邀请人员加入微信群，利用微信群进行控制管理，以抢红包方式进行赌博，在一段时间内持续组织赌博活动的行为，属于《刑法》第303条第2款规定的"开设赌场"。[1]

以营利为目的，在计算机网络上建立赌博网站，或者为赌博网站担任代理，接受投注的，属于《刑法》第303条规定的开设赌场。

开设网络赌场的行为主要有3种形式：其一，以营利为目的，在计算机网络上建立赌博网站，招引赌博客户或通过发展赌博代理人招引赌博客户，接受投注的行为；其二，以营利为目的，为赌博网站充当地区代理人招引赌博客户或通过发展下级代理人招引赌博客户，接受投注的行为；其三，以营利为目的，充当赌博网站地区代理人的下级代理人，通过发展下级代理人招引赌博客户或同时自己招引赌博客户，接受投注的行为。

---

[1]《最高人民法院关于发布第20批指导性案例的通知》，指导案例106号。

明知是赌博网站而提供资金支付结算便利的行为构成开设赌场罪。

S-24-1-41 开设赌场罪

二十四、组织参与国（境）外赌博罪

组织参与国（境）外赌博罪是指组织中华人民共和国公民参与国（境）外赌博，数额巨大或者有其他严重情节行为。

二十五、非法生产、买卖警用装备罪等

S-24-1-42 非法生产、买卖警用装备罪；非法获取国家秘密罪；非法持有国家绝密、机密文件、资料、物品罪；非法生产、销售专用间谍器材、窃听、窃照专用器材罪；扰乱无线电通讯管理秩序罪；聚众扰乱社会秩序罪；聚众冲击国家机关罪；扰乱国家机关工作秩序罪；组织、资助非法聚集罪；聚众扰乱公共场所秩序、交通秩序罪；组织、利用会道门、邪教组织、利用迷信破坏法律实施罪；组织、利用会道门、邪教组织、利用迷信致人重伤、死亡罪；故意延误投递邮件罪

第二节 妨害司法罪

一、伪证罪

（一）概念

伪证罪，是指在刑事诉讼中，证人、鉴定人、记录人、翻译人对与案件有重要关系的情节，故意作虚假证明、鉴定、记录、翻译，意图陷害他人或者隐匿罪证的行为。

S-24-2-1 伪证罪——罪名概念

（二）犯罪构成要件

1. 犯罪客观方面。

（1）行为必须发生在刑事诉讼中。刑事诉讼过程指从刑事案件立案侦查至审判终结的全过程。

（2）作虚假证明、鉴定、记录、翻译。虚假既可以是无中生有，捏造或夸大事实，也

可以是知有说无，掩盖事实真相。

（3）必须是与案件有重要关系的情节，即影响定罪量刑的情节。

（4）伪证罪的犯罪主体。本罪的犯罪主体为特殊主体，包括证人、鉴定人、记录人、翻译人。

被害人在向司法机关报案时故意夸大犯罪事实并指使他人作伪证的行为不构成伪证罪。因为被害人和证人是两个独立的概念，二者不存在种属包含关系。[1] 另有观点认为，证人概念应包含被害人。

2. 犯罪主观方面。本罪的主观方面为故意，并具有陷害他人或隐匿罪证的意图。

（三）此罪与彼罪

1. 伪证罪与诬告陷害罪。

（1）行为发生的时间不同。伪证罪发生在刑事诉讼过程中，而诬告陷害罪则发生于立案之前；

（2）客观行为不同。伪证罪是对与案件有重要关系的情节作虚假证明，而诬告陷害罪则是捏造犯罪事实。

（3）犯罪主体不同。伪证罪为特殊主体，仅包括证人、鉴定人、记录人、翻译人，而诬告陷害罪为一般主体。

（4）犯罪目的不同。伪证罪行为人具有陷害他人或者隐匿罪证的目的，而诬告陷害罪的目的只限于陷害他人。

如果行为人在刑事诉讼前虚假告发，意图使他人受刑事追究，在侦查过程中又作伪证的，行为人同时构成诬告陷害罪和伪证罪，从一重罪论处。

2. 伪证罪包庇罪。两罪的不同之处在于行为发生的时间，包庇罪包括在诉讼前做假证明包庇。

3. 伪证罪与徇私枉法罪。两罪的不同之处在于犯罪主体不同，徇私枉法罪的行为主体为司法工作人员。

（四）相关罪名

1. 妨害作证罪。

（1）犯罪客观方面。

第一，行为方式：以暴力、威胁、贿买等方法阻止证人作证或者指使他人作伪证。唆使证人作伪证直接构成本罪，而非本罪的教唆犯。例如，行为人为逃避债务，伙同他人提起虚假民事诉讼并指使他人作伪证，妨害人民法院正常司法活动的，应当依照《刑法》第307条的规定，以妨害作证罪定罪处罚。[2] 例如，行为人在交通肇事逃逸后以购买方式指使他人顶罪、作伪证的行为，已经侵害了刑法意义上的另一种客体（法益），扰乱了司法秩序，应另定妨害作证罪，而不应作为交通肇事罪中的一个量刑情节来处理。

第二，行为对象：证人。包括刑事被害人、鉴定人员、翻译人员、记录人员以及民事、行政诉讼当事人。

第三，犯罪主体。本罪的犯罪主体为一般主体。例如，行为人危险驾驶造成伤亡后离

---

[1] 最高人民法院刑事审判一至五庭主办：《中国刑事审判指导案例》（第5卷），法律出版社2017年版，第174、183、193页。

[2] 《中华人民共和国最高人民法院公报》2012年第12期。

开现场，找到乙要其假冒行为人去公安机关投案，触犯了妨害作证罪的客体（法益），但由于行为缺乏期待可能性，并不能构成妨害作证罪。

（2）犯罪主观方面。本罪的主观方面为故意，即明知自己的行为会发生妨害司法活动的后果，仍然希望或者放任此结果发生。

（3）罪数行为人如果采取伤害、拘禁等非法手段妨害作证的，属于牵连犯，从一重罪论处。

2. 帮助毁灭、伪造证据罪。

（1）犯罪客观方面。

第一，行为方式：帮助当事人（包括刑事诉讼、民事诉讼、行政诉讼活动当事人）毁灭、伪造证据，情节严重的行为。例如，在庭审过程中对关键证据进行虚假陈述，往往会严重扰乱人民法院的正常审判秩序，并严重侵害对方当事人利益，具有较大的社会危害性，属于帮助伪造证据"情节严重"。[1]

隐匿证据的行为，也属于"毁灭行为"。行为人甲帮助乙藏匿凶器，构成帮助毁灭证据罪。甲得知乙放火致人死亡后未清理现场痕迹，便劝说乙回到现场毁灭证据，构成帮助毁灭证据罪。甲经过犯罪嫌疑人乙的同意，毁灭了对乙有利的无罪证据，构成帮助毁灭证据罪。甲抢劫出租车，将被害司机尸体藏入后备厢后打电话给堂兄乙，请其帮忙。乙帮助甲把尸体埋掉，并把被害司机的证件、衣物等烧掉，构成帮助毁灭证据罪。

第二，犯罪主体：本罪的犯罪主体为一般主体，但当事人本人和刑事诉讼辩护人、代理人除外。如果行为人不能从虚假诉讼中直接获取利益，而是帮助对方当事人获取利益，则其符合帮助伪造证据罪的主体特征；如果其本人能从虚假诉讼中直接获利，则不符合帮助伪造证据罪的主体特征。

（2）犯罪主观方面。本罪的主观方面为故意，即明知自己的行为会发生妨害司法活动的后果，仍然希望或放任此结果发生。

（3）罪数。例如，甲在抢劫杀人后，朋友乙将甲抢来的车代为销售，并帮助甲抛尸以毁灭罪证的，对代为销售赃物的行为成立掩饰、隐瞒犯罪所得罪，对抛尸行为成立帮助毁灭证据罪，数罪并罚。

3. 辩护人、诉讼代理人毁灭证据、伪造证据、妨害作证罪。辩护人、诉讼代理人毁灭证据、伪造证据、妨害作证罪，是指在刑事诉讼中，辩护人、诉讼代理人（故意）毁灭、伪造证据，帮助当事人毁灭、伪造证据，威胁、引诱证人违背事实改变证言或者作伪证的行为。

辩护人、诉讼代理人妨害作证罪中的"证人"应作广义的理解，应当包括被害、鉴定人。

证人在威胁、引诱下改变了证言或者做了伪证，是否足以或者已经导致案件处理或裁判错误，是否已造成犯罪嫌疑人、被告人逃避刑事追究或者使无罪的人受到刑事追究等，不影响辩护人妨害作证罪的成立。即辩护人妨害作证罪不以发生危害后果为构成要件。[2]

---

[1] 最高人民法院刑事审判一至五庭主办：《中国刑事审判指导案例》（第5卷），法律出版社2017年版，第203、216页。

[2] 最高人民法院刑事审判一至五庭主办：《中国刑事审判指导案例》（第5卷），法律出版社2017年版，第195、200、210页。

需注意的是，本罪仅限于刑事诉讼中，如果是民事诉讼的代理人指使证人作伪证的，不构成本罪，而构成妨害作证罪。对于辩护人、诉讼代理人经当事人同意后，毁灭无罪证据的行为，如果发生在刑事诉讼过程中，因行为妨害司法公正性，仍构成犯罪。部分观点认为若行为发生在民事、行政诉讼过程中，出于尊重当事人的处分权，代理人经当事人同意毁灭有利证据的，不构成犯罪。

S-24-2-2 妨害作证罪——罪名区分

（五）处罚

根据《刑法》第305条的规定，犯本罪的，处3年以下有期徒刑或者拘役；情节严重的，处3年以上7年以下有期徒刑。

二、虚假诉讼罪、打击报复证人罪

虚假诉讼罪，是指以捏造的事实提起民事诉讼，妨害司法秩序或者严重侵害他人合法权益的行为。

S-24-2-3 虚假诉讼罪　　S-24-2-4 虚假诉讼罪——量刑及处罚

打击报复证人罪，是指对证人进行打击报复的行为。

三、泄露不应公开的案件信息罪；公开披露、报道不应公开的案件信息罪

泄露不应公开的案件信息罪，是指司法工作人员、辩护人、诉讼代理人或者其他诉讼参与人，泄露依法不公开审理的案件中不应当公开的信息，造成信息公开传播或者其他严重后果的行为。

公开披露、报道不应公开的案件信息罪，是指公开披露、报道泄露不应公开的案件信息罪中所规定的案件信息，情节严重的行为。

1. "不公开审理的案件"，是指涉及国家秘密、个人隐私、未成年人犯罪和商业秘密的案件。

2. "不应当公开的信息"，是指与案件有关但不宜为诉讼参与人以外人员知悉的其他信息。

3. 要求公开传播，如果仅使少量人知道该案件信息的，不构成本罪。

四、扰乱法庭秩序罪

扰乱法庭秩序罪，是指有下列扰乱法庭秩序的情形之一的行为：①聚众哄闹、冲击法庭的；②殴打司法工作人员或者诉讼参与人的；③侮辱、诽谤、威胁司法工作人员或者诉讼参与人，不听法庭制止，严重扰乱法庭秩序的；④有毁坏法庭设施，抢夺、损毁诉讼文

书、证据等扰乱法庭秩序行为，情节严重的。

根据《刑法》第309条的规定，犯本罪的，处3年以下有期徒刑、拘役、管制或者罚金。

五、窝藏、包庇罪

（一）概念

窝藏、包庇罪，是指明知是犯罪的人而为其提供隐藏处所、财物，帮助其逃匿或者作假证明包庇的行为。有观点认为本罪为抽象危险犯，即使窝藏地被发现或者识破假证明的，行为人仍成立犯罪既遂。犯罪人的近亲属对其进行窝藏、包庇的，是否能够因缺乏期待可能性阻却责任，学界尚有争议。

（二）犯罪构成要件

1. 犯罪客观方面。本罪在客观方面表现为实施了窝藏或包庇犯罪人的行为。

（1）窝藏或包庇的必须是犯罪的人，含未决犯和已决犯。"犯罪的人"可以是以下几类：①不适用无罪推定，不限于有罪判决；②作为侦查对象后被判无罪，有观点认为此类行为不具有可罚性；③未被作为嫌疑人但确实有罪；④实施犯罪行为但未达刑事责任年龄。

（2）实施窝藏行为，使公安不能或难以发现，使犯罪人逃匿更容易。包括以下两种行为方式：

第一，提供隐藏处所、财物。向犯罪的人提供枪支防身，因枪支不属于处所或财物，故不成立窝藏。例如，行为人甲明知乙犯了抢劫罪却将自己远方亲戚的姓名、住址提供给乙，并给乙3000元，为其提供隐藏处所和财物，帮助其逃匿，其行为符合窝藏罪。

第二，帮助其逃匿。常见的帮助犯罪的人逃匿的方法有：向犯罪的人通报案件侦查的情况；劝诱犯罪的人逃匿等等。但是如果犯罪的人没有实际的逃匿行为的，对行为人不处罚。行为人如果只是劝诱犯罪人不自首的，也不构成本罪。

（3）包庇行为，指提供虚假证明掩盖犯罪。成立包庇罪的行为人必须以非证人身份向司法机关提供虚假证明，如果是作为证人在刑事诉讼中作虚假证明的，则构成伪证罪。包庇的方法有很多种，比如冒充犯罪的人向司法机关投案，帮杀人犯毁灭有罪证据等。又例如，行为人甲路过偏僻路段，看到其友乙强奸丙的犯罪事实，对侦查人员声称乙、丙系恋人，因乙另有新欢遭丙报复诬陷，属于向司法机关提供虚假证明，构成包庇罪。在司法机关追捕的过程中，行为人出于某种特殊原因为了使犯罪人逃匿，而自己冒充犯罪的人向司法机关"投案"或者实施其他使司法机关误认为自己为原犯罪人的行为，系向司法机关作假证明的行为，成立包庇罪。

（4）旅馆业、娱乐业等在公安查处卖淫嫖娼时，为违法犯罪分子通风报信，情节严重的，依照窝藏包庇罪定罪处罚。本条为法律拟制，但当卖淫嫖娼行为构成犯罪时，则成为注意规定。对除卖淫嫖娼之外的其他一般违法行为进行包庇的，由于不符合"犯罪的人"这一构成要件，不能以包庇罪定罪处罚。

2. 犯罪主观方面。本罪在主观方面为故意，即明知是犯罪的人而予以窝藏或包庇。行为人如果在开始时不知道对方是犯罪的人，但在后来发现后仍予以继续窝藏、包庇的，同样构成本罪。

（三）此罪与彼罪

1. 窝藏、包庇罪与伪证罪。

（1）主体不同。窝藏、包庇罪的犯罪主体为一般主体，凡满16周岁、具有刑事责任能力的自然人（犯罪人本人除外）均可成立本罪；而伪证罪的犯罪主体为特殊主体，只有证人、鉴定人、记录人、翻译人才能构成。

（2）犯罪时间不同。伪证罪必须发生在刑事诉讼过程中，而窝藏、包庇罪对于窝藏、包庇行为发生的时间没有限制。

（3）手段不同。窝藏、包庇罪的行为手段是窝藏、包庇犯罪的人，而伪证罪则是对与案件有重要关系的情节作虚假证明。

（4）对象不同。窝藏、包庇罪的行为对象包括已决犯和未决犯，而伪证罪的对象只能是未决犯。

如果证人、鉴定人、记录人、翻译人在刑事诉讼过程中作伪证包庇犯罪人的，成立伪证罪；而除四类特殊主体之外的一般主体在刑事诉讼过程中或之前作伪证包庇犯罪人的，则成立窝藏、包庇罪。

2. 特殊罪名。

（1）包庇、纵容黑社会性质罪。本罪为身份犯，只能由国家机关工作人员构成。

（2）帮助犯罪分子逃避处罚罪。有查禁职责的国家机关工作人员，如果向犯罪分子通风报信、提供便利的，成立本罪。人民法院一般不直接参与或担负或履行查禁犯罪活动的职责，因而执行法官一般不能成为帮助犯罪分子逃避处罚的主体。[1]

（3）包庇毒品犯罪分子罪。如果行为人包庇的对象为毒品犯罪分子的，则成立本罪。

（4）拒绝提供间谍犯罪、恐怖主义犯罪、极端主义犯罪证据罪。如果明知他人有间谍犯罪或者恐怖主义、极端主义犯罪行为，在司法机关向其调查有关情况、收集有关证据时，拒绝提供，情节严重的，则成立本罪。

（四）共犯

犯窝藏、包庇罪，事前通谋的，以共犯论处。如果行为人只是事先知道他人实施犯罪但并无共谋与承诺的，其事后对该犯罪人予以窝藏或包庇的，不成立共犯，仅认定为窝藏、包庇罪。

六、掩饰隐瞒犯罪所得、犯罪所得收益罪

（一）犯罪构成要件

1. 犯罪客观方面。

（1）行为对象。本罪的对象为他人的犯罪所得及其产生的收益。行为人对自己犯罪所得的赃物进行掩饰隐瞒的，不构成犯罪。本罪"犯罪所得及其产生的收益"仅指财产性利益，如果对于他人拐卖的妇女予以窝藏的，由于妇女不属于"犯罪所得"，故不成立本罪。"犯罪所得及其产生的收益"中的犯罪不要求达到有责性的程度。行为人对未达刑事责任年龄或者依法不应负刑事责任的犯罪人的犯罪所得、犯罪所得收益予以掩饰隐瞒的，应以本罪论处。

（2）行为方式。本罪的行为方式表现为窝藏、转移、收购、代为销售或者以其他方法掩饰、隐瞒。其中，"其他方法"包括拆解、涂改装机动车，提供相关证明文件号牌等。行为人明知是他人盗窃的汽车而为其提供伪造的机动车来历凭证，构成掩饰、隐瞒犯罪所得罪。例如，张三将赃物赠予李四，李四明知是赃物而收下，李四构成本罪。

---

［1］ 最高人民法院刑事审判一至五庭主办：《中国刑事审判指导案例》（第5卷），法律出版社2017年版，第206页。

(3) 犯罪主体。掩饰隐瞒犯罪所得、犯罪所得收益罪的犯罪主体。本罪为一般主体，但犯罪人本人不构成本罪，而且共同犯罪中的共同犯罪人为其他共同犯罪人掩饰隐瞒的，也不构成本罪。

S-24-2-5 掩饰隐瞒所得罪——犯罪数额的认定

2. 犯罪主观方面。本罪在主观方面为明知，即明知或者应知是犯罪所得、犯罪所得收益而予以掩饰隐瞒。

S-24-2-6 掩饰隐瞒所得罪——主观明知的认定　　　　S-24-2-7 掩饰隐瞒所得罪——罪名认定

(二) 本罪的认定问题

1. 掩饰隐瞒犯罪所得、犯罪所得收益罪与共同犯罪的区分。如果行为人与犯罪人在事前有通谋，承诺事后对犯罪所得及其产生收益予以掩饰隐瞒的，对行为人认定为犯罪人所犯之罪的共同犯罪；行为人在既遂前就故意参与犯罪的，则成立承继的共犯。只有事前与犯罪人无通谋，事后为其掩饰隐瞒犯罪所得及其所得收益的，才成立本罪。

S-24-2-8 掩饰隐瞒所得罪——共犯认定

2. 此罪与彼罪。

(1) 本罪与洗钱罪。两罪的主要区别是犯罪对象的不同。本罪的对象可以是任何性质的犯罪所得及其产生的收益，而洗钱罪的对象仅限于毒品犯罪、黑社会性质的组织犯罪、恐怖活动犯罪、走私犯罪、贪污贿赂犯罪、破坏金融管理秩序犯罪、金融诈骗犯罪的犯罪所得及其产生的收益。

(2) 本罪与窝藏、转移、隐瞒毒品、毒赃罪。两罪是一般法与特别法的关系，窝藏、转移、隐瞒毒品、毒赃罪为特别法。

(3) 本罪与侵占罪。行为人明知是犯罪所得、犯罪所得收益而接受犯罪人委托对其进行保管，但之后拒不归还的，以本罪定罪论处。如果行为人明知是代为保管的委托物，而教唆保管人一起将物卖出的，成立侵占罪（教唆犯）。行为人明知出卖的是代为保管的委托物而购买的，以本罪定罪论处。

S-24-2-9 掩饰隐瞒所得罪——罪数认定

S-24-2-10 掩饰隐瞒所得罪——罪名区分

（三）处罚

根据《刑法》第312条的规定，犯本罪的，处3年以下有期徒刑、拘役或者管制，并处或者单处罚金；情节严重的，处3年以上7年以下有期徒刑，并处罚金。

S-24-2-11 掩饰隐瞒所得罪——管辖规定

S-24-2-12 掩饰隐瞒所得罪——量刑及处罚

七、拒不执行判决、裁定罪

拒不执行判决、裁定罪，是指对人民法院的判决、裁定有能力执行而拒不执行，情节严重的行为。"致使判决、裁定无法执行"是指债务人逃避或者抗拒执行的行为造成人民法院执行机构无法运用法律规定的执行措施，或者虽运用了法律规定的各种执行措施，但仍无法执行的情形。

根据《刑法》第313条的规定，犯本罪的，情节严重的，处3年以下有期徒刑、拘役或者罚金；情节特别严重的，处3年以上7年以下有期徒刑，并处罚金。单位犯前款罪的，对单位判处罚金，并对其直接负责的主管人员和其他直接责任人员，依照前款的规定处罚。

有能力执行而拒不执行判决、裁定的时间从判决、裁定发生法律效力时起算。具有执行内容的判决、裁定发生法律效力后，负有执行义务的人有隐藏、转移、故意毁损财产等拒不执行行为，致使判决、裁定无法执行，情节严重的，应当以拒不执行判决、裁定罪定罪处罚。[1] 当事人拒不执行已经生效的调解书与拒不执行判决、裁定的性质一样，都侵害了人民法院的正常执法活动，情节严重的也应以拒不执行人民法院判决、裁定罪予以处罚。

S-24-2-13 拒不执行判决、裁定罪

---

[1] 最高人民法院关于发布第15批指导性案例的通知（指导案例71号）。

八、拒绝提供间谍犯罪、恐怖主义犯罪、极端主义犯罪证据罪等

S-24-2-14 拒绝提供间谍犯罪、恐怖主义犯罪、极端主义犯罪证据罪；非法处置查封、扣押、冻结的财产罪；破坏监管秩序罪；脱逃罪；劫夺押解人员罪；组织越狱罪；暴动越狱罪；聚众持械劫狱罪

第三节 妨害国（边）境管理罪

S-24-3-1 组织他人偷越国（边）境罪；骗取出境证件罪；提供伪造、变造的出入境证件罪；出售出入境证件罪；运输他人偷越国（边）境罪；偷越国（边）境罪；破坏界碑、界桩罪；破坏永久性测量标志罪

第四节 妨害文物管理罪

S-24-4-1 故意损毁文物罪；故意损毁名胜古迹罪；过失损毁文物罪；非法向外国人出售、赠送珍贵文物罪；倒卖文物罪；非法出售、私赠文物藏品罪；盗掘古文化遗址、古墓葬罪；盗掘古人类化石、古脊椎动物化石罪；抢夺、窃取国有档案罪；擅自出卖、转让国有档案罪

第二十四章 妨害社会管理秩序罪

第五节 危害公共卫生罪

一、妨害传染病防治罪

违反传染病防治法的规定，有下列情形之一，引起甲类传染病以及依法确定采取甲类传染病预防、控制措施的传染病传播或者有传播严重危险的，处3年以下有期徒刑或者拘役；后果特别严重的，处3年以上7年以下有期徒刑：①供水单位供应的饮用水不符合国家规定的卫生标准的；②拒绝按照疾病预防控制机构提出的卫生要求，对传染病病原体污染的污水、污物、粪便进行消毒处理的；③准许或者纵容传染病病人、病原携带者和疑似传染病病人从事国务院卫生行政部门规定禁止从事的易使该传染病扩散的工作的；④出售、运输疫区中被传染病病原体污染或者可能被传染病病原体污染的物品，未进行消毒处理的；⑤拒绝执行县级以上人民政府、疾病预防控制机构依照传染病防治法提出的预防、控制措施的。

本罪主观方面通说认为是故意的，本书认为该罪罪过应为过失，应承认过失危险犯的概念。本罪同以危险方法危害公共安全罪存在法系竞合关系，二者客体不同，客观方面不同，主观罪过不同。本罪为行政犯，后罪为自然犯。

S-24-5-1 妨害传染病防治罪——立案追诉标准

二、非法采集人类遗传资源、走私人类遗传资源材料罪

违反国家有关规定，非法采集我国人类遗传资源或者非法运送、邮寄、携带我国人类遗传资源材料出境，危害公众健康或者社会公共利益，情节严重的，处3年以下有期徒刑、拘役或者管制，并处或者单处罚金；情节特别严重的，处3年以上7年以下有期徒刑，并处罚金。

三、医疗事故罪

（一）客观方面

本罪在行为方式上既可以以作为方式构成，也可以以不作为方式构成。其中，作为表现为医务人员积极实施法律法规和诊疗护理规范所禁止的行为，如用错药；而不作为则表现为医务人员消极地不履行有能力履行而又应当履行的作为义务，如未及时对患者进行检查，导致患者死亡的。具有执业资格的医生在诊疗过程中，出于医治病患的目的，使用民间验方、偏方致人伤亡的行为，可以以医疗事故罪定罪处罚。本罪的犯罪主体为医务人员，即已经取得医生执业资格的人员。

（二）犯罪主观方面

本罪在主观方面表现为过失，既包括疏忽大意的过失，也包括过于自信的过失。

（三）本罪为结果犯

严重不负责任的行为必须造成就诊人死亡或者严重损害就诊人身体健康的，才能成立

本罪。医务人员由于严重不负责任，造成就诊人死亡或严重损害就诊人身体健康的，处3年以下有期徒刑或者拘役。

S-24-5-2 医疗事故罪——立案追诉标准

四、非法行医罪

S-24-5-3 非法行医罪——犯罪主体的认定

（一）犯罪客观方面

本罪在客观方面表现为非法行医，即非法从事诊断、治疗、医务护理工作。非法行医行为必须符合以下条件：

1. 具有行医形式。"跳大仙""念咒语"等迷信治病方式不符合非法行医的行为要求。

2. 具有营业性。行为人必须将行医作为一种业务活动实施，偶尔一次或几次非法行医的，由于行为不足以危害公共卫生，因此不构成法律意义上的非法行医。例如医学院学生为邻居治病，导致患者死亡的，成立过失致人死亡罪而非本罪。民间的一些"土医生"利用一些具有一定疗效的验方、偏方偶尔为群众治病，并未开办诊所以此为业，不属于违法犯罪。[1]

本罪的犯罪主体为未取得医生执业资格的人。包括未取得或者以非法手段取得医师资格从事医疗活动的，被依法吊销医师执业证书期间从事医疗活动的，未取得乡村医生执业证书而从事乡村医疗活动的，或者家庭接生员实施家庭接生以外的医疗行为的。

S-24-5-4 非法行医罪——客观方面的认定

本罪的成立需要达到情节严重的程度。

根据最高人民法院《关于审理非法行医刑事案件具体应用法律若干问题的解释》第2条之规定，非法行医罪"情节严重"的情形主要包括：

---

[1] 最高人民法院刑事审判一至五庭主办：《中国刑事审判指导案例》（第5卷），法律出版社2017年版，第274、283页。

①造成就诊人轻度残疾、器官组织损伤导致一般功能障碍的；②造成甲类传染病传播、流行或者有传播、流行危险的；③使用假药、劣药或不符合国家规定标准的卫生材料、医疗器械，足以严重危害人体健康的；④非法行医被卫生行政部门行政处罚两次以后，再次非法行医的；⑤其他情节严重的情形。应当注意的是，成立"情节严重"不需要非法行医行为造成损害就诊人身体健康的实际损害后果，只要"足以严重危害人体健康"即可。

（二）犯罪主观方面

本罪的主观方面为故意，即明知无医生执业资格而非法行医，不需认识到无职业资格的非法性质。

（三）"严重损害就诊人身体健康的"或者"造成就诊人死亡的"属于本罪的结果加重犯

根据最高人民法院《关于审理非法行医刑事案件具体应用法律若干问题的解释》的规定，造成就诊人中度以上残疾、器官组织损失导致严重功能障碍级或者造成3名以上就诊人轻度残疾，器官组织损失导致一般功能障碍的，应认定为"严重损害就诊人身体健康"。其中的"造成就诊人死亡"应当包括由行为人不当的医疗行为直接导致就诊人死亡的情况，也包括因为行为人的非法行医行为导致就诊人失去了获得正常就诊机会而死亡的情况。

（四）本罪与医疗事故罪的区别主要是行为主体的不同

本罪只能由未取得医生职业资格的人构成，而医疗事故罪的犯罪主体则是医务人员。有医生职业资格的人在兼职过程中造成就诊人重伤或死亡的，由于不符合非法行医罪的行为主体要件，应认定为医疗事故罪。对于未取得医生职业资格的人，擅自为他人进行节育手术，同时非法行医情节严重构成本罪的，以本罪与非法进行节育手术罪实行并罚。

根据《刑法》第336条的规定，犯本罪的，情节严重的，处3年以下有期徒刑、拘役或者管制，并处或者单处罚金；严重损害就诊人身体健康的，处3年以上10年以下有期徒刑，并处罚金；造成就诊人死亡的，处10年以上有期徒刑，并处罚金。

在非法行医案件中，即使行为人非法行医时得到患者的承诺，也不能阻却其犯罪的成立。

产妇在分娩过程中因并发症死亡，非法行医人对产妇的死亡后果应当承担刑事责任。

S-24-5-5 非法行医罪——量刑及处罚

S-24-5-6 非法行医罪——立案追诉标准

S-24-5-7 非法行医罪——罪数认定

五、非法植入基因编辑、克隆胚胎罪

将基因编辑、克隆的人类胚胎植入人体或者动物体内，或者将基因编辑、克隆的动物胚胎植入人体内，情节严重的，处3年以下有期徒刑或者拘役，并处罚金；情节特别严重的，处3年以上7年以下有期徒刑，并处罚金。

六、传染病菌株、毒种扩散罪等

S-24-5-8 传染病菌株、毒种扩散罪；妨害国境卫生检疫罪；非法组织卖血罪；强迫卖血罪；非法采集、供应血液、制作、供应血液制品罪；采集、供应血液、制作、供应血液制品事故罪；非法进行节育手术罪；妨害动植物防疫、检疫罪

第六节 破坏环境资源保护罪

一、污染环境罪

违反国家规定，排放、倾倒或者处置有放射性的废物、含传染病病原体的废物、有毒物质或者其他有害物质，严重污染环境的，处3年以下有期徒刑或者拘役，并处或者单处罚金；情节严重的，处3年以上7年以下有期徒刑，并处罚金；有下列情形之一的，处7年以上有期徒刑，并处罚金：①在饮用水水源保护区、自然保护区核心区等依法确定的国家重点生态保护区域排放、倾倒、处置有放射性的废物、含传染病病原体的废物、有毒物质，造成特别严重后果的；②向国家确定的重要江河、湖泊水域排放、倾倒、处置有放射性的废物、含传染病病原体的废物、有毒物质，造成特别严重后果的；③致使大量永久基本农田基本功能丧失或者遭受永久性破坏的；④致使多人重伤、严重疾病，或者致人严重残疾、死亡。有前款行为，同时构成其他犯罪的，依照处罚较重的规定定罪处罚。

S-24-6-1 污染环境罪

行为人违反国家水污染防治的相关规定，将污水排入引黄干渠，致污水流入水库造成重大环境污染事故的，行为人的排污行为与水库污染事故之间存在直接的因果关系，虽然引黄管理局未采取措施，对造成水库污染也具有一定责任，但这不并不影响行为人重大环境污染事故罪的认定[1]

---

[1]《中华人民共和国最高人民法院公报》1999年第2期。

J-24-6-1 污染环境罪共同犯罪与单位犯罪——山东省东营市东营区人民检察院第一检察部检察官宋玉娜

J-24-6-2 污染环境罪的处罚：以张某某等人污染环境罪案为例——山东省东营市东营区人民检察院第二检察部主任盖秀云

违反国家规定，将境外的固体废物进境倾倒、堆放、处置的，处5年以下有期徒刑或者拘役，并处罚金；造成重大环境污染事故，致使公私财产遭受重大损失或者严重危害人体健康的，处5年以上10年以下有期徒刑，并处罚金；后果特别严重的，处10年以上有期徒刑，并处罚金。

S-24-6-2 非法处置进口的固体废物罪

未经国务院有关主管部门许可，擅自进口固体废物用作原料，造成重大环境污染事故，致使公私财产遭受重大损失或者严重危害人体健康的，处5年以下有期徒刑或者拘役，并处罚金；后果特别严重的，处5年以上10年以下有期徒刑，并处罚金。

以原料利用为名，进口不能用作原料的固体废物、液态废物和气态废物的，依照《刑法》第152条第2款、第3款的规定定罪处罚。

S-24-6-3 擅自进口固体废物罪——立案追诉标准

二、非法捕捞水产品罪；危害珍贵、濒危野生动物罪

违反保护水产资源法规，在禁渔区、禁渔期或者使用禁用的工具、方法捕捞水产品，情节严重的，处3年以下有期徒刑、拘役、管制或者罚金。

S-24-6-4 非法捕捞水产品罪——情节严重的认定

S-24-6-5 非法捕捞水产品罪——罪数的认定

非法猎捕、杀害国家重点保护的珍贵、濒危野生动物的，或者非法收购、运输、出售国家重点保护的珍贵、濒危野生动物及其制品的，处5年以下有期徒刑或者拘役，并处罚金；情节严重的，处5年以上10年以下有期徒刑，并处罚金；情节特别严重的，处10年以上有期徒刑，并处罚金或者没收财产。

S-24-6-6 非法猎捕、杀害珍贵、濒危野生动物罪、非法收购、运输、出售珍贵、濒危野生动物、珍贵、濒危野生动物制品罪——客观方面的认定

对野生动物的乱捕滥猎、非法交易破坏生物链的完整性和生物多样性，进而破坏整个生态环境，需要加大对野生动物的刑事司法保护。行为人只要实施了非法猎捕或者非法收购、运输、出售国家重点保护的野生动物的行为，即构成犯罪。[1]

S-24-6-7 非法猎捕、杀害珍贵、濒危野生动物罪、非法收购、运输、出售珍贵、濒危野生动物、珍贵、濒危野生动物制品罪、非法狩猎罪——立案追诉标准

违反狩猎法规，在禁猎区、禁猎期或者使用禁用的工具、方法进行狩猎，破坏野生动物资源，情节严重的，处3年以下有期徒刑、拘役、管制或者罚金。

S-24-6-8 非法猎捕、杀害珍贵、濒危野生动物罪、非法收购、运输、出售珍贵、濒危野生动物、珍贵、濒危野生动物制品罪、非法狩猎罪——罪数的认定

S-24-6-9 对野生动物资源破坏的认定

三、非法猎捕、收购、运输、出售陆生野生动物罪

违反野生动物保护管理法规，以贪用为目的非法猎捕、收购、运输、出售《刑法》第341条第1款规定以外的野外环境自然生长繁殖的陆生野生动物，情节严重的行为。

---

[1]《中华人民共和国最高人民法院公报》2018年第2期。

四、非法采伐、毁坏国家重点保护植物罪；非法收购、运输、加工、出售国家重点保护植物、国家重点保护植物制品罪

五、盗伐林木罪

被盗伐的林木必须是存活的、大片林木，盗走已经被他人砍伐下来的或者死的林木不能成立本罪，但可能成立盗窃罪。本人承包经营管理的林木，也属于本罪的行为对象。行道树属于"其他林木"的范畴，可以成为盗伐林木罪的对象。[1]

S-24-6-10 盗伐林木罪——客观方面的认定

S-24-6-11 盗伐林木罪——犯罪对象的认定

盗伐林木罪与盗窃罪都是以非法占有为目的，非法取得公私财物的行为，但在盗窃的对象方面具有很大不同。盗伐林木罪的行为对象是正在生长的受《森林法》保护的森林和林木，而他人房前屋后、自留地种植的零星树木或者由国家、集体、他人所有且已被伐倒的树木，不属于本罪的对象，但却可以成为盗窃罪的行为对象。

S-24-6-12 盗伐林木罪——罪名区分

行为人在实施盗伐林木后，为窝藏赃物、抗拒抓捕或者毁灭罪证而当场使用暴力或者以暴力相威胁的，转化为抢劫罪。

S-24-6-13 盗伐林木罪——立案追诉标准

S-24-6-14 盗伐林木罪——罪数的认定

六、滥伐林木罪

持有林木采伐许可证的行为人，如果违反林木采伐许可证规定的时间、数量、树种或方式任意采伐的，也成立本罪。为采伐人本人所有的森林或者其他林木也可以成为本罪的

---

[1] 最高人民法院刑事审判一至五庭主办：《中国刑事审判指导案例》（第 5 卷），法律出版社 2017 年版，第 300、306、308、311 页。

行为对象。

违反森林法的规定，滥伐森林或者其他林木，数量较大的，处 3 年以下有期徒刑、拘役或者管制，并处或者单处罚金；数量巨大的，处 3 年以上 7 年以下有期徒刑，并处罚金。

S-24-6-15 滥伐林木罪

七、非法处置进口的固体废物罪等

S-24-6-16 非法处置进口的固体废物罪；擅自进口固体废物罪；非法占有农用地罪；非法采矿罪；破坏性采矿罪；非法采伐、毁坏国家重点保护植物罪；非法收购、运输、加工、出售国家重点保护植物、国家重点保护植物制品罪；非法收购、运输盗伐、滥伐的林木罪

第七节 走私、贩卖、运输、制造毒品罪

一、走私、贩卖、运输、制造毒品罪

（一）犯罪构成要件

1. 犯罪客观方面。

S-24-7-1 走私、贩卖、运输、制造毒品罪——网络毒品犯罪的认定

本罪在客观方面表现为违反国家麻醉药品、精神药品管理法规，走私、贩卖、运输、制造毒品的行为。具体包括以下几种行为方式：

（1）走私毒品。走私行为包括直接走私和间接走私，直接走私指非法运输、携带、邮寄毒品进出国（边）境的行为，而间接走私行为指直接向走私毒品的犯罪人购买或者在领海、内海运输、收购、贩卖毒品的行为。

（2）贩卖毒品。贩卖毒品的行为指有偿转让的行为，但不要求营利。例如，行为人甲为乙代购仅用于吸食的毒品，在交通费等必要开销之外收取了若干劳务费，对行为人甲应以贩卖毒品罪论处。行为人甲因买不到毒品，多次让乙将自己吸食的毒品转让给甲，乙每

次均以购买价转让毒品给甲。乙明知是毒品而转让,仍属于贩卖毒品,因此成立贩卖毒品罪。

第一,行为人出售毒品获取的利益既可以是金钱,也可以是其他财产性利益,如以汽车换取毒品。低价赔钱转让也属于有偿转让,但赠与毒品的无偿转让行为,不构成贩卖毒品。

第二,行为人以出售为目的而向他人购买的行为,属于本罪的预备行为。

第三,居间介绍买卖毒品的,成立本罪的共犯。

S-24-7-2 贩卖、运输毒品罪——罪名认定与区分

第四,行为人将毒品卖出时,即成立本罪的既遂,而不需要实际获得对价。

S-24-7-3 走私、贩卖、运输、制造毒品罪——客观方面的认定

S-24-7-4 走私、贩卖、运输、制造毒品罪——罪名认定

贩卖毒品,是指明知是毒品而非法销售或者以贩卖为目的而非法收买毒品的行为。帮助他人购买毒品,存在收取钱款、交付毒品的行为的,不论其是否从中获利或者购买者购买毒品的用途,其行为已经构成了事实上的买卖行为,因此应当认定为贩卖毒品罪。帮助他人购买毒品,而不直接参与收取钱款、交付毒品的行为的,是居间介绍买卖毒品的行为。

S-24-7-5 走私、贩卖、运输、制造毒品罪——共犯的认定

贩卖毒品罪是以贩卖毒品这一行为的完成为犯罪既遂构成要件,只要完成了贩卖毒品的行为,就应当认定为贩卖毒品罪。且依据我国相关法律规定,贩卖毒品罪的情节是以贩卖毒品的量为量刑情节,是否造成危害结果不影响该罪的量刑。因此贩卖毒品的,造成的危害结果尚不明确不影响贩毒罪的定罪和量刑。[1]

---

[1]《中华人民共和国最高人民检察院公报》1998年第5号。

（3）运输毒品。运输毒品的行为表现为将毒品所在地进行转移的行为，只要进入这种运输的状态即构成本罪既遂，而不要求实际完成转移。

运输毒品行为发生的地点必须是境内，如果将毒品运输出境或者运输入境的，则属于走私毒品。行为人为自己吸食毒品而将毒品携带运输的，则成立非法持有毒品罪。行为人以销售为目的而将毒品运往彼地的，构成运输毒品的行为。

该犯罪行为从客观表现来说，是行为人把毒品从一地转移到另一地，追求使毒品实现空间转移这一目的，为其实现其他犯罪目的服务。所以，以特快专递方式邮寄毒品的行为完全符合上述运输毒品罪的规定，构成运输毒品罪。[1] 行为人到案后常常否认明知所运输的物品是毒品。在此情况下，判断行为人主观上是否明知就成为定案的关键，对此不能仅凭行为人辩解，而应当依据行为人实施毒品犯罪行为的过程、方式、毒品被查获时的情形等证据，结合行为人的年龄、阅历、智力等情况，进行综合分析判断。

（4）制造毒品。制造毒品既包括对毒品原植物的成分进行提取制作成毒品，也包括对毒品进行提炼制作成纯度更高的毒品，以及使用化学方法配制毒品。如果行为人制造的"毒品"不足以使人形成瘾癖，则属于手段不能犯，不予处罚。

需要注意的是，走私、贩卖、运输、制造毒品，无论数量多少，都构成犯罪。

2. 犯罪主观方面。本罪在主观方面为故意，即明知是毒品而走私、贩卖、运输、制造。

---

[1]《中华人民共和国最高人民法院公报》1998年第1期。

如果行为人因缺乏常识将白面当做是毒品,属于手段的绝对不能犯,不以犯罪论处;如果行为人误将白面拿错作为毒品进行贩卖的,属于相对不能犯,构成贩卖毒品罪未遂。

S-24-7-10 走私、贩卖、运输、制造毒品罪——主观明知的认定

(二) 罪数问题

1. 本罪为选择性罪名,只要实施其中一个行为就构成犯罪;如果同时实施多个行为,只定一个完整罪名,不数罪并罚。

S-24-7-11 贩卖毒品罪——罪数认定

2. 变相的走私、贩卖行为。
(1) 行为人明知是走私贩卖的人,而向其提供麻醉、精神药品的,无论是否有偿,均成立本罪;
(2) 明知是吸食毒品的人而向其有偿提供的,构成贩卖毒品的行为。如果行为人是依法从事生产、运输、管理、使用国家管制的麻醉药品、精神药品的人员,并且无偿提供国家管制的麻醉药品、精神药品的,则认定为非法提供麻醉药品、精神药品罪。

S-24-7-12 走私、贩卖、运输、制造毒品罪——管辖规定

S-24-7-13 走私、贩卖、运输、制造毒品罪——毒品名称的规范表述

3. 对毒品案件的处理。
(1) 毒品的数量以查证属实的走私、贩卖、运输、制造、非法持有毒品的数量计算,不以纯度折算;
(2) 行为人明知是假毒品而贩卖的,以诈骗罪定罪;如果不知是假毒品而进行贩卖的,属于贩卖毒品罪(未遂)。
(3) 对于毒品再犯,即因走私、贩卖、运输、制造、非法持有毒品被判过刑,又犯走私、贩卖、运输、制造毒品罪的,从重处罚。

S-24-7-14 走私、贩卖、运输、制造毒品罪——累犯和毒品再犯的认定

（4）盗窃、抢劫毒品后又实施其他毒品犯罪的，以盗窃罪、抢劫罪与实施的具体毒品犯罪，数罪并罚。

根据《刑法》第347条的规定，犯本罪的，无论数量多少，都应当追究刑事责任，予以刑事处罚。

S-24-7-15 走私、贩卖、运输、制造毒品罪——刑罚的适用

S-24-7-16 走私、贩卖、运输、制造毒品罪——毒品的范围、罪名及数量认定

二、非法持有毒品罪

（一）客观行为

1. 行为人明知是毒品而非法持有鸦片200克以上、海洛因或甲基苯丙胺10克以上或者其他毒品数量较大的，成立非法持有毒品罪。

2. 持有行为的本质是行为人对于毒品具有事实上的支配，既可以是行为人直接占有随身携带，也可以是委托他人保管以间接占有毒品。吸食毒品的行为本身不可罚，但是如果吸食者非法持有的毒品达到一定数量时，则可认定为本罪。吸毒者在购买、运输、存储过程中被抓获的，如没有证据证明被告人实施了其他毒品犯罪行为的，一般不应定罪处罚，但查获的毒品数量大的，应当以非法持有毒品罪定罪。[1]

S-24-7-17 非法持有毒品罪——客观方面的认定

3. 代购毒品行为的定性。其一，行为人为他人代购仅用于吸食的毒品且不加价的，构成非法持有毒品罪；其二，行为人为他人代购毒品并变相加价、从中牟利的，成立贩卖毒品罪；其三，行为人为向他人代购毒品，但在运输过程中即被抓获的，成立运输毒品罪。

（二）罪数

1. 行为人欲盗窃钱财，却误盗取毒品，之后又非法持有的，以盗窃罪与本罪实行并罚；

---

[1] 最高人民法院刑事审判一至五庭主办：《中国刑事审判指导案例》（第5卷），法律出版社2017年版，第341~506页。

2. 行为人以盗窃毒品为目的实施盗窃行为后，对所盗毒品进行持有的，仅成立盗窃罪一罪；

3. 行为人为贩卖毒品而持有的，不以贩卖毒品罪与本罪并罚。

根据《刑法》第348条的规定，非法持有鸦片1000克以上、海洛因或者甲基苯丙胺50克以上或者其他毒品数量大的，处7年以上有期徒刑或者无期徒刑，并处罚金；非法持有鸦片200克以上不满1000克、海洛因或者甲基苯丙胺10克以上不满50克或者其他毒品数量较大的，处3年以下有期徒刑、拘役或者管制，并处罚金；情节严重的，处3年以上7年以下有期徒刑，并处罚金。

S-24-7-18 非法持有毒品罪——立案追诉标准

三、包庇毒品犯罪分子罪等

S-24-7-19 包庇毒品犯罪分子罪；窝藏、转移、隐瞒毒品、毒赃罪；非法和平、买卖、运输制毒品、走私制毒品罪；非法种植毒品原植物罪；非法买卖、运输、携带、持有毒品原植物种子、幼苗罪；引诱、教唆、欺骗他人吸毒罪；非法提供麻醉药品、精神药品罪；妨害兴奋剂管理罪

第八节　组织、强迫、引诱、容留、介绍卖淫罪

《刑法》第358条："组织、强迫他人卖淫的，处五年以上十年以下有期徒刑，并处罚金；情节严重的，处十年以上有期徒刑或者无期徒刑，并处罚金或者没收财产。组织、强迫未成年人卖淫的，依照前款的规定从重处罚。犯前两款罪，并有杀害、伤害、强奸、绑架等犯罪行为的，依照数罪并罚的规定处罚。为组织卖淫的人招募、运送人员或者有其他协助组织他人卖淫行为的，处五年以下有期徒刑，并处罚金；情节严重的，处五年以上十年以下有期徒刑，并处罚金。"

《刑法》第359条："引诱、容留、介绍他人卖淫的，处五年以下有期徒刑、拘役或者管制，并处罚金；情节严重的，处五年以上有期徒刑，并处罚金。引诱不满十四周岁的幼女卖淫的，处五年以上有期徒刑，并处罚金。"

卖淫行为是指以营利为目的，向不特定的人出卖肉体的行为。刑法中卖淫的主体既可以是女性，也可以是男性，而卖淫可以是异性卖淫，也可以是同性卖淫。卖淫的方式包括性交、口交、肛交等以满足性欲为目的的行为。行政法中的卖淫嫖娼属于一般违法行为，

刑法不予处罚，但是行为人如果以传播性病为目的进行卖淫或者嫖娼行为的，则成立传播性病罪。

S-24-8-1 组织卖淫罪、强迫卖淫罪、协助组织卖淫罪、引诱、容留、介绍卖淫罪——客观方面的认定

对于卖淫是否应当合法化的问题，恩格斯曾提出法律处罚卖淫行为，是一夫一妻制的必要补充，并不是要解决妓女不被剥削的问题。卖淫行为合法化从理论上讲，可以减少强奸犯罪，利于管理社会秩序。在对待卖淫、嫖娼行为的态度及制度管理方面，世界各国所采取的对策各不相同，比如瑞士惩罚嫖客，德国惩罚拉皮条行为。

S-24-8-2 组织卖淫罪、强迫卖淫罪、协助组织卖淫罪、引诱、容留、介绍卖淫罪——共犯的认定

S-24-8-3 组织卖淫罪、强迫卖淫罪、协助组织卖淫罪、引诱、容留、介绍卖淫罪——罪数的认定

S-24-8-4 组织卖淫罪、强迫卖淫罪、协助组织卖淫罪、引诱、容留、介绍卖淫罪——量刑及处罚

一、组织卖淫罪

1. 犯罪客观方面。本罪包括两种不同的行为方式：
（1）设置卖淫场所或变相卖淫场所组织卖淫，如在发廊、宾馆、KTV 等场所组织他人从事卖淫活动。
（2）没有固定场所，但通过控制卖淫人员有组织的进行卖淫活动。

相比于具有相对固定卖淫场所组织卖淫，不设置固定场所的组织卖淫方式具有同样的社会危害性，且更具有隐蔽性，如通过网络社交软件或者电话等方式向嫖客提供卖淫人员。为了全面打击组织卖淫行为，刑事政策应当有所修正，对组织卖淫行为进行去场所化。

2. 犯罪主观方面。本罪的主观方面为故意，即行为人明知自己组织卖淫的行为会危害社会管理秩序和破坏社会风尚，并希望或者放任这种结果发生。本罪不要求以营利为目的。

二、协助组织卖淫罪

协助组织卖淫，指为组织卖淫的人招募、运送人员或者有其他协助组织他人卖淫的行为。其他行为包括充当皮条客、保镖、管账人等行为。同组织卖淫罪相比，如果不是对卖淫者的卖淫活动直接进行安排、调度，而是在外围协助组织者实施其他行为，如充当保镖、打手、管账人或为直接组织者招募、雇佣、运送卖淫者，为卖淫者安排住处，为组织者充当管账人、提供反调查信息等行为的，则都不构成组织卖淫罪，而仅构成协助组织卖淫罪。本罪的实质是组织卖淫共犯行为的正犯化。

认定协助组织卖淫罪中的"情节严重"时，不能仅强调协助组织卖淫的次数和人数，要综合考虑各种因素，包括协助组织卖淫的作用大小，有无协助组织未成年人尤其是未满

14 周岁的未成年人卖淫,有无协助组织患有严重性病的卖淫者卖淫,是否兼有多种协助组织行为,是否曾因协助组织卖淫受过行政处罚等。[1]

三、引诱、容留、介绍卖淫罪

S-24-8-5 引诱、容留、介绍卖淫罪——客观方面及罪数的认定

四、引诱幼女卖淫罪

引诱不满 14 周岁的幼女卖淫的,处 5 年以上有期徒刑,并处罚金。

五、传播性病罪

明知自己患有梅毒、淋病等严重性病卖淫、嫖娼的,处 5 年以下有期徒刑、拘役或者管制,并处罚金。①关于此类罪的罪数问题。行为人组织卖淫同时又实施了强迫、引诱、容留、介绍卖淫行为的,只以组织卖淫罪一罪论处;如果组织卖淫的对象与强迫、引诱、容留、介绍卖淫的对象不具有同一性,则分别进行定罪,数罪并罚。②行为人实施组织、强迫卖淫行为并有杀害、伤害、强奸、绑架等犯罪行为的,依照数罪并罚的规定处罚。

S-24-8-6 传播性病罪——客观方面认定与罪名区分　　S-23-8-7 传播性病罪——量刑及处罚

第九节　制造、贩卖、传播淫秽物品罪

一、制作、复制、出版、贩卖、传播淫秽物品牟利罪

本罪主观上以牟利为目的,但不要求行为人实际获利。行为人如果以牟利为目的组织播放淫秽物品的,成立本罪;如果行为人主观上不具有牟利目的,则认定为组织播放淫秽物品罪。以牟利为目的,与多人进行网络视频裸聊的行为,应以传播淫秽物品牟利罪定罪处罚。以赚取广告收入为目的,在互联网上刊载淫秽物品的行为,应当认定为"以牟利为目的"传播淫秽物品。

---

[1] 最高人民法院刑事审判一至五庭主办:《中国刑事审判指导案例》(第 5 卷),法律出版社 2017 年版,第 534、542 页。

S-24-9-1 制作、复制、出版、贩卖、传播淫秽物品牟利罪的认定

S-24-9-2 制作、复制、出版、贩卖、传播淫秽物品牟利罪——量刑及处罚

二、为他人提供书号出版淫秽书刊罪等

S-24-9-3 为他人提供书号出版淫秽书刊罪；传播淫秽物品罪；组织播放淫秽音像制品罪；组织淫秽表演罪

第二十五章

危害国防利益罪

第一节 平时危害国防利益的犯罪

S-25-1-1 阻碍军人执行职务罪；阻碍军事行动罪；破坏武器装备、军事设施、军事通信罪；过失损坏武器装备、军事设施、军事通信罪；故意提供不合格武器装备、军事设施罪；过失提供不合格武器装备、军事设施罪；聚众冲击军事禁区罪；聚众扰乱军事管理区秩序罪；冒充军人招摇撞骗罪；煽动军人逃离部队罪；雇用逃离部队军人罪；接送不合格兵员罪；伪造、变造、买卖武装部队公文、证件、印章罪；盗窃、抢夺武装部队公文、证件、印章罪；非法生产、买卖武装部队制式服装罪；伪造、盗窃、买卖、非法提供、非法使用武装部队专用标志罪

第二节 战时危害国防利益的犯罪

S-25-2-1 战时拒绝、逃避征召、军事训练罪；战时拒绝、逃避服役罪；战时故意提供虚假敌情罪；战时造谣扰乱军心罪；战时窝藏逃离部队军人罪；战时拒绝、故意延误军事订货罪；战时拒绝军事征收、征用罪

第二十六章

贪污贿赂犯罪

第一节 贪污犯罪

一、贪污罪

（一）概念

贪污罪，是指国家工作人员，以及管理、经营国有财产的人员，利用职务上的便利，侵吞、窃取、骗取或者以其他手段非法占有公共财物的行为。

S-26-1-1 贪污罪——罪名概念

（二）犯罪构成要件

1. 犯罪客观方面。本罪在客观方面表现为利用职务上的便利，通过侵吞、窃取、骗取，或者以其他手段非法占有公共财物或国有财物的行为。司法实践中，应当根据以下客观事实判定是否构成贪污：其一，行为人是否采取弄虚作假的手段，使自己占有公款的事实在账目上难以发现；其二，行为人销毁有关账目的；其三，行为人截取收入不入账的。[1]

S-26-1-2 贪污贿赂犯罪——罪名认定

---

[1] 最高人民法院刑事审判一至五庭主办：《中国刑事审判指导案例》（第6卷），法律出版社2017年版，第53页。

（1）利用职务上的便利。根据1999年9月16日最高人民检察院《关于人民检察院直接受理立案侦查案件立案标准》相关规定，"利用职务上的便利"是指利用职务上主管、管理、经手公共财物的权力及方便条件。如果国家工作人员没有利用职务上的便利，而仅由于熟悉环境或者易于接近目标而非法占有公共财物的，不构成本罪。

贪污罪中的"利用职务上的便利"，是指利用职务上主管、管理、经手公共财物的权力及方便条件，既包括利用本人职务上主管、管理公共财物的职务便利，也包括利用职务上有隶属关系的其他国家工作人员的职务便利。[1] 例如，行为人意图非法占有本人保管的公共财物，但不使用自己手中的钥匙和所知道的密码，而是使用铁棍将自己保管的保险柜打开并取走现金3万元，该做法并没有改变其利用管理公共财物的便利这一事实，因此仍成立贪污罪。

S-26-1-3 贪污罪——利用职务便利的认定

（2）行为方式。本罪的主要行为方式包括侵吞、窃取、骗取或者其他手段。国家工作人员虚构项目，以骗取国家专项资金的行为，是利用职务上的便利骗取公共财产的行为，侵犯了公共财产的所有权和国家工作人员职务的廉洁性，构成贪污罪。[2]

银行高级管理人员作为国家工作人员，是构成贪污罪的适格主体；利用职务上的便利以正当的名义提取国家资金用于其他消费或据为己有等套取国家资金的行为，是侵吞、骗取公共财物的行为，符合贪污罪的客观方面构成要件[3]。

行为人利用职务便利指使他人将非国有企业的财产转移至自己个人企业并非法占有的，其个人是否直接非法占有公款或者获取多少非法利益，均不影响对其犯罪行为的认定，故行为人应以贪污罪论处。[4]

对于国家工作人员利用职务之便，采取欺骗手法，将私人账户上的期货合约在价格下跌时转入国有企业账户，造成国有企业持仓亏损的，该行为是向国有企业转嫁个人损失的做法。虽然没有表现为直接地占有国有财物，但实质是以用国有企业亏损来弥补个人损失的手段占有国有财物，因此是非法占有的一种行为。[5]

国家工作人员采用重复报销和虚开发票的手段，非法占有公共财产的行为，是利用职务上的便利，骗取公共财产的行为，应当认定为贪污罪。[6]

国家工作人员利用职权，巧立名目收取费用的，该收取的款项应属于国家所有，属于公共财物。国家工作人员私分该款项的应当属于利用职务上的便利非法占有公共财物。所

---

[1]《最高人民法院关于发布第三批指导性案例的通知》，指导案例11号。
[2]《中华人民共和国最高人民检察院公报》2009年第6期。
[3]《中华人民共和国最高人民检察院公报》2005年第6号。
[4]《中华人民共和国最高人民法院公报》2004年第5期。
[5]《中华人民共和国最高人民法院公报》2003年第2期。
[6]《中华人民共和国最高人民检察院公报》1998年第6号。

以，国家工作人员利用职权，巧立名目收取费用，后又私分该款项的，符合《刑法》对贪污罪的规定，应认定构成贪污罪。[1]

行为人作为国家工作人员，利用担任国有事业单位相关职务的便利，在国有事业单位的改制中隐瞒国有资产，并将国有资产转移到自己有投资份额的公司中，其行为符合以骗取的手段非法占有公共财物的特征，构成贪污罪。对于贪污数额的认定，应当按照行为人在改制后的公司中所占投资份额的比例认定。[2]

国家工作人员在国内参加的各种与本人工作有关的公务活动中接受礼物，违反国家有关法律、行政法规、政策文件中关于国家工作人员在国内外公务活动中接受礼物应当交公的规定，数额较大的，则构成贪污罪。[3]

国有公司总经理通过注册公司的方式，将本属于自己单位的300万元利润占为己有，应认定为贪污罪。

（3）行为对象。本罪的犯罪对象是公共财物或国有财物，既包括公款公物此类有形财产，还包括财产性利益、债权等无形财产。根据《刑法》第91条之规定，"公共财产"包括国有财产，集体所有财产，用于扶贫、公益的社会捐助或专项基金财产，以及国家机关、国有企事业单位、人民团体管理、使用或运输的私人财产。例如，国家工作人员将依法扣押的汽车据为己有的，由于被依法扣押汽车为国家机关所有，因此属于公共财物，行为人构成贪污罪。如果行为人以为国家管理中的个人财物不是公共财产从而窃取的，因为法律认识错误不阻却违法，所以行为人构成贪污罪。

成立贪污罪不要求公共财物或国有财物具备合法性，非法占有国家机关非法没收征收的财物的，仍成立贪污罪。

贪污罪的对象不应仅限于动产，国家工作人员利用职务上的便利，采用欺骗手段非法占有公有房屋的行为，应以贪污罪定罪处罚。[4]

单位小金库的存款和单位支出的不属于单位报销范畴的报销款均属于公共财物。[5]

土地使用权具有财产性利益，属于《刑法》第382条第1款规定中的"公共财物"，可以成为贪污的对象。[6]

对于单位违法收取的费用，因由单位的非法行为或途径获得，并由单位支配，应当由单位对其非法行为负责。故在该单位上级主管部门对该部分财产进行查处或者依照法律程序对该财产进行退还、赔偿处理之前，应当视为由该单位管理的公共财产，即公款。该项财产也能成为贪污罪所侵犯的客体。[7]

对于国家工作人员在管理科技咨询服务项目的款项时，为防止尚未结算的咨询费丢失，便以个人名义将款项存入银行，但自己并未从中获取利益的，该行为人在主观上并不具有利用职务之便侵吞财物的故意，同时，其所存入的咨询费是科技人员业余从事劳动所应获

---

[1]《中华人民共和国最高人民法院公报》1998年第1期。

[2]《中华人民共和国最高人民法院公报》2005年第7期。

[3]《中华人民共和国最高人民法院公报》1998年第3期。

[4] 最高人民法院刑事审判一至五庭主办：《中国刑事审判指导案例》（第6卷），法律出版社2017年版，第42、48、64、74页。

[5]《中华人民共和国最高人民检察院公报》1995年第6号。

[6]《最高人民法院关于发布第三批指导性案例的通知》，指导案例11号。

[7]《中华人民共和国最高人民法院公报》2004年第12期。

得的报酬，也不属于公共财物。[1]

行为人与有关单位签订委托技术开发合同，并根据协议规定利用对方提供的经费购买相关科研物品，其使用的费用是对方提供的资金，并非公共财产，也不存在利用职务之便的前提。因此，不应当以贪污罪追究其刑事责任。[2]

S-26-1-4 贪污罪——行为对象的认定

（4）入罪标准。《中华人民共和国刑法修正案（九）》将贪污罪的定罪量刑标准从单一数额标准修改为情节和数额的双重定罪量刑标准。

（5）贪污罪的犯罪主体。本罪的犯罪主体为国家工作人员。根据《刑法》第93条的规定，国家工作人员的本质是国家机关中从事公务的人员，具体包括以下几类：

第一，国家工作人员。国家工作人员包括国家机关工作人员和准国家工作人员。其中，国家机关工作人员包括在国家机关中从事公务的人员，还包括依照法律、法规规定行使国家行政管理职权的组织中从事公务的人员，在受国家机关委托代表国家行使职权的组织中从事公务的人员，虽未列入国家机关人员编制但在国家机关中从事公务的人员，以及在乡（镇）以上中国共产党机关、人民政协机关中从事公务的人员。

准国家工作人员又包括以下三类：国有公司、企业、事业单位、人民团体中从事公务的人；国家机关、国有公司、企业、事业单位委派到非国有单位中从事公务的人员；其他依照法律从事公务的人员。

对于受委派从事公务的国家工作人员的认定上更强调的是从事公务，即代表国有单位行使组织、领导、监督、管理等职权活动，而不再是单纯关注国家工作人员的身份形式，只要真正地代表国有单位行使了相关职务活动就应以国家工作人员论。[3]

根据《刑法》第382条第1款的规定，国家机关工作人员受委派在集体所有制企业任职后，又经所在企业职工代表大会选举继续任职，并由企业上级行政主管部门批复同意的，仍应以国家工作人员论。其利用职务便利，采取指使他人做假账、通过转账划款、提取现金等手段侵吞公款的行为，构成贪污罪。[4]

第二，受国有单位委托管理、经营国有财产的人员。根据2003年11月13日最高人民法院《全国法院审理经济犯罪案件工作座谈会纪要》规定，该种委托关系具有以下特点：其一，委托单位是国家机关、国有公司、企业、事业单位、人民团体；其二，委托形式主要包括承包、租赁、临时聘用；其三，委托内容只能是管理、经营国有财产；其四，只限于贪污罪，不能作为挪用公款、受贿等罪的主体。

---

[1]《中华人民共和国最高人民法院公报》1987年第1期。
[2]《中华人民共和国最高人民法院公报》1988年第3号。
[3] 最高人民法院刑事审判一至五庭主办：《中国刑事审判指导案例》（第6卷），法律出版社2017年版，第104页。
[4]《中华人民共和国最高人民法院公报》2004年第12期。

第三，协助人民政府从事特定行政管理工作的村民委员会等村基层组织人员。如果农村基层组织组成人员从事的仅是集体经济组织中的事务，由于村民自治范围内的村、组集体事务不属于公务的范畴，就不能以国家工作人员论；如果其从事的是行政管理事务，其工作则体现了政府对社会的组织，管理职能，就是在依法从事公务，就应当属于"其他依照法律从事公务的人员"的范围，以国家工作人员论。[1]

第四，国有商业银行、证券交易所、期货交易所、证券公司、期货经纪公司、保险公司或者其他国有金融机构的工作人员。

第五，一般公民如果与上述人员伙同贪污的，构成本罪的共犯。

第六，行为人通过伪造国家机关公文而担任国家机关工作人员，并利用职务便利非法占有公共财物的，认定构成贪污罪。

2. 犯罪主观方面。本罪在主观方面表现为故意，并具有非法占有公共财物的目的。贪污罪中的非法占有目的需结合公款的具体去向及行为人的处置意思来加以综合认定，实践中应注意区分形式上的"侵占"行为与贪污罪中以非法占有为目的的侵吞行为，以免客观归罪。[2]

（三）此罪与彼罪

1. 本罪与盗窃罪、诈骗罪、侵占罪的区分，关键是从行为人的主体身份是否国家工作人员、是否利用了职务便利以及行为对象是否公共财物等方面进行判断。例如，某国有公司会计总管知道财务室金库有现金，偷配了主管金库会计的钥匙潜入金库偷走巨款的，因为金库由金库会计主管，而非由行为人主管，因此构成盗窃罪。再如，国有公司会计使用铁棍将自己保管的保险柜撬开并伪造作案现场，行为人虽然未使用自己的保险柜钥匙，但仍属于利用自己主管、管理上的职务便利而非法占有单位财物的行为，构成贪污罪。

2. 本罪与挪用公款罪的区分。国有公司工作人员，挪用公款归他人进行营利活动的行为已经构成挪用公款罪。但是，其挪用公款后，又采取虚报账目的方式，将该款项据为己有的行为，是利用职务便利非法占有公共财物的行为。根据《刑法》第382条规定，国家工作人员利用职务上的便利，侵吞、窃取、骗取或者以其他手段非法占有公共财物的，是贪污罪。[3]

S-26-1-5 贪污罪——此罪与彼罪的区分

（四）既遂与未遂

本罪以行为人实际控制财物作为犯罪既遂标准。确定是否控制财物不以行为人是否实

---

[1] 最高人民法院刑事审判一至五庭主办：《中国刑事审判指导案例》（第6卷），法律出版社2017年版，第45、113页。

[2] 最高人民法院刑事审判一至五庭主办：《中国刑事审判指导案例》（第6卷），法律出版社2017年版，第39、69、77页。

[3] 《中华人民共和国最高人民检察院公报》2003年第4号。

际占有该财物为标准，如果行为人已经非法获取了公共财产，之后交由他人保管的，仍属于实际控制该财产，构成贪污罪既遂。

国有企业领导私自将公款从企业账户转至他人私人账户后，原单位对该款项已经失去了占有和控制，该款项的实际支配权已为被告人所有，属于贪污罪既遂。[1]

刑法上非法占有的实现并不以得到民事法律上的确认为充足，是否在法律上取得了对物的所有权，并不能对事实上占有某物的认定构成障碍。[2]

S-26-1-6 贪污罪——犯罪既遂与未遂的认定

（五）共犯

在贪污、职务侵占的共同故意犯罪中，认定行为人是否构成该类犯罪，关键要看刑法所保护的财产关系是否受到侵犯。行为人是否分到赃物并不影响定罪，只能作为量刑时酌情考虑的情节。[3] 例如，与银行工作人员勾结，采取伪造汇票委托书手段，将银行客户的巨额存款划走进行侵吞的行为，侵占了公共财物，构成贪污罪共犯。银行工作人员利用职务之便勾结他人，采取盗取并开具空头汇票不上账等方式侵吞公款的，对于该银行工作人员及与其勾结实施贪污的人，均应以贪污罪论处。

S-26-1-7 贪污罪——共犯的认定

（六）罪数

S-26-1-8 贪污罪——罪数的认定

---

[1]《中华人民共和国最高人民法院公报》1999 年第 2 期。
[2] 最高人民法院刑事审判一至五庭主办：《中国刑事审判指导案例》（第 6 卷），法律出版社 2017 年版，第 109 页。
[3]《中华人民共和国最高人民法院公报》2002 年第 2 期。

（七）处罚

S-26-1-9 贪污罪——数额及情节认定

S-26-1-10 贪污罪——量刑及处罚

二、挪用公款罪

（一）概念

挪用公款罪，是指国家工作人员利用职务上的便利，挪用公款归个人使用，进行非法活动的，或者挪用公款数额较大、进行营利活动的，或者挪用公款数额较大、超过3个月未还的行为。

S-26-1-11 挪用公款罪——罪名概念

（二）犯罪构成要件

1. 犯罪客观方面。本罪在客观方面表现为，利用职务上的便利，挪用公款归个人使用的行为。

S-26-1-12 挪用公款罪——客观方面的认定

（1）必须利用了职务上的便利。
（2）行为对象只能是公款或特定款物。

第一，公款。公款包括但不仅限于现金，股票、国库券、债券等有价证券也属于公款。

第二，特定款物。包括用于救灾、抢险、防汛、优抚、扶贫、移民、救济款物。根据最高人民检察院《关于挪用失业保险基金和下岗职工基本生活保障资金的行为适用法律问题的批复》，挪用失业保险基金和下岗职工基本生活保障资金属于挪用救济款物。基建款作为公共财产，是挪用公款罪所侵犯的犯罪对象，侵犯了公共财产所有权。因此，挪用基建款归他人使用，进行经营活动的，应当认定为挪用公款罪。[1]

（3）实施了挪用行为。作为国家工作人员的国有银行会计，挪用客户资金上百万用来

---

[1]《中华人民共和国最高人民检察院公报》2006年第3期。

炒股的行为，客观上利用职务上的便利，挪用数额较大的公款进行了营利活动；主观上属于直接故意，符合挪用公款罪的要件，根据《刑法》第185条，国有银行会计挪用客户资金上百万用来炒股的行为，构成挪用公款罪。[1] 证券公司工作人员违反"不得参与客户股票买卖"的规定，利用工作便利挪用银行公款帮助客户买卖股票进行营利的，如果其挪用数额巨大，超过3个月未还，就已经构成了挪用公款罪。[2]

国有企业工作人员因单位经营的需要，根据集体决定的意见，将公款划拨至名为个体实为集体的其他企业使用，没有从中谋取私人利益的，其行为不构成挪用公款罪。[3] 利用职务便利将关系单位未到期的银行承兑汇票背书转让用于清偿本单位的债务，同时将本单位等额的银行转账支票出票给关系单位的行为，不构成挪用公款罪。[4]

S-26-1-13 挪用公款罪——挪用行为的认定

（4）挪用公款归个人使用。只要挪用公款行为不属于单位行为或为单位谋取利益的行为，不管是挪用后归本人使用，还是提供给他人使用，都属于"归个人使用"。例如，工商局长以单位名义将公款借给某公司使用，不属于"挪用公款归个人使用"。个人决定以单位名义将公款借给其他单位使用，没有谋取个人利益的不构成挪用公款罪。个人决定以单位名义将公款借给其他单位使用，虽然在事后收受对方财物，但难以证实借款当时具有谋取个人利益目的的，不构成挪用公款罪。[5]

表25-1 归个人使用（《全国人民代表大会常务委员会关于〈中华人民共和国刑法〉第384条第1款的解释》的三种情形）

使用类型	名义	谋取个人利益
（1）供本人、亲友或者其他自然人使用	A. 个人名义	无要求
（2）供其他单位（国有、私有）使用	A. 个人名义	无要求

---

[1]《中华人民共和国最高人民法院公报》2004年第1期。
[2]《中华人民共和国最高人民检察院公报》1993年第3号。
[3]《中华人民共和国最高人民法院公报》2005年第5期。
[4] 最高人民法院刑事审判一至五庭主办：《中国刑事审判指导案例》（第6卷），法律出版社2017年版，第142、176页。
[5] 最高人民法院刑事审判一至五庭主办：《中国刑事审判指导案例》（第6卷），法律出版社2017年版，第139、171、209、269页。

续表

使用类型	名义	谋取个人利益
（3）个人决定以单位名义将公款供其他单位使用，谋取个人利益的。	B. 个人决定+单位名义	谋取个人利益（少数人、含正当利益）；为单位利益不构成本罪

同时，挪用公款归个人使用还必须满足下列情形：

表 25-2　三种用途与成立犯罪的条件

用途（客观标准）	定量因素	时间	数额（元）	既遂标准
（1）生活消费使用	数额较大	3 个月	1 万到 3 万	3 个月不还
（2）进行营利活动炒股	数额较大		1 万到 3 万	挪出来
（3）进行非法活动赌博			5000 到 1 万	挪出来

挪用公款罪的犯罪主体。本罪的犯罪主体为国家工作人员。已办理退休手续依然从事公务的国家工作人员仍构成挪用公款罪主体。对处于离退休阶段的人员是否属于国家工作人员的认定，应以行为人实际交接工作的时间为准，认定其是否具有国家工作人员相应的职权和应履行相应的职责，确定其行为是否属于"从事公务"。村民委员会成员只有在协助人民政府执行公务过程中利用职务上的便利实施犯罪行为的，才可以适用刑法关于国家工作人员的规定。长期受聘用的人员与所在单位已经形成了较为固定的劳动关系，尤其是受聘担任较高职务的情况，其享有的权利义务与正式在编人员没有大的差别，将其直接视为国家工作人员符合当前国有单位工作人员构成来源变化的特点；而对于临时聘用的人员，应纳入《刑法》第 382 条第 2 款规定的受委托人员范畴。在国有公司改制为国有控股公司过程中，原国企中国家工作人员的主体身份仍然为国家工作人员。[1]

2. 犯罪主观方面。本罪在主观方面表现为故意，并且不具有非法占有目的。

（三）此罪与彼罪

挪用公款罪与贪污罪在犯罪目的方面存在重大区别：本罪在主观上不以非法占有为目的，而贪污罪则是以非法占有公共财物为目的。如果行为人挪用公款后携款潜逃的，则构成贪污罪，与之前挪用行为构成的挪用公款罪实行并罚。除了携带挪用的公款潜逃可以认定为贪污罪之外，对于行为人在挪用后采取平账、销账等手段且不归还的，或者有能力归还而拒不归还的行为，都应认定为贪污罪。

（四）共犯问题

国家工作人员和本单位其他不具有国家工作人员身份的其他职工，共同利用各自职务上的便利，挪用本单位公款归个人使用，对国家工作人员以挪用公款罪定罪，对其他职工

---

[1]　最高人民法院刑事审判一至五庭主办：《中国刑事审判指导案例》（第 6 卷），法律出版社 2017 年版，第 100、154、166、175 页。

以挪用资金罪定罪,分别处罚。[1] 挪用公款给他人使用,如果使用人与挪用人共谋,指使或者参与策划取得挪用款的,对使用人以挪用公款罪的共犯定罪处罚。如果在得知他人挪用公款之后,提出一起使用的请求的,不构成本罪的共犯。

S-26-1-14 挪用公款罪——共犯认定

(五) 罪数

1. 行为人将所挪用的公款或特定款物用于其他犯罪的,以本罪与其实施的其他犯罪,数罪并罚。

2. 行为人明知他人使用公款是用于实施犯罪,而提供所挪用公款给其使用的,成立本罪与该使用人实施犯罪的共犯,数罪并罚。

3. 行为人挪用公款给他人使用,同时具有索贿或受贿行为的,以本罪与受贿罪数罪并罚。

S-26-1-15 挪用公款罪——罪数的认定

(六) 处罚

S-26-1-16 挪用公款罪——犯罪数额的认定

三、巨额财产来源不明罪

巨额财产来源不明罪,是指国家工作人员的财产、支出明显超过合法收入,差额巨大,责令该国家工作人员说明来源,不能说明来源的行为,差额部分以非法所得论。

(一) 犯罪构成

"持有说"认为本罪是一种持有型犯罪,将国家工作人员持有超过合法收入且来源不明的巨额财产界定为本罪的客观要件。"状态说"则主张,刑法所否定评价的是"国家工作人员财产、支出明显超过合法收入,差额巨大"的事实状态。但是,持有说的理论缺陷在

---

[1] 最高人民法院刑事审判一至五庭主办:《中国刑事审判指导案例》(第6卷),法律出版社2017年版,第32、157页。

于，将"拥有差额巨大财产"这一客观现状混淆为传统刑法中的"危害行为"，将构成巨额财产来源不明罪的前提条件和现象上的归属状态误解为行为内容，犯了本末倒置的逻辑错误。同时，刑法所重点否定的应当是行为人无法说明财产来源，而非巨额财产来源不明的静态事实。

S-26-1-17 巨额财产来源不明罪——客观方面的认定

因此，本书既不赞成持有犯的观点，也不认同状态犯的学说，而应当从推定型犯罪与正当化事由对本罪进行重新界定。巨额财产来源不明罪中的"说明财产来源"，应当视作阻遏本罪成立的正当化事由。如果能够说明，则阻却犯罪成立；在行为人无法说明巨额财产来源的情况下，不具有正当化事由，视为刑法推定其犯罪成立，在无法认定其他犯罪的情况下，直接以巨额财产来源不明罪定罪量刑。

S-26-1-18 巨额财产来源不明罪——犯罪数额的认定及立案追诉标准

（二）认定

判处本罪后，司法机关查明来源合法，原判决维持；查明来源非法则应当按非法来源的性质再次定罪，但维持原判不能推翻。巨额财产来源不明罪只需要司法机关查明其所有的财产与其收入不符，没有合理来源，且来源既可以是贪污、受贿，也可以是走私、抢劫等犯罪，这不影响其犯罪构成。[1]

四、私分国有资产罪；私分罚没财物罪

S-26-1-19 私分国有资产罪；私分罚没财物罪——客观方面认定及立案追诉标准

---

[1]《中华人民共和国最高人民检察院公报》1999年第6号。

第二节 贿赂犯罪

一、受贿罪

(一) 概念

受贿罪，是指国家工作人员利用职务上的便利，索取他人财物，或者非法收受他人财物，为他人谋取利益的行为。对于受贿罪所侵害的客体（法益），罗马法认为受贿犯罪侵犯了职务行为的不可收买性，而日耳曼法认为受贿罪的客体（法益）是职务行为的纯洁性或不可侵犯性。学界对于受贿罪客体（法益），存在"信赖说""纯洁性说""国家意志篡改说""不可收买性说""折中说"等多种不同学说。一般认为，职务行为的不可收买性为受贿罪的客体（法益）。

S-26-2-1 受贿罪——罪名概念

(二) 受贿罪的犯罪构成要件

1. 犯罪客观方面。本罪在客观方面表现为利用职务上的便利，索取他人财物，或者非法收受他人财物，为他人谋取利益的行为。

（1）利用职务上的便利。行为人既可以利用本人主管职权所带来的便利条件，也可以利用职务上有制约、隶属关系的下级职权上的便利条件。例如，某市市长指示该地公安局长受贿的，对市长认定为受贿罪；主管刑庭的副院长指示民庭法官受贿的，由于副院长与法官之间存在职务上的隶属制约关系，所以副院长成立受贿罪。

S-26-2-2 受贿罪——利用职务便利的认定

（2）索取贿赂和收受贿赂两种行为方式。索取贿赂不要求行为人为他人谋取利益。索取的贿赂因属于国家工作人员实施或许诺实施的职务行为的不正当报酬，因此这种勒索性质的取财不能认定为敲诈勒索罪，而是构成受贿罪。因勒索而行贿，没有获得不正当利益，不是行贿。

收受贿赂的行为，既包括事前收受，也包括事后收受。如果行为人在利用职务之便为他人实施了某种职务行为之后，明知是对职务行为的不正当报酬而收受的，成立受贿罪。"收受"包括指示向第三人交付，第三人如果明知为行贿款物而收受的，成立受贿罪的共犯。

受贿罪中的行为可以由手段行为和目的行为两部分组成，前者就是利用职务上的便利，为他人谋取利益，而后者则是指收受他人贿赂，二者联系紧密。由于收受财物时双方均明知是基于受贿方此前利用职务便利为行贿方谋取利益的行为，因此，两个阶段的行为与后来表现出来的故意构成了一个有机的整体。[1]

S-26-2-3 涉"特定关系人"型受贿行为

国家工作人员在其履行职务行为时为他人谋取利益，即使当时没有收受他人财物的故意，只要事后收取了他人财物，仍属于利用职务上的便利，谋取他人财物，系权钱交易行为，不影响受贿罪的构成。[2]

S-26-2-4 "约定离职后收受财物"型受贿行为

收受贿赂，并且为他人谋取利益的，才能构成本罪。"为他人谋取利益"，只要行为人许诺为他人谋取利益即可，但是行为人如果一开始就没有为他人谋取利益的意图，即使承诺谋利，也属于以欺骗方式取财，构成诈骗罪。"他人"不限于行贿人，也可以是为行贿人以外的第三人谋取利益。

S-26-2-5 受贿罪——为他人谋取利益的认定

为他人谋取的利益可以是非法利益，也可以是正当利益。根据最高人民法院、最高人民检察院《关于办理贪污贿赂刑事案件适用法律若干问题的解释》第13条，在认定"为他人谋取利益"时，需把握一个可能、三个故意："一个可能"是指有条件的将"感情投资"入罪，即国家工作人员索取、收受具有上下级关系的下属或者具有行政管理关系的被管理人员的财物价值3万元以上，可能影响职权行使的，视为承诺为他人谋取利益。"三个故意"是指，行为人如果具有"实际或者承诺为他人谋取利益的""明知他人有具体请托事

---

[1] 最高人民法院刑事审判一至五庭主办：《中国刑事审判指导案例》（第6卷），法律出版社2017年版，第196、198、222、227、256、263页。
[2] 《中华人民共和国最高人民检察院公报》1996年第1号。

项的"或者"履职时未被请托,但事后基于该履职事由收受他人财物的"情形之一的,应当认定为受贿罪。例如,甲正常履职后,乙感谢10万,甲收下,甲成立受贿罪。

对于行为人收受他人贿赂,为他人谋取的利益当中包含正当利益的情形,利益中包含的不正当利益,可以作为酌定从重处罚的情节,但其中的正当利益部分,却不能作为酌定从轻处罚的情节。[1]

司法实践中,通常把"为他人谋取利益"通过承诺、实施和实现三个阶段来认定,并不是以请托人的请托事项实际实现为标准,而是行为人只要实施了其中一个阶段的行为,就符合刑法意义上的"为他人谋取利益"这一要件。[2]

(3)赃款公用不影响贪污受贿罪的成立。国家工作人员出于贪污、受贿的故意,非法占有公共财物、收受他人财物之后,将赃款赃物用于单位公务支出或者社会捐赠的,不影响贪污罪、受贿罪的认定,但量刑时可以酌情考虑。

(4)行为对象。本罪的行为对象为贿赂,包括财物和财产性利益。以下形式的贿赂也属于受贿:

第一,交易形式的受贿。但是按照市场价格标准或者提供正常优惠的除外;

第二,收受干股(未出资获得股份)形式的受贿;

第三,以开办公司等合作投资名义的受贿;

第四,投资、受托理财(如高额利息)型受贿;

第五,赌博型受贿;

第六,挂名领薪型受贿;

第七,明借实给型受贿;

第八,收受回扣、手续费型受贿。

国家工作人员在经济往来中,违反国家规定,收受各种名义的回扣、手续费,归个人所有的,以受贿论处。[3] 索要正当合伙承包经营的分成不构成受贿罪。

J-26-2-1 收受回扣、手续费型受贿是否需要具备谋利要害
——山东省东营市东营区人民检察院第一检察部检察官田文超

本罪的犯罪对象是财物,但不应狭隘地理解为现金、具体物品,而应看其是否含有财产或其他利益成分。这种利益既可以当即实现,也可以在将来实现。用户名为他人的银行卡作为财物进行贿赂,受贿人更改了银行卡密码,但因有期限限制,无法支取卡内存款,那么该存款并没有由受贿人自由支配。可是,受贿人更改银行卡密码的行为,银行卡长期存储于银行保险箱内的行为,均说明其对该卡及卡内存款有非法占有的主观故意,符合受贿罪的特征,即受贿行为实施终了。因此,国家工作人员利用职务便利为他人谋利,收受

---

[1]《中华人民共和国最高人民法院公报》2003年第5期。
[2]《中华人民共和国最高人民法院公报》2004年第9期。
[3]《中华人民共和国最高人民检察院公报》2012年第4号。

他人银行卡并修改密码,虽未支取过卡中存款,仍构成受贿罪。[1]

区分正当的劳务报酬与非法的行贿受贿的界限,首先要明确国家工作人员是利用职务便利为他人谋取利益收受财物还是利用个人技术换取报酬;其次是否确实提供了有关职务;最后接受的财物是否与提供的服务等值。[2]

S-26-2-6 受贿罪——行为对象的认定

(5) 犯罪主体。本罪为特殊主体,只限于国家工作人员。不具有国家工作人员身份的人,如果教唆或帮助国家工作人员受贿的,可成立受贿罪的共犯。

国有医疗机构属于国有事业单位,其事业编制人员如果从事的是公务性质工作,就属于国家工作人员。国有医疗机构中从事医疗信息管理工作的事业编制人员,其工作实际是在履行公共事务管理、监督职责,具备公务性质,应属于国家工作人员;为他人获得本医疗机构信息提供便利,属于利用职务便利,符合受贿罪的构成要件。[3]

受国家机关委托代表国家机关行使职权的强制隔离戒毒所中从事公务的人员,利用职务便利,非法收受他人财物,为他人谋取不正当利益的,其行为已构成受贿罪。[4]

国家工作人员包括了国有公司、企业、事业单位、人民团体中从事公务的人员,以及国家机关、国有公司、企业、事业单位委派到非国有公司、企业、事业单位、社会团体中从事公务的人员。故国有公司、企业中从事公务的人员可以成为受贿罪的犯罪主体。[5]

2. 犯罪主观方面。本罪的主观方面为故意。特定关系人索取、收受他人财物,国家工作人员知道后未退还或者上交的,应当认定国家工作人员具有受贿故意。

S-26-2-7 受贿罪——主观方面

3. 示例:国家工作人员利用职务上的便利为请托人谋取利益,并与请托人以"合办"公司的名义获取"利润",没有实际出资和参与经营管理的,以受贿论处。

国家工作人员明知他人有请托事项而收受其财物,视为承诺"为他人谋取利益",是否已实际为他人谋取利益或谋取到利益,不影响受贿的认定。

---

[1]《中华人民共和国最高人民法院公报》2004 年第 1 期。
[2] 最高人民法院刑事审判一至五庭主办:《中国刑事审判指导案例》(第 6 卷),法律出版社 2017 年版,第 187、233 页。
[3]《中华人民共和国最高人民法院公报》2014 年第 9 期。
[4]《中华人民共和国最高人民检察院公报》2012 年第 2 号。
[5]《中华人民共和国最高人民检察院公报》2012 年第 1 号。

国家工作人员利用职务上的便利为请托人谋取利益，以明显低于市场的价格向请托人购买房屋等物品的，以受贿论处，受贿数额按照交易时当地市场价格与实际支付价格的差额计算。

国家工作人员收受财物后，因与其受贿有关联的人、事被查处，为掩饰犯罪而退还的，不影响认定受贿罪。[1]

行为人利用公职之便，为他人在工作调动、采矿权审批、企业经营等方面谋取利益，非法收受他人财物，数额巨大的，依法构成受贿罪。[2]

行为人利用公职便利，在承揽工程等事项上为他人提供帮助，多次索取、非法收受有关人员财物的，应按受贿罪定罪处罚。[3]

国家工作人员，利用职务之便，为他人谋取利益，单独或者伙同家人多次非法收受他人财物的，其行为已构成受贿罪。[4]

国家工作人员，利用职务便利，非法收受他人钱款，为他人升迁或者调动工作，数额巨大，其行为应构成受贿罪。[5]

国家工作人员，利用职务便利，收受、使亲属收受或者为亲属索取他人钱款，为他人谋取利益，帮助外资企业与内资企业合作、延长内外资企业合作年限、协助外资企业获得拆迁补偿款，帮助他人获取国家财政补贴等行为均构成受贿罪。数额巨大或者有索贿行为的应从重处罚。[6]

国家工作人员，利用职务便利，为他人谋取解决企业纠纷、项目审批、开发房地产、购买别墅等方面的利益，非法收受他人钱款，其行为构成受贿罪。数额巨大或者有索贿行为的应从重处罚。[7]

国家工作人员，利用职务便利，非法收受或者使亲属收受他人钱款，帮助他人获得国家基建项目，帮助他人获得减刑，为在押犯人传递信件和给予特殊优待，为他人谋取利益的，其行为构成受贿罪。数额巨大或者有索贿行为的应从重处罚。[8]

银行管理人员作为国家工作人员，是构成受贿罪的适格主体。其明知他人不具备贷款资格而故意利用职务上的便利为他人办理贷款，为他人谋取利益，并非法收受他人财物的行为，侵害了银行作为金融机构的正常管理活动，以及国家工作人员职务行为的廉洁性。其行为符合受贿罪的犯罪构成要件，应当以受贿罪论处。[9]

国家工作人员利用职务上的便利，为了非法收取财物，给亲友安排职务，是利用职务上的便利，为他人谋取利益的行为，侵犯了国家机关的正常管理活动，同时侵犯了国家工作人员职务行为的廉洁性。符合受贿罪的全部构成要件，因此应当认定为受贿罪。[10]

国家工作人员利用本人职务范围内的权力，即自己职务上主管、负责或者承办某种公

---

[1]《最高人民法院关于发布第一批指导性案例的通知》，指导案例3号。
[2]《中华人民共和国最高人民检察院公报》2013年第2号。
[3]《中华人民共和国最高人民检察院公报》2013年第1号。
[4]《中华人民共和国最高人民检察院公报》2010年第6号。
[5]《中华人民共和国最高人民检察院公报》2008年第6号。
[6]《中华人民共和国最高人民检察院公报》2009年第1号。
[7]《中华人民共和国最高人民检察院公报》2008年第6号。
[8]《中华人民共和国最高人民检察院公报》2008年第3号。
[9]《中华人民共和国最高人民检察院公报》2007年第1号。
[10]《中华人民共和国最高人民检察院公报》2006年第3号。

共事务的职权所造成的便利条件，收受其他企业的内部职工股变现的，应当依法以受贿罪论处。[1]

国有公司工作人员作为国家工作人员在经济往来中为他人介绍业务活动，从中索取财物的行为，是利用职务上的便利，为他人谋利益的受贿行为，应当认定为受贿罪，并且具有索贿的严重情节。[2]

消防队员作为从事公务的国家工作人员，收受他人财物后，违法颁给他人消防合格证的行为，是利用职务便利，非法收受他人财物，为他人谋取利益的行为，侵害了消防工作的正常管理活动，以及国家工作人员的廉洁性，应当认定为受贿罪。[3]

国家工作人员为他人或企业谋取不正当利益后，以借用的形式占用他人或企业资产的，构成受贿罪。[4]

国家工作人员，利用职务便利，非法收受或者使亲属收受他人钱款，帮助他人获得国家基建项目或者采购他人基建材料用于国家基建项目，为他人谋取利益的，其行为构成受贿罪。[5]

国家工作人员在招标工作中，帮助他人中标，是利用职务便利，为他人谋取利益的行为，从中收受他人财物的行为，侵害了国家机关的正常管理活动以及国家工作人员职务的廉洁性，符合受贿罪的构成要件，已构成受贿罪。[6]

国家工作人员假借投资合伙经营，在实际并未经营的情况下，利用职务便利强要"合伙"相对方支付高额投资回报的行为构成受贿罪。

以"感情投资"方式多次收受数额巨大的财物，最后行为人接受具体请托为请托人谋利的，应当将多次收受的财物数额予以累计，以受贿罪论处。

以房产交易形式收受贿赂的，受贿数额应当按照交易时该房产的市场价格与实际价格的差额计算。

收受无具体金额的会员卡的受贿金额应当以实际支付的资费为准。

利用职务便利为他人谋取利益，授意他人向第三人出借款项，还款义务最终被免除的，属于受贿。[7]

（三）斡旋受贿型受贿罪的构成要件

斡旋受贿型受贿罪在客观方面表现为，国家工作人员利用本人职权或者地位形成的便利条件，通过其他国家工作人员职务上的行为，为请托人谋取不正当利益，索取请托人财物或者收受请托人财物的行为。成立斡旋受贿需要满足以下条件：

1. 国家工作人员利用本人职权或者地位形成的便利条件。"利用本人职权或者地位形成的便利条件"是指利用本人职权、地位产生的影响以及一定的工作联系，但与该其他工作人员不能有职务上的隶属和制约关系，否则不属于斡旋受贿而是直接构成受贿罪。

---

[1]《中华人民共和国最高人民法院公报》1998年第4期。
[2]《中华人民共和国最高人民检察院公报》1995年第5号。
[3]《中华人民共和国最高人民检察院公报》1995年第1号。
[4]《中华人民共和国最高人民法院公报》1994年第2期；《中华人民共和国最高人民检察院公报》1994年第2号。
[5]《中华人民共和国最高人民检察院公报》2008年第5号。
[6]《中华人民共和国最高人民检察院公报》2006年第5号。
[7]最高人民法院刑事审判一至五庭主办：《中国刑事审判指导案例》（第6卷），法律出版社2017年版，第226、236~237、241、286页。

S-26-2-8 受贿罪——利用职权或地位形成的便利条件的认定

2. 通过其他国家工作人员职务上的行为。

3. 为请托人谋取不正当利益。成立斡旋受贿罪要求为他人谋取的必须是不正当利益，这是斡旋受贿与一般受贿的重要区别。

4. 索取或收取请托人财物。行为人通过上级的职务行为，为请托人谋取不正当利益，索取或收受财物，属于利用本人职权或地位形成的便利条件受贿。

普通受贿罪与斡旋受贿型受贿罪主要存在以下不同：其一，在客观方面所利用的便利不同。受贿罪利用的是本人主管职权所带来的便利条件，或者是职务上有制约、隶属关系的下级职权上的便利条件；斡旋受贿罪行为人所利用的其他国家工作人员职务上的便利不能与其职务有制约、隶属关系。其二，所谋取的利益不同。受贿罪谋取的既可以是不正当利益，也可以是正当利益；斡旋受贿罪谋取的只能是不正当利益。

（四）受贿罪的既遂

学界的通说为"取得说"，行为人取得财物即构成既遂，不要求谋取利益。国家工作人员收取职务对价为毒品的，由于毒品可以评价为财物，所以成立受贿罪。如果行贿人将贿赂交给国家工作人员的情人的，不能当然地认为国家工作人员已经取得财物。对于共同受贿，各行为人受贿的金额为全体受贿人受贿金额的总和。行为人在收取贿赂后能够及时退还、上交的，因缺少受贿故意，不构成受贿。

对于受贿人收受以行贿人名称开户的定期存单的，由于受贿人已对存单进行掌握和支配，且存款单属见票即付的凭证，应认定受贿既遂。购物卡、不记名会员卡同样适用于此。

国家工作人员受贿，在收到纪检部门调查后将贿赂退还的，不应当认定为犯罪中止。[1] 国家工作人员收受请托人的财物后及时退还或上交的，不构成受贿罪。

（五）共犯

1. 国家工作人员授意请托人将财物给予特定关系人（近亲属、情妇夫、其他有共同利益关系的人），该特定关系人如果明知是贿赂而接受的，构成受贿罪的共犯；如果不明知为贿赂而接受的，则不构成犯罪。

共同利益关系主要是指经济利益关系，纯粹的同学、同事、朋友关系不属于共同利益关系，因为受贿罪的本质是权钱交易，没有经济利益往来的不符合受贿的本质特征；共同利益关系不限于共同财产关系，除共同财产关系外，情妇情夫等关系也属于特定关系。[2]

2. 国家工作人员的近亲属或者关系密切的人，如果在收受请托人财物后，向其转达请托事项的，如果该国家工作人员对收受事实知情，则近亲属、关系密切的人成立受贿罪的共犯；如果该国家工作人员对收受事实不知情，但为请托人谋取不正当利益的，近亲属、

---

[1]《中华人民共和国最高人民检察院公报》1999年第6号。

[2] 最高人民法院刑事审判一至五庭主办：《中国刑事审判指导案例》（第6卷），法律出版社2017年版，第244、265页。

关系密切的人成立利用影响力受贿罪。

对于被告人与家人共同收受他人钱款已构成受贿罪的，如果其家人收受的钱款已经成为家庭共同财产，那么即使被告人未经手且并不清楚家人收受具体数额，也不会影响对被告人受贿性质的认定，不能成为酌定从轻处罚的情节。[1]

对他人利用行为人职权的便利单独出面联络并收受贿赂，行为人在明知的情况下仍然帮助请托人谋取利益，收受的财物实际上归行为人和他人共同占有的，可以认定二人主观上具有共同的犯罪故意，客观上共同实施了受贿的行为，构成共同受贿。[2]

积极协助国家工作人员为他人介绍业务活动，并收受他人财物的行为，以受贿罪的共犯论。[3]

非国家工作人员为国家工作人员介绍受贿，并参与贿赂分赃的行为，构成受贿罪的共犯。[4]

对于行为人为讨好国家机关工作人员，在他人知情的情况下指使他人出钱为该国家机关工作人员购买数额较大的财物的，应视为是帮助国家工作人员受贿，应以受贿罪论处，而不是以行贿罪定罪量刑。[5]

行为人经单位领导研究决定收受、私分回扣款的行为，属名为单位、实为单位领导个人谋取私利，应以个人共同受贿定罪处罚。

国家工作人员和特定关系人共谋后，特定关系人和请托人合作投资，国家工作人员利用职务之便为该投资项目谋取利益，以较少投资获取高额利润的应当认定为国家工作人员和特定关系人共同受贿。

非特定关系人凭借国家工作人员的关系"挂名"取酬并将财物分与国家工作人员的，构成共同受贿。[6]

S-26-2-9 受贿罪——共犯的认定

（六）罪与非罪

对于受贿罪与取得合理报酬、接受正当馈赠的界限，最高人民法院、最高人民检察院《关于办理商业贿赂刑事案件适用法律若干问题的意见》第 10 条提出应从以下四个方面进行综合衡量：其一，发生财物往来的背景，如双方是否存在亲友关系及历史上交往的情形和程度；其二，往来财物的价值；其三，财物往来的缘由、时机和方式，提供财物方对于接受方有无职务上的请托；其四，接受方是否利用职务上的便利为提供方谋取利益。

---

[1]《中华人民共和国最高人民检察院公报》2003 年第 6 号。
[2]《中华人民共和国最高人民法院公报》2000 年第 5 期。
[3]《中华人民共和国最高人民检察院公报》1995 年第 5 号。
[4]《中华人民共和国最高人民法院公报》1989 年第 4 期。
[5]《中华人民共和国最高人民检察院公报》1993 年第 4 号。
[6] 最高人民法院刑事审判一至五庭主办：《中国刑事审判指导案例》（第 6 卷），法律出版社 2017 年版，第 204、249、282 页。

对于以借款为名索取或者非法收受财物行为与正常借贷的认定，根据最高人民法院关于印发《全国法院审理经济犯罪案件工作座谈会纪要》的通知，"国家工作人员利用职务上的便利以借为名向他人索取财物，或者非法收受财物为他人谋取利益的，应当认定为受贿。具体认定时，不能仅仅看是否有书面借款手续，应当根据以下因素综合判定：其一，有无正当、合理的借款事由；其二，款项的去向；其三，双方平时关系如何、有无经济往来；其四，出借方是否要求国家工作人员利用职务上的便利为其谋取利益；其五，借款后是否有归还的意思表示及行为；其六，是否有归还的能力；其七，未归还的原因；等等"。

S-26-2-10 受贿罪——罪与非罪的认定

S-26-2-11 受贿罪——犯罪数额的认定

（七）此罪与彼罪

对于国家工作人员收受回扣、手续费的行为，既可能成立贪污罪，也可能成立受贿罪，区分的关键是判断收受的回扣、手续费是个人财产还是公共财产。如果国家工作人员利用职务之便，收受非公共财产性质的回扣、手续费，归个人所有的，构成受贿罪；如果所收受的回扣、手续费属于公共财产的，则成立贪污罪。国家工作人员利用职务便利将本单位公共财产以某种名义转给其他单位或个人，然后以回扣、手续费等名义据为己有的，以贪污罪论处。

区分受贿罪与贪污罪的关键在于，犯罪对象是否属于公共财产。例如，交警勾结他人告知超载司机只交罚款一半的钱即可优先通行，司机交钱后即为其放行。交警的行为属于索贿，应成立受贿罪，而非贪污罪，因为司机交的一半的罚款，并非公共财物。

（八）罪数

1. 国家工作人员在收取他人财物后，为他人谋取利益的行为如果成立其他犯罪，一般应以数罪实行并罚。但按照刑法的特别规定，司法工作人员收受贿赂，并构成受贿罪，同时行为还构成徇私枉法罪、民事行政枉法裁判罪或者执行判决裁定滥用职权罪的，不实行并罚，而是择一重罪处罚。按照《刑法》第229条的规定，受贿属于提供虚假证明文件罪的加重处罚情形。

对于国家机关工作人员实施渎职犯罪并收受贿赂，同时构成受贿罪的，除《刑法》第399条有特别规定的外，以渎职犯罪和受贿罪数罪并罚。[1]

国家工作人员在国家出资企业改制前后利用职务上的便利实施犯罪，在其不再具有国家工作人员身份后又实施同种行为，依法构成不同犯罪的，应当分别定罪，实行数罪并罚。[2]

---

[1]《最高人民检察院关于印发第二批指导性案例的通知》，检例第8号。
[2] 最高人民法院刑事审判一至五庭主办：《中国刑事审判指导案例》（第6卷），法律出版社2017年版，第86、280页。

S-26-2-12 受贿罪——罪数的认定

（九）处罚

根据《刑法》第386条的规定，犯本罪的，根据受贿所得数额及情节，依照《刑法》第383条的规定处罚，索贿的从重处罚。

在共同受贿犯罪中，"个人受贿数额"指的是各共同犯罪人个人实施受贿行为涉及的犯罪总额。

对于行为人与家人共同收受他人钱款已构成受贿罪的，如果其家人收受的钱款已经成为家庭共同财产，那么即使行为人未经手且并不清楚家人收受具体数额，也不会影响对行为人受贿性质的认定，不能成为酌定从轻处罚的情节。[1]

S-26-2-13 受贿罪——量刑、处罚与追诉时效

二、单位受贿罪

单位受贿罪，是指国家机关、国有公司、企业、事业单位、人民团体，索取、非法收受他人财物，为他人谋取利益，情节严重的行为。

S-26-2-14 单位受贿罪——主体认定及立案追诉标准

三、利用影响力受贿罪

（一）概念

利用影响力受贿罪，是指国家工作人员的近亲属或者其他与该国家工作人员关系密切的人，通过该国家工作人员职务上的行为，或者利用该国家工作人员职权或者地位形成的便利条件，通过其他国家工作人员职务上的行为，为请托人谋取不正当利益，索取请托人财物或者收受请托人财物，数额较大或者有其他较重情节的行为。

（二）犯罪构成要件

本罪在行为类型上主要包括国家工作人员的近亲属或者其他与该国家工作人员关系密切的人在该国家工作人员在职期间收受或索取请托人财物，以及在该国家工作人员离职后

---

[1]《中华人民共和国最高人民法院公报》2003年第5期。

收受或索取请托人财物两种。

1. 在职期间的利用影响力受贿。

（1）行为方式：一是通过该国家工作人员职务上的行为利用该国家工作人员职权或者地位形成的便利条件，二是通过其他国家工作人员职务上的行为。

（2）为请托人谋取不正当利益，索取请托人财物或者收受请托人财物。

（3）行为主体：国家工作人员的近亲属或关系密切的人。

2. 离职后的利用影响力受贿。

（1）行为方式：利用其原职权或者地位形成的便利条件。

（2）为请托人谋取不正当利益，索取请托人财物或者收受请托人财物。

（3）行为主体：离职的国家工作人员或者其近亲属以及其他与其关系密切的人。

国家工作人员在职时如果约定离职之后再收受贿赂的，成立受贿罪。

（三）此罪与彼罪

本罪与斡旋受贿型受贿罪的区别主要表现在：

1. 犯罪主体不同。本罪的犯罪主体为国家工作人员的近亲属或关系密切的人，或者离职的国家工作人员或者其近亲属以及其他与其关系密切的人；斡旋受贿型受贿罪的犯罪主体为国家工作人员。

2. 行为方式不同。本罪的行为表现为利用国家工作人员职务的行为，或职权与地位所形成的便利条件，或者离职国家工作人员原职权与地位所形成的便利条件；斡旋受贿型受贿罪则是国家工作人员直接利用自己的职权或地位所形成的便利条件。

（四）处罚

S-26-2-15 利用影响力受贿罪——定罪量刑标准

四、行贿罪

（一）概念

行贿罪，是指为谋取不正当利益，给予国家工作人员以财物的行为。例如，实施生产、销售有毒、有害食品犯罪，为逃避查处向负有食品安全监管职责的国家工作人员行贿的，应当以生产、销售有毒、有害食品罪和行贿罪实行数罪并罚。[1]

S-26-2-16 行贿罪——罪名概念

---

[1]《最高人民检察院关于印发第四批指导性案例的通知》，检例第 15 号。

(二) 构成要件

1. 犯罪客观方面。本罪在客观方面表现为给予国家工作人员财物的行为。例如,为达到以"少报多进"方式走私货物,谋取不正当利益,给予海关人员巨额人民币的行为,已构成了行贿罪。[1]

给予财物的方式包括主动给予,被勒索贿赂而给予,但因被勒索给予财物,未获不正当利益的,不构成行贿。行为人在通过国家工作人员的职务行为获取了非法利益之后,给予国家工作人员财物作为对价的,构成行贿罪。

S-26-2-17 行贿罪——谋取不正当利益的认定

2. 犯罪主观方面。本罪在主观方面表现为故意,并具有谋取不正当利益的目的。"不正当利益"包括两类:一是非法利益,二是不确定的利益。例如,在招标投标、政府采购等商业活动中,违背公平原则,给予相关人员财物以谋取竞争优势,此处的竞争优势即不确定的利益,属于不正当利益。但如果是要求国家工作人员依法履行职责的,因属于正当要求而不构成行贿罪。

S-26-2-18 行贿罪——客观方面的认定

(三) 既遂与未遂

本罪在国家工作人员收受贿赂时成立既遂,即使对方在收受后及时上交,行为人仍为犯罪既遂。行为人在被追诉前主动交代行贿行为的,可以从轻或减轻处罚。

(四) 此罪与彼罪

行为人为谋取正当利益行贿,或者因被勒索而给予财物,且未获不正当利益的,不构成行贿罪,但对方国家工作人员仍成立受贿罪。

S-26-2-19 行贿罪——罪数的认定

S-26-2-20 行贿罪——量刑及处罚

---

[1] 《中华人民共和国最高人民检察院公报》2000年第3号。

五、对有影响力的人行贿罪

对有影响力的人行贿罪，是指为谋取不正当利益，向国家工作人员的近亲属或者其他与该国家工作人员关系密切的人，或者向离职的国家工作人员或者其近亲属以及其他与其关系密切的人行贿的行为。

S-26-2-21 对有影响力的人行贿罪——入罪数额

六、介绍贿赂罪

（一）概念

介绍贿赂罪，是指向国家工作人员介绍贿赂，情节严重的行为。

（二）行为方式

介绍贿赂是一种同时向行贿、受贿双方提供联络的居中行为。

（三）此罪彼罪

1. 正确区分本罪与受贿罪、行贿罪的教唆犯。介绍贿赂是在已经产生行贿和受贿故意的双方之间居中联系，如果行为人使原本没有行贿或者受贿意思的一方或者双方产生了行贿、受贿故意的，成立行贿罪、受贿罪的教唆犯。

2. 本罪与斡旋型的受贿罪的区别主要表现在以下方面：其一，在犯罪主体方面，斡旋受贿罪要求是国家工作人员，而本罪为一般主体；其二，在犯罪客观方面，斡旋受贿罪表现为行为人利用本人职权或者地位形成的便利条件，通过其他国家工作人员职务上的行为；而介绍贿赂则是为行贿人和受贿人牵线提供便利。另外，斡旋受贿罪要求为请托人谋取的必须是不正当利益，而介绍贿赂不要求行贿人谋取的利益是正当利益。

对于行为人在行贿人与受贿人之间实施引见、沟通、撮合，并从中获取利益的，是否认定其构成介绍贿赂罪，关键在于判断其介绍贿赂的对象是否为法律规定的受贿罪的犯罪主体。[1]

（四）处罚

S-26-2-22 介绍贿赂罪——立案追诉标准

七、对单位行贿罪

对单位行贿罪，是指为谋取不正当利益，给予国家机关、国有公司、企业、事业单位、人民团体以财物的，或者在经济往来中，违反国家规定，给予各种名义的回扣、手续费的

---

[1]《中华人民共和国最高人民法院公报》2002年第6期。

行为。

S-26-2-23 对单位行贿罪——立案追诉标准

八、单位行贿罪

单位行贿罪，是指单位为谋取不正当利益而行贿，或者违反国家规定，给予国家工作人员以回扣、手续费，情节严重的行为。

公司及其主管人员，为谋取超规模、低利率贷款，取得贷款后逾期归还等不正当利益，违反国家规定，贿赂国家工作人员，情节严重的，已构成了单位行贿罪。[1]

单位构成行贿罪必须以谋取不正当利益为前提。如果企业直接主管人员是出于为企业筹集资金而向他人行贿的，认定其是否为谋取不正当利益就可以以筹集资金的行为是否违反国家相关规定为依据。如果筹集资金的行为本身具有违法性，那么就可以认定该企业谋取的利益为不正当利益。该企业应该认定构成单位行贿罪。[2]

S-26-2-24 单位行贿罪——立案追诉标准

---

[1] 《中华人民共和国最高人民检察院公报》1998年第3号。
[2] 《中华人民共和国最高人民法院公报》1998年第2期。

第二十七章

渎职罪

S-27-1 渎职犯罪——
犯罪主体与犯罪客观方面的认定

S-27-2 渎职犯罪——
罪与非罪的认定

国有公司、企业和事业单位经合法授权从事具体的管理市场经济和社会生活的工作，拥有一定管理公共事务和社会事务的职权，这些实际行使国家行政管理职权的公司、企业和事业单位工作人员，符合渎职罪主体要求；对其实施渎职行为构成犯罪的，应当依照刑法关于渎职罪的规定追究刑事责任。[1] 实践中，对村民委员会、居民委员会等基层组织人员协助人民政府从事行政管理工作时，滥用职权、玩忽职守构成犯罪的，应当依照刑法关于渎职罪的规定追究刑事责任。[2]

S-27-3 渎职犯罪——罪名区分与罪数认定

S-27-4 渎职犯罪——量刑、处罚与追诉时效

一、滥用职权罪

（一）概念

滥用职权罪，是指国家机关工作人员滥用职权，致使公共财产、国家和人民利益遭受重大损失的行为。

---

[1]《最高人民检察院关于印发第二批指导性案例的通知》，检例第4号。
[2]《最高人民检察院关于印发第二批指导性案例的通知》，检例第5号。

（二）犯罪构成要件

S-27-5 疫情期间国家工作人员失职渎职、贪污挪用犯罪的认定

1. 犯罪客观方面。本罪在客观方面表现为滥用职权，致使公共财产、国家和人民利益遭受重大损失的行为。本罪为结果犯，必须发生了公共财产、国家和人民利益遭受重大损失的结果才能成立本罪。实践中，对滥用职权"造成恶劣社会影响的"，应当依法认定为"致使公共财产、国家和人民利益遭受重大损失"。[1]本罪为特殊主体，只限于国家机关工作人员。

滥用职权包括以下三种行为类型：

（1）越权。即行为人超越自己的职权范围行使职权，包括越权行使同级但不同类别或者不同管辖范围的国家机关工作人员职权范围的权力，也包括下级国家机关工作人员越权行使上级国家机关工作人员职权范围的权力。

S-27-6 行使反兴奋剂管理职权时滥用职权或者玩忽职守行为的认定

（2）擅权。即行为人违反规定不正确履行其职权范围的职权，包括程序性违规和实体性违规。

（3）弃权。即行为人违反规定不履行或放弃履行其职权范围的职权，属于不作为的犯罪。

S-27-7 滥用职权罪——客观方面的认定

2. 犯罪主观方面。本罪的主观方面为故意，但不要求对于公共财产、国家和人民利益遭受重大损失的结果具有希望或放任的态度，相反，如果行为人明知自己滥用职权的行为会造成他人人身伤亡而依然实施的，应当成立故意伤害罪、故意杀人罪。

---

[1]《最高人民检察院关于印发第二批指导性案例的通知》，检例第6号。

S-27-8 滥用职权罪——对"徇私"的认定

（三）罪数

国家机关工作人员滥用职权同时具有受贿行为的，一般以受贿罪与渎职犯罪数罪并罚。理由如下：其一，判断罪数应以犯罪构成为基准。两罪为两个独立的犯罪构成。其二，罪刑应相适应。受贿型渎职犯罪高发，与惩治过轻有一定关系。实行数罪并罚，有利于实现量刑均衡。其三，牵连犯理论难以有效解决受贿型渎职案件的罪数认定问题。"为他人谋取利益"仅作为主观要件，并不能涵盖所有受贿犯罪，受贿与滥用职权之间并不必然存在牵连关系。其四，实行数罪并罚与《刑法》第399条第4款并不矛盾。其五，实行数罪并罚与有关指导性意见相协调一致。[1] 但是，行为人实施徇私枉法罪、民事行政枉法裁判罪或者执行判决裁定滥用职权罪，同时构成受贿罪的，不实行并罚，而是择一重罪处罚。

（四）处罚

S-27-9 滥用职权罪——立案追诉标准

二、玩忽职守罪

（一）概念

玩忽职守罪，是指国家机关工作人员玩忽职守，致使公共财产、国家和人民利益遭受重大损失的行为。例如，某市国债管理委员会主任委员甲在任期间，严重不负责任，使得某财政证券公司违法成立，长期存在，超发国债，违规经营，致使国有资产和人民利益遭受重大损失，其行为构成玩忽职守罪。[2] 又如国家机关工作人员乙在分管药品注册司工作期间，对涉及国计民生的药品安全监管工作严重不负责任，不认真履行职责，致使国家和人民的利益遭受重大损失，其行为构成玩忽职守罪。[3]

（二）犯罪构成要件

1. 犯罪客观方面。本罪在客观方面表现为玩忽职守罪，致使公共财产、国家和人民利益遭受重大损失的行为。本罪为结果犯，必须发生了公共财产、国家和人民利益遭受重大损失的结果才能成立本罪。"玩忽职守"是指严重不负责任，不履行或者不正确履行职责的行为。例如，卫计局执法监督大队队长甲，未能发现乙在足疗店内非法开诊所行医，该诊所开张三天即造成一患者死亡。防止他人非法行医的确是甲职责所在，但乙刚刚开始非法

---

[1] 最高人民法院刑事审判一至五庭主办：《中国刑事审判指导案例》（第6卷），法律出版社2017年版，第559、565页。
[2] 《中华人民共和国最高人民检察院公报》2008年第6号。
[3] 《中华人民共和国最高人民检察院公报》2007年第6号。

行医 3 天即造成严重后果，无法认定甲严重不负责任，不构成玩忽职守。再如，财政局局长工作时离开办公室，其他办公室人员操作电炉不当，触电身亡并引发大火将办公楼烧毁。由于其离开办公室的行为与其他办公室人员操作电炉不当的行为没有因果关系，且防止他人操作电炉也不属于财政局局长的工作职责，因此不能认定其玩忽职守。再如，具有主体资格的人，擅自决定本单位经营、购买国家不允许经营、购买的物资，受到没收、罚款处理的数额，属于行为人玩忽职守致使公共财产造成损失的数额。如果这一数额达到一定限度，行为人就构成玩忽职守罪。[1]

2. 犯罪主观方面。本罪的主观方面为过失。区分玩忽职守罪与滥用职权罪的关键，在于行为人主观罪过是故意还是过失。例如，警察在路上对身负重伤的被害人故意不救助的，成立不作为的滥用职权罪。如果警察在接到报警后，因跟朋友聊天而延误出警，导致被害人被杀的，由于该警察对于被害人被杀的结果在主观上是过失，所以成立玩忽职守罪。

S-27-10 滥用职权罪、玩忽职守罪——具体行为的定性问题

（三）处罚

S-27-11 玩忽职守罪——立案追诉标准与追诉时效

三、徇私枉法罪

（一）概念

徇私枉法罪，是指司法工作人员徇私枉法、徇情枉法，对明知是无罪的人而使他受追诉，对明知是有罪的人而故意包庇不使他受追诉，或者在刑事审判活动中故意违背事实和法律作枉法裁判的行为。

（二）犯罪构成要件

1. 犯罪客观方面。本罪在客观方面表现为，利用职权上的便利，对明知是无罪的人而使他受追诉、对明知是有罪的人而故意包庇不使他受追诉，或者在刑事审判活动中故意违背事实和法律作枉法裁判的行为。

（1）时间限制：仅发生在刑事诉讼中（含附带民事诉讼）。

（2）行为方式。其一，明知是无罪的人而使其受追诉。包括对无罪的人进行非法立案、侦查、强制措施、起诉等。其二，明知是有罪的人而故意包庇使其不受追诉。包括使有罪

---

[1] 最高人民法院刑事审判一至五庭主办：《中国刑事审判指导案例》（第 6 卷），法律出版社 2017 年版，第 567 页。

的人免受立案、侦查、强制措施、起诉等。其三，在刑事审判活动中故意违背事实和法律作枉法裁判。包括重罪轻判、轻罪重判等。

（3）犯罪主体。本罪为特殊主体，仅限于司法工作人员。根据《刑法》第94条的规定，司法工作人员是指有侦查、检察、审判、监管职责的工作人员。

2. 犯罪主观方面。本罪的主观方面为故意，如果因业务水平不高、法律素养低而过失造成的错案不构成本罪。

（三）认定

1. 本罪与滥用职权罪属于法条竞合的关系，应当以特殊法条即本罪定罪论处。

2. 本罪与包庇罪在客观方面具有相似之处，包庇罪在客观上是通过作假证明进行包庇，而本罪则可以通过伪造、隐匿、毁灭证据等隐瞒事实或者违背法律的手段进行包庇。

S-27-12 徇私枉法罪——共犯的认定

（四）处罚

根据《刑法》第399条的规定，犯本罪的，处五年以下有期徒刑或者拘役；情节严重的，处5年以上10年以下有期徒刑；情节特别严重的，处10年以上有期徒刑。司法工作人员受贿而徇私枉法的，从一重罪处罚。徇私枉法罪的"情节严重"或"情节特别严重"：对于因行为人的徇私枉法或者徇情枉法行为，致使无辜的人被追究刑事责任，或者使已经构成犯罪的人逃脱了刑事追究，或者重罪轻判，轻罪重判，严重损害社会主义法治尊严的，应当根据具体犯罪事实、性质、情节和对社会的危害程度认定。[1]

S-27-13 徇私枉法罪——立案追诉标准

四、故意泄露军事秘密罪等

S-27-14 故意泄露军事秘密罪；过失泄露军事秘密罪；民事、行政枉法裁判罪；执行判决、裁定失职罪；执行判决、裁定滥用职权罪；枉法仲裁罪；私放在押人员罪；失职致使在押人员脱逃罪；徇私舞弊减刑、假释、暂予监外执行罪；徇私舞弊不移交刑事案件罪；徇私舞弊不征、少征税款罪；徇私舞弊发售发票、抵扣税款、出口

---

[1] 最高人民法院刑事审判一至五庭主办：《中国刑事审判指导案例》（第6卷），法律出版社2017年版，第587页。

退税罪；违法提供出口退税证罪；滥用管理公司、证券职权罪；国家机关工作人员签订、履行合同失职被骗罪；违法发放林木采伐许可证罪；环境监管失职罪；食品监管渎职罪；传染病防治失职罪；非法批准征收、征用、占用土地罪；非法低价出让国有土地使用权罪；放纵走私罪；商检徇私舞弊罪；商检失职罪；动植物检疫徇私舞弊罪；动植物检疫失职罪；放纵制售伪劣商品犯罪行为罪；办理偷越国（边）境人员出入境证件罪；放行偷越国（边）境人员罪；不解救被拐卖、绑架妇女、儿童罪；阻碍解救被拐卖、绑架妇女、儿童罪；帮助犯罪分子逃避处罚罪；招收公务员、学生徇私舞弊罪；失职造成珍贵文物损毁、流失罪

第二十八章 军人违反职责罪

第一节 危害作战利益的犯罪

S-28-1-1 战时违抗命令罪；隐瞒、谎报军情罪；拒传、假传军令罪；投降罪；战时临阵脱逃罪；违令作战消极罪；拒不救援友邻部队罪；战时造谣惑众罪；战时自伤罪

第二节 违反部队管理制度的犯罪

S-28-2-1 擅离、玩忽军事职守罪擅离、玩忽军事职守罪；阻碍执行军事职务罪；指使部属违反职责罪；军人叛逃罪；逃离部队罪；私放俘虏罪

第三节 危害军事秘密的犯罪

S-28-3-1 非法获取军事秘密罪；为境外窃取、刺探、收买、非法提供军事秘密罪；故意泄露军事秘密罪；过失泄露军事秘密罪

第四节　危害部队物资保障的犯罪

S-28-4-1 武器装备肇事罪；擅自改变武器装备编配用途罪；盗窃、抢夺武器装备、军用物资罪；非法出卖、转让武器装备罪；遗弃武器装备罪；遗失武器装备罪；擅自出卖、转让军队房地产罪

第五节　侵害部属、伤病军人、和平居民、俘虏利益的犯罪

S-28-5-1 虐待部属罪；遗弃伤病军人罪；战时拒不救治伤病军人罪；战时残害居民、掠夺居民财物罪；虐待俘虏罪